未燒書

楊渡 著

每個人的心中
都有一本
無法放下的
未燒書

序

青簡血痕留劫灰

野夫

一

已經很久沒有讀一本書，讓我幾番鼻酸喉哽了。楊渡兄的這部新著《未燒書》，第二遍看，依舊令我揪心疼痛。時不時總要停下來，去空庭獨坐，仰面蒼天，似乎才能把那想要傾瀉的濁淚，硬生生給倒灌回去。

我在其中，彷彿再次看見昨日重現。看見我和他共同走過的八〇年代，九〇年代，乃至新世紀。又是二十年。這是怎樣風雲激盪的三十餘年啊，中國這一代人從掩血忍淚，到紙醉金迷，再走到徬徨無措的今天。我們也從輕身躁進的青春，轉瞬步入了瘦馬倦塵的中年。

那些不忍回顧的日子，但又不甘埋沒的記憶，終於在他的筆下復活。他早已不是一個隔岸觀火的彼島記者，事實上從他一九八八年初次踏上這塊祖先的土地時，就已經感同身受且歌哭連心地與我們在一起承受和成長。

儘管這是一部從書信開始，並以一封無法寄達的信為結尾的著作，但它完全不是一個私人史的敘事。一場讓讀者撕心裂肺，卻又註定無疾而終的愛情，傳奇般地串聯起來的這部紀實作品，不是小說，不是戲劇，卻又遠勝於一切虛構的文藝。它就是三十年來中國人的歲月生活，更像是一部關於當代中國志士和寒族學子的心理史。

儘管我早已熟知他的生平故實，但還是第一次閱讀到他這些耿耿於懷的往事。我甚至完全沒有想像到，這個遙遠的異鄉人，竟然在許多殘酷時刻，遠比我們很多人更要深刻地融進了那些劫難中。本書中所寫到的多數人物和命運，我都熟如鄰人。在大地的沃血肥壤中，似乎真的沒有一棵樹木是孤獨的。在那些目不可測的叢莽裡，所有的根系都隱約連接在一起。正是這樣一些未曾屈服的隱祕生長，勾畫了我們這個世界的另一種精神版圖。

二

楊渡兄在一九八八年的秋天漫遊到大陸時，我正好南遷到另外一個大島。他從糧票和外匯券認識中國，通過白菜和倒爺開始進入北京。他去了安徽陝西，第一次驚豔於故國的遼闊。無數個從書本上熟知的地名，喚醒他對歷史的記憶。原來那些千百年來的征伐，竟然是真的亙古存在的戰場。

他看見——灰撲撲的棉大衣裡，面容和善，衣著樸實，人不愛笑，也不生氣，就只是質樸的臉。然而，「我終究被這一片黃土地上的貧困、艱難、堅韌的農民所震懾了。一個小孩子穿著破破的棉衣，趕了幾頭瘦羊，瞇著眼睛，望著我拍照，兀自寂寞的走遠，消失在枯索的原野上。我竟感到難以抑止的悲傷，如果我是生長在這裡的孩子，這一生會如何呢？」

他其時並未深知，那已然是二十世紀中國最好的年分。那一年，無數中國人和我一樣開始懷抱希望和理想，正在開始初初鬆綁的遷徙。而事實上那一年的台灣，也才剛剛結束戒嚴時代未久，他們除開邁進了亞洲四小龍的物質富裕之外，政治生活上並未甩開我們太遠。那時的兩岸，似乎都在躍躍欲試爭先恐後地想要融進人類文明社會。哪知道，他最初的這點悲傷，很快就要被接踵而至的巨大悲劇所遮蔽。

只有我們這些過來人還記得，一九八九年的中國兩會前，正好有三十幾位知識分子簽名要求特赦魏京生。楊渡作為第一批獲准前來採訪兩會的台灣記者，竟然默許他低調訪問了嚴家其、李洪林、方勵之、包遵信、戴晴等連署呼籲的學者。他甚至還能私下約見一個名為方君的奇人，這位文革中飽受罪罰的紅二代，曾經誤入林立果小艦隊的特種兵，四五運動的倖存者，為他展開的荒誕人生，第一次讓他認識到中國的不可思議。

今天回頭來看，那一刻的中國，是略含開明和包容的最後一個黃昏。經歷過台灣抗爭和轉型過程的楊渡，那時還能一邊進入大會堂近距離拍攝高官，一邊私訪民間鐵骨尚存的異端。他似乎在這依舊貧瘠的國土上，看到了些微和平轉型的希望。正如那時的我們，也曾如此單純地相信未來，只要抱持初心和善念，或許就能改變華族的進程。

三

他第三次來到廣場時，已經是一九八九年五月二十七日。

那是那一場學運方生方死的關鍵時刻，整個廣場，乃至於整個北京和中國，都陷入了進退兩難的泥淖。對於熟知台灣社會運動的他來說，首先看見的是混亂甚至荒謬。一切都沒有規劃和方向，烏壓壓的靜坐、遊行和示威者，從歌曲到口號，都依舊沿襲的是執政黨的全套紅色話語。堅守和聲援者都陷入了疲憊和迷惘，新來的外地加入者又不斷升級著偏激的主張。流言和威脅瀰漫在整個古都，沒有任何人群和力量可以左右這場街頭民主運動。

他在這個充滿悲情的「場」中，邂逅了詩人、學生、記者和便衣，甚至發現了更多的市民，工人、保姆和農民工。他——隱隱然感覺一個結構性的時代巨輪，正在開始轉動。被綁在黃土地上的人，已經走出來了。這裡凝結著一切複雜的期待：共產國家民主改革的契機，在這裡；掙脫出中國數千年封建傳統的幼芽，在這裡；而上層權力鬥爭的壓力和五十萬軍隊的震懾力，也在這裡；民主的前途，十一億人的希望，全世界華人的希望，都在這裡。

他從這一天開始，從廣場到書齋，從學生到精英，採訪了眾多人物。然而，他越來越多地開始質疑和失望，看不到這場運動和平落幕的結局。

他——望著這幾個青春的背影，走向紀念碑的方向。「不知為什麼，那一根高聳的石碑，和旁邊隆起的高台，讓我有一種祭典般的感覺，彷彿他們正在走向一個青春的祭壇。在這遼闊的廣場上，還有多少青春要在這裡相遇，在這裡相愛？這歷史的相遇，會不會改變他們的人生？」

他發現——有影響力的知識分子因為畏怯，在運動之初的落後和缺席，使得他們現在已經失去對廣場的話語權和影響力。而「這些孩子啊，能不能把握自己的初心？他們能通過內心的貪慾、權力的慾望、鬥爭的本能、人性的試煉嗎？他們既單純又複雜，既理想又世故，他們既不是白紙一張，也不是成人世界的縮影，而是所有的改革與理想，權力與慾望，夢想與野心的總和。」

悲劇的歷史往往就是如此弔詭，沒有人掌控民運進退的策略，也沒有人再有能力調動這些激情支配的人流。緊接著在學生的簇擁之下，豎立的民主女神雕像，以及侯德健、劉曉波等四君子加入進行為期三天的絕食行動，都只能加速屠伯的殺人機器。

他在六月三號下午五點，恐懼地看見「天安門城樓那邊，天空中突然出現一大群烏鴉，也不知有幾千隻，突然飛臨在天安門廣場的上空，如一張黑色的天網，罩住了廣場。牠們並不是一般的飛行而過，尋枝而棲，而是群聚似的，來來回回，在天空中翱翔盤旋。黑色的羽翼，飄動如烏雲，黑色的天網，遮蔽了半邊的天空，天地瞬間闇了下來。」關於這一無法解釋的恐怖奇觀，很多倖存者都能旁證。

他——明明知道悲劇正在來臨，只能無力的注視著，無力阻止悲劇的發生。也曾努力想探詢學生運動的撤退之路，卻只能眼睜睜看著悲慘的終局來臨，當一個悲劇的見證者。中國好不容易有一點民主的火苗，好不容易才種下脆弱的種籽，卻把所有的希望都在此夜葬送。

四

就在那最殘酷的鎮壓之夜，他親眼見證了彈壓和民間寧死不屈的反抗，也見證了廣場上最後的悲傷撤退，以及醫院停屍間的喋血慘狀。然而最驚心動魄的事情還是發生了——他一路同行的台灣記者徐宗懋，被流彈擊中命懸一線，一個善良的外地木匠，將他背到了醫院。楊渡趕去時，這家眼科為主的醫院，已經一籌莫展。一個護士為了搶救徐宗懋，在血庫已空的情況下，已經兩次自己輸血。

在得知他們是台灣記者，緊急安排轉到天壇醫院治療顱外傷之際，那個護士「環顧四周的醫生護士，清晰的注視著我說：『我們只求你把北京的真實情況，報導出來，讓全世界都知道。我們只求你，要幫北京的忙，幫中國人的忙，把北京的真相報導出來。』」「我永遠無法遺忘那一瞬。那孩子似的臉龐，那善良的眼睛，那悲憫的淚水，讓我重新相信，這世間還是有一點美好的東西。」

一邊是政府鐵血無情的殺戮，一邊是民間冒死相救的道義和善良。在朋友生死掙扎的那一刻，是小木匠、三輪車夫，護士醫生協助他們穿梭在烽火線上。更為奇特的是，在天壇醫院，徐宗懋被救活，而楊渡勢不可擋地愛上了那個美女主治醫生。就像張愛玲所說——為了成全他們的愛，一座城市都傾覆了……

他們在烽火亂世的這場愛情，應該是人間最撕心裂肺的電影。兩岸的睽隔，帶不走也留不下的宿命，難捨難分的繾綣，和雙方背後的國安隨時都在檢控的眼睛，註定了最後的失散。他們曾經孕育而又不得不捨棄的那個孩子，儼然就是這一場早夭民運的象徵——一切的美好生活尚未開始，就這樣被殘忍地扼殺在獨夫的手中了。

曾經的台灣立法委員，後來大陸的人大常委黃順興，在探視了醫院中的他們之後說——「這個國家啊，政治這麼艱難，帶給老百姓那麼多痛苦，卻還有這麼善良的人民。如果不是這麼善良的人民，這個國家實在不值得為他奮鬥啊！」

我寫過也經歷過不少可歌可泣的愛，還是被楊渡的這一場傾城之戀所擊中。這彷彿是那個年代才應該有的純情，明知毫無結局卻又義無反顧的彼此獻奉。廣場上的共同經歷，成了他們愛的暗號和密語。正如他寫的——我們再次緊緊相擁，有如走過了千山萬水，走過烽火連天，才終於相遇；有如在這個亂世裡，人生只能有這一次的相遇。她的擁抱，帶著一種死去都無所懼的決絕。彷彿此生，只要愛這一次，什麼都不管，死了就死了吧。那是近於一起赴死的愛戀。

五

在那之後，楊渡無論是作為記者、作家和學者，還是作為半官方的文化交流使者，他的命運似乎從此奇特地與大陸中國的命運聯繫在一起。

我們所見證的中國兒女之血，未能描繪出此土之藍圖，卻意外地澆開了他國的花朵。世界的格局一夕巨變。最核心的共產主義陣營，紛紛土崩瓦解。楊渡幾乎每年都要來故地重遊，他注意到八九後的中國，朝野都在靜悄悄地發生「價值觀革命」。政府曾經那些冠冕堂皇的合法性理由，變得羞於一提。「六四的記憶，漸漸被新的城市叢林、燈紅酒綠淹沒。」

他為了瞭解「民間中國」，繼續走訪了無數城市鄉野，從官員到各種流亡者，從倖存的牢釋犯到轉行的媽咪小姐。他一直看重探尋民間新興的生命力，他無數次感嘆——如此幸運，竟得以在北京遇見那麼多善良的生命。一路照應，讓我平安度過最艱險的歲月；一路護持，讓我的心沒有絕望至死；一路叮嚀，讓我學習那平凡而無畏的襟懷；一路指引，讓我看見一個勇敢而深沉、古老而美麗的文明。

一晃三十年過去，他在無數個場所，結識了許多當年那一代志士。每個人都在經歷了各自的命運之後，開始從不同角度審視和反省當年那一場革命。他一直在追問——那世代的學生已經都五十來歲了，無論在政府任職，或從商就業，也應有所成。這一代人，午夜夢迴，當年的理想主義精神，當年改造社會的激情，當年的民主自由的火種，歷經這三十年，是不是已經焚盡了？是不是已經變成熟了？或者，因為失落，變成更加現實的利己主義者？是不是遺忘到無情無夢？或者，只是把夢埋在心底，作為午夜獨酌的私語？

我是時常要面對這樣的內心拷問的，我和他一樣，始終還在用我們的書寫，為那個未盡的歷史繼續旁證。正如他所說——愈是寫到最後，我愈是明白，我所有的紀錄，不是為了表白事件的真相，不是為了記錄當時的社會面貌，而是探討更深層的人性；探尋更幽微而脆弱的人心。北京是我的絕望，卻也是我的救贖。

三十幾年來，無數的親歷者多選擇了沉默和忘卻。僅有的一些反映那一場運動的書籍，多數只是片面的私人回憶和自我辯護，還幾乎沒有一部書像楊渡的這部書這樣，讓我全面地看見那一場青春狂怒的高尚和卑微，壯烈與幼稚，甚至悲慘與遺恨……在本書之前，我們已有的著述，都完全配不上本族這一場空前絕後的苦難。

書中也寫到了我，以及我的眾多朋友。如果終有一天，大地重光，這是多麼偉大的一部電影作品啊。這一切記述，都是為了人類不再重蹈這樣的悲劇……

二〇二一年四月十五日於清邁

目次

序　青簡血痕留劫灰／野夫　5
序曲　15
第一章　25
第二章　77
第三章　117
第四章　159
第五章　205
第六章　259
第七章　299
第八章　345
第九章　391
第十章　433
終曲　469

序曲

二〇二〇年，三月，台北

依紅：

三十一年過去之後，我不知道這封信能不能到達妳的手中。如果命運讓我們還可以重逢，或許它會找到自己的主人。不知道我們還能不能如此幸運，一如三十一年前，我們歷經百劫，在劫後的危城裡相遇。現在雖然沒有戰亂，但是生活在突然爆發的瘟疫時代，未來變得非常不確定。人，只能孤孤單單，隔離在世界的一角。

在這不知明天會如何的日子裡，我只能安安靜靜，持續寫作。用昔日的故事，溫暖今日的孤寂，抵抗這封閉而變形的異境。

而故事裡的妳，彷彿穿過時間的迷霧，穿著白袍，像當年那樣，從醫院幽暗的長廊裡走來，盈盈笑著說：「別擔心，今天都好些了。」

為什麼會在這樣的時節，我會特別回憶起三十一年前的相遇呢？為什麼總是在危疑而充滿不確定的年代想起妳？是不是在我心中，妳依舊是那救苦救難的白衣女子？妳仍是我口乾舌燥、焦灼無依的時候，可以依靠的人？那一片清涼的湖泊？……

想起妳，不免想到，新冠病毒有一種症狀是失智，作為腦神經專科醫師的妳，是否還在行醫？在這危機時刻，妳是否穿著防護衣在醫院之間奔波？平安無恙否？

如果，我們都能夠平安度過這一場瘟疫，能不能在春暖花開時節，再度重逢？

在台北鄰近山間老茶園的書房裡，如此怔忡想著。

窗外是逐漸回暖的島嶼天氣。昨夜黃昏下起了陣雨，半夜打起了大雷，雷聲震動天際，彷彿要把天地都撼醒。我夜半驚醒，望著滂沱大雨。想到「驚蟄」。如果春雷洗淨天地，召喚春分，那就快快來吧，讓春分的晴陽，趕走這瘟疫的陰霾吧。

今晨雨停了，陽光普照。附近的小山崗上，濃密的綠蔭閃閃發亮，預告著冬天真的要結束了。隔壁一間月子中心的停車場上，正在整理繁密的花木，切割下來的樹枝斜躺在林子裡。許是因此驚動了林子，幾隻小松鼠忽然跳了出來。在樹枝間跳躍、嬉戲，兩隻小爪子捧著硬果，咯咯啃著，好像這世界的瘟疫、病苦、隔離、死亡都與牠無關。

窗外望去，天際掛一線的貓空纜車，在淡青色的天空中，緩緩移動。薄薄的雲，微微的風，清清涼涼的綠草香。園子裡的花都開了，幾隻毛毛蟲在花葉間蠕動，幾隻化成蝴蝶，在樹梢飛舞。

春天的早晨蠕蠕而動的小小生命，牠們也會有短暫的回憶嗎？牠們會記憶昨天以前的花與光影嗎？

隔離的日子，如此安靜，如此孤獨，卻重新看見自然生命的律動，誰能說這不是回憶的最好時節？

在這樣乾淨的晨光裡，重新展讀妳三十一年前寄給我的信。

第一封信，是那種有著藍紅白邊緣條紋的航空郵件，貼著莊重而古典的淡紫色四川民居版畫郵票；50分的郵票上蓋著「1989.6.22」的圓形郵章，郵章還有「北京50支」的字樣。我可以想像，當妳走過天壇醫院附近那條老樹濃蔭、灰瓦紅牆的小街，走過明朝皇帝為了祭天祈雨而建的天壇周邊，走到一個小支局去寄信。

把寫著深深惦念的文字，密封起來，貼上郵票，讓它從北京的小街，飄洋過海，飛到遙遠的南方小島，讓一個人看見妳的心情，聽見妳的聲音。

寄信的妳，投下郵件的剎那，是什麼樣的心情呢？

三十一年前的信封上，還遺留著一道黑槓，那是檢查書信的台灣安全單位的手筆。郵票上「中國人民郵政」六個小字被塗黑了。這是當年台灣的社會氣氛。他們要讓我知道，妳的信，是有人檢查過的，老大哥在看著你。

可當年我沒敢告訴妳，我不想讓妳擔心，我不想讓妳覺得情感被人看見。

一封信，彷彿一件小小的信物，見證著那個時代的痕跡。

即使是信物，都有長長的旅程。

再長的旅程，再嚴密的檢查，都無法阻擋，那種刺繡般的，細如一針一線的文字，時而奔放，時而隱祕，更多是欲言又止的心語。

從一九八九年六月二十二日起，到一九九二年止，十四封信，我將妳寄給我的信，一封一封重開，一字一句重讀。

有些是妳特別挑選的薄薄的稿紙（以避免航空郵件太重？），有些是妳隨手在旅程中找來的（例如陪德國的交換學生去承德，用旅館的便箋），有些可能是實驗室裡隨手拿來的列印紙，打了小洞（那時的列印紙就是這樣）；各種紙張，彷彿是妳那些年忙亂的印記。

我像考古人員般，在妳的字跡裡，重尋往昔的足跡。

那時候，我們的痛苦與思念，追尋和迷惘，以及那些字句所召喚甦醒的那個時代的、獨特的痛楚與悲欣。

重讀妳的信的當下，那些文字好像漂浮在河面上的光影，隔了三十年的時間，我才真正的看清楚那些閃爍光影背後的紋理。那細細編織的文字，是包含著多麼率性、純真的情感，多麼婉轉、憂傷的思念。

那一年，妳才二十四歲，剛從學校畢業，到醫院開始工作，胸前掛著聽診器，在廣場照顧絕食的學生；身穿白袍，手插在口袋裡，像一朵剛剛綻放的白花，開在醫院長長的、灰舊的走廊上。

我在妳正當青春的時候，和妳相遇。可是，我卻未曾注意到，妳還那麼年輕，如此激情，如此脆弱，如此容易受傷。

而在妳的信中，我也看到當年的自己。那個剛走出生死場，蒼惶憂懼，憤怒而又迷惘，徬徨苦思的青年。

在那個時代裡，為了內心的困惑，漂泊追尋，想找到未來的答案，卻磨得血跡斑斑，傷痕累累。而我在外面隱藏自己的脆弱，卻在親愛的人面前，不經意的，任性的，自傷傷人。

而我們，都曾經是那時代裡，受傷的人，卻仍難免互相傷害⋯⋯。

我們，在離亂之世相遇，在動蕩裡漂泊分合，彷彿一放手，就再難回頭。

一回頭，三十一年過去了。

不只是我們，是從廣場上走出來的、從中國各地走出來的、整個的、漂泊的一個世代啊！

那是什麼感覺呢？

《金剛經》有一句經文說：「如人有目，日光明照，見種種色。」讀完信的那一剎那，抬頭望見青空，幾片白雲，彷彿整個時代的足跡，歷歷如觸手可感。便是這種感覺。

許多往事，諸種音聲，字字句句，清晰俐落。

好像找回了什麼，又好像失落了什麼。

好像，失落了自己，又彷彿找回了自己。

這三十一年來，我從一個記者，流浪採訪了大半個中國，再回到報館成為主筆，留下了一本世紀末的追尋之書。我也曾在海外，探訪流亡的作家、記者、知識分子，更多是在大陸，結識了各地，從東北到海南島，從上海到四川等地，經歷過那一場劫難的朋友。

我們好像帶著前世記憶的「再來人」，一經辨認，便熟悉起來。

即使那些記憶，是被禁止的；即使世間，已失去痕跡。然而因為禁忌，我們更加珍惜記憶的印證。

一如古代的僧侶，靠著心靈史，互相見證。

有一次，我碰見一個北京老記者，那一天早晨他也在廣場，看著學生最後的撤退。我們像發瘋了一樣，不理會旁人，開始說起那天早晨，我站在哪一個街角，看見了什麼，你在哪一個角落，看到了什麼，一幕一幕，互相印證，有如失散的兄弟，在說著昔日家中的角落……。

天安門，即是我們的記憶之家？那一天，即是解開心靈史的鑰匙？

我也輾轉過不同的工作：回到報社擔任主管；後來又受邀進入政治和文化工作。彷彿尤里西斯，流浪得太遠，太久，最後，迷失在追尋的路上。

然而，我未曾遺忘的是，終有一天，我會回來好好寫，寫下這一段記憶。雖然我曾在八九年底寫過一本書《天安門紀事》，但是如妳所知，那只是為了對抗遺忘。當初為了怕有人按圖索驥，許多故事，隱而未敢落筆。

一九九九年，十年之際，我寫了故事的開頭，終究寫不下去。二〇〇九年的秋天，我曾重走過北京那些街道：前門大街、同仁醫院、天壇醫院……，二十年，所有的一切都改變了。高樓大廈，市招遍掛，廣告街景，美妝賣藥，街貌完全不是當年模樣。天壇醫院已建了新的樓群，小街被新的樓景取代。

「二十年後，妳在哪裡？」我站在天壇街頭自問。

那一刻，我深切的感受到，我曾有過的北京記憶，那歡笑呼喊、歌哭長夜的北京；那人情而溫暖的胡同，那有著老三輪車的北京；那滿街自行車叮鈴叮鈴的笑容……，已經永遠不再了。

我們的青春，永遠消逝，是該好好寫了。

可我仍然蹉跎猶豫。幾度寫了開頭，卻總覺得那開筆寫得太傷感，太頹喪，無法再寫下去。我不知道，其實是自己還太軟弱，好像一個傷口還沒有好完全的人不敢凝視累累的傷痕一樣。

直到二〇一九年六月四日，我為報社專欄寫了一則簡短的場景：描述三十年前撤退的那個早晨，在槍口的包圍下，搖著白布的學生逐一去檢視破爛的帳篷，找出最後的學生，哭著唱〈國際歌〉，相扶相持離開廣場。許多朋友說，看過太多政治口號，卻未曾看見這樣的真實描寫，希望我用見證之筆，把所看見的八九民運現場，好好寫下來，作歷史的存證。

可他無由知道，我是含著淚寫下那場景。

直到那時，我才真正明白自己的角色：一個台灣記者，一個見證者，站在那個現場，站在大歷史的長河中，可以做什麼。是的，我不屬於任何立場，我只是一個局外人，我不須要有人情的包袱，更沒有政治的背負。我只是一個安靜的記憶者，我願做一個溫情的敘述者。

然而，歷經三十年的世事滄桑，時局幻變，許多容顏已淡化如微光，許多往事已裂解如輕塵，最後，我只能依著歲月磨損後的記憶陳跡，記下怎麼也忘不掉、放不下的烙痕。我知道自己無意記錄歷史，那麼多的回憶錄與當時報紙，已足夠歷史學家去研究。我只是想記下一個時代的人性與心性，那才是我終極的關懷。

為了書寫，我找出妳寄給我的照片，以及當年我在廣場拍的照片。那是僅存的最後一點痕跡。如妳所知，我的行李，在一九八九年六月二十一日，從北京飛回台灣的班機上，徹底「失蹤」了。那行李再不曾回到台北。我的記憶，包括了珍貴的相片、錄音帶、筆記本等，都消失了。多麼奇異，現在，我僅存的照片、手記、信件，只有這麼一點點，竟都和妳有關。

我想起六月四日那一天早晨，我帶著同事徐宗懋，從同仁醫院，穿過槍林彈雨的街道，終於安頓在妳的醫院。他被子彈射穿的喉嚨，慢慢止住了血；他的頭部，確定沒有子彈殘留，生命暫時沒有危險。我被帶到主任醫師面前，他面色凝重的問我：「在哪裡受傷的？」那是職務上必須上呈的報告，註明從同仁醫院轉送來的病人是在何時何地受傷、如何受傷。這是醫院必要的程序。因為那是槍傷，上頭會追查。

妳身穿白袍，坐在我右邊的桌子前，纖長的手指拿著一支原子筆，低頭看著眼前的白紙，準備做紀錄。

然而，妳在聽到我說出「天安門廣場，早上六點多，學生撤退」的時候，眼眶一紅，眼睛忽然盈盈著淚水，手上拿著的筆，停住不動，向面前的主任醫師，輕聲的、深深嘆息著說：「唉，就別寫了吧！」

妳轉頭望向窗外，淚水緩緩盈滿眼睛，卻並未流下來，只是像一汪湖水，映著這個北京最悲慘的早晨。

初夏的早晨，綠樹濃蔭，到處是不斷響起的槍聲，像鞭炮，此一聲彼一聲的響個不停。妳盈盈的眼睛，純真、憂傷，像一汪悲憫的湖，包容著這世間的傷痛，保護受傷的生命，讓我從整個早晨的廣場撤退、坦克車逼近、槍聲大作、急診室狂奔、死亡邊緣搶救、命懸一線、心焦如焚的狀態中，忽然清醒過來。

我抬起眼凝望著妳，彷彿在世間看見一道善良的光。

「啊！這槍林彈雨的亂世啊，怎麼有這麼美的眼睛！」我心中一顫。

那一瞬的妳的眼睛，曾是我蒼惶無依的心，唯一能棲止的湖泊。

我永遠無法遺忘的一瞬。

時間凝結，天地無聲，只剩下那盈盈的光。

我不知道，這一次的書寫，能不能記下那無法遺忘的、震撼心魂的、深沉如天宇星辰的每一個瞬間；那善良如珍珠、包容如湖泊的淚滴；那在廣場上，搶救我同事的農民工、護士和醫生，他們輸的血、流的淚；那麼多親歷過天安門廣場那大歷史的青春；那深藏在心底、無法遺忘的記憶；以及那個時代深沉如海、細密如雨的人心……。

我只知道，如果我能夠，我希望為那時代，為未來的人，留下那純真而善良的一道光，一卷心靈史。

我將靜靜書寫，但願我的書寫完成時，瘟疫也已過去。那時，我們可以再度旅行訪友。我會帶著我的書，去看妳以及相識相知、一起走過這三十一年風風雨雨的老朋友。

一如古哲說的，消逝的未曾逝去，當我們再次談論他的時候，他的生命就在我們的心中，再活過一次。那些消逝的故人與故事啊，會在我們重讀的時候，一一重生。

握手

阿渡　二〇二〇年三月

第一章

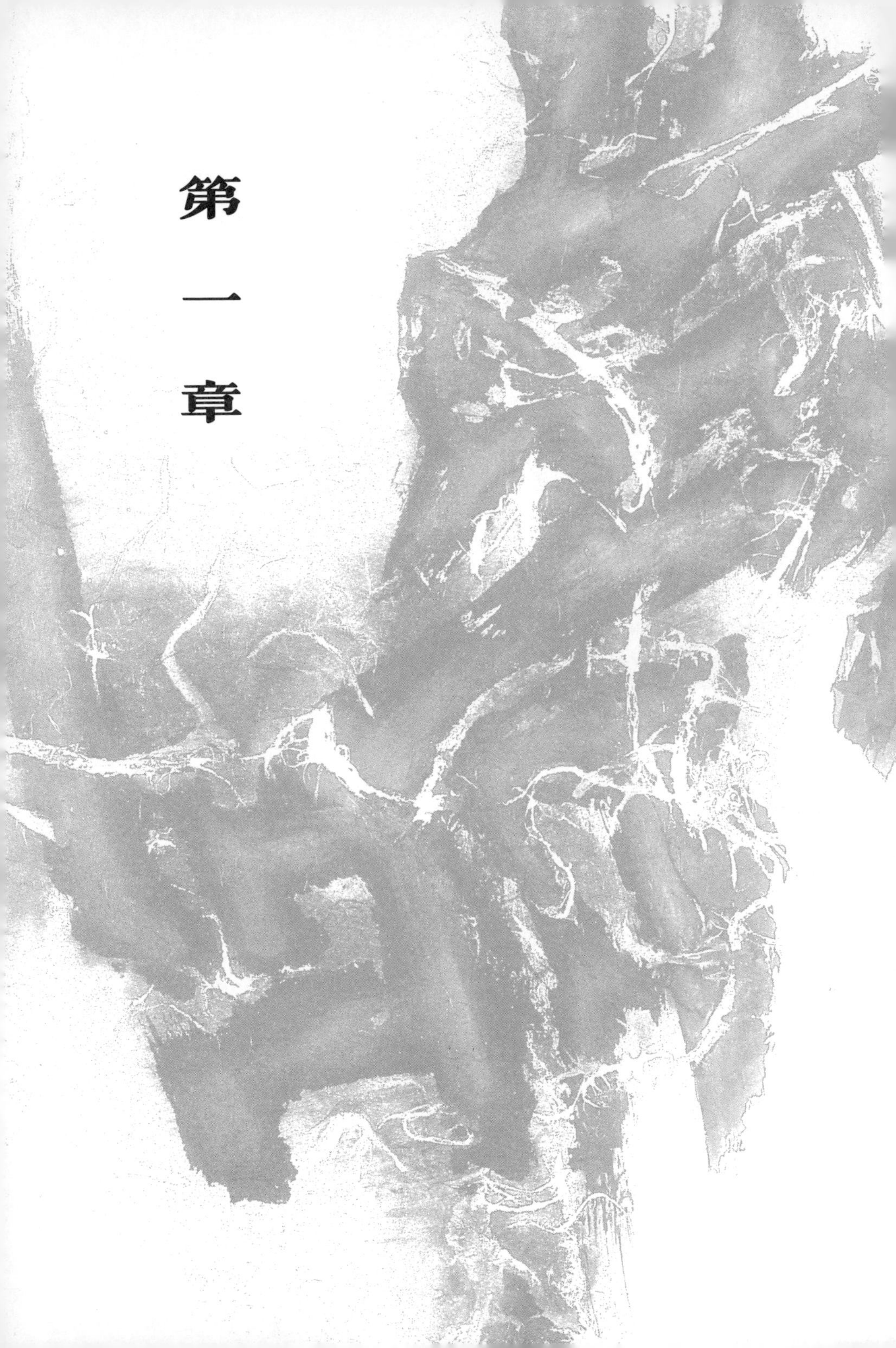

1

一九八九年，五月二十六日，菲律賓，馬尼拉

空氣中，浮動著人體的汗騷味、美式的廉價香水、海港特有的海水加魚腥的氣味，以及熱帶氣候下，燒得異常乾燥的菸草味。

機場大廳裡，喧騰著各種語文的口音。聲量最大的是叫客的菲律賓TAGALO語，帶一點殖民地土腔的英語、日本語對觀光客喊著：「Taxi Taxi」；幾個華人以廈門式的閩南口音道：「要坐車麼？」偶爾也傳出不標準的普通話「計程車」。

人種與衣著亦是各色夾雜，穿著花布衫的男子圍繞著剛剛下飛機的人招呼；鮮紅的菲律賓貴婦妝扮、閩南人的淡素南洋衫、美式的高大西裝、台客的夏威夷花襯衫，以及大包小包的行李。

馬尼拉機場像一盤花色繁多的什錦沙拉，以菲律賓的土質陶器為底盤，以西班牙與美國的殖民地的花色為裝飾，盛裝著各種顏色熱帶的水果、鮮紅的櫻桃，以及早熟的肉體，濃重的體味。即使有這些豐富的色澤，也難掩這個地方的貧窮。衣著破爛的孩子在攬客的司機之間穿梭，瘦而黑的腳上趿著拖鞋，單薄的汗衫蓋不住骨質的身子，細長的手臂伸出來，向旅客乞討。

馬尼拉機場如一面小小的鏡子，映照出菲律賓的歷史和現況。

我從出關處走出來，預計今天在馬尼拉辦台胞證，過夜，明天上午拿到證件，隨即轉機飛北京。

北京的學生運動從四月十五日胡耀邦去世開始，歷經亞洲銀行年會、戈巴契夫訪華，以及學生絕食、李鵬接見學生等重大事件，現在，學生仍占據廣場，無法收拾，眼看著幾乎要失控，最後的大鎮壓可能無法避免。我雖然已經派了一個記者在北京採訪二十幾天，但碰到大場面的群眾運動，一個記者遠遠不足。我在報社負責組建了一個社會運動採訪小組，對台灣各種類型的群眾運動有四、五年的採訪經驗，基於職責得去北京，為這一場震驚世界的學生運動，做最後的報導。

一個穿著寬鬆黑色西褲、手提小皮包，看起來就像旅行社業務員的年輕男子走上前來。

「楊先生嗎？」他用閩南語口音說。

「是。」我說。對方表明是旅行社的人，接過行李，說：「我叫李萬金，你叫我小李好了。」

「謝謝你。」我讓他幫我提上行李。

「小心自己的手提包，這裡有很多扒手。」他細心叮嚀。

我望著那些窮困的孩子，不知道他們是如何混進來機場的，只是為菲律賓感到難過。

「旅館已經訂好了。我先帶你過去。回頭你把護照給我，這就去辦台胞證。明天一早就可以拿到。我會來帶你去機場。」小李很專業的邊走邊說。

「太好了，只要快就好。我趕著去北京。」

在香港辦台胞簽證，排隊的人太多，需要一個星期的時間，而菲律賓只要兩天，再加錢，給小費，今天到，明天就出來了。

「這就是菲律賓的好處啦！有錢，什麼事都可以辦成。」小李說。他的祖先是福建人，來菲律賓好幾代了，對這裡的國情頗為了解。「不過這時候，北京已經亂得一塌糊塗了，你為什麼要趕著去？」

「有事要辦。」我簡單說。

「有什麼事呀？這麼緊急。現在很多政府單位都停止辦公了，什麼事也辦不成呀。」小李不放心，嘮叨著說：「北京正在搞學生運動，社會亂得一塌糊塗，部隊都開始戒嚴了，交通也不通。我們旅行社的團都不敢出到大陸去，尤其是北京，你去那裡能辦什麼事？」他問。

「我就是去那裡，採訪學生運動的。我是報社的記者。」我直率的說。

「現在去很危險啊！」他說。

「可能要結束了吧，很可能鎮壓。我就是去採訪最後的收場。」

「哦，那就沒辦法了。」他年輕的臉上笑了起來。「你們這種人啊，只能去危險的地方。柯拉蓉選舉的時候，也有很多記者來採訪。」

「新聞就是這樣，你還是得去現場看，才能寫出真實的報導。」我說。

「要小心一點。你有沒有保險？」他問。

「有吧？報社辦好了。」我自己也不確定。

「如果要保險，可以在機場找找看。有些公司可以在這裡辦的。」

「算了吧，反正記者這行業就是這樣。」

「這種時候，我們旅行社也來不及幫你的忙了。不過你的回程機票要不要先訂好，免得到時候回不來？」

「沒關係，我也不知道什麼時候會回來。」我有些茫然的看著機場出口的地方，一輛寫著旅行社招牌的車子在等候。「就看學生運動什麼時候結束吧。」

車子駛出機場，我轉頭望向窗外，只見一些可樂、啤酒、汽車輪胎等的大型廣告看板，成排的立在空地上。廣告牌子之間，那些雜草叢生的空地裡，有幾個人圍著一個大鐵桶，鐵桶下燒著火，似乎在煮什麼東西。有幾個年輕人站著抽菸，有幾個人在踢足球。

「他們在幹什麼？」我問。

「燒東西吃吧。煮玉米啊，什麼的。他們都是鄉下來的人，當臨時工，沒住的地方，或者沒地方去。就先住在這裡。」

「有多少人？」

「不知道，可能有上千個吧。反正機場附近的空地多，飛機太吵了，沒人住。他們就住下來了。」

「政府不會來趕他們走嗎？」

「不會啦。這裡是公有地，沒人管。除非有一天，財團來買了，就會開始趕人。」

「艾奎諾夫人怎麼樣？菲律賓社會發展有沒有好一點？」

「唉！別提了。還不是一樣。他們家族都是有錢人，往來的都是以前的權貴，掌權的還是那一群人哪。」

「難道人民忘了她當年的承諾？」

「人民都累了。只想安定過生活。你看，那些招牌，不是很漂亮嗎？」小李似乎做慣了導遊，還一邊介紹。那招牌畫著快樂的人民，正在喝可樂。「你不要以為菲律賓都是這樣。這些都是政府叫人家做的。」

「為什麼？」

「要掩蓋掉後面的貧民區啊。政府不想讓觀光客看到貧民，就叫跨國公司來做大大的廣告牌。還可以收錢呢！哪，你看，一整排都是。你可以想見，有多大一個貧民區。」他笑著說。

「人民的力量，怎麼變這樣？」

「革命革命，換個招牌而已。老百姓的生活，還不是一樣。」

一九六〇年代，菲律賓對台灣人來說，是一個經濟發達的富裕之地。有一些台灣人甚至搭漁船偷渡，到馬尼拉打工。然而在馬可仕的統治下，富豪家族都發達了，窮人卻更多。當亞洲四小龍崛起，菲律賓反而成為亞洲的窮國。

一九八六年初，艾奎諾夫人出馬競選總統，打著丈夫艾奎諾被馬可仕總統暗殺的悲劇訴求，情勢看好，卻因馬可仕在選舉過程中舞弊做票，自行宣告當選。她不服，以「人民的力量」為號召，聚集百萬群眾上街頭，最後包圍總統府，逼得馬可仕在美國大使館的安排下，流亡到關島。菲律賓完成亞洲第一場「人民民主運動」。影響所及，韓國學生運動風起雲湧，台灣也進入環境運動與社會運動興起的年代。亞洲幾個新興工業化國家湧起一波民主浪潮。

那時候，我總希望可以來菲律賓，採訪那些隱身在叢林中的新人民軍、那些發動街頭遊行的領袖、那些拿著吉他、唱垮一個政權的歌手……。

現在，利用赴北京採訪的轉機時間，藉機觀察一下。然而，望著貧窮、混亂、穿梭在人群中的孩子，我終於明白：為什麼有那麼多人出來抗爭，原來都從這裡出來的。這麼多遊民，一無所有，唯有心中充滿憤怒，有機會走上街頭，吐一口怨氣，何所畏懼？

我對小李說：「原來，革命群眾都在這裡。」

「什麼？革命群眾？」小李笑起來：「你都不知道，他們菲律賓人，上了街頭，丟石頭，跟警察打架，主要是發洩。發洩什麼？發洩不滿。平時被警察趕來趕去的，太不爽了。」

車子進入市區比較繁華的地段，小李才說：「你今天住希爾頓飯店，這裡比較安全，不會有搶劫綁架。晚上如果要出門，千萬要小心，路上騙子很多，還有，附近的酒吧還算好，不過，女人的方面，要那樣也可以，不會很貴。菲律賓嘛。只是要小心。記得，不要跟他們回家，以免被洗光光……。」

「不會啦，放心，我最多是去海邊散步。」我笑起來。

「還有，你要不要買一點食物帶過去？明天我早一點來，帶你去買。」小李關心的說。

「為什麼？」

「那裡在鬧絕食，商店萬一不開，你要吃什麼？」

「絕食的只是學生，又不是整個北京城都不吃飯了！」我忍不住大笑起來。

2

夕陽即將落入海平線，天空淡淡的幾朵雲轉為霞紅。

海風吹動，一整排高大的椰子樹影，搖曳生姿。椰影之間，有一條寬廣的步道。那步道像是一種邀請你去散步似的手臂，蜿蜒伸向海濱。走過步道，就可以到達沙灘。

白沙灘，青海水，藍天空。岸連海，海連天，寬闊的氣象，讓人心情舒暢。

從旅館的窗口望出去，馬尼拉的海濱帶著南洋的風情，而搖曳的椰子樹影，更像是在招手。很難想像，三百多年前西班牙人在這裡上岸，看見這樣的風情，是什麼感覺。

海濱的樹林步道相當寬敞。椰子樹下，有一些小酒吧，小餐廳，有幾個看起來像陪酒的年輕女子，穿著南洋風的裙子，開高衩的長腿，坐在酒吧的高椅上，用熟練的閩南語招呼：「來坐喔，來飲一杯。」

有幾個皮膚白皙，長相有點像福建一帶的華人；也有人長得像西班牙人的混血兒，和菲律賓人比較偏褐色的皮膚不太一樣。我心想，不知道是不是一九六〇年代從台灣來的移民者後代？或者和西班牙混血的後裔？還是美軍留下的後代？

我想在進入北京採訪前，整理好自己的思路，一點酒意也沒有，直接走到海邊。

夕陽即將西沉，金黃的光芒在海面上閃動如舞，棕櫚樹在晚風中搖曳，沙灘柔和平緩，有如〈南海姑娘〉那一首老歌唱的：「椰風挑動銀浪，夕陽躲雲偷看……。」

海邊的長椅上猶有餘溫。我把兩本筆記從背包裡拿出來，想對以往的採訪做一個回顧。現在北京的情況已經非常複雜，社會運動總是有主要的矛盾，以及當前衝突的焦點，我得先想一想問題的根源，才不會被現場的表象迷惑。

明天到北京，一旦進入群眾運動現場，記者就得像豹子一樣敏銳，但群眾現場的漩渦太強，再沒有時間安靜思考了。

回想起來，我會有這個採訪機緣，應是始於一九八八年十一月第一次自費到北京旅行。我算是剛開放探親後，第一批到大陸各地旅行訪問的人。那一次之後，才有了一九八九年三月的兩會（人民代表大會、政治協商會議）採訪。那是兩會首度開放給台灣記者採訪，我們受到中央對台領導人的宴請，訪問了不少官員；那時也正逢知識分子連署，要求特赦魏京生，我也訪問幾位知名的異議人士，如方勵之、嚴家其、李洪林等，做了深度訪談，稍稍了解大陸社會的脈動，才會有此次的北京行。

在學生運動的最後關頭，將這些訪談的思路加以整理，將對我觀察學生運動有很大的幫助。

第一次到北京，是一九八八年，深秋時節。

海峽兩岸在隔絕三十八年後，終於在一九八七年宣布開放探親。一九八八年一月十三日，台灣領導人蔣經國過世的隔天，打著「想家」的旗號而成行的老兵探親團，終於從台北出發，踏上歸鄉之路。他們大都是一九四九年跟著戰敗的國民黨撤退到台灣的老兵。這是兩岸開放探親的第一團。他們一生都在蔣介石的「反共抗俄」宣傳下生活，對大陸和共產黨充滿陌生和恐懼。這一次的破冰之旅，對台灣有非常重大的意義。從那一刻起，從台灣到大陸探親的人多了起來。不少祖先在明清時期就移民台灣的本省人也打著探親的名義（而實際上並沒有什麼親戚可探），藉機赴大陸觀光旅遊，或返回祖籍地尋根祭祖。

由於大陸是過去在課本上閱讀了而未曾真正觸及的地方，許多名勝古蹟吸引著人們去探訪，因此觀光團悄悄興起。

我朋友李疾老家在屏東，祖先是清朝移民，本來也無親可探，卻因娶了一個外省籍的女孩子，就跟了岳父母一家人到北京、西安、大陸各地去探親旅遊。走了一大圈回來之後，他大力讚賞大陸的風光與人文，希望我找機會去走走。

而當時我也正為了一些工作上的事深感困擾，便決定出外旅行，散散心。

首度之行，飛機即將在北京降落時，從空中俯瞰下去，地面一片幽暗，沒什麼燈光，一點也不像首都機場應有的燈火輝煌。機場是幾幢灰水泥的建築，內部老舊而樸素，站在機場的解放軍看起來神色嚴肅，帶一點疲倦，穿著暗綠色的解放軍制服，跟台灣機場值勤的海關不太一樣。

在一九六〇年代冷戰時代成長起來的我，受到國民黨反共恐共教育的影響，總認為中國大陸有非常嚴密的監視系統，共產黨非常厲害，從政治制度、思想檢查到人身監視，都非常的嚴格，心中難免緊張。沒想到機場所見的檢查人員、解放軍，面容和善，並且因為自己操著一樣的「普通話」，他們反而很親切，只是他們的語言裡，多了一點北京的兒化音。

我搭上僅有的夜班公共汽車，出了北京機場，穿過鄉間的道路，只見兩旁盡是乾枯的白樺樹林，枯枝在車燈的照明下，蕭瑟荒涼，伸向無邊的黑夜。漫長的夜路沒幾盞路燈，只有遙遠的鄉間平房偶爾有閃動著微弱昏黃的小燈。

公車到達東四終點站已經九點半。窗外一片漆黑。一些看起來像店面的門戶都已關門。

「終點站到了，下車。」司機操著北京口音叫道。

我一看四周烏漆墨黑的，哪裡有旅館，便問公車司機，要怎麼到友誼賓館。他一副懶得理我的神情說：「不在這兒，得再走一段。」

「往哪走？」我心想，走一走也好，剛下飛機，鬆鬆筋骨。

「走不了。得坐車。」他說。

「多遠哪？」我心想，都到終站了，賓館不會太遠。

「反正得坐車去。」司機愛理不理，一副「你自己看著辦」的樣子。

「坐什麼車？」我心裡有氣，接著問。

「出租。」他手一揮，指著旁邊一輛掛著出租車牌的綠色豐田。

那是一輛老舊的計程車，司機在座位上抽香菸，愛理不理。

我問他多少費用，他開了價碼，而且講明，只收外匯券。

我心想，在機場除了換下來的外匯券，我也沒別的錢。何況只此一輛，就直接上車了。

由於臨時決定出門，我只憑著李疾給我的一點訊息，幾個電話號碼，就匆匆揹上行李，買機票走人。連飯店也沒有訂，只知道在北京有一間友誼賓館可以住。

想不到，友誼賓館距離東四那麼遠，北京這麼大。

更想不到的是，友誼賓館占地面積也那麼大，坐落在一大片樹林裡，好像書本上寫的江南大園林。園子裡樹高蔭濃，夜色比外面的街道還黑，只有主樓前有一點燈光。

晚上十點多，夜不算深，可櫃檯上只剩下一個中年婦女服務員。她看了看我的台胞證，用一種「深夜怎麼會來了一個台灣人，會不會是特務」的不友善眼神，有點遲疑，有點害怕，走到另一個房間，叫出來另一位四十來歲的婦人。

那個看起來像主管的婦人上下打量我一番，再低頭檢查台胞證，詳細查看發證單位，才抬眼恩准：「是台胞證，沒錯。讓他辦入住吧。」

我這時才想到，所有北京的飯店，我也只知道這一家，不讓入住，那我只有睡街頭了。而十一月深秋的北風，正在呼呼的吹。

辦好了手續，我看她的背後有一個櫃子，裡頭有兩、三瓶茅台酒，就用《水滸傳》的口吻問：「那酒，賣不賣？」

比起台灣的價格，當然便宜很多。我當場買了一瓶傳說中的茅台酒，拉著行李，走下台階，去找她們口中的幾號樓。

剛到北京的我確實有聽力上的困難。

北京話彷彿是有兩個舌頭含在嘴巴裡，互相捲來捲去，終於捲出聲音來似的，每個字詞都可以繞成一團兒來兒去的兒化音，什麼要加兒什麼不加兒，完全沒有規律，說得快一點，聽起來一半像西班牙語，只能半懂半猜。那個服務員指路所說的話，西邊兒來南邊兒去的，我完全聽不懂。但心想，旅館嘛，當然就是一幢樓，難道還會迷路嗎？提了行李，逕自走了出去，準備到房間享受茅台。

沒想到，夜這麼黑，風這麼大，友誼賓館這麼廣闊。我真的迷路了。

我在庭院中繞來繞去，找到一幢有燈光的樓，走進去，有櫃檯卻找不到服務員，也不知道自己走到哪裡去了，像進了鬼屋。或許，不是這一幢，再去找另一幢。但每一幢樓都沒有標示，根本不知道在哪裡。

最後沒辦法了，我只得回到櫃檯，尋求指點，想不到他們依然說：「先出去往西、再往南……。」「可是，現在是晚上，我怎麼知道東西南北？」我提一個大行李，在秋夜冷風中，還可以走得滿頭大汗，沒好氣的說：「你可以站出來指點指點往哪裡走嗎？」

那服務員沒好氣，用一種瞧不起鄉下人的神色，走出櫃檯，嘟著嘴巴說：「哪，就這麼幾幢樓，你還沒法找到！」

我知道沒法理論了，仍舊自己奔波。最後好不容易繞了三幢樓之後，問了三、四個不同的服務生，才找到入住的樓。看一下手錶，已經走了四十幾分鐘。

後來我才知道，北京地理方正，人們習慣用東西南北來指路，但我剛到北京，哪裡知道東南西北。更何況，友誼賓館如迷宮，不僅外國人，連中國人都找不到自己住的什麼樓，確實問題很嚴重。最後友誼賓館只得在各個路口設置地圖。但已經是二十一世紀的事了。

友誼賓館是一九五〇年代為蘇聯專家來中國工作所建的公寓樓，後來中蘇交惡，蘇聯專家撤走，這裡才改建為賓館，因此布置得樸素簡單，具有濃厚的學人宿舍氣息。原木的大床，一張大書桌，窗邊有一張古老的小茶几，茶几邊上是兩張明式的座椅，桌上一罐紅花圖案的舊式熱水瓶。

瓶裡沒水，我走出去服務台問，卻沒人，好不容易找到了人，那服務員泛白眼，說：「都這麼晚了，自己打水去吧，在拐角邊兒上。」走廊上，光線黯淡，破敗的舊地毯泛著發霉的氣味。

我坐在明式椅子上，打亮燈，卻見燈光所照處，是一株老槐樹的樹幹，葉片落淨，枯枝泛白。窗外的園林，古老的氛圍，讓我想起魯迅的小說〈傷逝〉，以及老朋友吳耀忠朗讀的時候，戴著老花眼鏡，一字一句讀著：「……依然是這樣的破窗，這樣的窗外的半枯的槐樹和老紫藤，這樣的窗前的方桌，這樣的敗壁，這樣的靠壁的板床。深夜中獨自躺在床上……」

我打開茅台酒，為自己獨闖北京喝一杯。再斟上一杯，向著空中，在心中說：「吳大哥，如果你還活著，就可以一起來喝一杯了。」心中不禁一痛。

和陳映真同案的畫家吳耀忠，因參加左翼讀書會而被捕，入獄前繪畫才華早已為師生所共知，卻因為藝術家的性格，敏感脆弱，無法承受獄中的苦刑，出獄後酗酒。他的最後幾年，我曾陪著他度過那艱難而近乎半瘋狂的時光。那種反覆糾纏於夢魘與真實，理想與幻滅之間的痛苦，太過深沉，太過傷痛，我也無法幫上忙，只能陪他度過一些被酒精折磨的長夜，希望他早日振作起來，繼續畫畫。

然而他終究抵不過酒神的召喚，英年早逝。如今兩岸開放，我終於來到他心中的魯迅故鄉。

看到這些〈傷逝〉裡的老槐樹和庭院。但他已不在了。

「吳大哥，這就是你心中的社會主義祖國呵。可惜，你沒能看到。」

我敬他一杯。

第二天，我呵著白氣，第一次走入北方深秋寒冷的早晨。順著道路，走到友誼賓館旁邊的市集，想去買點吃的當早餐。

市集裡聚集著各式各樣的小攤販。有些鄉下農民用小驢子拉了滿滿的一車大白菜過來，走過黃沙滾滾的路面，在路邊停下來賣。仔細一看，不只一輛車，十幾輛驢車、馬車陸陸續續都載滿各式農家青菜來了。

買菜的市民提了竹籃子、布籃子，悠閒的東挑挑西望望。人聲雜沓，地面黃沙滾滾，熱鬧非凡。這種民眾市集，充滿生活氣息，一直是我的最愛，忍不住東張西望。

一個煎餅攤子，一個穿著泛白藍衣、農民模樣的中年人，正在攤餅皮，打蛋，灑上蔥花、夾上油條，做出很漂亮的煎餅，空氣中充溢著煎蛋香。幾個人已經在排隊，我也跟著排上。輪到我的時候，很高興的說：「買一個。」

「票兒呢？」他頭也不抬，把蛋打在鐵板上，攤平，頭也不抬。

我從口袋裡掏出幾張十塊錢的全新外匯券，那是在機場換的，摸出十元，遞出去說：「多少錢？」

「不是這個，票兒。」那個中年男子很不耐煩的說。

我訝異的說：「這不就是鈔票嗎？」

「這是錢麼？」旁邊一個大嬸樣子的婦人，用一雙好奇的眼睛，打量我那全新的外匯券。幾個婦人和大叔都圍過來了。那一張外匯券在他們手上傳閱。

「在機場換的呀，不是假鈔。」我紅著臉說。

「有中國人民銀行的字，應該是真錢。可怎麼都沒看過。」一個大叔打量著錢，一副我用的是偽幣的神色。

「政府規定，外國人只能用這個錢。外匯券。」我說。心想，昨天晚上計程車司機還只收這種錢哩。

錢終於傳回我的手上。

「是真錢，可以買嗎？」我問煎餅攤子。

「沒票兒，不行。」攤主繼續用一根棍子，攤開餅皮，冷淡的說。

我完全矇了，訝然問：「怎麼一樣用錢，這不能買？」

「光有錢不行，要有糧票。」大嬸笑起來，從口袋裡掏出幾張薄而又小的紙片，我拿來一看才終於搞懂，劉賓雁的報導文學筆下寫過的糧票，原來長這樣。我再看了幾眼，忍不住笑起來說：「算了，我沒有票。」

沒有票就什麼都買不到，看來我很難生存。

「那什麼是不用票就可以買的？」我很緊張的問那個大叔模樣的男人。

「那兒，買肉去。」那大叔指了旁邊一個攤子。那裡有一輛三輪車，後架子上有一個綠紗罩的櫥櫃，裡頭有幾個擺在紅花臉盆裡的熟肉。看起來有牛羊豬各部位的肉，什麼都有。我心想，現在不買，晚上可就沒有東西吃啦，拿什麼來下酒。於是學著用一種武松的口吻，向那肉攤子說：「來一斤牛肉，一斤豬肉。」

那人指著一堆一堆的熟肉問：「要哪一種？」

我看一堆各部位的肉，也不知如何選擇，隨便指了一塊牛腱子，一塊豬腿肉，就說：「各一塊吧。」

老闆沒說什麼，切了兩大塊，秤一下，用紙包了起來。

我帶回旅館，到了晚上，才開始後悔，怎麼當下沒叫他切片，這麼大一塊，又冷又硬，我又不是武松，怎麼咬得下？

坐在菲律賓的海岸，望著柔和的夕陽，吹著溫暖的海風，想起北京深秋的初體驗，忍不住笑起來。

糧票，外匯券是北京教我的第一課。

而這些，生活中的細節，魯迅、沈從文、丁玲、巴金都沒有在書裡寫過。即使是我曾讀過的劉賓雁報告文學，也不曾體會過。是啊，我過去的中國印象，都是來自作家，子君的鞋跟所踏過的北京的地板，翠翠聽過的湘西的水聲，艾青筆下的荒涼的北方，劉賓雁筆下那為理想一往無悔的忠誠黨員，敢和權力對抗的硬骨氣的中國人。如今，那些書中的人物，才真正有了真實的血肉，膚觸的溫度。但生活的細節，人性的冷暖，得自己去體會。

3

到北京的隔天下午，朋友李疾介紹的一個北京親戚小雲來看我。高高的個子，有一米七五，高眺的身材，漂亮的長腿，秋天的寒風把她的臉吹得紅紅的，像蘋果，長長的睫毛，挺直的鼻子，有一種北方的健朗之氣。我心想：這麼漂亮的女子，在台北可以去演電影了。

小雲問我：「怎麼想來北京？」她的聲音聽起來細柔。

我回說：「以前都在文學裡讀過的地方，好像有點距離，現在要自己來看看，感受一下。」

「有沒有什麼想看的地方，我可以帶你去走走。」

「除了故宮、琉璃廠、頤和園等等，我主要想看看北京人的生活。就是普通的北京人，真正的生活。」我於是說了買早餐沒糧票的事。

她大笑起來：「這很普通啊。改天我拿一些糧票給你吧。」

至於要看什麼，才是真正的生活？她有點摸不著頭緒。

後來我只好說，就是一般的菜市場，尋常人的生活，平常的日子。不是觀光客看的那種地方，而是老百姓居住的地方。

小雲的父親在鐵道部任職，原來是陝西人，解放後來到北京。家裡只有她一個女兒，特別疼愛。

兩天後，她帶我去了一個男性朋友的家，在一個由幾幢樓構成的大院裡。房子在四層樓，上樓梯時，只見樓道上都堆著白菜。成堆的白菜，好像菜市場裡，沒賣完先擺在這裡，沒人要的一樣。白菜堆裡發出一股微酸味，像開始發酵了。我想起電視上說：今年的冬白菜豐收，供應良好，各地都運了多少車進北京來了……。

只是，這麼多白菜堆這裡幹什麼用？

「冬天要吃啊。」她說。

「冬天怎麼吃得了這麼多？」

「一整個冬天，都得靠這個啊，不然沒法涮羊肉。」

「沒有別的嗎？」

「冬天，咱們北方的土都凍上了，沒有菜。主要就這白菜了。這個便宜，咱們北方有的。冬天如果要青菜，只有從南方運來，那就貴了。那是大餐館用的，咱們買不起。」

我終於明白，原來北方的冬天冰天雪地，根本種不了蔬菜，就只能靠這個預先儲存的大白菜。友誼賓館外，驢車上的一堆大白菜，是專門用來供應整個冬天用的，難怪買菜的人會用小車，一車一車的拉回家。

那一天她和朋友包餃子吃。或許韭菜是寒帶產的，做餃子特別鮮香，再炒了剛上市的冬白菜，特別好吃。

我心想，就是要過著一個普通北京人的生活，才能了解人們為什麼這樣那樣思考。

吃完餃子，喝了兩瓶啤酒，大家都熟了，她的朋友，一個穿著毛衣、皮夾克，看起來頗為時髦的男子，一邊幫我倒啤酒，一邊問道：「你進來的時候，指標有用了麼？」

「什麼指標？」

「就是可以買三大件、五小件的指標。」男生名叫小韓，語氣頗為內行，看起來很吃得開的樣子。

我完全聽不懂他在說什麼。

小韓解釋說，台灣人回鄉探親，按規定可以帶三大件五小件，當作禮物送給大陸的親友。「三大件」指電視機、錄音機、錄影機、電冰箱、洗衣機、照相機、機車等；「五小件」指手錶、自行車、縫紉機、電風扇、電子琴、電烤箱、打字機、熱水器等。大陸的電壓跟台灣不一樣，一般探親的人都會在香港中國旅行社買好，再帶著證明文件進來就可以了。香港中旅會幫你把大件小件送到指定的城市，再通知大陸親友帶著指標，也就是證明文件去取。

當時物質還非常缺乏，舶來品很少，賣得特別貴。最為稀缺的是電器用品，特別是日本產的，非常受歡迎。所以，即使你不需要，帶進來一樣可以在市場上賣出高價。賺出一倍以上的價錢。

我一無所知，只好說，我真的什麼也沒帶，而且是從菲律賓進來的，真是抱歉。

「沒關係，你沒帶也可以在這裡買。」他熱心的說：「我們可以去友誼商店辦手續，用你的台胞證，到友誼商店去訂三大件五小件，到時候，我們去提貨就可以了。」

原來，北京的友誼商店有一些進口的電器用品，雖然不一定是日本原裝，但主要是進口商品，在市場上也很搶手。但在這裡購物只能使用外匯券，並且只賣給有海外證件的人，你得憑證件購買。而外匯券的票面價值雖然和人民幣一樣，但外觀不同，黑市價格也比人民幣高個兩、三成。如果不是有海外關係，根本沒看過，難怪菜市場的人不認識，以為我拿的是假鈔。

由於電器用品在大陸是稀缺商品，在友誼商店買了，可以去外面賣個高價。所以小雲的朋友希望我幫忙跑一趟，讓他賺個差價。

「我們只是做一點小生意。因為我們從海外朋友這邊拿到的指標，也很有限。只能買個幾件。真正厲害的是有辦法拿到進口指標的人。」小雲補充說。

「為什麼？」

「這些電器都是管制進口的，誰能拿到政府正式許可進口的指標，一進來就是幾百台電視，拿去市場賣，這樣倒買倒賣，才能賺大錢。」

「可是，不是進出口都有程序，而且要找到買家，有店面，也不是誰都能賣的。」我問。

「呵呵，你不知道。外面搶著要，買都買不到。特別是彩電啊、冰箱啊，特紅火。你只要拿出去，隨便一家店都搶著要。」那男子說。

「政府每年進口的指標是固定的。你得在上頭要有管事的人，幫你拿到指標。例如說，可以進口一萬台彩電，你分到一千台的指標，底下自然有人會幫你去辦好手續，把彩電賣了，賺了錢，大家分。有權力的人弄指標，指標最重要，其他買賣都小事了。」男生用一派輕鬆的口吻，分析給我聽。

「倒彩電，那還不是什麼。」我們喝乾了第三瓶啤酒以後，小韓的臉色有些微紅，提高了聲量說：「我一朋友，他爸在首鋼，有辦法搞到鋼鐵，拿到批文，一轉手賣給了一建築工地。十幾萬就到手。那才是買賣。」他啜飲著啤酒的泡泡。

「上次，那個老白啊，去給山西一煤礦的經理送洋酒，弄到了一批文，這一倒，賣給了一家公司，就賺了幾萬元。」

「買賣倒煤礦嗎？」我驚訝的問。

「是啊，那才是大買賣。」

「你們現在，一個普通公務員的薪水是多少？」我忍不住問道。

「什麼是公務員？」小韓問。

「就是政府部門裡面，一般科員辦事人員。或者說，一個老師的薪水是多少？」

「老師哦，大概幾十、百來塊錢吧。像我爸爸，級別也不低，有百來塊錢。」小雲用詢問的眼神看著男子。

「一般單位裡的幹部，大概也就是一、兩百塊錢吧。有的還更低。」他說。

「哇，那幾萬元，是十年的薪水啊。」我說。

「所以啊，現在厲害的都做倒爺。」

「什麼？倒爺？」

「現在，咱們這裡，能做買賣，厲害的人，叫倒爺。」小雲笑著說：「左手拿指標，右手賣出去。把東西倒過來倒過去。」

「啊，原來『倒』是這個意思。」我笑說：「在台灣可沒這麼用的。我們的倒就是倒下去。像公司倒了，就是公司垮了，倒閉了，是不好的意思。」我用手比一個倒下的姿勢。他們都笑了起來。

「咱們兩岸，說法不一樣哦。」小雲笑得很可愛，露出兩顆小門牙。

「咱們北京這裡說的倒，是倒到什麼地方去的意思。並沒有不好的意思。」男子說。

我忽然想起小雲說過的，她到友誼賓館要「倒」兩路車就到了。所以從一路公車換到另一路，也叫倒。那意思有點像台灣人說的「倒水」之類，把水倒過來倒過去的用法。看來兩岸隔絕快四十年，社會生活完全不同，語言和名詞都有不少差異。

「他也是倒爺。」小雲指了小韓說。

小韓不好意思的笑起來：「我還不行，差得遠哩。咱們上頭的關係不夠，辦不了大事兒。」

「做事兒得靠關係，咱們爸媽又不是高幹，我爸在部隊，也沒什麼好倒的，又沒什麼關係，只能從小買賣做起。」小雲柔聲細氣的說。

「倒爺是可以賺一些錢，但真正有錢的，還是要靠權力，他們才有批文。」小韓說。

「我們關係不夠，人家有關係的，早就發財了。」小雲說。

這是我第一次聽到「倒爺」。後來才知道，這是了解中國的關鍵字。在公有制之下，一切物資、商品、生活資料，都由國家分配，誰有分配的權力，就能取得資源。而在開放改革後，實行物價雙軌制，公有定價便宜，民間市價昂貴，於是有辦法的人，用權力從公有的供應鏈拿出各種資源，在市場高價出售，賺取差價。商品供不應求，不夠分配，於是而有黑市。分配的權力就變成特殊利益。上下勾結，利益分贓。官倒風氣，變成市場的潛規則。

坐在遙遠的菲律賓海濱，望著椰風白浪，夕陽緩緩向西，回想上次的採訪，反而清楚的看到，當初以為只是生活中極平凡的對話，一個北京小女生希望買一點船來品，三大件五小件，賺一點小錢，這麼樸素的小市民的蠅頭小利，其實已反映出供需不平衡，社會分配不公平，以及權力與貪汙腐化之間的關係，在民間是一個非常普遍的現象。

只是沒想到，這現象普遍到成為社會的公憤，才幾個月過去，「官倒」變成這一次學生運動的主軸。

「反官倒，反貪腐」的標語，貼滿了天安門廣場，激起市民的憤怒與熱情，百萬人一起上街遊行，這是我最初無論如何都難以想像的。

看來，在公有制下，原本為了追求公平正義而設計的分配制度，反而讓權力有上下其手的空間，帶來最大的不公。權力即是掌握資源，控制資源，分配資源。權力越大，資源越多，腐敗越深。絕對權力，絕對腐敗。這確實是不變的至理。

4

然而，中國怎麼會變成這樣？

也就在短短的時間裡捲起世界最大規模的群眾運動：百萬人大遊行。為什麼？

以前參與台灣社會運動時，曾帶著讀禁書的興奮感，讀過馬克思的《共產黨宣言》、列寧論帝國主義、毛澤東選集等等左派的書。當時對社會主義所追求的公平正義，特別是社會主義為窮苦者所建立的烏托邦，有不少的想像。而在劉賓雁的報導文學作品中，看到一些地方官員，為了對抗腐化、濫權的上級，寧可選擇「第二種忠誠」，那樣正直的人格者，那些懷抱理想主義的獻身者，還存在於中國嗎？怎麼可能發生這樣的「官倒」？

中國，這古老的大地上，實踐了四十年的社會主義制度，整個社會，各種複雜的面向，一定還存在著許多像我這樣生活在資本主義社會的台灣人所不了解的地方。

我想起一九八八年深秋，自己到安徽去看望回家鄉探親的李明儒先生。他老家在安徽淮南的農村。我從北京搭火車，坐了十幾個小時，經過濟南、棗莊、徐州、蚌埠等，這些只有在書上讀過的古戰場，終於在黃昏到達合肥。

沿途中，那些古戰場的地名，都是歷史課本裡才見過的名詞。從三國、唐、宋，甚至國共內戰的記憶裡，一一喚醒。那是一種奇妙的感覺，彷彿在告訴自己，那些書中有過的記載，都是真的。真的有過那些戰爭和死亡。那些古老的箭曾射穿這裡的城門，血曾流淌過這裡的運河。徐蚌會戰百萬大軍決戰於這一大片農田和平野，無數年輕生命埋骨在這裡。

到達合肥的黃昏，夕陽照在老城的鬧市。幾幢新建的水泥大樓之外，這裡倒是有一條仿古建築的街道，熱鬧的聚集著百貨商場、茶館、酒樓。帶著古風的茶旗酒旗，在秋風中招展，成排飄動，呈現一種明清時代的風情。

我獨坐在一間小茶館的二樓靠窗邊，叫了一壺茶，拿相機往下拍市井風貌。市集裡有著鮮明的地方特性，反映出不同的風土民情，而行走其間的尋常生命樣態，那種閒適的、從容的、提著小籃子的婦人容貌、孩童的追逐等等，顯現出日常的安定感，那正是最動人的角落。

一間老舊的磚頭房子外，用幾個粗糙的大字寫在白報紙上：「世界奇觀，宇宙大展，人有三手，蛇有雙頭」，這麼大的口氣，只需要一元人民幣，就可以進去那小破屋子裡看。還有一間商店門口寫了「香港牛仔褲，新到貨」。彷彿世界剛剛對外開放，小老百姓的尋常日子裡，充滿對外界的好奇，既真實又魔幻。

還有幾個農民，用扁擔挑了十幾罐陶製的東西，說著一種地方土話，可能賣的是鹹菜之類的。一個婦人前方擺了幾束草根似的草藥，正在向一個老人解說。

我喜歡看這種市集的容顏，總覺得只有如此才會接地氣，貼近真正的生活。

第二天，搭上前往淮南的公共汽車。沒想到公車的窗戶大部分壞了，沒有玻璃，秋風直灌而入。座椅靠背的木板壞了，只剩鐵框，沒法靠坐，只能挺直了腰。沿路上，公路不平，時而黃土，時而過溝，左右搖盪，上下顛簸。有時坐著被彈上去再跌下來，比站著更難過。更艱難的是，我不知道要多久才會到達。去問司機，他咬著香菸說：「再過三個村子吧。」沿路上有農民挑著雞鴨上下車，嘰嘰呱呱，活蹦亂跳，似乎要去另一個市集賣了，或者已經買好要帶回去。他們說的安徽土話，我一句都聽不懂。他們抽的土菸，一例都是乾燥的旱菸味。就這樣顛了三、四個小時，才到達淮南的一個小站。

李明儒先生找了人來接。那在地親戚一眼就認出我來。「長相衣服太不同了，一看就是台港的。」穿著灰藍色毛裝上衣的青年說。

然而最不可思議的，仍是人。

在淮南，我終於見到李明儒先生的老家和他的家人。在台北他是報社的副總編輯，西裝筆挺，處理編務與採訪，周旋政商界。他帶領我進入報館工作，教我編輯採訪的訣竅，政界的祕辛內幕，訪談的人情世故，於我情同父兄。他的見解分析持平公允，世界觀寬廣敏銳，受到各方敬重。

然而，當他帶著我走過家鄉的田地時，我卻看到一個安徽的孩子，眼睛看著平坦的田土路，深情的指著一大片收割後的麥地說：「小時候啊，我要從一大片田土路上走出去，繞來繞去，才能到學校去讀書。好遠啊！現在，你看，土地都整平了，重新劃過。路變得這麼開闊。真好！家鄉改變了。」

淮南是煤礦的產地，附近已經開始挖礦。一些地都由政府收回，建起了運煤的鐵道。他老家的土地也被徵收，但還未搬遷，仍住在老房子裡。因為即將拆除，房子顯得殘破不堪，家具老舊，一口老灶雖然泥灰深重，但他們還是依照老規矩，給遠來的貴客煮了兩個甜雞蛋，晚上在老家，好好的喝了一頓。這裡乾杯的方式，不是「感情深，一口悶」，而是「感情好，喝一雙」。一次乾兩杯白酒。

有一天下午，他弟弟帶來一位附近村子的婦人，說是有事相詢。那婦人頭髮雖然灰白，卻梳得齊齊整整；衣著灰舊，有許多縫補的痕跡，但看起來乾淨泛白；或許是走了很長的路，一雙黑布鞋上，沾滿黃泥塵土，但她步履從容有過良好的教養。她先是緩緩說起自己的丈夫是哪一年離開，曾在哪一個人的部隊當兵，抗戰勝利後曾短暫回來一下，又跟部隊走了。再也沒回來過。「幾十年了，他現在在哪裡，是死是活，我都不知道。我等了他一輩子。他怎麼就沒給我捎一句話……」她說到此，壓抑的低下頭，用力的抑住哭聲，但終究壓不住，慢慢釋放，最後竟崩潰般的放聲大哭起來。那種哭聲彷彿壓抑太久的洪水，才終得釋放，嘩然一聲，就崩潰了。

旁邊的人都跟著掉眼淚。一個人補充說，文革的時候，因為丈夫是跟國軍走的，她被打成國民黨特務，批鬥得差一點死去。她不得已，逃去了東北，流浪各地，當了幾年的乞丐婆。文革結束，才回到家鄉，無兒無女，也沒法生活，靠親族接濟度日。

「她平常不會這樣的，什麼都不說。很安靜一個人。」旁邊的親戚說。

「為了他，我吃了一輩子的苦，可他是死是活，我都不知道啊！我都不知道啊！」她寫下了那人的名字、大約的年齡、參加的部隊，想讓李明儒去幫著找找看。「死了也讓我知道，死了這條心啊！」她說。

李明儒只能陪著掉眼淚。讓我抄下資料，準備回去託人查一查。看那婦人生活有困難的樣子，他特地包了一個紅包給她。雖然她不是親戚，但李明儒認為，一輩子受苦，算是替她丈夫給的一點安慰吧，也只能這樣了。事實上，一九四九年那樣的戰亂，能活著的希望都很渺茫。夜裡，他安靜的說，有好幾個鄰近的鄉人，知道他從台灣回來，都來託他找人。兩岸分隔近四十年，失去了聯絡，如果不是他回鄉，也無處去探問死生。「我好像代表了台灣的親人，回來探親，只能盡量幫忙。」

像這樣的故事，在一九四九年從大陸撤退到台灣的一百多萬人身上，重複再重複。三十幾年隔斷的，不只是人的音訊，生命的消息，而是人性中很細膩的改變。人在不同的社會環境下，一點一滴地被改變，被影響，最終，兄弟也變成完全不同的人。就像李明儒和他的兄弟一樣。

李明儒穿著西裝，西式又現代的打扮，可他的兄弟，穿著灰藍色的毛裝，在田地裡辛勤的工作，幾十年勞動，面目黧黑，手足胼胝，是一個典型的純樸農民。我都可以想像，因為李明儒的關係，這四十年來，他們吃了多少苦頭，受到多少罪。而現在，歷史巨變，過去的罪，現在歸來，變成受歡迎的「海外關係」。一個光榮、光鮮、光亮的新關係。

李明儒準備了許多禮物和大件小件，然而三十幾年分隔，讓他心中彷彿虧欠家鄉的親人似的，只要有親戚來，不管多遠房的，作為長輩，他總是要包一包紅包。可在言談之中，我仍感受到說不出的距離。那不是誰的錯，而是生活在兩種社會、兩種生命經歷的人，經歷近四十年分隔之後，彷彿還在試著互相了解。李明儒想要了解家鄉發生了什麼變化，他的兄弟也想知道他在台灣的生活。

他彷彿是一個還鄉的孩子，卻又像一個尋找家鄉的異鄉客；一個至親的兄弟，卻又彷彿是遙遠彼岸來的親戚。

客套而親近，親切又陌生，在人性上，有那麼細膩的變化。那實在是難以言說的、一道無形的牆。近四十年的分隔之冰，要多久才能融化？

我想起魯迅筆下的閏土，感到一種深沉的哀愁。

5

站上北京天安門城樓的那一天，風吹得猛烈。戴著厚毛帽子的李明儒雖然喊著冷，卻抖擻精神，望著平坦寬廣的天安門廣場，車來車往、人潮如流的長安大街，開朗的大笑起來，高興的說：「中國人，真的站起來了！」他的眼中泛著淚光。一九四七年，李明儒還是一個十八歲的青年。因為二二八事件，國民政府需要有學識的青年軍，以改善本省人與外省人之間的關係，於是來到台灣。那時，歷經抗戰與內戰的中國，根本只是殘破流離、烽火連天的悲苦大地。他未曾到過北京，更不必說看到一個安定的中國。如今，他終於站上天安門城樓，看見一個新起的中國，難怪會感嘆著「中國人站起來了」。

頂著秋陽與十二月的秋風，我陪著李明儒參觀故宮、長城、王府井等知名景點。這些地方，李明儒都不曾來過。他終於有一點像一個開心的觀光客了。

幾天後我們轉西安。為了體會穿過中原黃土大地的感覺，我決定搭火車，慢慢行去。下午的時候，綠皮老火車從北京站出發。一聲長笛，列車呼著一口一口的蒸氣，向深秋的原野行去。

這是一趟至少二十個小時的旅程。

列車停靠在曾是古戰場的一些車站，以及更多不知名的小站。許多小販身前揹著地方特色產品，站在車窗外叫賣。那些不同的地方口音，構成嘈雜又好聽的樂音，在黃昏的月台上迴盪，成為一種迷人的風景。土特產有燒雞、燒鴨、滷牛肉乾等；也有水果乾果，更有賣大小瓶裝的汾酒、瀘州老窖等，各地特色都不同，非常吸引人。可就是沒有像台灣這樣，賣鐵路便當。我心想，這一路上，餓著肚子是不行的。於是，挑了個小站，看一個老人家賣的燒雞不錯，買下了一隻，再買一瓶汾酒，準備一路上獨酌，打發旅途的寂寞。

我搭的是硬臥。自己坐在床頭，一手撕開燒雞，味道頗為特別，那是滷了很久非常入味的燒雞，骨頭都可以咀嚼，用來下酒，別有味道。喝過了酒，黃昏初臨，夕陽金光射入窗戶，平野上的夕陽逐漸轉紅。濃烈的橘紅，酒色的血紅，鬱鬱的蒼黃，深厚的黑土，構成一幅遼闊的天地圖景。

生長於台灣海島的自己，只見到過夕陽在海平面下沉，或者在高山之顛，緩緩消失，卻未曾見識到「大漠孤煙直，長河落日圓」的大荒涼之感。此刻，我坐在行駛的列車中，望著血色黃昏，遼闊天穹，夕陽一分一寸在地平線的盡頭沉沒，首度感受「殘陽如血」，不只是悲涼，還有殘酷。

獨酌寂寞，站在窗邊抽菸。在昏昏的大平野裡，忽然見到一行渺小的人影，如螻蟻一般，緩緩在無盡的荒地中移動。

列車慢慢接近時，我努力想看清楚一些，卻只見到細小如幾滴淡彩的人影之中，似乎有幾個人拿著白色的花圈。遙遠的距離，使得這行列無聲而緩慢。像電影裡的慢動作，卻又不疾不徐的，在柔和起伏的平野上，蠕蠕移行。

「啊，那是什麼？」我詢問了旁邊，一個看起來中年的漢子。他也是從北京上車的，在我上層的臥鋪。

他注視了一下，淡然的說：「是送喪的。有人死了。」

我的心跳了一下。原來在北方，死亡，是這樣。無聲的，卑微的，沉靜的，隱沒了。

沒有一片綠葉，草木都已枯黃，天地莽莽蒼蒼。如此枯乾的、如此瘦骨嶙峋的憂鬱，如此渺小如蜉蟻的生命啊。

詩人說得沒錯，「北方是悲哀的」。

我獨自喝著白酒。向這黃土大地致敬，向這永恆的卑微而尊嚴的生命致敬。

火車走在遼闊的平野，走在中原大地上。

那些古老的戰場，石家庄、邯鄲、鄭州、洛陽……。平緩的田野，荒涼的秋景，讓人不禁想到，千古以來，多少中國人就生活在這一片大地上，生生世世，一代又一代的，綿延著，戰亂著，死亡著，而終至於只剩下這一片鮮血澆灌過的、生生不息的平野。

我想起自古以來的戰爭，從一個地方起義，要征戰到整個天下，平息所有的暴亂、饑荒、流民、劫匪，直到一統天下，要走過多少這樣無邊的平野，要調動多少百萬大軍，征戰多少村莊，那是多少的生靈塗炭。

空間太過遼闊，時間太過綿遠，戰爭的歷史總是拉得更長，死亡也蔓延更廣。彷彿無盡的死亡才是歷史的正軌，太平盛世竟是難得的幸福。

一次朝代的更迭，少則幾十年、上百年的決戰，得用幾代人的光陰，才能完成大地的修補？還要再用上幾代人的時間，才能建構一個太平榮景？再要幾代人的努力，才能孕育出一個文明盛世？

而文明是如此脆弱。一場戰亂，一場瘟疫，一次大饑荒，一場革命，只一夕之間，就灰飛煙滅了。

半夜裡醒來，車廂裡靜悄悄，只微聞鼻息打呼，一個小孩子咿咿唔唔和母親輕拍的喔喔疼惜聲。空氣中有汗臭、脫了鞋的腳臭味。

夜行列車，載著沉睡的眾生靈，在荒野中奔馳。

我想起了《齊瓦哥醫生》電影裡，列車穿過雪原的場景，獨自在冷冽的窗邊站了一會兒，抽著香菸。

列車敲打著卡噠卡噠的節奏，穿過幽沉沉的平野。偶爾過一個小站，也只是人影搖著燈光，在遠方閃動。夜深之後，上下車的人極少。卡噠卡噠，夜車孤獨奔馳。

北方的夜，寒冷，荒涼。

群星在深藍如海的夜空閃爍，彷彿永恆的照耀著。這天，這地，這天地間渺小的人，渺小的生靈，渺小的死亡。就像一個小小的花圈和微塵般的行列，在無邊平野上，越走越遠，而終至於消失。

作為一個台灣的孩子，我忍不住想到，從台灣頭走到台灣尾，開著車也不過五、六個小時。沿濱海公路走，過幾個檳榔攤，跟清涼性感的檳榔西施買一包菸，打打屁，兩三小時就走了半個台灣。我們的時間感與空間感，和大陸遼闊的時空感，完全是兩回事。時空感不同，思維方式自然不同。大至國家政策的南北差異，小至個人生涯的規劃，求學就業、結婚生子的生存空間抉擇，都完全不同。我得試著用大陸型的思維，才能進入中國。

大清早，在人聲雜沓，起床、穿鞋、叫孩子穿衣的聲音裡，慢慢醒來。空氣中開始飄著乾燥的紙菸味。生命又活躍起來了。

窗外，依舊是北方的平野，依舊是一站又一站，古老的書頁中才出現的名字。寂寞、樸素、安靜的小站。

現在，除了剩下的半塊燒雞和半瓶白酒，我似乎沒有早餐了。許多人從行李中拿出麵包和橘子水。我於是在小站買了一袋蘋果，啃著啃著。

臥鋪其實很窄，兩邊只容人上下，睡下鋪的人往往會被打擾。所以一早人醒，解了手，就都坐在下鋪，或站在窗邊，和鄰座聊天。

我的對面坐著一位相貌樸實的中年人，長相方正，像北方人。他看我似乎沒有東西吃，主動拿出麵包和橘子汁要和我分享。我無以為報，就拿了蘋果、酒和燒雞問他要哪一樣。我敬了他一根洋菸，便攀談了起來。

當他知道我來自台灣時，突然很高興的說：「啊，原來你是台灣來的。」轉頭向另外兩個同伴，一男一女，說：「他是台灣來的。」

他們上下打量我，帶著幾分好奇的眼光，看半晌，一個年輕的女子悄聲說：「啊，台灣人長這樣啊。」

我也笑了。感覺自己變成了稀有動物。

「聽說台灣，在南邊兒，是一島嶼。」穿著布棉襖的女子向其他人解說。她看起來鼻子挺直，臉的線條分明，有一種北方的英氣。

「書上說，你們那兒有阿里山和日月潭。四邊都是海洋。」另一個看起來像幹部的男子說。

「你能不能跟我們說說，海洋長什麼模樣？島嶼長什麼模樣？」那女子溫柔一笑。

我一下子愣住了，問她：「妳沒有到過海邊嗎？」

她說：「沒有，咱們一輩子都在西安，都在黃土地上了。是最近工廠要買一些設備，得到北京去訂，才有機會去的北京。」

這下我得開始回想台灣了。彷彿從很遠的距離，遠到可以用一種從高處，從天空中，俯瞰全島的眼光，重看自己的家鄉。好像這樣，才能想好怎麼描述它。

我於是想起了，台灣的海邊，西海岸平緩的沙灘，長長的木麻黃樹林，夏日的蟬鳴聲，炙熱得彷彿空氣都要浮動起來的海平面，淡水海邊午夜歸航的漁船⋯⋯。我也想起了鹿港，台灣最早期移民的地方，那海邊的古厝，曲曲折折的巷弄，生蚵田和小漁船；還有恆春，那唱著老民謠的歌手、古城牆和落山風。

我也想起了花蓮的東海岸。海水拍打起來的時候，海底的鵝卵石，一個一個，互相拍打，互相撞擊，歡呼歌唱，嘩啦啦，奔跑著，奔向海岸。整個海洋彷彿在呼喊，歌唱。那是面向太平洋的，愛歌唱的海洋。整個都是藍色的交響詩。

連結著歐亞大陸的台灣海峽，面向太平洋的遼闊的東海岸，這無邊無際的海洋，我要怎麼訴說，怎麼向一個一生都在黃土地上的孩子訴說呢？

我望著窗外遼闊的黃土地，列車繼續行駛，向她說，海洋的感覺，全部是藍色的，無邊的，向遠方，一直延伸下去。你想像一下，這一大片無邊的黃土地，如果全部變成藍色的，那樣的模樣。

他們靜靜望向窗外的大地。

「一直過去，一直過去。從台灣的東海岸，經過太平洋，可以一直到美國喲。」我笑著說。

「哇嗚！」我看到她驚嘆的微笑。不知道她會不會覺得，彷彿過了一道海，就像過了這一片黃土地，就會到了美國。

「可海浪會起伏，如果你趴在海岸邊，看著波浪打過來，沉下去，眼睛久久的望著海洋，最後，你會覺得，不是海洋在起伏，而是大地，大地在搖動著。好像一個搖籃。」我試著說得形象一點，用手比劃出起伏的浪的感覺。

他們望向窗外的平野，想像大地會起伏呼吸。但我實在不知道他們腦海裡是什麼模樣。

我想起《河殤》裡面所談的，面朝黃土背朝天的中國農民，一輩子都在黃土地上，那又是什麼樣的感覺呢？面對著那麼穩定不變、恆久長存的大地而生活的人們，和面對變幻莫測的海洋和颱風，在島嶼長大的我之間，對生命，對時間，對空間，對自己的生命意義，一定有著完全不同的感受吧。

列車到達西安的時候已經是下午。我算了一下時間，大約二十幾個小時。而這樣的時間，在大陸的旅行並不算太長。

前幾天的新聞中曾經談到，一列從北京開往烏魯木齊的火車，要走七天六夜，其中有一段路，大約一兩天的時間，都在穿越戈壁沙漠。荒涼無邊的沙漠，單調無生趣的景觀，會讓人產生幻覺，甚至有厭世的絕望感。所以列車上特別加派了醫生和護士，當客人呈現出神智恍惚、甚至有人不知列車正在行進，想走出車廂，有如自殺，醫生就會衝上前去，給他吞下鎮定劑，讓他安定下來。

這真是在台灣長大的我，無法想像的世界。

這麼遼闊的空間，這麼綿長的時間，不僅僅在日常的移動中，會影響著人的思維與世界觀，也會影響人對生命價值的看法。

以前讀到抗戰歷史的時候，往往只是用文字去想像。如今來到這個遼闊的時空，我終於能夠明白，抗日戰爭，整個中國大地動員起來，幾億人流離失所，那是何等壯烈的景象。而幾億人一旦放到莽蒼蒼大地上，卻變得螻蟻般的渺小，消失如微塵。

我想起國共內戰，從北方打到南方，從黃土高原，打到沼澤的海濱；從東北冰天雪地的凍原，一直打到海南島、金門的渡海作戰，那麼遼闊的空間，百萬雄師的移動，幾百萬人的喪亂，那是多麼浩翰的歷史長卷。

走出西安火車站的時候，正是下午，陽光明亮，秋葉金黃。西安火車站不像北京那樣混亂，反而有一種從容。人群的移動，速度慢很多。灰撲撲的棉大衣裡，面容和善，衣著樸實，人不愛笑，也不生氣，就只是質樸的臉。

不知道為什麼，我心中就浮出「一張傳統中國人的臉」，這樣的字眼。可能是自己的錯覺，每個人都好像從兵馬俑走出來似的。

西安沒什麼大樓，我們住的旅館算是還不錯的，新建四層樓洋房，沒有電梯，房間寬敞，簡單的木質桌椅，像台灣的教師會館。旅館的服務人員似乎未見過台胞，拿著台胞證對上半天。

我第一眼就喜歡上西安，喜歡這古城的悠然。

在西安的第一個早晨，我五點不到就被李明儒的鼾聲吵醒。旅途前半我們分開睡，現在睡同一房間，我才體會鼾聲鄰床雷鳴，並不可怕，可怕的是雷鳴甚長，有呼有吸，似斷非斷，你非得等到好像快斷了的氣息續上了，呼的一聲，吐出長氣，你才終於能鬆一口氣。可瞌睡蟲早走了。

天還沒亮，暗暗的長街，有幾盞小燈點亮著。

一夜秋風後，黃葉漫天飛，愈增早晨的荒涼寂寥。

遠處，長街的遠方，一輛一輛的馬車、騾車、小毛驢車，緩緩的走過燈光暗淡、黃葉飄飛的石板路。馬車後面拖著的，是鄉村來的大白菜、馬鈴薯等，要進城來賣的。

我看到有幾輛馬車，停在一個亮著燈的小攤子前。燈下，一股蒸騰的白氣在冷冽的空氣中飄散。拉車的農民停下來，坐在路邊的小桌子、小板凳上，端著一個大碗，喝著熱湯。

遠遠的，我竟聞到了羊肉香。

那是一家小店，在塵土飛揚的路邊，起一個大灶，燒一個大鍋，鍋子裡熬煮一大鍋羊湯。熱氣蒸騰中，看得出有羊大骨頭和排骨，配上傳統香料，整個街道香氣四溢。

那趕車的農民搓著手，放嘴上呼著熱氣，再端起一個大湯碗，呼哧呼哧，大口喝湯。桌前有一小碟，上面放著烤爐裡剛拿出來的饃饃，熱騰騰的，就用手掰開來，趁熱吃起來，外硬內軟，別有香味和勁道。也可以一片一片掰開，放入湯碗中，泡軟了吃。

我跟了過去，坐在小凳子上，學著馬車農民，在湯裡澆上紅鮮鮮的辣油，把饃饃掰了，吃了起來。羊骨頭加羊肉熬煮的湯，味道鮮美極了。

天色才濛濛微亮。

「您哪裡來的？」喝了湯，我轉頭問旁邊的農民。他披一件深綠的厚大衣，剛進來，呵著白氣。

他望著我這白面書生，一看就是外地人，嗯了一聲說：「就這兒的。」

我心想，也是啊，早晨趕車進城，不就是在地的農民嗎？我自己都覺得好笑。

「車上載什麼東西來的？」

他嘟噥了一句，西安的土腔，不知是蘿蔔還是土豆，或者白菜，我真聽不懂了。

深秋的北風，從長街深處吹過來。滿街大樹上的黃葉紛紛飄落，嘩嘩然的，像下雨。以前讀成語「秋風掃落葉」，根本不知其意，台灣四季如春，冬天都比這裡的秋天暖和。怎麼也沒想到「秋風蕭颯」，那「颯」字是立起來的風，銳利如刀，竟有這樣肅殺的意蘊。

颯颯秋風把落葉掃到街尾。地面積著厚厚的落葉。踩過去，沙沙作響。

天濛濛亮的時候，兩個老頭拿了一把大掃把，剛出來，正在街尾掃地。可怎麼掃也掃不完。剛掃過，又飄落。風一吹，葉子滿天飛。秋天到了深處，天地間的生命都要凋零了，誰來收拾？以前讀「碧雲天黃葉地」，大概是這樣的感覺。這就是唐詩宋詞中的秋天吧。

我感到難以言喻的感動。心想，終於來到長安，李白的長安，杜甫的長安，「渭城朝雨浥輕塵」的長安，「李白斗酒詩百篇，長安市上酒家眠」的長安，「侍兒扶起嬌無力」的楊貴妃的長安，秦始皇和兵馬俑的長安……，永恆的古都。

然而，我終究被這一片黃土地上的貧困、艱難、堅韌的農民所震懾了。特別是在武則天陵墓，一堆斷了頭的大石像前，一個小孩子穿著破破的棉衣，趕了幾頭瘦羊，瞇著眼睛，望著我拍照，兀自寂寞的走遠，消失在枯索的原野上。我竟感到難以抑止的悲傷，如果我是生長在這裡的孩子，這一生會如何呢？彷彿幾千年來的中國人都這樣生活著，黃土大地啊，什麼時候才能改變？

離開西安的早晨，我起一個大早，先去喝一碗羊肉泡饃，和那個乾瘦的老闆和圓臉紅頰的老闆娘告別，買了一塊硬饃在路上吃。一回頭，只見街尾的地方，掃葉人把葉子堆了起來，點上火燒。微暗的晨光中，幾個長衫的掃葉人站在火堆邊，把葉子送上火堆，像是在告別一個季節，告別秋天。

西安之後，我和李明儒分開，再度單獨旅行。獨自前往廣州，準備從香港回台北。

狹窄的小街小巷，擁擠的人群，南方的食物與廣東口音，燠熱的天氣，讓我立即脫掉了外套，穿著短衣，去尋找地圖上標示的魯迅故居。然而，走了老半天，繞在一幢舊舊的樓房前，怎麼也看不到魯迅故居的標示，裡面像是住了許多戶人家的樣子。我又繞了幾個街區，仍未找到。於是找了那一幢舊樓，進去裡面問了人，才知道這裡就是魯迅故居，只是現在變成民宅了。

他指了指二樓，一個有著鑄鐵舊式花窗的窗戶說：就在這裡。

我抬頭看去，裡面似乎住著人，窗戶上還晾著幾件衣服，像香港一樣，從窗口伸出長長的晾衣桿。幾件花衫在風中飄呀飄的。

想像中，這裡應該還保留著魯迅舊書房的模樣，有一排書架，有些他讀過的書和書桌，一些文稿，供人憑弔，而不應該是這樣破落。我沮喪的獨自在街頭徘徊了許久，到了傍晚才回旅館。

沒想到進去不久，就接到一個電話。是廣東口音的女子，用一種軟軟的聲音說：「楊先生，你回來了？」

「是的。」我想應該是櫃檯，才會知道我姓楊。

「剛回來嗎？」

「嗯，剛回來。」我心想，多此一問。可能要做什麼登記證件，還是繳費之類。反正大陸上每個地方旅館的風俗習慣都不同。

「那你今天去哪裡玩了？」

廣東口音的「玩」有一點輕音，雖然是輕音，我心裡開始覺得怪怪的。為什麼我的行蹤會被盤查。難道我去了什麼不該去的地方？或者我到處探問魯迅的故居，被誤成探聽機密，觸犯了禁忌？我隨時被監視著嗎？我心裡跳了一下，閃過不安的感覺。但還是決定坦白的說：「今天去尋找魯迅的故居。因為，我是作家。」

「哦，你是作家。那你喜歡那裡嗎？」女子聲音還算正常，好像沒有不悅。

「找很久，一直找不到。後來才知道是一間民宅。」

「那你今天晚上有事嗎？」女子問。

「哦，沒事。請問，有什麼事嗎？」我心想，櫃檯那邊需要直接盤查嗎？

「你要不要出來交朋友啊？」女音柔聲問。

「交朋友？為什麼？」我心裡想櫃檯怎麼會找我交朋友？到底想幹什麼？側面盤查？

她在電話中對我的疑問輕聲的笑了，說：「就是男女交朋友啊。」

「啊？」我心中本來不明白，還在櫃檯服務生打轉，現在她一說男女朋友，我就忽然懂了。

我想起在北京的時候，那個漂亮的女子小雲曾說及他父母對她「交朋友」的事，也很關心云云。我當時還不明白「交朋友」是什麼意思。後來才知道，交朋友，就是男女朋友的交往，不是台灣人所意味的指一般的「交朋友」。

想到這一段，我才突然明白過來。

再一想，櫃檯的小姐可以和客人交朋友嗎？於是我放緩聲音說：「妳是廣州人嗎？」

「是啊。」她說。「先生你是第一次來廣州？」

「是啊。第一次來，找魯迅的故居都找不到。」我說。

「你應該有人帶著走的。」她說。

「妳什麼時候下班？」我問。

她沒回答，只輕聲一笑，說：「先生，你今天晚上沒有事的話，要不要出來交朋友？」

我終於明白了，她不是櫃檯。我一開始就被自己給騙了。只是我一路碰到的都是國營酒店，每個服務生都像公務員，不是在服務客人，比較像是在執行公務的酒店管理員，你也是被管理的對象。現在碰上這一個意外的電話，我才真正感到意外了。

「哦，晚一點吧。我剛回來，今天走了一天了，想洗個澡。」我說。

廣州，終究和北京、安徽、西安不同啊。我在心中重新打量這個城市。顯然的，一定有人和外面的女子聯絡，她才知道我的房間電話和姓楊，那麼，這個城市和台灣的某些飯店有做「暗的」，是一樣的。

廣州接近香港，外來的商旅多，性與慾望的產業，已經隨著改革開放，悄悄的先行開放起來了。

6

一九八八年深秋，我和李明儒踏上首次大陸之行。這一行雖然蜻蜓點水，卻讓我明白大陸太深太廣，不是過去課本教的那樣簡單。

對大陸，台灣所知太少了。在戒嚴時代的嚴格控制下，除了蔣介石灌輸的反共宣傳，民間幾乎一無所知。有關中國大陸的資料，書籍報刊，全部以「匪情」之名，被視為機密文件，只有情報單位、研究機構和少數做「匪情研究」的學者可以在限定的地方閱讀，不許攜帶出來，否則就是觸犯禁忌，會被找去情報局之類的單位加以調查，甚至坐牢。

即使是報社，「大陸研究室」是只有少數人能進去的地方，資料限閱，閱者要登記。

這樣的侷限下，台灣人怎麼可能真的了解大陸？

現在，兩岸開放探親，大陸影響會更深遠，台灣要怎麼去了解大陸呢？

第一趟的大陸行，讓我反省到南北的差距，東西的差距，海洋與黃土地的文明對比，太深刻而廣闊了，即使讀了一些報導文學、小說、紀實作品，學習了大陸的民歌和電影，但大陸是如此遼闊，我好像進入汪洋大海，更不用說對真實的生活，民間的社會。我仍不夠了解這古老的大地。

一九八九年三月大陸首度邀請台灣記者參加兩會的採訪（人民代表大會與政治協商會議），我再度踏上了旅程。

那時正好是三十幾位知識分子簽名要求特赦魏京生，因此我採訪了嚴家其、李洪林、方勵之、包遵信、戴晴等學者。當然，為了加強兩岸新聞交流而由台辦主辦的官方接待也有不少，所以在人民大會堂的晚宴中，結識中央台辦主任丁關根、副主任孫曉郁、唐樹備等。

印象最深的是嚴家其。他家在社會科學院的宿舍樓。即使只是平凡而樸素的公寓房，對當時的知識分子來說，已經是非常高級別的住房條件了。一屋子的書，從書架堆到書桌上，然而整齊乾淨，可以看到嚴家其妻子高皋細心的打理。

他請我吃飯，一早就請高皋去買了初春剛上市的薺菜，做了新鮮的餃子。薺菜有一種春天初生的清新氣息，令人驚豔。

嚴家其身形修長，個性溫和堅定，對文革的反省極為深刻，對權力的扭曲，人性的卑微，乃至於人在文革中的互相傷害、密告、揭發，他都有一種寬容的、悲憫的體諒。在他的身上，我看見中國傳統知識分子的胸襟和堅持。而高皋陪著他做學問，整理資料，寫作過日子。即使生活清淡，倒是非常美好的學者生涯。

雖然採訪過幾個知名學者，但讓我最感到震撼的，卻是我一個北京朋友特別介紹的方君。我當時只是想訪問一個「平凡的人，他的生命可以呈現出北京的故事」。朋友於是特別介紹他說：「他生命太奇特了，你可以聽一聽。他的生命史，簡直就是中共的歷史。」

方君來找我的時候，是一九八九年四月三日的下午。氣候開始變得暖和一點，他在旅館中坐了一下，說：「要說事兒，咱們還是到外頭去吧，我帶你去天安門廣場，邊走邊說。」

我以為是飯店的暖氣太悶熱了，便披上外套走出去。走到了外頭，他才說，這飯店隨時都有人在監視著，外頭說話自在一些。

我心想，我們要談也不是什麼國家的機密，有什麼好顧忌的？然而，我隨後就明白了。

我們沿著寬廣的長安街緩緩而行。他介紹街道的建築，人民大會堂的歷史。到達廣場後，他帶著我走到人民英雄紀念碑前，沿著台階走了第一層，望向遠方。

「我要帶你來這裡，是因為這裡有特別的意義。」方君說。

此時，東邊是歷史博物館，西邊是人民大會堂，後面是毛澤東紀念堂，裡頭還停放著他的靈樞，前方通往故宮的天安門城樓上，高懸著毛澤東像。

他指著毛像說：「我的命運，都是他寫的。他影響了我的一生。」

我默默望向前方，在高高的城樓上，毛像彷彿凝視著芸芸眾生。廣場上，有兩三個老人在放風箏。一個老人拉開風箏的線圈，解開風箏，呈現一條龍的模樣。幾個外地的遊客驚豔的圍過來，站在旁邊看。

這個悠閒而適意的廣場，竟是那麼多故事發生的地方。

我遞給他一支菸，在初春寒冷的風中，用手圈著打火機，點上一點暖色的光。

我們在人民英雄紀念碑的台階上坐下來。那是漫長而曲折的生命歷程，除了點菸偶爾打斷一下，我只能靜靜聽他訴說。

〈方君的天安門紀事〉

我父親是一名參與中國「建國」革命的老紅軍，高中時候就投筆從戎，參與到抗日行列裡，抗戰勝利後，他看不慣國民黨的做法，便投入紅軍打游擊隊去了。隨後的日子裡他漂泊到處去打仗，結識我母親。母親是一個地主的女兒，優雅而漂亮，照理是應該看上門當戶對的人去結婚，可她卻叛逆了家庭跟著父親走了。兩個人直到多年以後才正式結婚。

文革開始時，父親雖然已是共產黨黨員，且是革命將士，但他交代出以前參與過抗日軍隊歸國民黨管過，又與一個地主的女兒結婚，所以被送到「五七幹校」去改造，當時也確實有許多幹部被送去那兒勞動改造。而母親則隨後被送往東北的一個農村改造。當時，我既無法到湖南跟父親過活，母親又已帶著姐姐無法負擔照顧我，我就留在北京，所幸父親的朋友照顧，並無什麼問題。不料，那一年毛澤東發出最新指示時，我的問題就來了。

按照慣例，毛澤東一發最新指示，幾個報社的記者發完稿都還得敲鑼打鼓，到大街上去遊行，以慶賀表示支持。毛主席最新指示也下來到我們小學，那一年我小學六年級。當學校老師以崇敬無比的態度在唸指示時，我無意中放了一個響屁，由於當時鴉雀無聲，這響屁竟引起哄堂大笑。事後，學校老師把我叫去問話說：「你為什麼在我們唸毛主席最新指示時放屁，你是不是心存反對？是不是有反革命意圖？」

我一聽急了，怒了，就說：「我也沒辦法控制啊，放屁是意志無法控制的。不然，你這時候也能放個屁給我看嗎？」

老師一聽更生氣了，當時把我打成「反革命」，關押起來，尤其父親又是「歷史反革命」的改造分子，我就更理所當然成為「反革命」了。

後來，我實在受不了關押的生活，那兒整天就是「學習」，生活不自由不打緊，什麼話也不能說，連上廁所都有人監視。那一年我才十二歲，一氣之下，就開始準備逃亡。

當時是在農曆春節之前，北京已開始飄起小雪，天候極為寒冷。有一夜，我已準備好逃亡之路，那是由廁所翻出窗戶，再爬出去跳出圍牆。於是我叫醒看管的女管教員。

「我要上廁所。」我說。

「起來吧！」她朦朧地拿出鑰匙。

「我會冷啊！」我說。由於怕我們半夜逃亡，所以睡前保暖衣物都已被收走了，只能著一條短褲睡覺。但她毫無反應地說：「會冷就別去。」這時我只有答應了。

進了廁所之後我開始翻牆，往外逃時她發現了，開始呼叫，但我不管，照樣翻身爬牆，爬到一半才知道「完了」。以前觀察沒注意，這時上牆才發現上面插滿碎玻璃，而我只穿一條短褲，但也沒辦法了，只得拚命翻上牆往外跳，而上身和手腳已割得滿身鮮血。但既然要逃，已無退路，就只有拚命往路上跑。

北京冬日晝短夜長，也不知跑了多久，全身鮮血地衝，終於衝回家裡的大院裡。這時我開始去敲隔壁一位同學的家門。他的父親也是軍人幹部，但未出事，我們同住一個大院裡。同學醒來後看我滿身鮮血又只穿短褲就明白我逃跑出來，便拿出毛巾擦淨，之後，找上他的衣物。但由於我身體比別人高大，他只得拿他父親的衣服，喝杯茶之後，我起身要走，但繼之一想，身無分文（父母親離開留了一些錢給我，但小孩不懂計畫用錢，不久就花光了），只得向他借，但他也沒有錢，都是小孩子嘛！

隨後我又乘著夜色一個人走了三個小時走到火車站。乘機上了火車，準備到東北去找媽媽一起過活。然而，火車走到一半路途，我就被查票員查獲趕下車了。沒辦法，我只有用走的，拚了命也要去找媽媽。

當時的東北已開始下大雪，我身無分文又無法買東西吃，就只能抓些雪止渴。可是，積雪久了，雪水髒，我只能捱著向前走。記得當時又冷又餓，我愈走愈恍惚，只是向前移動，記得走到一個井邊要打水喝時，人就失去知覺了。醒來時，我竟是躺在一群北京知青的房子裡，他們是下鄉插隊來的，不意在這兒救了我。他們於是勸我先別去東北，因媽媽也保不住我，不如跟他們住一陣子，等身體恢復，天氣轉暖和之後，再回北京。就這樣，我跟他們住了三個月，待到春節過了，天氣漸暖，他們湊了些錢，買好車票，再送我上車回北京。

這時的北京氣候已日漸暖和，我回到大院老家，四壁荒涼，加上我怕被逮捕不敢回家睡覺，只能半夜回家，去偷一把以前剩下的米來吃。為了怕被發覺，我連燈都不敢點，就這樣摸黑抓一把米，連火也不敢升，因生火一冒煙，人家就知道了，所以我只能生吃。生吃是比較費力氣，要用力狠咬，咬很久才能吞下去，但我也沒辦法。白天，我就在街上閒逛，有時撿點殘渣吃，晚上要餓得沒辦法就回去吞吃生米，再出來找個角落睡覺。

逛了一段時間，有一天我在半路上遇見了一個同學，二人以前非常要好，他知道我的情況，就離家出走，陪我過了幾天。那時候，他身上只有一毛錢，只能買得起冰棍，但我們又冷又餓，怎麼吃冰棍，於是去買了兩支香菸，以為抽菸可以取暖。可是又沒有火，怎麼辦？到處找大人借火，都是被白了一眼，罵道：「小孩子抽什麼菸！」

最後，我們急了，看到一個蒙古老人身後揹著刀，我一把衝上前去，抽出刀，抵住他的腰罵道：「把火柴拿出來借我們。」那人看一個小孩這麼做，也嚇壞了，就把火乖乖掏出來，點上菸還了刀，我們轉頭就跑。

然而也就那麼三天有這個同學作伴，其他時間我就孤伶伶一個人到處逛。直到有一天夜裡，回家拿生米吃，正嚼著，背後傳來響聲，我正驚惶要逃，卻見隔壁大院裡的伯伯和他女兒走了進來。他叫我別走，又把燈打亮，望著我很久，才嘆息說：「你怎麼會變成這樣！」我知道自己的衣服已經又破、又髒、又舊，身體也發臭，羞愧地低下頭。伯伯說，他注意一段時間了，知道有人半夜回來，但不料是偷吃生米。他嘆息著把我帶回他家，洗淨身體，換上乾淨的衣服，叫我先住在他家裡幾天，往後他打算讓我到五七幹校去看護父親，因父親胃部出血，又有潰瘍，昏倒過幾次，需要開刀，所以要我去看護。

就這樣我到了五七幹校那兒的醫院，然而，父親本身已自顧不暇了，又怎麼可能照顧我呢？過不久，他就拿了筆錢讓我生活，要我回北京找出路，並希望他軍中的朋友可以幫忙安排，否則街頭流浪下去不是辦法。

回到北京，我又住回家裡，但因去年發生放屁而被打為「反革命分子」，我已不可能再去上學或謀得求學之路了。不得已之下，伯伯四處打聽，終於與朋友取得聯繫，讓我南下到廣東進入軍事學校訓練，而在廣東的原因也無非是那兒不會查到我在北京的反革命，且又有熟人安排。

在廣東受訓幾個月之後，我又被轉到湖南，在湖南遇上另一次奇遇，它徹徹底底改變了我的命運，那就是林彪的兒子林立果。

當時林彪是法定接班人，他兒子當然相當於太子。林立果來我們部隊後即挑明要找精銳壯碩者去進他的「野戰師」，這個師有最好的配備（反正他父親管軍隊），有最好的待遇，也有最精良的訓練。由於大家都只有一五〇公分到一六〇公分，只有我身高已經一八〇公分，算是鶴立雞群，他立刻選上我。就這樣，我開始了各種野戰訓練。

除了正規的槍枝射擊、手槍射擊等訓練之外，我們還訓練打迫擊炮。要知道光是子彈射擊就花費很大了，更何況打炮。但林立果的老子管軍隊，要什麼有什麼，打得不亦樂乎。我們還進行了各種奇奇怪怪的訓練，包括雪地作戰、野外求生、空降突擊、城市游擊與求生等等。所有的訓練我們一定有，配備也好，但要求嚴格，直屬於林立果。

幾年後，林彪要暗殺毛澤東這件事我們部隊根本不清楚，只是被派到上海近郊山上去進行演習，說是演習打移動中的目標，而此次目標是火車。當時我執火箭筒站在最前端，但一直沒有看到火車出現。隨後我們就調動了。誰知道過不久，林彪與林立果駕機外逃死亡，我們也全部被控

「謀殺領袖」的罪名，予以逮捕。

在獄中坐了一年的牢。初始以為會被槍決。但隨後實在問不出我們對暗殺毛澤東有任何「知情」，案子就拖下來了。每日反覆訊問，問不出東西，只得讓我們坐牢一段時間，才予以釋放，遣回原籍，軍人也當不成了。

就這樣，我回到北京，什麼事都發生過，而我卻毫無出路，命運好像處處要跟我作對，學校唸不成，放屁變成反革命，當兵當成了，被林立果選上又差點變成反革命被槍決。如今釋放到處找工作，卻沒有一個地方敢要。好不容易拜託了人，但一聽到經歷就搖頭。為了找工作，我找到深山裡的一家工廠，那兒離北京市要坐半天的車，沒什麼人願意去，可我還是去了，因為我已找工作找了兩年，快找瘋了，還有什麼選擇呢？

一進去，我在這工廠前後工作了將近十年，中間離開一段時間，就為了天安門四五事件。

事件發生前我們就預感到會出事。那時廣場的自行車排得滿滿的，而人就擠在中央，人民英雄紀念碑前排滿花圈，都是悼念周恩來，痛罵江青和四人幫的。

四五那天夜裡，我就待在紀念碑前，當時群眾約一、二萬人，四面是江青和北京市長吳德調來的部隊至少幾十萬，從四面八方包圍廣場。每一條路都堵得死死的，人民大會堂和史博館裡還擠滿軍隊。當時，我發現情況非常不妙，轉身要往外衝。可是，順著廣播器所叫的軍隊夾道走出去，才發現沿路都是棍棒齊下，我估計是走不出去，且到路尾一定是逮捕，便又退回廣場。由於公安武警和軍隊已團團圍住廣場，一些人開始激動的大吼起來說：「走，去衝，去和公安局拚命！」大家都急瘋了，拚命要去衝公安局。可我受過軍事訓練，我非常清楚這形勢再衝只有死路一條，不僅是人數懸殊，而是對方是武力配備齊全，而群眾赤手空拳，武力多數對空手少數，雙方是不可能對比的，因此我去勸住他們，也希望大家往後退，退到紀念碑周圍互相保護。我站在紀念碑上四處一望，那場景真是恐怖，密密麻麻的軍隊布滿四周，水洩不通，我心底知道：這下完了，能活著出去就是幸運了！

果然過不久，公安武警就開始衝了。他們手持棍棒，衝出來就是痛打，打得許多人頭破血流，滿面鮮血，廣場上充滿哀嚎聲、哭聲、叫聲、吼聲。群眾有些人不要命似地衝上去對打，但實力懸殊，只有死亡。群眾像一群綿羊，被衝入的惡狼撲殺，而即使不死，在互相逃亡踐踏中，也必然死掉。那是五臟俱裂、腦漿塗地、被踩碎踩扁的死法。

然而，當時誰也顧不到誰了，反正身體一倒就是死路一條。我最後也顧不得別人了，同來的朋友已失散，我只有一個念頭「逃命」。就在這時一個女孩滿面鮮血地抓住我，拉扯我的手臂哭嚎道：「救救我！救救我啊！」我的身體較高，把她往腋下一夾說：「抱緊，不能倒下去。」便往外衝。這時群眾都是被驅趕般地自動往長安大街的兩邊路口猛逃竄。我邊跑邊打，所幸以前的野戰訓練使我求生本能特別強，體力也還可以，就這樣一手夾人，一手開硬闖出去。可是，太困難了，在毆打拉扯間，我放開另一隻夾著女孩的手對抗一陣之後，回頭一看，她就不見了。這時我已無暇他顧，拚死對打，打出一條血路，終於逃了出來。

我知道今夜必定四處追捕，便逃往天安門西側的民宅裡，衝到民房後，才見到是個女孩子在那兒。她見我滿身鮮血，大驚失色。我把緣由向她說清楚之後，請她暫時收容我一下，等天亮就走。她答應了。

過不久，果然四處有人巡查，也查到她這兒來，幸好她什麼也沒說。我們就坐著聊一下子，並換洗了衣服，然後在天亮時離開。家，又不能回去了；車，當然也不能坐了；我抄遠路，走山路要回到深山的工廠，走了兩天兩夜。可一進工廠，同事就過來說：「快逃，你的通緝令已經到了。」我於是立即就走，照樣翻山走山路，希望到另一條路之後，再換車逃亡。可是剛剛從山路出來，走了一天，就被逮捕了。送到公安部門裡，他們拿出來照片讓我看，我自己都嚇呆了。一張張非常清晰地照出我衝出來時對打的情景，這表明了人民大會堂上頭是有遠攝鏡頭在拍，誰也逃不掉，抵賴不掉的。

我被關押在郊區的一個監獄裡，每天總有幾個人、十幾個人被叫出去，然後就沒有回來，同房的人都是天安門事件的參與者，每個人都有心理準備。那幾天，我把自己的生命思前想後地想了一遍，彷彿也就看開了。我就在那兒等死，等著有人叫我的名字，然後走出去，再也不會回來，像其他人那樣。

十幾天以後，對我的審問也結束了，我料定時間快到了，就把東西送人，果然，有一天上午，看管的人走到門口說：「你出來！」我站起身，平靜地走過去，不知道為什麼並不害怕。

「你的東西呢？」他說。

「沒有用，不必帶的。」我說。

「帶著。」他命令。

「留給別人用吧！」我說。

「叫你帶就帶，囉嗦什麼。」他吼了。

我只記得把幾樣東西收拾帶著，跟著他走，但並未走出監獄（一般死刑犯都送出監獄，押到一處郊外槍決），竟然是換房間。我走進另一監房，才回頭問：「不是要槍決嗎？」

「換房！」他吼道。這時我再問了其他犯人，才知道不是死刑犯的監房，我又活過來了。

能活著我就不怕了。因為我內心有一種自信，堅信坐牢的時間不會太長，歷史就快轉變了。果不其然，四人幫下台不久，我就被釋放了。可是出來到外面一打聽，才知道許多朋友已經失蹤了。失蹤者去哪裡？誰也不知道。到公安部門去打聽，沒見過；而北京市長還說：「沒有死一個人。」

事實上，死了多少人我也不知道，當晚打死的、往後逮捕槍決的，幾千人是少不了的。但他們說沒有死人。是的，當然沒有蹤跡，天安門廣場封閉了好幾天，灑水車開到那兒去灑水，整個廣場像水池子一樣的清洗，怎麼會有死人的血跡呢？

這就是我自己從文革到天安門四五事件的經歷。別人怎麼樣我不清楚，可每年四五我和幾個當年的老友都會聚一聚，去朋友的墓前祭拜。而每年四五，廣場上繫滿的白色鮮花與花圈不都是繫著一個個的悼念和記憶嗎？

第二章

7

一九八九年，五月二十七日，北京

受到北京學運的影響，馬尼拉飛北京的航班上，乘客稀稀疏疏。沒有旅行團，大多是商人或公務的旅客。

上了飛機，正在尋找座位的時候，突然聽到有人叫我的名字。我不相信在人生地不熟的馬尼拉會有認識的人，當是聽錯了。卻不料聲音又喊了兩次。我只好回頭一看，只見隔了四個旅客，《中國時報》駐東南亞特派記者徐宗懋排在我身後。

他揹了個咖啡色旅行背包，一件T恤衫，套一件記者常穿的多口袋背心。作為駐東南亞特派記者，他在新加坡、吉隆坡、馬尼拉、曼谷之間，依新聞需要，巡迴採訪。因為他太太是馬來西亞人，在新加坡工作，平時常駐新加坡。這一次在機上相逢，倒是出乎意料之外。

原來，他跟我一樣，都預感到北京的學運已經無法收拾，要出事了，而且必出大事，決定改變行程，緊急飛北京。

「面對歷史大事件，我們不能缺席。」他說。

因為人不多，我們和空姐商量坐在一起，一路討論北京學運，以及和台灣社會運動的比較。

當年他在菲律賓採訪過柯拉蓉的「黃色革命」，對菲律賓的政治運動相當了解。我們也都對台灣的政治運動，從黨外時代到民進黨，相當熟悉，不免拿來互相比較。他認為，相較於菲律賓人民革命的群眾動能，街頭運動的反抗意志，柯拉蓉的領導能力與強烈的對抗意志，台灣的黨外運動顯得很軟弱。

「搞革命，搞政治，沒看過這樣哭哭啼啼的。」他說。

「台灣反對運動的最大問題是，只會唱哭調仔。靠著〈望你早歸〉就可以哭倒萬里長城嗎？秦朝是靠陳勝、吳廣起義開始打起來，才會被打倒的，搞革命不能只靠眼淚。」

「大陸就不是這樣的。你看，學生運動，遊行就是遊行，提出訴求，尋求支持，百萬人上街，召喚市民的參與。這種革命傳統，是以前共產黨搞學生運動就傳下來的。大陸還是有一個革命傳統。台灣被日本殖民過，〈雨夜花〉唱太多了。沒有足夠的骨氣。」

我大體同意他的說法。但從社會變遷來看，台灣還是不一樣。台灣因為經濟發展，有一批獨立於國家機器之外的社會力，例如中產階級、自主勞工、環境運動人士、農民運動等，在現代化過程中，這些社會階級未曾隨著經濟發展，得到應有的待遇，仍在戒嚴體制下被壓抑著，因此起來反抗。這才是改變的動力。社會運動代表著台灣社會「再結構」的過程，也就是民主化必須在資本主義「補課」上去思考，這是社會總體結構的變遷，不能純粹從政治運動去理解。這是我從事社會運動採訪多年的研究結果，也曾寫過兩本書。但這種理論性的分析，實在不適合在飛機上閒聊，就作罷了。

飛機在北京機場降落後，我們隨即叫了一部計程車前往東方飯店。四月下旬，我指派了在台北採訪教育與學運的記者郭承啟到北京採訪，他已經幫我預訂了飯店，徐宗懋臨時啟程，沒地方住，就決定和我住一間房。

計程車一開入城裡，我們立即決定，請司機先繞道天安門廣場，沿著周圍繞一圈，看看現場的狀況。

黃昏時光，學生、市民騎著自行車，繞著廣場隨意遊走。有些年輕的男女生，手牽手在路邊漫步。各式各樣臨時搭起來的帳篷，從天安門城樓前到人民英雄紀念碑，布滿整個廣場，上頭掛著某某大學、某某系所的橫幅布條。北大、清華、人民大學、北京師範大學、政法大學、科技大學等等，什麼都有，顏色繽紛，非常熱鬧。

一根高高的路燈上，懸掛了一個大喇叭，以一種中央人民播報電台播報新聞的官式腔調，正在放送消息。我一聽，心想，這是有意用中央廣播電台來干擾嗎？怎麼戰場拉得這麼直接？難道不會造成衝突？

然而細聽內容，卻完全不同。居然是廣場指揮部的廣場最新報告。他告訴群眾：在廣場指揮部的東側，有民眾特別提供的麵包和橘子水，有需要的同學可以去取用。我看了一下時間，下午七點多，大約是晚餐的時間了。只是北京夏日晝長夜短，所以現在天色還正亮著，得到八、九點以後，才會慢慢暗下來。

隨後，廣播再度重申指揮部的態度，大意是：我們要堅決反官倒、反腐敗……。並引述毛澤東的話說：「凡是鎮壓學生運動的人都沒有好下場。」

雖然在台灣已經讀過不少報導，說中央電視台、新華社、中央人民廣播電台、《人民日報》等，都有記者、編輯支持學生運動，但我絕未料到，連廣場的廣播，都有電台的專業播音員來支援。

更訝異的是，在廣播的停頓後，開始播放的歌曲，竟然是〈義勇軍進行曲〉和〈共產國際歌〉。

這不是共產黨的集會才會播的國歌和黨歌嗎？怎麼學生運動會播這個？這是不是共產黨故意播放來干擾的？

莫非，廣場的廣播已經變成了戰場？在比賽誰的音量大？

我們叫計程車先停一下，我想下來拍兩張照片。

突然間，一個熟悉的聲音叫住了我。

回頭一看，竟是三月底，採訪兩會時碰到的詩人老木。他有著細細的鬍碴，看起來像幾天沒睡了，臉色帶著滄桑，卻開心的笑了，說：「怎麼樣？你回來了？」

「回來採訪啊，我怕快出事了。」我說。

「沒想到吧！」他臉上盡是得意神色。「上個月我們還在說，什麼時候北京也該有一場民主運動，沒想到，馬上就發生了。而且震驚了全世界！」他笑得像個孩子。

三月間，透過一位朋友的介紹，我認識了文學刊物的編輯——詩人老木。他寫了不少朦朧風格的詩，由於編輯文學刊物，他和《今天》的北島、芒克等詩人都相識，因此也編輯過一本早年下鄉知青的詩選集。這些人又都與四五運動、西單民主牆運動有關，因此，三月間開始簽名連署，要求特赦魏京生的時候，他也積極參與，和簽名的知識分子、學者串聯活動。

我還記得，三月底的一天下午，他興高采烈的來找我，說約到了陳軍，他正住在一個酒店，可以帶我去採訪他。

陳軍是一個上海人，娶了一個美國籍的太太，後來回到北京，開了北京第一間酒吧，名叫「ＪＪ酒吧」。我本來以為這個被西方媒體報導過的酒吧，會是一間有趣而聚集著各方文化人的地方，卻不料一看，才知是舊舊的街道邊，一間小小的店。但即使如此，這至少是北京第一間個體戶經營的、洋化的酒吧，能得到執照都很不容易。

陳軍在他租來的一間酒店房間和我們見面。言談中，他顯現出與崔健、王朔等文化名人都熟，也是簽名特赦的主要領頭人，老木在他面前比較像一個年輕的老弟。

三十三個要求特赦魏京生的簽名學者之中，他不是最有名的，但因為是從美國回來的，又有一個美籍妻子，因此最常接受外國媒體訪問，見報率非常高。他先是從魏京生的以言獲罪談起，認為言論不應入罪，更何況他當年也是反對文革，要求改革，現在，他已經坐牢那麼十幾年，應該釋放了。

陳軍瘦長的臉上，有一種南方人的文質彬彬，但他卻是北京人之中，第一個聽到說採訪完要去上健身房的人。

老木有點訝異，很好奇的問：「健身？要健什麼身？」

「就訓練肌肉，加強體能吧。」陳軍若無其事的說。要知道當時北京地域遼闊，上下班騎自行車，往往要花掉兩、三個小時，累都累壞了，怎麼會有人想健身呢？這在當時已是前衛時髦的洋派作風，老木可能未曾聽過。

老木很熱心，不僅幫我聯絡陳軍，還給了我芒克等作家的電話，讓我可以自行聯絡訪談。

老木是一個悲觀的人，他並不認為要求特赦會成功。但要求特赦只是盡一個知識分子的責任，這是一種風骨。他認為中國人太缺少風骨了。

現在，老木看到我，興奮的說：「那時候我們聯絡簽名的學者，還不抱什麼希望，以為就這樣過去了。沒想到，四月十五日，胡耀邦一死，學生一鬧，就這樣不可收拾了。你看，是這樣的局勢啊！」指著廣場上遍地的帳篷，他興奮的說。

「真是不可思議啊！」我說。

「想都沒想到啊，我們有百萬人的大遊行了！你要知道，這是中國民主千載難逢的機會。」他環視著廣場，笑瞇瞇的說：「來，來，來！我帶你去跟他們認識。」

「誰啊？」我問。

「王丹啊，還有那幾個學生頭頭。」老木急切說。顯然他跟他們都很熟。

「別急，晚一點，晚一點我來找你。我才剛下了飛機，就急急忙忙跑來了。現在，我們得先把行李帶去飯店，還沒辦入住。計程車還在等著呢！」我拍著他的肩膀，指著那一台還停在人民大會堂前的計程車。

「哈哈，那你快去！」

但我還是忍不住問道：「那電台廣播，是中央人民廣播電台來干擾的嗎？」

「怎麼啦？」

「怎麼一直播〈義勇軍進行曲〉和〈共產國際歌〉？」

「那是我們學生播的啊。」

「可廣播說話的腔調，聲音也好像中央人民廣播電台。」

「哦，不是啦，是廣播學院的學生。他們訓練的就是這個，我們這裡的學生，來自各個大學院校，什麼人才都有。」他得意揚揚的說。

「所以，這不是兩邊用廣播在打擂台？」

「不是。就是我們學生播的。」他說。

「這太好玩了！出乎意料之外，這些學生也太有能耐了！」我大笑說：「回頭見，我有好多問題要問你。你先別跑了。」

放下行李，我立即回到廣場。

沒想到才離開一個多月，方君和我說故事的人民英雄紀念碑已徹底變了樣。人民英雄紀念碑的周邊，是學運廣場指揮部，中間有一個帳篷，稍微大一點，作為指揮中心。旁邊分布了幾個帳篷，寫著宣傳部、財務部等。帳篷上寫了一些標語如「反官倒反貪腐」，或貼著公告如「今日這裡沒有發傳單」、「有一些傳單是假的」等。

依此看來，有不少人在廣場發傳單，傳單內容真真假假，是不是指揮部發出的，也不好分辨，很多人來此查問，為了避免麻煩，乾脆貼一張公告。

太陽還沒有下山，陽光斜照。臨時搭就的帳篷，只用四根木棍支撐，上罩一大片帆布，看起來頗為簡陋。帳篷裡，幾個學生疲倦的席地而坐，低垂著頭。有個大學生可能剛睡醒，在放置文宣品的小桌子前，百無聊賴的抽菸。桌上其實沒有什麼文宣。

我走進帳篷，問那個抽菸的學生，有沒有新的文宣品，可以了解學生運動的動向。他兩手一攤，說：「現在沒有，我們沒出這個。」

我問他：「你們每天有例行性的記者會嗎？」

他只回說：「沒有一定，得看情況。」

我問：「如果有新的聲明或新聞稿，會不會公開發布？」

他望了望旁邊的油印版，回道：「今天沒有。如果有，就會對外發布。廣播也會播，你留意一下就行了。」

看到這種情況，我終於比較了解記者在這裡採訪的難度了。一般觀察社會運動，可以從文宣、組織、財務三個面向，來分析它的架構。但在這裡顯然無法適用。文宣並沒有固定的宣傳規劃，這可能意味著學運還缺乏完整的組織和方向。

現在我稍稍明白了國際媒體的困境。他們來到這裡，人生地不熟，也不知找誰查證，誰才是學生的發言人。到最後，只能到宣傳部這裡來看看。但這裡只是幾個學生在照看，沒有新聞處理的分工，無處查證消息，難怪國際媒體的報導各自為「證」，道聽途說，常常互相矛盾。

至於學生之間，確實也相當混亂。從此前報導看來，誰是總指揮、誰是廣場學運的決策者、不斷在變動，誰也說不準。更不必說學運要不要撤退、中共會不會鎮壓的局勢了。

看來，還是得先找到老木再說。

老木沒有在指揮部。我問他們老木在哪？他們指了廣場的東南角，說：他有時候都在那裡休息。

我在一群彈著吉他的學生中間找到他。

一個留著長髮，穿著軍綠色上衣的男學生彈著吉他，正在唱著崔健的歌：「我要從南走到北，還要從白走到黑……」。旁邊有兩個女生，留著及肩長髮，穿著白色T恤，跟著輕聲哼著。那歌本是有點高亢，但那男生唱得輕柔，吉他彈得慢板，氣氛洋溢著柔情似水的溫煦。像戀愛，不像在抗議現場。

台北來時，我一直擔心會有大鎮壓，但看這些指揮中心的狀態，似乎沒那麼緊張。

老木坐在帳篷外，和幾個學生聊天。看到我走過來，高興的站起來，向我介紹說：「來來來，我跟你介紹，這是清華的，這次學生運動帶頭的人。」又介紹我道：「這一位是台灣記者。很有名的，出過書，採訪過嚴家其、方勵之，是台灣很有名的記者。」

轉頭看了看帳篷，興奮地說：「等一下我幫你介紹，王丹還在裡面睡。我去叫他。」

旁邊有個學生說：「他昨天晚上都沒睡，剛剛才睡著，就先讓他休息吧。」

我也趕緊說：「別打擾了，你先帶我到處看看吧，跟上次比起來，變化太大了，有些事情想跟你聊一聊。」

老木很開心的站了起來。我遞給他一根香菸，幫彼此點上，抬頭看著廣場。

他望著前方說：「怎麼也沒想到呵，上個月，你記得嗎？我們還在講，光靠知識分子簽名是不夠的，中國需要一場民主運動，才能喚醒民眾。只有民眾醒了，中國才有希望。沒想到，兩會剛剛結束。胡耀邦一死，事情就這樣，起來了。」

「剛開始，真的沒有料到啊。」我回道：「我是四月十五日，從深圳坐火車到香港，出了地鐵站，一個來接我的同事突然說『胡耀邦死了』。當時我直覺會出事，就跟同行的總編輯說：會出事，要不要回去採訪？可是我們總編認為，不會啦，按照中共慣例，就是寫寫訃聞、哀悼文章，辦一個隆重的追悼會，備極哀榮，蓋上黨旗國旗，送八寶山，大概就結束了，放心吧。所以，我就很放心的回台灣去了。沒想到啊，事情會越鬧越大。你們是怎麼弄的啊？」

老木望著前方的旗子，笑說：「不是我們，是學生啊。我們沒料到學生會這麼激烈的動起來。都是學生自己主動組織起來的，廣場獻花紀念胡耀邦，發動遊行，絕食等等，根本不是我們能想像的。」

「所以，是學生自主發動起來的，不是知識界的朋友發動的？」我想確認一下。因為，我一直看不懂，學生的決策有些紊亂，各種傳言互相矛盾，我懷疑到底有沒有決策中心在策劃指揮。

「不是啊，知識界這一次也都沒想到學生會這樣厲害，驚訝得不得了。」

「知識界指哪一些人呢？」

「我是指最初簽名的一些學者，我和他們還常常保持聯絡。他們有人是學生的老師，但學生也不是聽他們的指示才出來的。是學生主動要上街遊行，要絕食，要占領天安門廣場的。他們有自己的想法。」老木說：「出乎意料，真的出乎意料！」

「如果是這樣，那就完全不同了。可是，學生可以鬧得連戈巴契夫來訪，都灰頭土臉，無法收拾，鬧得全世界都震動了。能這麼迅速組織起來，採取行動，年輕一代，也太厲害了！」

「年輕的這一代，比我們這一代勇敢多了。」老木感嘆說。「我們被太多運動搞怕了，總是有很多顧慮。」

「台灣的大學生也非常關心，在台北辦集會，自動自發的捐錢來支持學運。北京，天安門廣場，兩岸的年輕一代倒是挺像的，都敢於行動。」

「台灣也關心嗎？」老木開心的說：「我只知道外面的報導很多，可我們這裡都看不到，被封鎖了。如果不是你們外媒的報導，很多消息都出不去。全世界根本不知道中國發生什麼事。」

「有一陣子，聽說新華社、中央電視台都可以報導了，不是嗎？」

「那時候，大家都以為北京之春來了。黨國的報紙，編輯記者，還組了團，打著橫幅來參加遊行，開放自由報導。大家都開心得不得了。可馬上就關上了。新華社、央視、《人民日報》，所有報紙都不可以報。現在，我們也只能用短波收音機，聽聽國際新聞，勉強還知道一點外面的消息。」

「你再跟我說一說外面的情況吧。」他比了外頭。「海外怎麼報導的？」

「海外報導其實也很亂。大家搞不清楚消息的來源，也不知道中共中央的上層發生了什麼事，大家都在猜。學生運動這邊其實也有點亂，搞不清楚誰代表學生，誰在指揮。總之，全世界都關注，但是學生運動來得太突然，所以都很亂。現在全世界都在擔心，如果學生運動這樣堅持下去，到最後要怎麼結局？群眾運動易起難收，最後會不會引起大鎮壓？如果這樣，那就麻煩了。」

「不可能啦，他們要怎麼鎮壓？幾十萬、百萬人的大遊行，這麼多人，要怎麼抓？」老木手指廣場說。「要派幾百萬公安，才能把百萬人都抓光光？北京的學生和人民都站在一起，他們抓得完嗎？」

「說得也是，」我想到那場面，笑起來：「更何況，還有其他地方，四川、武漢、廣州、上海啊，很多地方都有學生運動，確實很難下手。那，全國各地的情況，你們有聯絡嗎？是不是有一個全國性的串聯？如果要發動，可以從天安門廣場這裡發動全國學生大遊行嗎？」我還是很關注這個問題。因為這涉及到學生運動的組織串聯。

「其實，根本沒有串聯。都是各地臨時發動，我們最多只能有一些電話聯絡。大家都是臨時集合的，學生跑來跑去，也不好聯絡。」老木沉思著：「而且你也知道，全國各地的學生都是自己直接過來的。每個地方情況都不一樣。有些地方可以互相聯繫，一起發動。有些地方意見分散，像上海，地方壓力大，就搞不起來。基本上，學生就是這樣，來來去去的。北京的學生，從全中國各地來的都有，他們也可以跟家鄉的同學聯絡，但是要說誰可以指揮誰、動員誰，這也是不可能的。大家都沒有組織啊！」

「我來北京的時候，看報導說，上海那邊已經平息了。廣州那邊，還有些活動，但人數不多，學生也不太熱情。倒是武漢、成都，好像都還有一些學生運動，零星的聚集上街。但也都不像北京這樣，聚集在天安門廣場，持續的對抗。天安門還是世界注目的焦點。」

「我聽到的，差不多也是這樣。」老木說。「各地已經慢慢平息，只是偶爾有學生出來發發傳單，小規模的上街遊一遊，如此而已。只有北京，還是一個最重要的發動中心，全世界所有的目光都在看這裡。」

我們走到人民英雄紀念碑，走上台階，站在中間的平台上。隔著平台，俯瞰下去，上百個帳篷散亂的布置在廣場上。

太陽雖然西斜了，天還很熱，大部分帳篷敞開。有一些帳篷裡，年輕的男女學生彈吉他唱歌，有些讀書躺臥，或坐在那裡聊天。一些橫幅上寫著「某某大學民主論壇」、「某某大學法律系」等。另外靠長安大街那邊，有一個角落裡，寫著「工自聯」的字樣。

各種不同的歌聲，伴隨著吉他遠遠的傳來。有人唱崔健，有人唱蘇芮，有人唱西北民謠，有人唱鄧麗君，歌聲此起彼落。廣場讓我想起在鹿港搞環境運動的時候，帶著人走上小鎮的街頭，望去都是老人和鄉親，和眼前天安門廣場的大學生、年輕人一比，完全不同。

「這氣氛，真好。青春之歌。」我讚嘆說：「如果不是學生運動，沒有壓力，讓大學生聚在天安門，這樣唱唱歌，真好。」

「你看，這麼多的學生，如果再加上支持的北京市民，他們要怎麼抓？一百萬人！毛主席講過，這是『人民的汪洋大海』啊，再多的軍隊進來，也一定被人民的汪洋大海給淹沒了。」老木充滿激情的說。

此時廣場上正在播〈義勇軍進行曲〉，於是我好奇問道：「為什麼學生運動會唱〈義勇軍進行曲〉和〈共產國際歌〉？」

「就是叫人民起來反抗，全世界無產階級聯合起來，一起來反抗壓迫啊！」

「可這樣怪怪的。剛剛開始我還以為是共產黨在放的。」我笑著說：「我是從一個外人的眼光來看，學生運動這樣唱，看起來，不就變成學生運動是支持共產黨，支持共產國際的？那這樣何必起來抗議呢？」

「可這是我們大家都最熟悉的歌，號召群眾起來反抗啊。」

我一下子腦筋轉不過來，但似乎有一點明白。共產黨的革命歌曲召喚反抗，變成反抗者召喚群眾起來反對共產黨了。

可我總覺得不太習慣。台灣的抗議歌曲，都是刻意和執政者不同。不是唱台灣民謠如〈黃昏的故鄉〉、〈一隻鳥仔哮啾啾〉、〈望春風〉，就是唱美國一九六〇年代民權運動的歌，像〈We shall Overcome〉改編的台語歌謠，怎麼也不會唱國歌。但在北京，這兩首歌好像天生就是用來反抗的，尤其〈共產國際歌〉。「同胞們起來，起來，別說我們一無所有，我們要做天下的主人」，充滿振奮人心的味道。

「你們熟悉西洋歌曲。我們不行，人都不熟，不會唱。而且唱西洋的歌更不行了。走資派啊。」老木大笑說：「更重要的，我們唱這歌，共產黨是禁不了的，都是你的歌啊！」

8

我們沿著廣場的中軸線走。

這一條也是北京的中軸線。記得上次，方君在無名英雄紀念碑上，講完他的故事之後，曾指著故宮的方向說，北京中軸線是北京命運的所在，從天安門廣場的人民英雄紀念碑，向北，是天安門城樓，掛著毛像，再過去是故宮，到景山，是崇禎上吊的地方。而向南，第一道是毛澤東的紀念堂，裡面有毛澤東的水晶棺。這一條軸線牽動中國的命運。

現在，看著學生在此紮營，忽然想到，是不是象徵著命運的轉捩點要來臨了？

中軸線的東邊，有一個帳篷正在發放麵包。在年輕的學生中間，有幾個看起來面容滄桑、臉上被太陽曬得一道一道深褐色皺紋、看起來像鄉下進城的農民工，穿著灰灰舊舊的工裝，正排隊等著領麵包和橘子水。拿了麵包，便走到樹蔭下去，打開橘子汽水，對著嘴巴灌了起來。

放眼望去，廣場上似乎還有不少這樣的人。「他們是不是黃昏的時候會過來呢？」

「確實有一些農民工，黃昏會過來。」老木說：「他們可能是在附近打工的，晚上沒事過來轉轉，看看。分一點麵包什麼的，也不錯，學生運動造福農民工。」

依照中國戶籍制度，這些從農村進北京的人，沒有城市戶口，屬於非法打工，被北京人稱為「盲流」。

三月來採訪兩會的時候，為了了解農村與城市的差距，觀察都市的流動人口，看看底層的生活，我特別跑去建國門立交橋下採訪。這裡是北京小保姆和臨時工的聚集地，想找小保姆和臨時清潔工的人，可以來這裡找。

那是一個寒風刺骨的初春早晨。立交橋的下方像一個大風洞，料峭寒風呼呼吹過。幾十個穿著鄉村花布棉襖的年輕小姑娘，站在風中抖索，臉頰被凍得又乾又紅，像小蘋果。她們圓圓的臉上，有晶亮的眼珠子，充滿了鄉下人進城的卑微和羞怯。

橋下還有一些男工。大部分是做木工、清潔工的，也有些會打棉被、抹水泥、砌牆壁、粉刷等，都是一般雜工。

有一個穿著西藏服飾的中年婦女，輪廓看起來非常鮮明，大大的眼睛，濃眉毛，挺直的鼻梁，剛毅的嘴唇線條。由於她的服飾是藏族的，顏色對比鮮亮，和漢民族完全不同。她的臉也很好辨認，有一種特別的西藏紅，那是被高原陽光的強紫外線照射過度而產生的紅。

我於是和她攀談起來。她說，小時候，原來是漢族人，文革後，父母都死了，自己也沒有辦法生活，就流浪到了西藏。後來嫁給了藏族的丈夫。兩人非常恩愛，卻沒有孩子。丈夫幾年前過世，她很傷心，本想回父母的老家，卻沒有了戶口，輾轉到城市裡來討生活。她的上一個工作，就是照顧一個退休的老幹部，最近剛過世，結束工作。現在先住他們家，等找到了工作，再搬過去。

她很開朗的說：「別擔心，我照顧老人很有經驗，很快就會有工作。」

那些臉頰紅通通的小姑娘有很多來自安徽。因為安徽人口多，農村又貧窮，只好出來打工。因此北京流行一個專有名詞叫做「安徽小保姆」。

看著安徽小保姆的模樣，我忽然想起小時候，在三合院裡，我的姑姑、堂姐、叔叔，他們最常唱的一首歌：〈孤女的願望〉。

那是一九六〇年代台灣最流行的歌，由一位年輕的小女孩陳芬蘭所唱紅。描述一個女孩從農村出來，走到城市裡，想找工作。她問路邊的伯伯：台北要往哪裡去？請問附近有沒有開設工廠，工廠是不是要找工人？我也是無依無靠、可憐的女兒，要來城市裡面找工作，希望能改變自己的命運。

那是一代台灣人的心聲。台灣的現代化之路，就是從那樣卑微的願望開始的。台灣曾走過的路，在北京的立交橋下，似乎正在重現。

在這些安徽小保姆的眼睛裡，在這些年輕的農民工熱切的眼神裡，我看到，同樣卑微、奮鬥而充滿希望的光。

現在，看著廣場的農民工，我隱隱然感覺一個結構性的時代巨輪，正在開始轉動。被綁在黃土地上的人，已經走出來了。

據一位記者朋友的統計，北京真正有戶口的大約一千萬人，但是進來這裡打工，沒有北京戶口的流動人口，包括商人、小保姆、盲流、手工藝人、清潔工、編輯、畫家、文化工作者等等，至少有兩百多萬人。

千萬市民加上兩百萬流動人口，這相當是台灣一半的人口。設想，如果全都集中到台北市，那樣的城市人口一旦憤怒起來，再加上年輕人的學生運動，一起走上街頭，那會變成什麼模樣？

北京正是這樣的地方。我告訴自己，要用不同的眼光，去看北京這種超大體量的城市，才可能了解百萬人大遊行是怎麼發生的。

此時，靠近歷史博物館那個方向，廣場的邊緣，突然躁動般的有一群人擠到一處。有人高喊著「排隊排隊」。

我以為有群眾騷亂，趕過去一看，原來是有一個五十來歲的大叔，端來一大鍋的麵條，正在分給大家吃。有些人拿著旅行用的彩色鋼杯，把麵條盛入其中，也沒有筷子，就唏哩呼嚕的吸了起來。吃到後頭，杯子裡還有些剩下的麵條，就用手撈出來吃，很開心的說「好久沒吃到熱麵條，太好吃了」。

有一些人根本沒有器具，不曉得怎麼辦才好，於是就等人吃完了，向人商借大鋼杯。

「吃冷麵包、冷汽水太久了。這熱騰騰的麵條，真好。」一個年輕人說。

麵條大叔是用一輛三輪車拉過來的，他看起來斯文，約莫五十幾歲，留著平頭，瘦削的臉上，有兩條深深的法令紋，看起來像個學者，又像退役軍人。他旁邊站了一個中年人，幫忙盛麵條，看起來結實精壯，像個工人。大家有條不紊的分食，有點像在公共食堂排隊。許多人在喝過麵條熱湯後，額頭上流淌著汗滴，一邊擦拭，一邊流露出滿足的幸福感。雖然用三輪車手拉著一鍋熱麵條過來一定會麻煩，但他們體會廣場的困境，願意這樣幫助長駐的學生，那種相扶持的情感，還是充滿「大人在照顧家中孩子」的日常生活的溫暖。

這情景，使我想起三月底曾採訪過的學者李洪林。他也留著平頭，樸實正直，話不多，但思想敏銳，句句精準，說中問題的核心。他家中就有一個花色相同的鋼杯。

我們悠轉了一圈，回到指揮中心附近。

現在仔細一看，才發現帳篷是用廣場上插旗子的底座，插上竹竿，竹竿上橫橫斜斜的綁上竹條，再蓋上帆布或塑膠布，變成一個比一般帳篷更大的空間。或許這裡是王丹常來的帳篷，來來往往的人太多，床位不夠用，學生東橫西斜的躺在地板上。

帳篷堆著數日沒有清洗的物品，飄出汗臭和腳臭味。帳篷外面則是丟棄一地的垃圾、菸蒂、香菸盒、塑膠袋。

看得出來，這個帳篷應該是支撐很久了。

此時，廣播站正在播出來自各方的聲援。字正腔圓的廣播系學生唸著美國華僑學運支援會、香港天安門民主運動支聯會、台灣民主運動後援會等等的聲明。聲明的內容無非是致以最高的敬意，用熱血的文字，支持廣場上的學生堅持下去，贏得最後勝利。

「我們永遠支持你們，中國民主運動萬歲。」

我聽到這句廣播的時候，一個眉清目秀、長髮披肩的女孩子走過來。

女孩子進去帳篷看了一眼，看王丹睡得深沉，就出來坐到邊上。

剛剛被老木介紹說是學運團體的「部級幹部」的北大學生，一個戴眼鏡的年輕人，笑著介紹說：「這是王丹的私人祕書。」他指了指那個女孩子。

老木悄聲對我說：「是他女朋友。」聽起來有點八卦，只能笑笑。

「學生運動都這樣啊，大家都是熱血青年，當然浪漫熱情，很容易戀愛。台灣也這樣。」我說。

她看我們都坐在一根斜支在底座的木板上，笑著說：「你們可別坐垮了。」我們都笑起來。

老木說：「還好，大家都瘦。」

我拿出香菸請大家抽。

他們拿給我一瓶橘子水。我試喝了一口，就發現只是用橘子味兌上水，還有一點化學的氣味，實在不敢領教。

「怎麼樣？」老木看我神情有異。

「難怪他們都懷念麵條。」我笑了。

陽光慢慢傾斜了，光線變得柔和，帶一點金色。

黃昏的晚風吹了起來，空氣變得涼一些。

我問起了大遊行的時候，百萬人是如何組織起來的。那學生幹部說，光是各地的學生來排隊，依照各校自行組織好隊伍，就花了一上午的時間，然後才是出發，出發花了更久的時間……。

這時，一個身穿白色T恤，肩上披著手提麥克風的年輕人走了過來，走到帳篷前，站在旁邊。

那個被稱為「部級幹部」的學生正在說到百萬人遊行，光是十個人成一排，一排一排走出去，就花了五、六個小時，大家排隊在廣場上等……。

那剛來的人打斷他，大聲的說：「我有些情況要談一談。得跟王丹說。」

不知道為什麼，他的聲音聽起來有一點抖。

「王丹睡著了，你別叫他，他累癱了。」清秀的女生說。「你坐下來吧。」

那個人坐下來。

老木跟我說，他是北大學生，四年級，哲學系的。

他坐下來以後，情緒依然有些激動。我想緩和一下，就遞給他一根菸，幫他點上。點菸時，卻見他的手輕輕抖著，身體也微微顫抖。

他抽了一口菸，嘴巴卻說：「好冷，好冷。」

黃昏的廣場，地板還有白天太陽曬的餘溫，天氣還頗為炎熱，怎麼會冷呢？為什麼他會打顫？

我們都暫時沉默下來。

哲學系學生兀自說了起來。「我是想談一談，廣場指揮部目前撤不撤的決定，我有意見。」他懷疑，現在的總指揮柴玲是不是還清醒？還能夠指揮得動廣場？他覺得廣場已經有點失控了。話鋒一轉，他開始談起同學的看法，大家都對廣場很擔心，北京大學的大字報，貼著一些討論民主運動到哪裡去的東西，市民的街頭巷議也很擔心學生，現在廣場上很混亂，食物根本不足，很多人都餓著肚子，天天喝冷汽水，有些人發燒生病了，醫療還很不夠，找不到醫生護士，還有公車上一位婦人，今天早上怎麼議論廣場的學生……。他一邊叨叨絮絮的說，一邊發抖。

那女生看不下去，進去拿了一條薄毯，幫他披上。但他還是一樣的抖著。

由於他談的內容太過跳躍，一會兒北大，一會兒公車，一會兒食物，最後那個幹部很不耐煩了，不斷提醒他：「到底，你要講什麼？到底你想講什麼？」

他被連問幾次之後，才停頓下來，彷彿醒過來一般，眼神空茫的望著廣場。廣場上，遙遠的喇叭還在播〈義勇軍進行曲〉，幾個大學的旗幟垂在不遠處。

片刻之後，他才恍然大悟的說：「我是來談要不要撤的問題。」

「啊，是這樣的。」他接著說：「現在，廣場已經快要沒辦法控制了，再下去，北京市民也會不支持學生運動的，我非常擔心。學生也快撐不下去了。很多人都生病了，大家都撐不下去了，我們，現在是不是該撤了？」

反反覆覆，再三致意的，無非就是他不知道指揮部有沒有做任何決定，要撤或者不撤，整個廣場沒有人知道以後要怎麼辦，人心惶惶，不知道何去何從。說到最後，他情緒激動得眼眶泛紅，強忍著不讓眼淚流下來。

那位學運團體的「部級幹部」用一種溫和的語氣對他說：「這件事，你別擔心，指揮部會做最後的決定。指揮部還是清醒的，現在還沒有決定，是因為還在討論。你要相信指揮部還很清醒，不會被那些躁狂的人把持。你要放心，大家都是革命同志嘛！」

另一個男生走過去拍拍他的肩膀，說：「你要好好休息，睡覺。你太累了。你看天氣不冷，你卻全身一直發抖。可能生病了。好好休息吧，別擔心！」

然而，他還是不放心的叨絮著。最後他終於弓起身子，起身要走，卻丟下一句話：「我從開始來這裡，到現在，就沒有睡過覺了。」

他的身子站在帳篷前，望著遠方，茫然了片刻，然後轉身離去。

「現在的情況是怎麼樣？指揮中心的決策是要撤不撤？看來所有人都很焦慮啊！」我忍不住問老木。

「帶頭的北京學生開了好幾次的會，都做了決策會議，說要退了，」老木嘆了一口氣說：「可是一回到廣場，一碰到反對的聲音，又說不撤了。誰撤退，誰就被罵是投降派，是拿了李鵬的好處，要去當中共的官。誰敢撤啊？」

「啊？可是這樣下去……」

老木望著廣場說：「北京的學生都累了，大部分都想撤，可還有外地的學生，人一直從外地進來，他們不想撤。」

「為什麼？」

「北高聯跟外高聯有矛盾，爭領導權。」

「啊？就這麼個學生團體，有什麼好爭的。」我有些訝異的說。

「大學生嘛，還不成熟。人那麼多，每個人都有自己的想法。你剛剛也看到了，每個人都要出來說一說。」他無奈的表情，讓我感到訝異，因為和剛剛意氣風發的樣子一比，確實顯出一種無奈。

「知識分子呢？能不能出來領導學生，帶領他們？」我問。

「這個部分，每個人說法不一樣。你可能要直接去問一問他們。」老木說。

「為什麼？」

「每個人的見解，也都不一樣。」

天安門廣場的陽光慢慢地西斜。人民大會堂高高的建築，遮住了夕陽。陽光照在長安大街上，天安門城樓那邊，毛像的地方，依然明亮。歷史博物館的老建築此時反而煥發出一種金色的光芒。

我看著眼前散落的帳篷，滿地的菸蒂，浮動的人影，茫然的眼神；再聽著廣播中不斷傳來的、從世界各地向廣場學生的喊話，至今還在表達「最崇高的敬意、最誠摯的支持」，竟形成強烈的對比。

我開始擔心，這些年輕的學生還能撐多久？看得出來，他們在硬撐著，可沒有人敢說要退，彷彿大家都在等待，等廣場指揮部做出最後的決定。而廣場指揮部的人，仍在爭持不下。

「像這樣的人哪，我們這裡很多。」學運幹部說：「連日來的緊張，從宣布戒嚴到現在，許多人又緊張又疲倦，弄得腦子都出問題了。他只是其中的一個。還有一些人是躁狂了。他們一會兒在廣播中宣布要公審李鵬，一會兒宣布要占領天安門三個月，甚至要占領兩年。完全是躁狂了。」

這個學運幹部凝視著帳篷外，東倒西歪的學生，嘆了一口氣說：「大家其實都需要好好休息，冷靜冷靜，再進入第二階段。」

「嗯，中國太大，要準備走更長的路才對。」我回應說。

就在這個時候，人民英雄紀念碑前的指揮部帳篷旁邊，有兩個糾察隊的隊員，揪出了一個便衣人員，高喊著：「拿出你的證件，拿出你的證件。」

對方拿不出來，他們開始搜身。從他的上衣口袋裡找出一張工作證，就把他扭出去，高聲大喊：「抓到便衣，他是便衣。」幾個人用力的扯著那人的衣領和手臂。許多人都圍了過來，有人出手去打他。有一個學生模樣的人，可能是幹部，趕過來勸阻道：「別打了，別打了，把他推出去，到廣場外面，讓他滾出去。」

一群人圍了過去，氣氛突然變得緊張起來。

有人高喊著：「滾，快滾！」

幸好幾個人把那便衣推出廣場外，讓他從旁邊走了。

安靜片刻之後，黃昏的晚風吹了起來。我走到人民英雄紀念碑的第二層台階上，閉上眼睛，張開雙臂，感受一下廣場的風。風中有廣場蒸騰的熱氣，也有帳篷飄出來的各種混雜的氣味。

再回看著整個廣場。

二十來歲稚氣未脫的青年學生，有些唱著歌，有些喊著口號，有些眼神茫然，奔過來，跑過去，還有人看到便衣被抓到了，急忙忙的喊著，大家要小心啊，不知道哪裡還有便衣。他們年輕的眼睛，其實還不太懂世故。照道理，便衣人員早就無處不在了。就算有學生證的人，都可能是便衣，學生裡也可能有線民。

此時廣播正在讀著幾封海外來信，推崇學生運動是「中國未來的希望」，「天安門廣場是中國民主的燈塔」。

這些年輕的學生，天天被戴上這些冠冕堂皇的大帽子，會不會有智慧看破它的虛相與實相呢？而海外的華人，把整個國家民族的命運，全部凝結在這些二十來歲的年輕人的肩膀上，公平嗎？

這裡凝結著一切複雜的期待：共產國家民主改革的契機，在這裡；掙脫出中國數千年封建傳統的幼芽，在這裡；而上層權力鬥爭的壓力和五十萬軍隊的震懾力，也在這裡；民主的前途，十一億人的希望，全世界華人的希望，都在這裡。

整個千鈞之力，從世界各地，像輻射一般，像無所不在的金色光芒，凝結、集中、射落在這一群追尋的、青春的、受傷的、顫抖的、徬徨的、二十來歲的大學生肩膀上。

他們怎麼能承受？怎麼可能不發抖、不躁狂、不焦慮呢？

站在廣場上，靜靜凝視，我才開始意識到現實與海外想像的巨大反差。

我發現，這一趟採訪，快要走到最後的決定性瞬間。

到達的第一個夜晚，我決定獨自留在廣場。直到夜深。

我要用直接的感官，在現場聞著這裡的氣味，聽著這裡的聲音，看著這裡的光影，仰望這裡的星空，體會學生長期居停在這裡的感受。

夜間十二時以後，廣播停了，白天的躁狂、憤怒、口號、吶喊都沉靜下來。廣場邊的路燈有一些黯淡，稀微的白光照不亮偌大的廣場。一些帳篷裡，有人唱著歌，怕打擾別人，歌聲不敢太大，小聲的合音，帶著一點夜的溫柔。

白天看來很是散亂的帳篷，此時反而有一種隨興悠然的安靜，好像它天生就該那樣，隨便的、散亂的、自然的生長著。

有些帳篷裡會點上蠟燭，小小的紅光，讓那一頂帳篷格外溫馨。許多小蠟燭的光，像一朵朵光之小花，盛開在寬廣、幽暗的廣場上。北方的夜空，明亮的星星，在高遠而遼闊的天邊閃爍。輕柔的歌聲，伴著吉他錚錚錝錝的彈奏，流蕩在夜風中。你會覺得，彷彿有些愛情故事就該在這裡發生。

的確也是這樣，有些男生女生會手牽手，走過廣場，走到歷史博物館的樹蔭下，偷偷的緊緊相擁。那樣青春的容顏，帶一點害羞，一點難掩自由奔放的熱情，纏綿在一起。

那些敢於反抗，敢於歌唱的青春，都有一些理想主義的浪漫，有一點叛逆的激情，在這裡相遇，有那麼多共同的話題，共同的語言，共同的情懷，相知相惜，攜手相愛，也是很自然的事。

更何況，那麼美麗的青春，不戀愛才可惜呢！

夜裡，聽著此起彼落、安靜流傳的吉他和歌聲，看著樹蔭下擁抱的人影，我真會以為此地是「青春饗宴」的天堂。

深夜，坐在人民英雄紀念碑上，凝望星空，試著去感受廣場的氛圍，去感覺某一種感性的力量。

「一定有某一種吸引力，或者什麼樣的磁吸般的力量，一種精神力量，讓人捨不得離去。」

我在心中想。

9

三月下旬到北京採訪兩會時，我曾走過天安門廣場，走進人民大會堂，經過重重的安全檢查，帶著相機，走入了兩會的主會場。兩、三百個官員一字排開，坐在主席台上，其中還有不少共黨元老。他們前面的桌子上，擺著茶杯，服務生逐一幫他們的茶杯斟滿熱水。台下則是人大代表和政協委員，上千人坐得滿滿的。為了便於拍照，我走到前排的下方，試著去拍一些有名的人像，如李鵬、姚依林等，我希望用這難得的機會，幫報社留一些資料照片。

兩會開場，照例國務院總理開始做工作報告。我拍完照片，特別拿了他的厚厚一本報告書，坐到後面的位子上，認真地閱讀起來。

作為一個台灣的採訪記者，我確確實實、認認真真的把兩萬多字的報告讀完。為什麼？因為我想了解中國的國家政策，這一份報告代表著政府的總體思維。然而，最讓我印象深刻的，還不是關於經濟發展、政治改革的部分，而是外交。

在這一份政府工作報告裡，我看到了詳細的國際局勢的分析、中國的對策，以及對外關係的輕重緩急。例如歐洲國家，每一個國家有各自的情勢分析、政治現況報告，各有不同的對策。對於同為社會主義國家的東歐，更有不同的外交政策。

至於拉丁美洲，一些國家有左翼革命的歷史，例如古巴、智利、委內瑞拉等，一些國家有反美傳統，比較親近中國，這些都區別對待，輕重不同。外交，是有層次的。

對我這樣的台灣記者來說，最震撼的乃是：看到一個完整的世界觀，這個世界不是只有美國、日本、歐洲，而是世界五大洲每一個國家都有自己的政治、經濟、在地情勢，這才是真實的，這個世界是完整的，而不是被「遮蔽的天空」。我反省到自己以往的世界觀，其實只是冷戰下被切割的半個世界而已。甚至只看見美國、日本，難怪我們找不到自己的定位。

國務院報告之後，我在大會堂的交誼廳和幾個穿著少數民族服裝的政協委員訪問聊天。旁邊還有幾個長得非常漂亮，看起來是大明星的表演藝術工作者、相聲演員、電影明星等，跟一批大陸記者簽名合照。

我不知道他們的名字，便問道：「為何這些明星會來這裡？」

「他們是政協委員，代表了藝術界、文學界、音樂界的文化人士啊。」一位大陸記者說。

我走出人民大會堂，走到人民英雄紀念碑上，從高處拍照。

從遠距離的鏡頭小方框裡，望著這個遼闊的空間，想像著裡面做報告的國務院官員，如果走出來，從這個空間向世界望出去，他們所具備的眼光和看世界的感受，會是如何呢？

站在這樣的時空下，北京是怎麼看世界的？

或許不說世界，僅僅從這裡看向全中國，東北的重工業，蒙古的大草原，西北的古城西安和戈壁沙漠，再往西，是新疆和西藏，西南的少數民族地區，江南的魚米之鄉，沼澤與湖泊的長江流域，再更南的福建、廣東，連結到香港和台灣的那些沿海地區，整個中國的地理環境如此遼闊，人文風土如此迥異，要怎麼在差異間進行管理，那是什麼樣的思維？

我試圖了解的，是大陸型的思維方式。這是我未曾有過的探索。

午夜迴思，在這麼遼闊的大地上，如何在短時間之內，凝聚足夠的動力，讓北京的學生走上街頭，更且召喚出北京市民的支持，甚至和學生一起上街遊行，這是什麼樣的一種動力呢？

更何況，北京學生運動還能夠召喚出全國各地的學生呼應，這是為什麼？

從社會運動的角度看，要召喚出全國性的動員力量，一定要有夠大夠深的社會矛盾，足以感召人心的強大訴求，才能捲起這麼大的一場運動。

什麼是這個社會最根本性的矛盾？打倒貪腐？打倒官倒？民主改革？自由經濟？……這其中有太多值得探討的課題了。

相對的來看，那些坐在人民大會堂主席台上，排排坐的官員們，他們會怎麼看待眼前的學生運動，會如何思考呢？

還記得兩會開幕時，我和嚴家其介紹的一位媒體朋友：《經濟學週報》副總編輯高瑜見面。她長得高駣英氣，有一種北方俠女的爽朗明快，個性磊落，語言直率，愛恨分明，學術界人脈深廣。嚴家其介紹她給我認識，就是希望如果我要找學者、政界的人物做訪問，她可以幫忙聯絡，打聲招呼。

兩會開始的那一天，我們約在民族飯店喝咖啡，聊到了胡耀邦居然出人意表的參加兩會。我特別請教她：「像胡耀邦這樣的開明派居然能出席，而且特別被報導出來，這是不是代表中共有意要進行政治改革？未來政治會開明一點？這樣一個提倡思想解放、憲政民主的人公開站出來，是不是在放一種風向球？」

沒想到高瑜居然冷哼一聲，語帶嘲諷的說：「什麼民主改革？他呀，只不過是出來解解悶兒。」

我起初沒聽懂，不了解「解解悶兒」是什麼意思，同時，在自由派知識分子眼中，胡耀邦一直有著崇高的地位，怎麼她會用嘲諷的語氣說他？因此，我還特地回問：「他怎麼能叫『解解悶兒』？」

「被鄧小平、李鵬這些傢伙搞得太悶了，他們也知道外頭的不滿，就讓他出來亮亮相，透透氣，給大家解解悶兒吧。」

我所感到訝異的，不是她對胡耀邦的態度，而是她對於政治改革不抱任何希望，那種冷冷的反諷。

她表示，這一段時期以來，整個言論被極左派壓得死死的，透不過氣來，大家都懷念胡耀邦，那時多麼開放自由，所以就讓他出來給大家看一下，表示他還在。但起不了什麼作用，所以只能是「解解悶兒」。

後來我才知道，那彷彿是中國知識界的一種典型反應。特別是簽名要求特赦魏京生卻得不到任何回應，看不到希望，就產生這樣一種嘲諷、虛無的反應，一種對抗的情緒。

而這樣的情緒，我相信不只是她，而是知識界的共同幻滅感吧。如果是這樣，過半個多月，當胡耀邦死的時候，人們是什麼感覺？知識分子會怎麼想呢？

是不是感覺到連政治改革的最後一絲希望，都隨著胡耀邦之死而死了？因此，人們藉由追悼他，來表現出對於胡耀邦所代表的民主開放精神的嚮往，對現狀的不滿，對壓制的憤怒。

胡耀邦死亡次日，人民英雄紀念碑上，有人自動立上他的照片，獻上鮮花，表達哀悼。學生開始串聯，市民相約，帶著花圈來天安門廣場致意。地上的花圈一個接一個，越堆越多，來自各界的花圈圍滿了人民英雄紀念碑。花圈多到官方不得不用鐵鏈子把人民英雄紀念碑隔開來，免得層層堆疊上去。

那是悲哀的堆疊，也是憤怒與抗議的堆疊。

那些來送花圈的人，以及徘徊不去的哀悼者，慢慢聚集到了天安門廣場。當學生帶隊前來，所有的群眾自動站立在兩旁，中間讓出一條道，讓學生代表前去獻花。幾萬個民眾，擠滿了天安門廣場。

大學生從此互相串聯，再演變為一場大遊行。學生運動從此開始了。

三月底的時候，我曾採訪過胡耀邦在思想解放運動中的筆桿子——李洪林，他也是簽名呼籲特赦魏京生的學者之一。胡耀邦擔任中宣部長時，曾擔任中央宣傳部理論局副局長，召開「理論務虛會議」，寫過不少重要文章，發表於《人民日報》、《中國青年報》等，對一九七九年思想解放運動，打破文革後的極左思潮，起到了非常重要的作用。李洪林的家離天安門廣場不遠，在一棟宿舍樓裡。他的書房樸素安靜，牆上掛了一張中國地圖，地圖的旁邊是一幅他自己寫的行書〈五十自詠〉。

兩鬢已任嚴霜染，心中猶存火一星。
逆水長江九千里，觀雲巫山十二峰。
延安舊土終難忘，邯鄲新步學不成。
五十年間風和雨，豈堪斗室度餘生？
五十自詠一九七五年作于石家莊一九八八年　書于北京

詩寫於一九七五年，那時正是他思想開始活躍起來的時候。然而以行書寫下的一九八八年，他已是廈門社科院院長，被調離理論局副局長已經很長一段時間了。訪問的時候，他穿著一件咖啡色毛衣，言談緩慢慎重，一字一句，都是準確而經深思的。

我們從當年他幫胡耀邦的思想解放提出了理論的依據開始談起。他談及，為了打破思想教條，決定從黨內做起，舉辦理論務虛會議，發行內部通訊刊物，先影響內部主要幹部，文化工作者，再形成對時代氛圍的影響，然後吸引了許多學術界知識分子來支持。

「在大陸要推動思想解放，還是要從黨內的思想轉變做起。」他堅定的說。

一九七九年《讀書雜誌》復刊的時候，來請示中宣部，有什麼樣的出版原則。李洪林寫了一篇文章，就叫「讀書無禁區」。什麼書都可以讀，沒有禁忌。

如果「讀書無禁區」，那雜誌和書籍的出版當然就更沒有禁區了。這等於幫出版和言論自由，開了大門，掃除禁忌，讓讀書界有一個開明開放的天空。知識分子特別懷念胡耀邦，和李洪林有密不可分的關係。

可惜胡耀邦在中宣部的時間不長，而魏京生在西單民主牆上批鄧小平的文章一出來，有人拿去給鄧小平看。鄧小平開明態度一百八十度轉變，反而提出了四項基本原則，王任重、姚依林相繼接任中宣部之後，意識形態倒退，寧左勿右的氛圍再起，李洪林雖然寫過幾篇試圖「防左」的理論文章，但整個中宣部被把持住，人事易動，他後來就被「流放」到福建社會科學院去了。

李洪林對自身的際遇起伏，淡然處之，談都不談，給我印象最深的反而是對反右、大躍進、文革的反省。

我問他，大躍進的時候，面對那麼大面積的死亡與饑荒，共產黨官員沉默就算了，為什麼整個中國的知識分子彷彿都失聲了，都失去了反應的能力？如果那個時候，那麼多人饑荒而死，有人提出來反應過，或許後面的文革就不至於那麼慘烈。

「為什麼一整個世代的知識分子，都沒有了聲音？從五四運動開始，知識分子不是一直是社會的良心嗎？當年那麼強力批判國民黨的左翼知識分子，一整個世代的知識分子，怎麼這個時候都失聲了？為什麼？」我直白的問他。

這也是我在台灣讀歷史的時候，深感不解的。

他沉默良久，深思良久，才淡淡的說：「你們台灣的記者，問問題都這麼尖銳嗎？」

「哦，不是的。抱歉，抱歉。」我深致歉意說：「我讀過您的書，我知道您有很多的想法，還不一定能夠寫在書裡，所以把自己的困惑，直接提出來。這不是一個記者的問題，是我自己的困惑。」我誠心的說。

他沉思著，慢慢回答：「其實，我自己反省起來，是我們知識分子，跟當時所有的人，整個時代的氛圍，都太相信毛澤東了。我們年輕時代，跟著革命的理想走。一九四九年中國革命成功之後，毛澤東的偶像崇拜到達了頂點。大家都相信，他可以擊敗勢力龐大的蔣介石集團和帝國主義，是何等英明偉大。沒有人敢有一絲一毫的懷疑。之後無論他做出什麼樣的決策，土改、反右、大躍進、乃至於文化大革命，從來沒有人敢質疑他可能會犯錯誤。像我，即使被下放到農村去勞動改造，即使我心中曾經對毛澤東的政策有過懷疑，尤其在大躍進，目睹那麼多人餓死，那麼多人在死亡邊緣掙扎，人民苦不堪言。可是，我們仍然不敢懷疑毛澤東有錯，不敢提出質疑。我反而是在自我質疑，認為自己的思想沒有改造好，認為自己的階級成分有問題，是因為自己還有小資產階級的思想，才會心生動搖。於是，所有的錯誤，都是自己的錯。而錯誤的政策，就無可挽回的，一路走下去了……。」

「說起來，我們知識分子對自己的思想缺乏信心，太容易放棄獨立思想有關。」他沉吟著，一字一句的說：「我們沒有盡到說真話的責任，知識分子要勇敢說真話，中國才不會再犯下同樣的錯誤啊。」

我看到他沉痛的反省，感到非常內疚，便說道：「其實台灣的知識分子在蔣介石的時代，也付出了沉重的代價，像胡適和《自由中國》的學者。中國近代史裡面，每一個時代的知識分子，都很不容易啊。」

採訪結束後，我只想到兩個字「風骨」。那麼平凡而正直、真誠自省的生命，一定揹負著歷史的使命感而活著吧。當年他為了思想解放而展開和保守派的鬥爭，想必也是吃了許多苦頭。可他從來沒有說一聲責怪人的話，更多的自我反省。這樣的人格風範，讓我深深感佩。

因此，四月十五日從深圳抵達香港，聽到胡耀邦的死訊，我第一個想到的就是他。回台北後，給他寄去了自己的著作《民間的力量》，那是因為我們在討論中，談到台灣透過現代化而改變社會結構，實踐民主化的歷程，雖然兩岸社會制度不同，但他表示也想參考閱讀。在信中，我向他表達了慰問之意。我相信以他的風骨，一定會為胡耀邦做些什麼。而後，我收到他簡短的回信：

四月十五日來信及所贈大作均收到，多謝！有暇當拜讀，以增進對台灣之了解也。

胡耀邦溘然長逝，大陸為之震悼。知識界和廣大青年痛失良師益友，尤甚傷感。我有幸得近左右，音容笑貌猶在眼前。回顧十年風雨，展望祖國前途，倍覺痛心。辱蒙垂詢，特覆，並候

編安

李洪林　四月廿五日

現在深夜裡，坐在人民英雄紀念碑前，望著前方學生運動的帳篷，想到四月十七日開始的追悼活動，李洪林一定是有參與的。那時候這裡曾鋪滿了追悼的鮮花，那是多麼痛心的回顧，多麼強大的集體心念。人們在追念的不僅是胡耀邦，而是追念「思想解放，民主自由」的精神，期待於未來吧。

從這個角度去看，就可以理解為什麼四月十八日的學生遊行裡，會拉出了一幅「反對獨裁，打倒貪汙，推翻官僚，民主萬歲」的布條。

從胡耀邦的追悼，到民主自由的追尋，這應該是極自然的發展。

10

到達北京的第二天早晨，我決定放棄找出租車的想法，而是到附近小巷弄裡找一家自行車出租店，租了一輛自行車，作為這段時間的交通工具。如此一來，我就可以像北京市民一樣，自由的進出天安門廣場，也可以鑽進任何胡同。

我的第一個行程，即是騎著自行車到天安門廣場，像個悠閒的市民，繞一大圈。

上午的時光，昨夜唱得太晚的學生都還在早晨的涼風中睡覺。

我騎著自行車轉到長安大街，走二環路，繞了一大圈，再回廣場。這一圈正是百萬人大遊行的路線。我想試試看這一條路線到底有多大多長，能夠容得下百萬個學生市民慢慢的走。

我不得不承認，北京的大空間感，是我未曾想像的。

百萬人的聚集，絕對超出天安門廣場所能容納，所以當天有許多人是半途加入的。而即使如此，幾十萬人聚集廣場上，學生依學校整好隊伍，從廣場出發，為了整齊，依照十個人一排的方式，按學校一隊一隊出發。每個大學打著自己的旗子向前走。光是出發開步走的時間，都要花上五、六個小時，更何況走過整個街道。因此，百萬人大遊行的那一天，塞滿街道的可能不只是學生，還包括兩邊鼓掌參與的市民。

這樣的空間，配合上一千多萬常住人口、二百萬流動人口的數量，就註定了它的群眾運動，會超出世界所能想像的規模。曾經採訪過台灣街頭運動的我，只能用自行車的慢行，來體會長長的隊伍彷佛永遠也不到盡頭，那樣的一種感覺。

這麼多的群眾也註定了，這不是靠軍警所能壓制，更不是靠幾千個公安排成一排在前方阻擋，就能夠阻止群眾的行進。因為，百萬群眾所構成的力量，會是前方群眾被後方群眾推擠，形成一股強大的壓力，而那種無形的壓力，一下子就會衝破警察的防線。

北方的初夏，陽光明亮，天清地朗，乘風而騎，非常舒暢。

我騎著自行車從天安門廣場，向著北大的方向行進。坦白說，我還不太會認路，路標不明顯，拿地圖也沒什麼用，就沿路上問人，順便聊一聊民間對學生遊行的反應。

出乎意料之外的，反應出奇的好。他們會遞水、遞個麵包，鼓掌支持學生的遊行隊伍通過。

「他們特純真哪，這些學生，是在為咱們老百姓說話。這官倒腐敗，實在太不像話了。該打倒。」

「學生喲，太可憐了，那時在絕食，政府也不理他們，他們是為這個國家在求你呀，這些個孩子，怎麼就不理不睬的。這李鵬，特沒心肝。」

「咱們北京人，都支持學生。這國家的未來，就看孩子，他們的願望是善良的，得給他們支持。」

有一家小小的店鋪，賣的是香菸，除了某些在地的菸，有一家居然賣著沒看過的牌子「中南海」。我特別好奇，買了一包來試抽看看，口感還不錯。店家說是剛出來的，還很少賣，他特地託人去買來的。

「怎麼就非得特地去託人買呢？」我問。

「量少啊。咱們這物價雙軌制，你要平價買，得託人才弄得到。」

事實上，物價雙軌制是造成民怨很大的根源。

一些生活物資，即使是香菸，政府為了平抑物價，以便宜的公定價格出售。可是市面上的價格明明高出許多，於是商販得通過特別的關係才能買到平價的。

雙軌制式的核心問題是：政府部門的特權可以拿到平價物資，再以市價到市場出售，一轉手賺了價差。這些權力機構、集體、個人，形成一個利益群體，分食權力的大餅。而權力之中，又有特別大的權力者，在頂端支配權力的分享。那是權力中的特權。在流言蜚語的傳說中，葉某某的孫子，一位外號葉公子的人，因為上層關係，可以取得平價物資的指標，跟著他就分得到指標。一轉手，幾十萬好處進帳。有一幫手下專門幫他辦事。平時各路人馬都要巴結他，請他吃飯喝酒，供應美女，跳舞娛樂。真實情況如何，無從查證，可是在北京市民之間，口耳相傳，造成非常壞的影響。

相較於此，一般尋常的公務員、工人、上班族卻過得苦哈哈的。物價飛漲，工資趕不上物資。一個大學教授的薪水，只有出租車司機的一半。報紙上曾刊載，一個大學生休學，改行學開出租車，因為他不覺得讀書有什麼希望。這要如何讓大學生安心讀書呢？

知識分子尊嚴掃地，大學生看不到未來，民怨深入到各個層面，影響之廣大，可以想見。市民支持學生運動，高喊打倒官倒，就不是無因的。

車子騎到北大的時候，一些布告欄上貼滿了標語。有些標語特別有趣，會刻意引用毛澤東的話，例如「凡是鎮壓學生運動的人都沒有好下場」；「我們要完成民主建設，首要的任務就是還政於民，就是把人民應有的選舉、罷免、創制、複決四權，真正交還給人民。如果離開這四種人民權利，甚至任何人民應有權利都不交給人民，而高唱實施民主憲政，還政於民，那就未免是空談了。——毛主席語錄」。

此外還有一些長文，是學生手寫貼上去的，各種論述觀點、辯證批判都有。

我不禁想起，這裡是五四運動的發源地，七十年前，德先生賽先生曾召喚出一個理想主義的反抗，帶來時代的變革，可不管是誰，革命的時候，高唱著「自由．民主．科學」的五四精神，一旦掌權，就想要建立起不受監督的權力。表面上是要實現理想，但事實上，卻全面掌握權力，讓權力變成失控的怪獸。

革命與獨裁之間，不是隔著理想，而是隔著監督。

不受監督是人性。願意節制權力，是善良，是例外。更何況，即使領導人英明，願意節制權力，他手下的人卻想擴充權力，有權力才能支配更多的資源，有更大的利益。

一代又一代的人呼喊著德先生賽先生，呼喊民主自由，七十年來，又有多少改變？

我走過那些貼滿海報的牆面，思索著七十年來未曾解開的謎團。思索著，學生運動該怎麼走，才能讓民主與自由思想，落實到民間。一如李洪林談過的，靠一兩個英雄，只不過造另一個神，最終變成新的獨裁；唯有堅實的民間基礎，有普遍思想覺醒的百姓，民主才有希望。

第三章

11

我把自行車停在人民大會堂旁邊的胡同裡，慢慢走回廣場。

從市區到人民大學、北京大學、清華大學，騎自行車來回走一趟，沿路作訪談，花了四、五個小時。這意味著，大學生從北大、清華走出來，遊行到天安門集合，徒步而行，至少三個小時。想像著沿途有市民遞水、送麵包，鼓舞著學生的熱情與積極性。這已經不是學生的問題，而是社會集體的不滿。只把它當成學生運動，可能錯估了這一場運動的複雜性。

傍晚六點多，天安門廣場的天色還很亮。還好夕陽西斜，日曬的灼熱空氣慢慢轉涼。

廣場旁邊有低低的小欄杆，和馬路隔開來。三個年輕的女生坐在欄杆上，有點百無聊賴的觀望著。她們看起來眉清目秀，臉色白皙，五官細緻，身材也比較嬌小，有點像是南方人。他們的邊上，坐著一個年輕的男孩，高大一些，看起來像大學生。

我看他們的模樣，不像北京人。便尋了一個空檔，在他們旁邊的欄杆上坐下來休息，找機會和他們閒聊。

廣場指揮部的廣播除了重複海外的一些致電，大體上沒有什麼新消息。

我問那男生：「你是哪個學校的？」

「哈爾濱工業大學。」那個年輕的男生說。

「那好遠哪！」我嚇了一跳，說：「你自己來嗎？」

「嗯，我自己想來北京看看。在我們那裡，都是偷偷聽外國電台才知道的。我想自己來看看。」年輕的臉上，有一種直率爽朗的英氣。他穿著軍綠色的長褲，白襯衫，臉色白白淨淨，臉上的線條分明，鼻梁挺直，濃眉朗目，笑起來像個純真的孩子。

「你剛到嗎？」旁邊三個女學生中間的一個，笑起來有小酒窩、眼神充滿好奇、穿粉紅T恤的女生側著臉問他。

「是啊。剛到的。」東北男生說。

「妳們也剛到嗎？」我轉頭問女生。

「我們也是剛到。」小酒窩女生說。

東北男生望了望三個女生，問道：「妳們從那裡來的？」

「我們從廣州來的，下午才到的。坐了三十幾個小時的火車。好累啊！」女生笑著說。

「我們還是買高價票呢！拚了命的，才到北京，好累啊！」另一個穿著白褲子，伸長了腿，肩一個小背包的女生附和說。

她的語氣不是抱怨，而是有一種「我們不惜花了很多錢，再困難也要來到這裡」的驕傲感。我猜想，她們大約是搭坐位的，不是臥舖，長途下來特別辛苦。

雖然坐了三十六小時火車，可她們還年輕，看起來一點也不覺得累，反而神采奕奕。她們身上分別穿著米白的、深藍色的、粉紅的T-shirt，乾乾淨淨的，有一點時髦，看起來果然是廣州的，帶一點香港的洋氣。和廣場上那些幾天沒睡覺，沒洗臉的男生不同。

「那你呢？你從哪裡來的？」穿著深藍色T恤的女生問。她戴著細框眼鏡，上衣前胸有一隻小鱷魚的標誌，看起來是名牌的衣服。

「從東北來的，黑龍江，哈爾濱。很遠吧！」男生不無得意的說。

「哇，那好遠啊！」

「最北邊了呀。」女生七嘴八舌的說。

「還行啊。跟妳們一樣，坐了三十六個小時。也是剛到不久。」他不以為意，望著廣場說：

「一開始就想來了。」

「好長的路啊！」白衣女生說。

「最北的，跟最南的。好遠的路啊！」三個女生齊聲的笑了，很開心的說。

「妳們北上，他是南下，坐了那麼長的路，終於在這裡碰頭了。哈哈哈！」我指著他們大笑說。

「那你呢？」女生問我。

「我啊，從海的另一邊，比你們更遠一點。」我說。

「香港嗎？」

「不是，隔著台灣海峽。」

「哇，台灣？」女生驚問。

「嗯，我是台灣的記者，來採訪學運。」我笑道。

「好遠啊，我們都從好遠的地方來，居然在這裡碰頭了。」小酒窩女生笑得好開心。

「在天安門廣場，真難得啊！」那位戴著眼鏡、看起來比較斯文的白衣女生輕笑說。她有一種領頭的氣質，我猜想，三個女生之中，她應是帶頭出主意的人。

「妳們出來父母知道嗎？」我有點好奇的問。

「沒有啊，怎麼敢！」小酒窩伸伸舌頭說。

「我沒告訴他們要上北京，只說要跟同學去旅行了。我們那個學校都罷課停課了。沒課上，所以我媽也不管了。我先跑來找我同學，我們兩個就說，反正沒事，上北京吧。我們就再約了她。三個人就來了！」三個女生嘰嘰喳喳的說。

「她說去我家，我說去她家，她又說去她家，媽媽都以為我們在別人家。」她們互相比來比去，你家我家的，你一言我一語，輕踩著腳，開心大笑。

「那你呢？怎麼說的？」我笑問東北男生。

「跟她們一樣啊，學校課都停了，我家在齊齊哈爾，我就跟我媽說，怕學業落後，跟同學去哈爾濱找老師補課去。」

「哈哈哈，你比我們更厲害。裝的好學生，這可以出來更久了！」女生撫掌大笑。

「東北太太，她也不知道那個老師，追不到啦。」男生笑答。

他抬頭看了看人民英雄紀念碑上的旗幟，以及散置在廣場上零亂的帳篷，臉上露出了滿足的神情，長嘆一口氣說：「終於來到了這裡。」

「你們廣東那邊，學生怎麼樣了？」我問那幾個女生。心中想起去年冬天在廣州尋找魯迅故居時，那些南方的小屋簷和擁擠的民居，一根長長的竹竿從魯迅故居的樓上窗口伸出來，掛著五顏六色的衣物。那種充滿庶民生活趣味的街景。

「我們那兒，不像北京這麼熱鬧，你看，這麼多人。我們那裡最多也只有幾百人，在廣東省政府前面舉舉牌子，喊一喊，也沒有什麼人關心。」小酒窩不無失望的說。

「廣東人，只想賺錢，過好自己的日子，不太關心政治，也怕惹麻煩。真是沒意思。」白衣女生說。

東北男生說：「那妳們從哪裡看到消息的？」

「廣州那裡可以收到香港電視，我們通過香港新聞就看到了，不會被封鎖的。大家都知道北京的事情。但廣州啊，就是知道了，卻不熱心，不想參與，有什麼用？」

東北男生說：「我們那裡可封鎖得厲害了。我們只能看到中央電視台，看不到外面的消息，只聽到傳言，說北京動亂，學生罷課，工人罷工了，整個北京很亂，外面的人別去，但什麼都不清楚。只能靠回家鄉去的同學在傳，我們東北還是比較封閉的。」

「不到這裡來，我們根本不知道真相。」白衣女生說。

「如果不是在這裡，我們也見不到那麼多人。來自全中國各地的大學生。真的好多人。」藍衣女生說。

「會不會結束呢？」小酒窩女生說。她的眼神望向了人民英雄紀念碑前面的廣播站，低聲問：「我們才剛剛到啊，聽說就要結束了。好可惜啊！而且全國各地都看著這裡，香港啊，台灣啊，全世界都在看。」

「是啊，我們好不容易，三天三夜才到北京。」東北男生深情望著廣場說：「我剛剛也去問了。他們說，本來宣布大遊行之後要撤退了，可後來又說不撤，要六月二十日才撤，好像還沒有最後決定。我也才剛到啊，真怕他們這樣就結束了。」

「如果不撤就太好了！我們天天來。」藍衣女生說。

「那這幾天晚上，我們能去哪裡呢？聽說清華大學那邊有學生宿舍可以住，是不是？」小酒窩憂心的說。

另一個說：「清華那邊我們也不認識，可以去問誰？」

「這廣場上應該有地方住吧？」白衣女生說。

「等一下指揮部的人會回來，我再去問一問。我來幫你們找一個可以住的地方。」東北的男生以一種北方的男子氣概，要擔負起照顧這三個小女生的責任。

他用一種大哥哥的樣子問：「妳們準備待多久？」

那三個小女生互相看了一眼，好像也不知道該怎麼回答，但白衣女生扶一下眼鏡，回頭望著廣場，想了想說：「看這裡的情況吧，我們也不知道學生會待到什麼時候。」

「那我們再去指揮部問一下，看看如果想去清華，可以找誰接頭。」男生帶著一種責任感對小酒窩女生說。

小酒窩沒有答覆，手挽著白衣女生，望著她，在等著她做決定。

「那我們去問一下再決定吧。」她說。

「你要不要一起去？」白衣女生問我。

我望著手上的相機，說：「你們先走，等我拍幾張照片再去。」

我望著這幾個青春的背影，走向紀念碑的方向。不知為什麼，那一根高聳的石碑，和旁邊隆起的高台，讓我有一種祭典般的感覺，彷彿他們正在走向一個青春的祭壇。那裡有無數青春的火焰，正在燃燒。

現在我明白，廣場上的幾千個學生，其中有許多都是從各地趕來北京的學生，他們在流動。有人離去，回鄉報信；各地停了課的學生，卻有不少人正在赴京的路上。以為外地的學生運動停了，卻不料北京的外地學生反而有增無減。

東北男生和廣州女生只是學運的冰山一角，整個廣場上，有無數外地來的學生，他們怎麼捨得廣場就這樣撤了？

這樣的廣場，撤得了嗎？

望著他們離去的輕快步伐，歡歡喜喜，互相親近，我忍不住想，全中國不知道有多少熱血青春，懷著浪漫的理想主義精神，瞞著父母，悄悄來到天安門廣場。這麼熱切的、飽含著夢想的心，自然有一種契合，年輕的生命，攜手同行，這是多麼自然的事。

在這遼闊的廣場上，還有多少青春要在這裡相遇，在這裡相愛？這歷史的相遇，會不會改變他們的人生？

既然廣場的學生來自全中國各地，有不同的代表性，從這裡說不定可以了解更多中國各地學生運動的實況。

人民英雄紀念碑前鬧鬨鬨的。剛到北京的學生首先都會聚集到這裡來探問消息。

宣傳部前的高音喇叭吵得沒有辦法談話。

我看到一位戴著眼鏡的學生，身上穿著長袖襯衫，雖然看起來已經有點髒，但他坐在宣傳部的前面，依舊像個讀書人，並不浮躁。他眼神凝重，看著廣場，有些憂心的說：「大家都快撐不下去了，這樣下去，我們該怎麼辦？」

「你從哪裡來的？」

「我是西安大學經濟系三年級生。」他的臉上，有一種剛毅的神色。我忍不住想起深秋的西安。在黃葉飄飛的清晨，幾匹馬拉著地裡的作物，一步一步走過幽暗未明的古街道，拉車的農民從車上下來，手掌放在嘴巴前，呵著白氣，走到一盞暈黃的燈前，一個冒著白氣的大灶上，滾燙著羊肉湯，那是羊肉泡饃的小店。眼前的這個大學生，會是西安那純樸農民的孩子嗎？他說話的樣子，那種真誠質樸的感覺，總是讓我想起古城。

「唉，這個負著沉重擔子的孩子。」我心想。

為了方便談話，我約了他到歷史博物館前的樹下，比較涼快的地方聊天。我去買了兩瓶冰鎮可樂。

他疲倦的說：「我是從西安來的，來了十幾天了。前五、六天都睡在廣場上，天天吃麵包，喝冷果汁。但這樣吃下來，營養不夠，人都快垮了。我也受不了了，所以這幾天晚上，就跑到清華，跟同學睡在清華的宿舍裡。終於好好的休息了幾個晚上，讓精神恢復過來。

「坦白說，來了這麼久，我自己也快支撐不下去了。你知道嗎？有一天，一個市民送來一鍋白麵條，我喝了一碗湯麵，以前都不知道，白麵條竟然可以這麼香啊。讓我想起了西安的麵。西安有一條老街，那裡的拉麵，真是好香啊！好想回家啊，可我又不甘心……。

「老實說，我跟清華的學生談，他們都知道，大家快撐不下去了。現在，我們有點進退失據。政府就是拖，想要拖垮我們，拖到我們自己撤出。可是我們多不甘心啊，就這麼認輸了。

「雖然有人認為，民主已經深植人心，整個北京的市民，整個中國民心，都已經醒過來，認識到民主的重要，可是新聞媒體全面封鎖之下，民主怎麼可能深入人心呢？

「來之前，我看到西安的報紙說，北京市打砸搶，發生動亂。但來了才知道，實際情況是防暴警察打學生，學生丟石頭，在追打中，學生逃入店鋪，店鋪被擠破了，最後才有一些流血，還有流氓去偷東西。當時有傳說，學生死了十一個，但報上都沒有。我們西安不像北京，什麼都是被封鎖的。全國各地許多城市都一樣，只能靠來來去去的學生互相傳遞消息。誰能夠傳遞消息呢？只有靠北京回來的學生，帶回一些傳單，一些宣傳品，把情況跟大家說。中國太大了，連消息都傳不出去，更不必說民主自由的思想了。

「所以我們最後要退回去，回去地方上，去宣傳民主，不然全中國都不知道北京發生過什麼事。

「現在我最擔心的是廣場上的學生，營養不良，體力不繼，晚上都沒法睡，整個精神恍惚，恐怕會支撐不下去。但問題是，如果北京的學生不撐下去，還有什麼地方可以去呢？那民主不就倒下去了？

「我們真的進退失據了。但無論如何，一定要找出個辦法……」

蒼白的臉色，幾日未刮的鬍碴，憂心忡忡的苦思，讓這個大三的學生看起來像老了好幾歲。我只能勸他，一定要好好休息，保持思想冷靜，每天回清華睡覺，把身體照顧好　民主是長久的事，可能會走十幾年，不必急在這一時。

夜色尚未來臨，黃昏的金光照亮人民英雄紀念碑的頂端。

一位看起來像研究生的人，戴了眼鏡，穿一件米色T恤，深色卡其褲，和其他人不同的是，他並不躁動，而是坐在紀念碑的台階上，從高處注視著廣場，彷彿在沉思。我看他在思考的模樣，並不去打擾。直到他拿了旁邊一瓶橘子水喝，才和他攀談起來。

他是北京大學研究生二年級，專業是國際政治，一開始就是學生運動的支持者，也參與了學生運動決策群。在群情難定的此刻，我想聽聽最初就參與的人怎麼看？

「現在學生都在問到底撤不撤？你怎麼看？」我問。

「現在撤不撤的問題關鍵是，堅持下去有用嗎？北京人對本地學生的支持是無可置疑的。但如果本地生都撤了，北京的學生都回去了，最後只有外地生的時候，市民的支持是否還在呢？更重要的是，市民這種看似無限的支持，日復一日，消磨下去，最後也一定會退潮的。」他冷靜的回答。

「那學生該怎麼辦？」我問。

「關鍵是我們如何從第一階段的學生運動，走向第二階段，從北京到地方，轉到各個地方去宣傳。學生應該要從這裡散開，到各個地方去宣傳民主自由的思想，而不是統統聚集在這裡，凝聚之後，力量要散開去發展才對。北京的學生大體是這樣想的，但外地的學生卻不是這樣。」

「有意思的是，外地學生集中到北京來，想找到一個可以認同的中心。而北京學生想退到地方去，傳民主的種籽。是不是這樣？」我問。

「說得好。這就是矛盾的所在。外面要擠到中間，中間卻要散播出去。可是不散開，把民主擴大出去，靠這裡是改變不了中國的。」

「可這得要學生都有這種認識才行。不然大家意見不一致，很難做決定。」我說。

「今天不能達成要撤不撤的決議，主要的原因在於，這是一場自發性的學生集合。學生來自各地，各個高校的學生，從全中國那麼多地方來北京，各有各的想法。北京還有那麼多的高校，學生來來去去，無法有組織、有紀律的進行選舉、投票，找出代表，做出集體決策。這就叫太民主，或者說『有民主而沒有集中』。唉！」

「不是有說過要撤的時間，後來又傳出不撤，是因為這個原因嗎？到底怎麼一回事？」

「唉！像昨天晚上，我們開會決議要留到六月二十日。本來以前就曾決定了是五月三十日大遊行之後，就宣布學生運動進入第二階段，大家回各自的學校傳播民主的思想，從廣場撤退。但是後來又推翻了。昨天開會決定六月二十日，還刻意宣布出來，以免又再變動。可回去一討論，群眾一反對，今天又否定了，大家重新討論。那昨天晚上根本就是白開了。所有會議，一次又一次，都白開了。根本沒有辦法進行決議。」

「這樣下去，只是拖著吧，要拖到什麼時候？」

「最後的結果可能是，主張要撤的人，自己退出，因為，要退退不了，說了也沒用，只好自己先走了。主張要留的，會留下來。最後，到最後，常常是要留的聲音占多數。」

「為什麼？」

「他們會說，要走你自己走，你投降了，我們還堅持到底。誰會願意被說成投降派，最後就只有僵持下去，還能怎麼辦？」

我們同時沉默，望向廣場。

廣場上漸漸歪歪斜斜的帳篷，零零亂亂的木支架、塑膠布頂篷，以及散了一地的垃圾，好像看一個失控的空間，不知要如何收場。我心想，如果海外的民運支持者看到這景象，知道學生現在的困境，還要怎麼做決定？

「說起來，這個過程，確實是我們的民主素養不夠。學生的問題是，需要再訓練和成長。我們在搞民主運動，可我們自己的民主素養有多少？我們高喊民主，我們連民主的決議都做不出來。除了喊口號，我們能夠做什麼呢？來參加這一場運動才知道，真正的民主，是需要學習的。這個，也是我們本身要反省的。」

他的目光注視著廣場前方，掛著毛澤東像的天安門城樓上。

這是我在廣場上，聽到的少數自省的思考。然而這樣深沉的思考，卻是極少數的聲音。

12

我在人民英雄紀念碑旁，等待學生代表開會，討論要不要撤退的問題。雖然不知道這一次會議有沒有用，但至少是把學生代表找來廣場上一起開會，做成的決議要一起遵守。

這是有急迫性的課題。

市民的關注已經逐漸從學生運動，轉移到中共中央的權力鬥爭。各界懷疑趙紫陽下台並非空穴來風。徐宗懋在天安門廣場的一根電線桿上，抄錄到軍委第一副主席楊尚昆五月二十四日在軍委緊急擴大會議上的講話，批評趙紫陽支援學生運動的路線，並揭露戒嚴前後中共權力鬥爭的內幕。

廣場上的學生日漸變少了。北高聯（北京高校自治聯合會）宣布要撤退，而外高聯（外地高校自治聯合會）則宣布不撤退。內部矛盾公開化，讓廣場指揮部失去中心。北京大學生逐漸回到校園，學校似乎要復課，廣場的氣氛逐漸變得冷清。

和剛到時的熙熙攘攘相比，廣場學生確實在減少。再這樣下去，若學生自行瓦解，會是對民主運動的傷害。

依我在台灣採訪群眾運動的經驗，計算人數有一點小技巧。大體上，只要把大空間切割成小空間，依小單位細算，再整合成整個空間可以容納的人數，就可以推估出總體人數。

從廣場上的帳篷去計算，一個帳篷的面積約可容納六到十個人，最多十五個人，依此計算，整個廣場大約有八十來個帳篷，加上在帳篷間活動的人，平時約莫兩、三千人。黃昏的時候，下班的市民會騎著自行車過來看一看，關心學生的情況，來來去去的，大約五、六千人到一萬人。

到了更晚，天色全暗了，市民陸續離開，大學生有的回去學校，有的從外面回來廣場過夜，大約維持在一、兩千人。雖然學生總是對外宣稱有幾萬人聚集，但總體的趨勢是日漸下降。

晚間十時許，廣場廣播大喇叭播音宣告：「學生代表請到人民英雄紀念碑前集合。」這是召集開會的廣播。連數次後，又過半小時，代表們才陸續到齊。

學生代表以男生居多，他們看起來疲憊不堪，有幾個抽著紙菸，互相打招呼，說著南北口音的普通話，不言而喻，他們是來自四面八方的學生。

開會地點在人民英雄紀念碑的第一層台基的一角。

人民英雄紀念碑是一座高起的方碑，刻著「人民英雄永垂不朽」。這是一塊六十噸重的碑心石，它的頂部有梁思成特別設計的小屋頂，背面是周恩來寫的字：

三年以來在人民解放戰爭和人民革命中犧牲的人民英雄們永垂不朽

三十年以來在人民解放戰爭和人民革命中犧牲的人民英雄們永垂不朽

由此上溯到一千八百四十年從那時起為了反對內外敵人爭取民族獨立和人民自由幸福在歷次鬥爭中犧牲的人民英雄們永垂不朽

在碑身下方有一個須彌座，和兩層的台基，再下去才是廣場的平面。兩層台基將紀念碑高高托起，顯示出它的崇高。

現在，人民英雄紀念碑前的廣場，是北京大學生的絕食團、絕食團廣播站和北高聯學生幹部的集會所。學運後期，絕食團不再運作，沒有引起關注，再加上北京學生多主張撤出廣場，於是陸續撤走，回到校園。北京大學生減少，外地生的比例反而增多。不過，北京學生隨時可以動員，來去方便，因此人數比較浮動。許多學生代表有事也都在這裡先聊開來。

再上去一層就是第一層台基。台基較寬，四面有著漢白玉砌成的欄杆。學生在欄杆上，綁著竹竿，再搭上塑料布，變成了帳篷，看起來像在漢白玉上搭起了破違建，有點不協調。廣場指揮部的重要幹部都在這裡聚集。學生代表如果有事，可以隨時來聯繫，尋求幫助。

但占領廣場的時間拉得太久，學生幹部都無法承受天天吃麵包、喝橘子水的日子，就會想回到校園，吃一吃食堂裡的熱食，洗個澡，在宿舍的床上好好睡一覺。天熱了以後，主要幹部往往白天不見蹤影，晚上九點以後，天暗下來，氣溫涼爽一點，再陸陸續續回來。有時聚會說事，有時開會討論。

然而，這裡是公開的場合，消息容易外洩，真正重要的會議，反而不在這裡召開。大多是另覓祕密地點。學生幹部曾在附近的飯店開房間，也曾約定在某些學者的家裡，地方不斷移動。

為了保密，某些組織各有一些不成文的內規。像「工人自治會」一直保持機密，開會不通知外人，唯有個別祕密通知。即使是有要事必須透過廣播站叫人，也是用代號，如「工人自治會012號，廣播站這兒有人找你，請到工人自治會廣播站來」。這當然是為了避免工人名字外洩，被工廠施壓或懲處。

一般而言，工人自治會、知識分子聯合會、首都各界愛國維憲聯席會議等，為了成員保密，不會在廣場開會。尤其首都各界聯席會議是最重要的一個，可以說是廣場學生的知識界智囊團，就不在此開會，以免其中的知名學者、知識分子暴露出身分。但他們在學運中，也只是提供建議，無法做出行動的決策，去指揮學生。雖然其中也有學生代表，但廣場的學生不一定會接受決議事項。

因此，到底哪一個團體的會議可以做成有效決議，採取最後行動，我一直問不出所以然。

在人民英雄紀念碑的第二層台基，則是一圈四方形的基座。位置較高，可以看到四方。面向大廣場的東北角有一處帳篷，上面寫著三個大字「宣傳部」，但實際上是宣傳部的油印中心，前方貼了一張公告「本處只負責油印，不負責發放傳單」。

一些學生靠在搭起的帳篷內喁喁而談，有的累得躺在地上睡著了。幾架油印機排在地上，幾瓶油墨散置在旁邊。角落處，一張用磚塊堆疊起來的小桌板上，兩個刻鋼板的學生，窩在小桌上刻寫。可以看得出來，這仍是最簡陋最原始的印刷方法，讓我想起魯迅小說中的一些木刻版畫。

我問他們，怎麼要特地寫了不幫忙散發？

他們笑著說，廣場上，有太多學生，每個人都覺得自己的意見非常重要，要指揮部幫忙油印，全面散發。但這些只是他們的個人看法，所以不能用指揮部的名義去發，否則胡亂發聲明，會天下大亂。

在這一層的東南角，則是學生運動的最高指揮中心，維護廣場秩序的糾察隊也設在這裡。當我第一次在廣場採訪時，一個身穿藍布粗服、頭綁「敢死隊」紅布條的青年站了出來，他的身材中等，皮膚粗黑，胸膛高挺，雙目炯炯有神。我問他：「誰是這裡負責人？」

他聲音沙啞，回答我說：「我就是這裡的負責人。」

「你負責什麼部分？指揮部嗎？」我看他樣子，就不是一個指揮者。

「我是糾察隊的總隊長。」他說：「這裡的糾察都歸我指揮。我也是學生敢死隊的隊員。」他英勇的聲音，顯示出一種希望被了解、被肯定的急切。

我問了幾個問題，例如北京各校學生來了多少人，外地學生有多少人，從哪裡來等等，他都回答得有點誇大，有點「塑造著成人的風景」的味道，儼然可以指揮全局。我心想，就是一個大孩子吧，畢竟是二十來歲的大學生。我在台灣也不是沒看過愛擺姿態的學運積極分子，差不多就是這模樣。

平時，糾察隊都把守在平面與第一層台基之間。糾察隊的任務是維護學運幹部的安全，學生代表要進去會談，要先通報一下，以避免人進人出，讓便衣特務有空子可鑽。這讓我想起人民大會堂的入口也是由衛兵管制，似乎學生也只能學著官方的管理方法，別無他法。

學生代表會議就在第一層台基的平台上召開。

大約四、五十名學生代表並不排序，各自分散坐在地上。主持人手拿兩支手提小型麥克風，一支主持用，另一支給發言者。

主持人請大家落坐後，要求發言者要先舉手，才能取得發言權。

第一個舉手的學生頭髮凌亂，臉頰瘦削，一開頭就表明態度，反對從廣場撤退。他批評指揮部以前的決議，根本沒有徵詢廣場學生的意見。「他們幾個人做決議，那我們廣場上的幾千個學生有什麼用？為什麼沒有來聽聽我們的意見？這不是民主，這是我們一直在批判的獨裁！」他憤怒的說。

他表明，在廣場聽到很多反對的意見，學生千里迢迢來到北京，追尋理想，犧牲奉獻，卻一點也不受尊重。「民主自由不是這樣」。這個學生聽起來是外高聯的。

第二個站起來呼應了第一個的說法：「我們絕對不能撤退，他們就是希望我們撤退。一旦退，就是認輸了。這就是李鵬要的，難道你們要聽李鵬的？奮鬥了這麼久，在這裡吃苦挨餓，最後竟然是這樣，別人沒鎮壓，就自動投降，值得嗎？」

另外有一個人立刻站起來，他用一種平和的聲音，顯然想降低對立的熱度，說道：「今天在街道上聽到很多人的擔憂，特別是在公車上，聽到有北京市民在講，不知道學生什麼時候會撤，如果再不撤，政府會把軍隊開過來鎮壓，到時候學生怎麼辦？而且，聽市民說，解放軍已經從各地都調過來了。從郊外開始，層層包圍北京城。還有，我聽說北京軍區不願意聽中央的命令，已經準備保護北京，也不知道真實的情況。我們在這裡，討論要不要撤，但我們更應該考慮的是，再這樣下去，我們怎麼保護學生的安全？北京市民會不會支持我們？……。」

另一個人急急站起來說：「如果北京軍區會保護學生，和外地調來的軍隊開戰，那就表示學生得到了軍方的支持，我們怎麼可以從天安門廣場撤退呢？一旦退了，北京軍區就沒有保護我們的理由了。」

「我聽外國記者朋友說，國外媒體已經報導，趙紫陽下台了，萬里也被軟禁在上海，整個共產黨被李鵬把持，如果學生運動在這時候撤退，趙紫陽完了，整個中國也完了。無論如何，我們一定要堅持下去。何況，北京市民也在議論，都說中共中央出事了。」隨後他講起趙紫陽的手下某某某，政治改革的規劃方案，拉拉雜雜，思路跳躍，夾纏不清。「……有很多傳聞，很多事情，你們都不知道，憑什麼做決定？大家要先去把情況搞清楚，不然指揮部在做什麼？」這學生愈講愈激動，流下眼淚。

另一個學生聽不下去，在旁邊一直喊：「你停下來，不要再講了，不要一直講中共內幕，街談巷議，我們根本搞不清楚，共產黨內部在幹什麼，我們都不清楚，你不要道聽塗說。」

但原來那人拿著麥克風不放。有一人說：「主席，主席，請主持一下。」主席走過去，另一人按住他的手，幸好他瘦小，很快搶下他手下的麥克風。

另外有一個人站起來說：「我們廣場的學生必須去打聽一些內幕，才能做明智的決定。我們現在已經是全世界關注的中心，要做明智的決策。昨天我在一根電線桿上，看到有一篇文章。他們說，三十八軍是人民的解放軍，全部解放軍都是人民保護者，他們不會鎮壓北京。」

另有一個人搶過麥克風說：「我們這一次是愛國民主運動，我們不是跟共產黨作對，我們是愛國的學生運動。毛澤東說過，誰鎮壓學生運動，就沒有好下場。毛主席還說過……。」

會議主席雖然努力帶回理性的討論，回到撤不撤的主軸，但麥克風搶來搶去，爭論沒完沒了。明顯可以看得出來，主張撤離廣場的人居於下風，常被打斷。一個主張撤退的學生在發言中指出，如果學生堅持不退，解放軍進城的時候，受到最大傷亡的，不會是廣場的學生，而是市民。等到軍隊打入廣場的時候，外面截堵軍隊的市民早就血流成河了。所以我們要好好撤，以免造成北京市更大的傷亡。……

他的發言還沒結束，就有幾個人喊叫起來，一個帶著西北口音的喉嚨高喊：「不能撤，你給我下來，你是投降派，風派，投機主義。李鵬給你官做嗎？沒有骨氣就回去，不要來廣場，沒有勇氣，就不要站到這裡。我們一定要堅持到底，壓力越大，我們越要堅持。全世界都在看著我們，絕對不能撤。撤退就是失敗，堅持到底就是勝利。」

「你們說對不對？」最後他高喊著。這已經不是開會，而是在演講拚場了。

這時，支持不撤退的人有幾個跟著高喊：「堅持到底，就是勝利。堅持到底，就是勝利！」

有人則堅持的說：「大家坐下來，坐下來，先聽別人講完。」

有人說，妥協派有什麼好說，要走自己走，多說什麼？

有人堅持道：「民主不是這樣，大家再好好討論。」

「投降派！風派！不敢留下來就走，要撤自己撤，自己滾吧！不必多說！」有一個激動的人用一種不知哪裡的口音喊著。最後兩邊吵得不可開交。

主席只好說：「看來我們沒辦法做成決議。那今晚，就先不要做決定，這個問題，留待大家回去，在學校跟其他同學充分討論，以後等你們有一致性的意見，我們再來開會。」

會議這樣不了了之散去。

從開會現場可以看得出來，主張撤的學生，以北京高校聯合會的學生比較多。北京學生是學運開始的主導力量，跟北京的學術界、政界、新聞界有密切的關係，訊息互通，多一些國際媒體的訊息，知道一些內幕。因此在做形勢分析的時候，態度比較冷靜，評估也比較全面。但是大部分留在廣場的學生，有不少是跋涉千山萬水，才來到北京的外地學生，也就是外高聯，他們好不容易才從世界看不見的地方，從新聞資訊都拿不到的地方，來到了這個世界注目的中心，他們多麼希望多了解，多看看，也希望被看見。他們當然不想撤退。

讓我最感到興味的發現倒是：他們在爭執中所使用的語言，有許多仍是文革史中讀過的常用語，例如說開會「有民主沒有集中」，「堅持到底，就是勝利」等；批判人的時候，不免也會有文革式的戴帽子、喊口號，例如罵人「風派」。整個思維方式，仍是共產黨在革命時期，或者歷次政治運動中，所使用的那些概念。

或許他們都太熟悉了，已成為一種社會的共通語言，不足為奇。但在我這個外人看來，總覺得怪怪的。民主運動，至少會使用民主自由的某些概念，以及建立不一樣的行事作風，但在這一場運動中，從歌曲、語言到思維方式，都是共產黨所傳承的文化。不是要民主運動嗎？為什麼會這樣？

13

如果廣場的學生無法解決撤不撤的問題，有沒有更高的、更有影響力的人，可以出來幫忙呢？在知識分子與學者之中，有沒有具備更高威望的人，可以出來登高一呼，帶領學生走出現在的死胡同。否則這樣下去，只能拖著，拖到學生內鬥不已，拖到自己崩潰，甚至，拖到鎮壓來臨。

我決定去找李洪林或嚴家其，問問看到底學術界能不能起到什麼作用。在我有限的台灣的社會運動經驗裡，學界多是學生的老師輩，還是有指導性的作用，至少，還可以當作一個中間緩衝的平衡。

如果，在學生運動和官方之間，能夠找到具有信譽的、公信力的學者，擔任中間的調解者，或許可以讓雙方各退一步，平安落幕。

嚴家其家在社科院宿舍樓裡。面積不大，滿牆書籍，整潔乾淨，飄著濃濃的書香。我記得三月底來的時候，先拜訪過他，或許因為我們同為台北一家出版社的作家，待我特別親切。

後來我還曾帶了《中時晚報》的總編輯胡鴻仁，到他家去吃了一頓。那時是初春，薺菜剛剛上市，嚴夫人高皋特別細心，為我們這兩個未曾吃過薺菜餃子的南方人，做了味道極其鮮美、帶著春天的芬芳的餃子。

那時，三十三名學者簽名要求特赦魏京生，嚴家其是其中較知名的一個。我詢及中國政治改革的希望，他以研究文革時的學養，談到了中國人在反右、文革、上山下鄉的經驗裡，得到寶貴的教訓，開始尋找避免悲劇再度發生的機制。「是的，不能再靠人治，而是法治，才能走上正道。」他樂觀的認為：「這是一條漫長的路，要經過很多代人的奮鬥，但經過文革之後，中國人吃了大苦頭，都覺醒了，以後會慢慢走出來的。」

與當時文化界習於「大批判」式的語言風格不同，他維持著溫和而理性的分析，從大歷史去看到希望與韌性。像李洪林一樣，那是一種真誠的思想者所獨有的氣度，無我無私，為天下人思慮。

由於怕他的電話有人監聽，我騎上自行車直接去他家敲門。嚴家其大約沒想到我會在學生運動如火如荼、天下大亂的時候來訪。一方面感到興奮，一方面憂心的望著門外問：「你坐車來，還是怎麼來的？」

「我怕交通不便，出入廣場困難，所以租了一輛自行車。」我說。

「那太好了，」他大笑說：「你啊，要看起來像北京的老百姓，騎著自行車，在小胡同裡穿進穿出的，才不會被跟蹤。你要注意自己的安全。」他打量著我的穿著。

「像北京老百姓嗎？」我笑問。

我穿衣服一向不喜歡名牌，所以看起來還算樸素，背包也是普普通通的，只是我背包裡有一架日本的尼康相機，只要相機一拿出來，就知道是外國貨了。

「你還好，看起來就是讀書人。」他高興的說：「現在，局勢太緊張了，我們這些人，無論走到哪裡，都會被跟蹤。」

「你是說，當初簽名的三十幾個學者嗎？」

「還不止，有些記者、新聞界的朋友，像高瑜、《世界經濟導報》的朋友，也被監視了。」他說。

此時高皋端出了茶，客氣的說：「這是今年的龍井茶。試試看。」

我聞了一下，清雅的茶香撲鼻，忍不住稱讚。

「要不要留下來吃飯？」高皋看我和嚴家其似乎有意聊一陣子，客氣的問。

我回說：「謝謝妳，採訪事情多，還是回去廣場那邊看看。」

「外面這麼亂，你有地方吃飯嗎？」高皋關心的問。她有一種母性的溫柔和韌性，和嚴家其嚴肅、謙和的知識分子性格，正好是互相扶持的一對。上次來他們家就深深感受這種美好的氛圍。

「有啦，放心。」我笑著說：「大餐廳都關了，沒生意。但小店還是有的。吃餃子啊，北京炸醬麵的。」

「唉，這情況，都沒能好好吃飯了。」她說。

「我們當記者的，習慣了。」

嚴家其笑著說：「記者生涯，到處為家。」

喝了一口茶，我忍不住問嚴家其：「你看這情況，會不會逮捕人？」

「我也不知道。」他無奈的說：「聽說他們有一份黑名單，也不知道有誰。大概我們這三十幾個簽名的，都有份。我們沒辦法知道。」

「如果學生運動能平安落幕，會不會好一點？」我直接問。

「這個很難說。就算現在沒有行動，搞不好會秋後算帳。從過去歷史看，共產黨是會這麼幹的。」

「那學生還好吧，那麼多的人參與，怎麼算帳？」

「學生應該會好一點吧，他們年輕天真，是無辜的。或許帶頭的幾個可能會有事吧。可是，誰知道呢？」他感嘆道。

「你會有事嗎？」作為朋友，我憂心的問。

「不知道。我曾經去廣場看望絕食的學生，也做了一些演講，參加了一些會議，這都是很敏感的。雖然說是祕密會議，大概安全單位都知道了。有朋友說，我在黑名單裡面，所以，我做了一點準備。要進去就進去吧。我們不都是這樣走過來的？」他坦然的說。

他說得如此淡然、坦然，若無其事，面帶微笑。彷彿命運該當如此，這是中國知識分子的宿命。我卻頗為傷感，在心中長嘆。中國人吃了那麼多的苦頭，走了那麼長的錯路、彎路、歧路，到如今還要再走這一遭？

隨即，我問起怎麼讓廣場學生撤退，因為平安撤回校園，讓民主思想回到全中國各地方的大學去播下種籽，從基層慢慢組織起來，這樣，學運有未來，民主才能扎根底層。硬要挺在廣場上，大家都快支撐不住了。

「是啊，我也認為學生應該回到校園，扎根地方，傳播民主的思想。中國太大了，這一次難得來自各地的學生，集中在北京天安門廣場，受到民主運動的啟蒙，回到各自的校園，讓民主思想落實在學生之間，大家有了思想的準備，建立起地方組織，以後再來發動民主運動，才會有更好的素質，更好的結果。」

「可現在，學生快支撐不住了，要走又走不了。學生之間吵來吵去的，誰也不服誰。是不是中國知名的學者、社會聲望高的知識分子，可以讓學生佩服的社會清流，可以帶領學生走出來呢？」我意有所指的問。

「沒那麼容易啊。我們都做了努力。」嚴家其了解我的想法，感慨的說：「這次的學生運動，是由大學生自動自發的發動起來的。起初是為了悼念胡耀邦，幾個大學的學生自己串聯起來，一起走上街頭，後來是到天安門廣場絕食，受到各界的矚目，受到市民支持。我們知識界的人，一開始根本沒有和學生聯繫，更不要說指導他們。等到事情都發生了，引起世界注目，我們更加沒有辦法去告訴學生該怎麼做。他們有自己的組織，像北高聯、外高聯、工人自治會等等。他們是很自主的。」

「可是，他們之間也很亂啊，沒有組織起來。如果有學者的參與，是不是知識上，認識上，策略上，會好一點，思考得更全面一點？」

「也不一定。我們知識分子，以前吃過共產黨的苦頭，還是怕。坦然說，我們勇氣不夠，不敢直接站出來。這些學生不一樣，他們一開始就直接走上街頭，站到天安門廣場，把布條拉起來。他們這一代人，比我們這一代人勇敢多了。」嚴家其的聲音低沉，帶著深深自省的味道。

我感到一絲慚愧，覺得自己要求他站上危險的第一線，卻不曾了解實際的情況，便說：「或許，現在學生都需要幫助，他們誰也不服誰，有點下不了台，沒辦法解決了。」

「這一場運動認真的說，我們只能在旁邊幫忙，希望能夠協助讓學生不要受到傷害。可是，他們要怎麼走，我們真的是沒有辦法起到什麼作用。我們沒有在一開始就參與，運動已經起來，後面就失去發言權了。」

「這些學生不也都是北大、清華、人大的學生，北大、清華的老師，可不可以出來帶領這些學生，帶著他們擬定一個長遠的戰略，幫學生建立更完善的組織和民主機制，這樣才能夠做決策，有共同的行動，同進退。這樣，這場學生運動才不會被分化而失敗啊。」

嚴家其有些悲傷的說：「太慢了，一開始沒參與，對學生就起不了指導的作用。雖然我們還算有一點知名的學者，也有一些媒體記者，很有影響力，像戴晴、蘇曉康，但還是沒辦法。學生是自發性起來的，他們已經有自己的組織，最後還是由他們自己做決定。而現在，學生內部的情況都很亂。一些會議做了決定，但今天決定，明天就被推翻，很難起到作用。學生之間都擺不平了，更何況我們原來在外面的人，怎麼帶得動他們？真的是太慢了……。」

如果嚴家其這樣的大學者都感到無可奈何，那麼學生運動還有解方嗎？

走的時候，我有些擔心他，便說，「如果學生能安全撤退，讓事件平息，或許不會秋後算帳。大家都會平安無事吧。」我懷著希望，想安慰他，卻感覺自己的軟弱無力。

「沒有關係，我心裡早有準備了。」他坦然一笑。「倒是你啊，你一個台灣人，人生地不熟的，自己要小心。有什麼問題，隨時跟我說。」他不為自己憂心，反而叮嚀道。

他送我到樓下的門口，看著我騎上自行車。

「還好，你看，我騎著自行車，消失在人民的汪洋大海之中。」我學共產黨的語言開玩笑。走了一段路，我回望，他仍在門口揮著手，那彷彿是一種哀傷的告別。我只能揮了揮手。

電話打了幾次，想要找李洪林，希望能夠了解中共的上層果真如外界所言，發生嚴重的內鬥？趙紫陽是否被軟禁？內部真的有路線問題？想請教他，有沒有可能尋找到一個官方和學生之間的解決方案？……

他的電話一直沒有人接。

我有時樂觀的想，也許，這位熱血正直的學者，會像住在天安門廣場附近的市民一樣，煮著熱熱的麵條，帶去給孩子吃；或者和學生座談去了。

然而，我不免悲觀的想，胡耀邦過世引起學生運動，為了避免他的影響力太大，會不會已被軟禁起來？

那個謹言慎行，每一個字都真真切切、誠懇自省、充滿思想的知識分子，那個有風骨的學人，現在在哪裡？

14

五月二十九日夜。

天色暗了以後，學生情緒回歸平靜。有些人在帳篷裡彈吉他，有些人在聊天。廣播的聲浪也逐漸變小。

然而，廣播的擴音喇叭突然以高亢的聲調宣布，今天晚上更晚的時候，廣場上會有一個「驚天動地的行動」，請同學安靜期待。

學生情緒突然興奮起來。許多人去打公共電話，呼朋引伴，直說「有大事發生，快來看」。騎著自行車的同學飛快的進出，同學在廣場上奔跑。到了夜深，消息傳遍了廣場：民主女神，要在廣場豎立起來！

指揮部開始安排人群去長安大街上迎接。騎自行車的人動作比較快，先去長安大街觀望回報，準備隨時動員人去幫忙。傳說，民主女神非常巨大，需要很多同學去幫忙。但具體多大，怎麼幫忙，同學只能乾著急。

到了午夜，民主女神終於從中央美院移到了廣場的東邊。

這是中央工藝美術學院的師生花了三天三夜，不眠不休，先做了模型架構，再用石膏分成三大部分製成。由學生一起，用幾部手推車運到廣場上來。初到時，大家還看不出什麼模樣。只見許多學生推著幾台拖車，車上載著用稻草紮起來的巨大白色物體，還看不出女神的形態。

中央美院的師生先把底座卸下，在一旁陸續搭起了竹架子，圍住塑像的周邊，方便工人爬上爬下的施工，再一步步的接上各個身體的部位。架子慢慢架高，最後再安上塑像的頭部和手臂。整個工程在半夜進行，過程頗長，花了四、五個小時。看得出來，這女神的組合與搭架子的能力，絕對是中央美院專業水平的。

由於過程太長，觀看的人不多。然而，次日早晨，在陽光下一看，那巨大的體量，讓人眼睛一亮。

一尊頗像美國自由女神像的雕塑，在廣場的中央高高的聳立起來了。然而她不像自由女神一手舉火炬，一手拿憲法，有一種安詳神態；而是兩手一起，擎舉一把火炬，那神態，更像是舉著火炬旗，發出前進的命令，甚至有一點向前對抗的姿態。

她的正面，正對著天安門城樓上的巨大毛澤東像。紅色城樓的毛像，白色的民主女神雕像，形成一種強烈的色澤對比。她高舉火炬，彷彿要正面挑戰毛澤東的權威。對抗意味相當濃厚。

隔天天一亮，上班經過天安門廣場的人看見，都嚇了一跳。

「老天，什麼時候來這麼一尊？」
「哇靠，這麼大一個玩意兒，這怎麼弄上去的啊？」
「這種大工程，只有中共中央才能辦到的，怎麼這些學生就能辦了！」
「靠，像美國的自由女神給移過來了。」
「沒啦，也不像。那自由女神是一手拿的火炬，咱這個是兩手拿著火炬。」
……

市民開始議論紛紛。市民一議論，有了新話題，消息一傳開，人群再度聚集。但人群效應還算有限，等到五月三十日傍晚，北京各電視台的新聞聯播一播出，批判了天安門廣場「豎立什麼女神像是違法的」，破壞景觀云云，卻刺激了市民的好奇心。

電視台的新聞剛播完不久，天色還亮著，估計看聯播吃完晚飯的市民，一放下碗就出門了。整個廣場隨即湧入幾萬人的自行車潮。人人都說：得來看看「什麼女神」長得什麼模樣。央視，為學生運動又添柴加火。

這個夜晚，廣場充滿一種歡樂的氛圍，似乎廣場是美術館，大家來此，不是為了對抗，而是來看新玩意兒的喜感。

本來，市民已傳言五月三十日要撤，學生在各種壓力下也疲憊不堪，眼看就要失去動力，市民也不太關心了，卻不料女神像一站，關注焦點又回來了。廣場上，學生一改柔和的語氣，又唱出了「鄧小平跟著感覺走」、「你走你的路，我有我的探索」，喊出「李鵬下台」的口號。

由於電視上宣告民主女神違法，這就涉及到官方要不要來拆除的問題，如果來拆除，勢必引起對抗。因此學生順勢在廣播上宣告：「我們絕不撤退，誓死保衛廣場，保衛民主女神！」

一個新的對抗主題出來了：「保衛民主女神」。

原本眼看要冷下去的學生運動，再度燃起戰火。

平常每天只剩下上萬人進進出出的廣場，瞬間又變成幾萬人擠進擠出，塞滿了廣場周邊。星散到各地的媒體朋友也回來了。我碰上《自立晚報》記者黃德北，以及幾位國際媒體的記者。

他們跟我一樣，徘徊在周邊，或站到紀念碑上，從高處拍民主女神的畫面。我們聊了一下，德國記者對這個女神的造型頗為失望，認為沒什麼特色，只是幫自由女神換個手勢，把一手舉著火炬，一手抱著憲法的姿勢，變成兩手一起擎舉火炬而已。

倒是幾個美國媒體頗為開心，彷彿見到熟悉的符號，終於在中國出現，只是抄得有點笨拙。他們興高采烈，東奔西跑，從各個角度拍照。

他們問我看法，我笑說，本來以為這時正在流行「黃土地」的搖滾樂，會出現一個「黃土地的母親」之類的。卻不料還是美國的。他們也笑了。

我問德北有沒有聽到學生運動的新動向，會不會撤？

他搖頭嘆息說：「學生根本沒法達成決議，今天開會，明天推翻，總指揮換來換去，大家吵來吵去，誰也沒辦法。拖著吧！」

「這樣拖下去，不是辦法啊！」我說：「中共不可能這樣放任不管。」

「撤不了，拖下去。拖到最後，只有讓軍隊來清場。」德北說。

「如果鎮壓，這麼多人，要怎麼清場？會很悲慘。」我望著眼前廣場上重又聚集回來的人潮，想到幾萬人在這裡衝突，武力鎮壓，感到一陣寒心。

「我也不知道，好像找不到出路了。」他憂愁的說。

他住在北京飯店，離天安門廣場不遠，他說，最近有許多特務進駐飯店，看起來像服務生，但其實是監視。記者不在的時候，寫的稿件、資料、照片常常被翻檢查看。

北京飯店住了許多國際記者，這也不能說他們獨愛北京飯店，而是因為它是唯一一家最大、最靠近天安門廣場的飯店。主要的國際記者都在這裡，容易交換消息，卻也很容易被一網打盡。

我想起《世界經濟導報》編輯部離廣場不遠，穿過南池子大街，轉到五四大街就到了。他們有幾個年輕記者，和學生熟，說不定會知道一點內情。

《世界經濟導報》是一份上海的報紙，以開明理性，支持改革開放而著稱。北京編輯部位在五四大街與沙灘胡同的轉角，一間小小的四合院裡。幾間小屋成了編輯部的不同辦公室。我剛到北京採訪的時候，高瑜就曾介紹我認識了他們。但總部在上海的《世界經濟導報》在胡耀邦死後，因打算刊載胡耀邦紀念專號，總編輯欽本立下台，報紙被停刊。未來要如何，我還不清楚。我一方面想去看看老友，一方面探一下廣場的情況。

剛剛吃過晚飯的幾個編輯看到我，感到訝異，開玩笑說：「你回來了？還是沒離開？」他們指的是我從三月開始採訪兩會，歷經亞銀年會、郭婉容來北京開會，直到現在。

「我中間回了台北。前幾天剛回來。回來採訪最後的收場。」我說。

「唉，收不了場了，」年輕的女編輯盧君嘆口氣說：「搞不好，等著上面來收場。」

「那怎麼辦，學者啊，老師啊，總是可以再想想辦法。」我說。

「唉，有啊。很多人都在努力。可是沒用。」盧君說。

「為什麼？」

「你不了解，這期間哪，學生裡面之複雜的，不是外面的人能想像的。」

我回說，我了解，於是談了一下去看嚴家其，和他的憂心。

「大家都憂心，卻毫無辦法。」

「聽說中共也鬥得非常厲害，趙紫陽都下台了？」我問。

「聽說是這樣，也不知真假。上層他們鬥來鬥去，情況不明。但學生之間也挺複雜的，一樣鬥來鬥去。」

「有什麼好鬥的？大鎮壓都快要來了。最後不都是犧牲者。」我說。

「你們台灣人，不了解中國文化。」盧君的上級，駐北京辦公室的主任張君上次一起吃過飯，和我相熟，直率的說。「咱們中國人啊，即使到了最後，都快死了，還會爭誰是領導人。」他笑著說。

「所以搶著爭，看誰先上斷頭台嗎？」我故作輕鬆的說。

「是啊，中國人，就是魯迅小說裡寫的那樣。上斷頭台，也爭誰是第一。」張君有些沉痛的說。

「這些學生，都是年輕人，也許不會這樣吧。」我試著讓氣氛輕快一點。「他們一無所有，有什麼好搶？什麼好爭的？」

「唉，這，誰知道呢？」盧君靜靜的笑著，欲言又止。

我看得出她話中有話，於是問她，有沒有空，一起去廣場看看「什麼女神」。

她高興起來說，得去見識一下。這玩意兒，聽說挺大個兒的，去瞧瞧！

廣場的天色慢慢暗下來，氣溫涼爽一點，來看的人潮很多，大家站著議論一陣，看看也無新的衝突，逐漸散去，但新來的人，卻如流水般不曾停過。

盧君看了一下，只笑說，還挺像自由女神嘛，便走到了指揮部的所在。她掀開帳篷，進去和指揮部的人打一聲招呼，發現裡面正在開會，聲音聽起來有些爭執的樣子，突然爆出一聲怒罵，一聲低吼。

我看她臉色凝重的轉頭出來，對我說：「你可以等一下嗎？他們正在開會，我想看一下發生了什麼事。裡面有一點緊張。」

我心想，這大約是祕密會議，便說：「沒問題，我去外面拍拍照片。回頭再來找妳。」

廣場上光線黯淡，人潮流動。民主女神像一尊天外飛來的巨像，潔白、高聳、美式風格，豎立在廣場前方。和正對面的毛像、周邊的天安門城樓、更遠的故宮，整個中式傳統的風格，形成強烈的對比。

更有意思的是，耳邊傳來〈義勇軍進行曲〉、〈共產國際歌〉的旋律，形成極強烈的反差。如果在台灣看到這樣的雕像，我會想起美國的民歌手，而不是〈義勇軍進行曲〉。

再回首神像下的眾生相：臨時搭的帳篷，水流般移動的自行車陣，平凡如公務員、工人的東方面孔，穿行其間的衣著灰撲撲的農民工，在廣場上住了很久的外地學生，廣播中傳來的中央電視台新聞般的播音，偶爾傳出的〈義勇軍進行曲〉、〈共產國際歌〉……，這種種，無論如何都和民主女神那種美式風格形成一種反差。近於反諷。

我開始反省，是不是我在台灣受到美式教育、美國反戰運動的影響，聽太多Bob Dylan, Joan Baez, Pete Seeger的反戰歌曲，耳朵已經西化，所以我認為的反抗運動，就應該有那些歌曲與旋律，或像菲律賓那種環境與音樂，再配合上這樣的女神像，才算搭調。我是不是已經接受了西方那一套，所以對眼前的形式感到不對勁、不協調呢？是不是我用美式的，或台灣的模式，來觀察北京這一場學生運動呢？是我的思維有問題？還是這個民主女神確實與中國的土地、人文有距離？

我拍完照，一邊反省自己的台灣社會運動經驗。

我發呆沒多久。盧君就出來了。她眼神低垂，微微顫抖，頗為憤怒的感嘆道：「哦，這些學生，都什麼時候了，還這樣，真是混蛋……。」

「怎麼了？」我看她情緒激動，拉了她走到馬路邊的欄杆處，坐下來，遞給她一根香菸。點上火，她抽一大口，咳了一下，才慢慢抽。

「裡面發生了什麼事？」我問。

「我跟你說，但你答應我，不能寫出去。」她低聲說：「這個寫出來，學生運動就完蛋了。」

「好，保證不寫。」

「剛剛在裡面，是指揮部的人跟財務部在一起對帳，檢討最近的事。有些海外的捐款進來，卻不見了。錢的事，很糟糕，很亂很亂。」她說。

我安慰說：「群眾運動總是這樣，人來來去去的，很難管理。」

「不是這樣的。最近有很多海外的捐款進來，都有財務部的人管理。那一天是一個清華的學生在管財務，他收了錢，卻沒有交出來給指揮部。錢就不見了。當時都還有人在旁邊看著呢。」她憤怒的說。「後來因為有人要買食物，說出有這一筆錢，才發現他沒入帳。把錢拿走了。財務部的人去問他，他說，要去買祕密武器。」

「祕密武器？一個學生，能買什麼祕密武器？」我很好奇。

「對，大家就想問他，到底你買了什麼祕密武器？」

「結果呢？」

「他就不見了，好幾天不見人影。他今天是被迫來交代的。大家召集一起開會。」她低沉聲音說：「他只交代買了一點麵包，其他都說不清楚。大家逼問他，這不是一筆小錢，是海外來的二十幾萬，怎麼可以這樣拿走？必須交代清楚。他說，既然是祕密武器，當然不能交代出來。不然怎麼叫祕密武器？」

「要不要買祕密武器，也應該大家決議。這未免也太荒謬了！」我說。

「是啊，大家都很生氣，就吵了起來。說要抓起來法辦，這是貪汙犯。」

「是啊，自己反貪汙，怎麼可能這樣？但交給誰法辦？總不能交給公安啊？」我說。

「對啊，這就是問題。共產黨知道了還得了，外面知道了還得了？但學生也不能自己法辦。怎麼辦？大家都沒辦法了。」

「叫他把錢交回來吧，不然怎麼向海外交代。」我想起台灣聲援活動現場的捐獻箱，裡面也有我的錢，不知道有沒有到達這裡。

「是啊，最後只能叫他把錢吐出來。但他就是不同意。堅持說，他已經去買了祕密武器。」

「不然，叫他把祕密武器交出來。」

「不行，他堅持祕密武器就是祕密武器，誰都不許知道。」

「這太荒謬了。難道，大家都拿他沒辦法？」

「吵來吵去啊，吵了整個晚上，就是毫無辦法。你總不能把他抓起來打，我們又不是黑社會。而且，他還做了準備。」盧君欲言又止。

「什麼準備？」我追著問。

她嘆了一口氣說：「他身邊帶了兩個體育系的保鑣，身材魁梧，練武功的。真打起來，七、八個人也打不過。就算打贏了，頭破血流，這種醜事兒，能透出去嗎？就算把人抓起來，又能怎麼辦？我們不能交給公安，我們也不能私下打一頓。這是私刑。學生運動動私刑，如果傳出去，怎麼對世界交代？」

她悲傷的垂下頭，抽著香菸。

我想到剛剛突然爆出的吼聲，或許兩邊的爭吵，已經在打架的邊緣。如果學生運動內部傳出武鬥，甚至受傷，那要如何再維持？

「總不能這樣啊。那是海外熱血的捐獻。」為了安慰她，我笑說：「裡面有我在台灣的捐獻。」

她笑起來：「至少現在已經發現問題，指揮部在檢討，要加強管理了。真是沒辦法，就這樣一個指揮部，還學生搞的啊，也跟政府一樣，都要加強監督。」

「這樣下去，」我指著指揮部的帳篷說：「如果真的打起來，會不會分裂？」

「也不知道。現在大概也已經分裂了。北京內部的，外地的，早就分裂了。」她語氣頗為失望。

「嗯，可是，如果變成內鬥、武鬥，就麻煩了。這種事，一旦傳出去，很難看！民主運動變成自己不民主；反貪汙，變貪汙。會讓海外的支持者非常難過啊！」我說。

「再拖下去，搞不好就是這樣。」她說。

「那麼，共產黨不必來收拾，自己就內亂崩潰啊！」我憂心說。

「很不幸的，說不定，就是這個結局。」她說：「還正好給了鎮壓的藉口。」

我們默默的抽著菸。她望著我，自嘲式的笑道：「說來你都不敢相信，前兩天他們還在裡面吵，吵著說以後誰要當什麼部長、誰要當委員長。都一群孩子，媽的，什麼都沒學，先學會搶位子……。」

「天天在這兒沒事幹，說著玩兒的吧。」我安慰說。

「小孩子玩遊戲，媽的，吵得還挺認真呢！」她大笑起來。

15

六月一日中午，我站在人民英雄紀念碑上。在正午光線最明亮的時刻，拍攝純白的雕像與紅色城樓、毛像的對比。

陽光強烈，空氣有一些浮動，影像中的學生帳篷、女神像、人影都顯得不真實，像是會被蒸發掉一般。

浮動的光影，蒸騰的熱浪，整個世界透出一種不安的氛圍。

民主女神的熱潮漸漸平息，只有傍晚有些人吃飽飯來散步看看，能議論的話題也不多。反而是解放軍進城的消息愈來愈迫近，衝擊著廣場的人心。

廣播站宣布了公安開始對工人糾察隊下手。在郊區，有幾十個工人自治會的成員被逮捕。廣播裡譴責：無產階級的共產黨，怎麼可以對工人階級下手？工人是學生最大的支柱，我們要去包圍公安部，叫他們把人交出來……。

廣播似乎停止了。廣場有一陣子的寧靜。

我把相機換上長鏡頭，拍攝學生的一些特寫。有人手拿麵包，兩眼無神，機械式的咀嚼著；有人靠在帳篷的邊緣，有一點蔭涼的地方，微張著口睡著了；有人斜倚著一床棉被，眼神迷濛，半睡半醒；有人百無聊賴的抽著紙菸，望著眼前的廣場。

一個模樣像是南方來的大學生，身材瘦弱，穿了一雙灰塵滿布的白布鞋，綠軍裝髒兮兮的，似乎有幾天沒換洗了。他的面色略顯蒼白，看起來好像幾天沒睡了，又疲倦又黯沉，坐在廣場的一角。右手拿著麵包，左手提一瓶橙色汽水，雙目茫然空洞的望向廣場正中央，孤獨挺立的民主女神像。大太陽直直射落下來，照在他髒舊的綠軍裝上。

我用135的長鏡頭對焦，對準他的面孔，只見他額頭上正微微滲出汗水。但他渾無所覺，陷在他自己的沉思裡了。許久，他好像感覺熱了，才移進帳篷的陰影裡。

我多想把他的面孔、民主女神和毛像，三位一體，合為一張照片，可惜不在一條線上。

正午的陽光炙烤著廣場，使人昏昏沉沉。有些人忍不住躲到東南側的歷史博物館裡，靠著巨大的梁柱，歪著頭就睡著了。有人打了赤膊，衣服鋪在地上，躺下睡比較舒服。

東倒西歪的人形，昏昏沉沉的熱風，髒髒舊舊的衣褲，疲憊不堪的面容。

外地來的學生，無處梳洗，天天熬著熱風，乾了又濕，濕了又乾，睡在廣場的舊棉被中間，身體早已傳出臭味。而廣場上，零亂丟棄的雜誌、汽水瓶、菸蒂、紙張、破衣物等等，讓人更不知道如何收拾起。有幾個帳篷裡，更長住著幾個看起來不像是學生，反而像農民工模樣的人，他們帶了一個塑料包袱，穿著灰藍工人裝，讓人聯想到火車站前的盲流。他們沉默安靜，只偶爾到領麵包的地方，去分一點食物。

我轉到人民英雄紀念碑的南側拍廣場的後部，卻不料有一個人叫住了我。他頂著陽光，瞇縫著眼睛，指著我的相機，問：「你是哪裡來的記者？」

「台灣的，《中國時報》。」我說。

「你來這兒坐一下。」他身穿軍綠色T恤，面孔年輕，像一個學生。我依言併排在他身邊坐下。

「回頭我就要召開記者會了，你先坐一下，我們可以先聊一聊。」

我說：「好啊，你要說什麼？」我想先了解記者會的內容。

這幾天，廣場的記者會有點亂。發言人徐立曾召開記者會說，柴玲因生病不再擔任總指揮，廣場指揮部中心要重組，又說未來會有學生與老師的大絕食。但說歸說，現在也沒有人知道誰說了算，未來的行動會如何。記者圈都知道，指揮部的消息已經亂了。

「你是第一次到北京來吧？」他問。

「不，已經是第三次了。你呢？你哪裡來的？」我覺得有趣，因為在廣場上，你就是可以遇見天南地北的人，流浪到這裡來相遇。

「我是湖北那邊過來的，來北京讀書。」他誠懇的說。

「你讀什麼？」

「我是唸商業的。」他說完，凝視著我，臉色沉重的說：「現在廣場現場的狀況很亂，需要有人出面主持。我是新選出來的總指揮，等一下開了記者會你就會明白了。」他主動說。

「幾點開？我怎麼沒聽說。」我問。

「等一下開，我已經找人去通知了。」他很自信的說：「你們台灣人，對中國一定不是很了解，但我到中國各地去做過社會調查，對農村、工人、社會問題，有很全面的認識，我可以提供你最全面的社會研究。這一方面，我是學生之中最有資格的人。」他昂首說。

「嗯嗯。」我點點頭。心中暗忖，商業系學生，有這樣的社會調查訓練嗎？我要從什麼問題開始，於是隨口說：「這些都是很大的課題。」

「當然啊，這些大課題，得慢慢談才行。以後我們再來好好聊。回頭開完記者會，肯定你會很有認識。」

「你今年幾歲了？」我想，與其等記者會，不如先摸摸他的底。

「我是八六年級的，今年二十歲。」他興奮的回答。

我因此感到奇怪，這應該是一個大二、大三的學生，怎麼可能有機會和能耐走遍中國各地去做調查，研究社會、農民、工人問題？但我沒打斷他，只聽任他兀自說著：「我從南走到北，從農村走到城市，什麼地方我都去過了。中國很大啊，你要自己去走……。」

我打量他的神情，眼神有一點恍惚，加上他的名字聽都沒聽過。我於是開始存疑。

過了一會兒，兩個學生模樣的男孩子走過來，一個扶著他的背，另一個戴眼鏡的男生一臉歉意的說：「對不起，他的精神受到太大的刺激，所以不太正常。請你一定要諒解。」

由於先前已看過精神有問題的學生，我並不訝異，只是拍拍那學生的背說：「帶他去蔭涼的地方休息吧，讓他睡一覺，或許會好一點。」

我看著這個二十歲的年輕生命被帶離開，心中感到一陣悲傷。這些二十歲的孩子，真的能承受來自國內外的政治期待、國際的媒體追逐、學生之間彼此的內鬥，和各種耳語傳來傳去的精神壓力嗎？

絕食團的傷害，是身體的，那是看得見的，所以很多醫生會去照顧。但無形的、心理的傷害，卻是難以言說的。一個一個精神接近崩潰邊緣的學生，再撐下去，最後一定先內爆，自己難以承受。但外界全然不知。

站在天安門廣場，學生的心跳、顫抖與恐懼，學生的矛盾與衝突，北京學生與外地學生的爭執，為了利益或者權力而引發的鬥爭。這是第一層。

再看出去，是全中國的大學生，他們的眼光注視著這裡，學生運動的希望在這裡。再出去一層，是北京的市民和知識分子。他們寄希望於學生可以打倒官倒，打倒貪官汙吏，召喚中國的民主與監督機制，召喚中國的未來。

再出去一層，是香港、台灣和全世界的華人，人們寄希望於經濟繁榮、自由民主的中國。這是中國人百年來的悲願。他們冀望學生運動可以促進中國走上這一步。

最外圍的，當然是美國、歐洲等其他國家，他們在冷戰的意識形態對壘下，希望擊垮共產主義，讓中國走向資本主義。

站在天安門廣場看出去，歷史像剝洋蔥，一層一層包覆，而最內核的部分，卻可能是最讓人想流淚、最辛辣而難以直視的本質。

因為這裡，只是一群年輕的學生，從河南農村，從東北雪國，從三峽水域，從湖北邊城……，從中國各個地方來的孩子，帶著純真的願望，帶著家鄉的祝福，在北京，在世界的目光下，呼喊著未來。

他們要如何承受這歷史巨大的重擔？這世界巨大的壓力？這百年來沉重的包袱？

他們天真的心，能通得過一切的威脅、壓迫、誘惑、恐嚇、暴力的考驗嗎？

這些孩子啊，能不能把握自己的初心？他們能通過內心的貪慾、權力的慾望、鬥爭的本能、人性的試煉嗎？

這些孩子啊，明天要如何走下去？

第四章

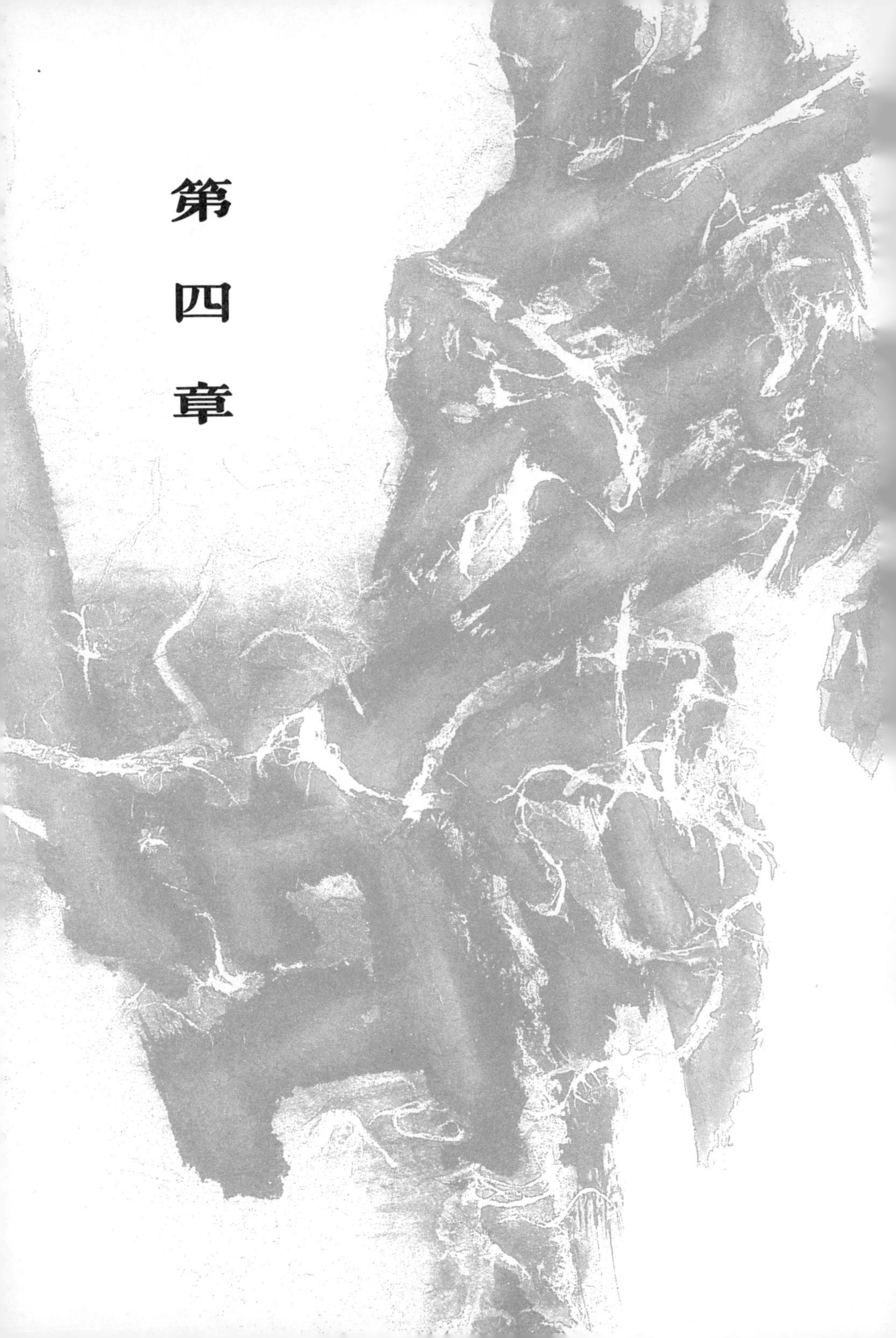

16

從歐美、日本、港台到大陸的媒體，記者圈已經傳遍：天安門廣場被學生占太久了，中共已經準備清場。

但怎麼清場，沒有人可以想像。

我曾請教一個新華社的資深記者：廣場這麼多人，幾千個學生，幾萬個群眾，要怎麼清場？我本想，新華社是中央通訊社，或許有內部消息，可以明確知道什麼時候、如何行動。畢竟他們是國家通訊社，要負責發新聞稿。

可惜他也不清楚，只用一種輕鬆的口吻說：中央消息都保密，新華社還有一堆記者參加遊行，上面也不太信任我們了。

至於怎麼清場，這位老記者猜想：如果從輕處理，有可能，趁著半夜人少，大家都在睡覺，解放軍悄悄進城。屆時，大隊人馬把學生包圍，人抓一抓，統統運回到學校裡去，或者帶去公安局，一個一個登記問話，再叫父母來，把孩子統統領回去。以後再慢慢秋後算帳。

我不了解大陸對群眾運動的法律程序，也不了解過去的慣例，但是以數十萬解放軍，要包圍廣場，將學生清場並不難。如果是這樣的方式，不無可能像一九七六年紀念周恩來的天安門事件一樣，爆發衝突，有學生、民眾在逮捕衝突中受傷，或遭到毆打，有人死傷，有人在事後被逮捕。

我想起台灣的遊行示威經驗。鎮暴警察在鎮壓群眾運動時，用警棍將民眾打得骨折、頭破血流，警民都受傷住醫院。如果天安門廣場如此發生，群眾人數這麼多，情況會非常嚴重，場面可能大混亂。

如果清場是這種結果，學生會乖乖就範嗎？。

不過，新華社老記者如此判斷，應該有一點經驗基礎，看起來也相當合理。

「我只是擔心，學生會不會失控，變成大衝突？」我說。

「應該不會。學生很單純的，他們只是愛國運動。他們能考上北京的大學，都是非常聰明的孩子，全中國萬中選一的精英啊。」他說。

「謝謝你。但願是這樣發展，平安落幕。」

我只能希望，至少中央是清醒的。只是來清場，而不是來鎮壓。把學生占廣場當做鬧事的，清理開來，打掃乾淨，天安門廣場回復平靜，就結束了。

如果是這樣，那解放軍最可能進天安門廣場的時間，應該是半夜，特別是天快亮的凌晨，大家都睡得正熟的時候。所以我決定，每天上午發稿，中午睡個午覺，精神養足了，既然最近幾天都有可能，就每天晚上留守，直到凌晨，確定平安再走。我所工作的媒體是晚報，半夜的新聞，恰好是晚報的獨家。

六月一日傍晚時分，我趕緊去吃飯。因為公營的飯館六點一到就關門。如果沒有吃上晚餐，等忙完已經九點，飯館都關門了。而我帶來的幾包泡麵已經吃完。

我趕在關門前五分鐘到達，餃子館的服務生是個中年婦人，站在收銀台前，看我最後一個走進來，臭著臉，不屑的說：「票兒呢？」

那「票」字是氣體，從兩片嘴唇的中間呸出來。

她要的是糧票。

我回得很乾脆：「沒有，照算錢吧。」沒有糧票，依市價算會貴一些，就給錢嘛，不然要怎樣？

她臉照臭，很不耐煩的說：「幾斤？」

這下我矇了。在台灣店家只會問你要幾顆餃子，根本沒人用斤算的，我怎麼知道自己要吃幾斤餃子？但我想都沒想，毫不猶豫的，用水滸傳的口氣回答：「兩斤。」

我坐了下來，看到旁邊有醋和大蒜，便放上一點，等著餃子上來。

想不到餃子一上桌，我就昏了。

一個大鐵盤盛著，有五、六十個，每個都是北方人的模樣，壯碩強大，飽滿結實。我一看都不知從何吃起。平時在台北，最多吃十來個就飽了。這五、六十個要怎麼塞肚子裡？我本想拿給隔壁桌的客人，請他們幫幫忙，可看人家都點了，自己吃得正香，誰要你的呢？

我只好盡量吃到十五個，就撐到快不行了。眼看客人也都走光了，自己沒吃完，好吧，丟臉也沒人看見，起身走人。

回到天安門廣場，我撐著肚子嘲笑自己：你啊，最多就是半斤八兩。

一個美國記者曾跟我說，天安門廣場豎立了民主女神之後，像有了重心，變觀光地標了。人們站在街道議論，好像來參觀美國自由女神像。

我聽了哈哈大笑。情況也確實如此。沒辦法去紐約看，來天安門廣場看看也不錯。

然而，今晚的氣氛卻有點緊張，七點半之後，人潮突然多了起來。

傍晚的時候，廣播中出現了一個男學生的聲音，口音比較不像京片子，但口齒清晰，宣稱：「我是新任的廣場總指揮李祿」，然後說起未來形勢如何如何，同學們要眾志成城，團結一心，要求李鵬下台之類的。以前柴玲比較不會在廣播中發表這麼長的談話，看來此君是有心，想全面主導廣場的學生運動。

圍觀的北京群眾帶著一種下班散步的心情，東逛逛西看看，有人索性把自行車停在路旁聽廣播。人群如潮水來來去去，一波換一波。這種情形，要直到午夜過後，才會稍稍平息。我估計了一下，一個晚上下來，流動人群至少有五、六萬人。

今天還有一個新的風景：香港送來的新帳篷。那種歐美式的三角形帳篷，顯得時髦又新奇，一頂一頂張開來，搭在廣場一角，使得原本凌亂不堪，用竹竿、塑料布搭起來的帳篷，顯得像貧民窟。廣場的氣氛為之一變。或者說，在某個角落，開始有比較整潔的景象。有些學生還主動的說：要不，我們來整理整理環境吧。

增加的人潮，新到的帳篷，讓廣場彷彿有新的生機。

民主女神加新帳篷，讓逐漸沉寂下去的學生運動再度燃起熱情。一些離開的北京學運領袖也好奇的回來看一看。廣場更加熱鬧了。

廣播站的語氣也變得積極了些。比起前些天的單調讀稿，今天唸海內外的回應文章時，更多了一點激情。內容主要是海外華僑、國內學者的來信、和發表在海外報刊的文章。有時也會唸一段學生駁斥《北京日報》、《人民日報》的稿子。空檔的時候，會重複播放崔健的〈一無所有〉，只是唱的學生把歌詞改為：

我總是問個不休，小平你何時走？

可你卻總是笑我，一無所有。

我總是問個不休，你何時要退休？

可你卻總是搖搖頭，等等再說……。

在休息的時段，則反覆播送〈共產國際歌〉、〈義勇軍進行曲〉，主持人會在前後反覆的說：「我們是一場偉大的愛國民主運動，而民主不僅僅是目的，它同時也是一個過程，我們要以完全和平的、非暴力的原則，來追求民主……。」

看起來，指揮部正試著掌握宣傳的方向，建立言論的口徑。

更晚一些，天色暗下來，危機的消息，卻突然像暴雨驟至，不斷打在廣場上。

北京郊區的工人自治會成員一個個被逮捕，支持的市民，傳出被公安扣留，大學生從西邊進城時，看到有便衣的解放軍……，各種訊息不斷湧入。

廣播報導了工人自治會成員被公安的廂型車帶走後，學生群起到公安部大門口抗議，沒有結果。工人沈銀漢的姐姐在廣播中，悲憤陳述非法逮捕的經過，她哭訴說，前往公安部交涉，不知去處，沒有任何交代。北京郊區的工人也有四、五十人被逮捕。

她的控訴，讓廣場群眾更為憤怒。這對於已與公安部處於對立情緒的學生，產生了刺激作用。眼見危機迫近，指揮部在廣播中說，請大家要多注意同學的安全，互相關照，大逮捕要來臨了。

廣播中也會出現最新外電消息，包括解放軍要進城，有三十萬大軍集結，四面包圍北京城，已經在郊外駐紮，不斷操練，隨時要攻進來……。

這些新聞又反過來刺激學生，使他們神經緊繃起來，充滿前所未有的恐懼與易怒。像一頭毛髮直豎的貓，敏感多疑，一發現形跡可疑的人，就立即伸出爪子。廣場上的學生只要見到民眾的模樣不太尋常，例如衣著像公務員，頭髮理得短短的，或身上揹一個黑色包包，就包圍起來盤問。若是發現他身上有特殊配備，如錄音機或對講機，或是什麼公務機關的證件，就把人反扭雙手，送到廣場指揮部。指揮部確認後，把人罵一頓，然後扭送到廣場外圍的大街上，趕出去。

本來為了區隔，規定廣場內只許學生出入，但後來人少，流動性高，管制已經放鬆，學生對大量集結的群眾與便衣難以分辨，更何況民眾幾萬人進進出出，入夜以後，天色昏暗，人更不容易辨識，氣氛更加緊張。一些學生緊張得徹夜無眠，神經過敏。

夜深十二時，已經很晚了，照理該安靜下來，可是有一小隊學生手上舉著大旗，十幾個人一組，奔跑在廣場上，口中高喊著：「走，去抓便衣。」

他們到處去奔走查看，想抓間諜特務。另有一小隊人，收集到《北京日報》，對《北京日報》的內容憤慨不已，提議到《北京日報》前去焚燒報紙抗議，他們很快衝了出去。還有一小隊人聽到了軍事博物館那邊可能有解放軍進來的消息，聚集了十幾個人，騎上自行車，衝向西邊，要去截堵軍隊。

這些小隊的個別行動，都是自發的，並非聽命於指揮部。幾個人拉一個小組，舉學生的大旗就衝出去，沒有人來指揮。一小群一小群的衝過來，喊過去，帶來一種狂躁的氣氛。

在逐漸逼近的壓力下，學生本身的承受力已快達到極限。

事實上，這幾天官方透過媒體不斷放話，提出學生退出廣場的訴求。有的出自於小學生的口吻說：「希望大哥哥、大姐姐把廣場還給我們放風箏」，也有出自於市民的訴求：「請把廣場還給市民」。還有官方發動的遊行，約莫有三千多人，高舉「制止動亂」、「支持戒嚴法」、「支持李鵬」的標語。這些呼籲文章，通過廣場西邊人民大會堂上的大廣播站播出，對學生形成另一種壓力。

大陸的記者朋友直接的說，這是官方在製造「制止動亂」的輿論，為接下來的清場行動找合理化的藉口。

站在這裡，我開始為學生感到一種難以承受的「重」。現場看來，這些學生也只不過是二十歲的孩子。他們既單純又複雜，既理想又世故，他們既不是白紙一張，也不是成人世界的縮影，而是所有的改革與理想，權力與慾望，夢想與野心的總和。

人們總期待在這裡看見一種理想主義原型，一種純粹的光環。殊不知，學生也是人。二十歲的年輕生命。他們一樣有著複雜的人性和慾望。世界是什麼模樣，學生也會映出它的模樣。

我曾經聽一位學生運動領袖說過：「如果我們不撤退了，全世界的支援會繼續進來，但如果撤了，支援就再也進不來，世界的焦點也消失了。」

質言之，世界的支援，有如道旁掌聲，鼓動著馬匹不顧安危，繼續向前狂奔。當世界各地的捐款不斷湧入，學生在這裡接收，就算有人想撤退，依然有人想留下，繼續接收海外資源，他們永遠可以支撐下去。

比起學生、知識分子的貧窮生活，海外支援的金額太大，誘惑力太強。學生能抵擋這樣的誘惑嗎？

更何況，留在廣場還有一個更崇高的道德正當性：「反抗到底，勇敢堅持」。現在，學生已在崩解邊緣，廣場逐漸失控，學者也無法教學生撤退，中共內部更不可能縮手，這一場震撼世界的學生運動，要如何收場？

我只能坐在這裡，注視著事態走向最後的終局嗎？

夜深時分，我看著那一小隊一小隊手擎大旗的學生和工人，奔逐在廣場上，目光中露出火一般燃燒反抗的光，彷彿「熱鐵皮屋頂上的貓」，內心生起一種不祥的憂懼。

那種目光，那種怒火，那種玉石俱焚的狂熱，即使不是摧毀別人，也會被別人摧毀，甚至最後，在過度燃燒的激狂中，自我毀滅。

這些孩子啊，開國際記者會、調動全世界的目光、刺激中共官方最敏感的神經，招來全北京市民的關注，集中全中國人民的目光，卻是如此純真狂熱，像活在不真實的火影幻覺之中的精靈。

終於，夜深三點多，狂奔的青春耗盡了力氣，回到帳篷裡，停止了躁動，安靜下來了。

我換了一個長鏡頭，在觀景窗裡，凝視著這些青春的面容。

看得出來，今天晚上多的是憂愁的、茫然的眼神。他們有時靜靜坐在帳篷裡，有時聽見外面有騷動，就站起來觀望，面容惶然，不知所措。有幾個學生臉色黝黑，可能有幾天都在廣場曬著大太陽，又無處洗臉，就那樣撐著。有一個戴眼鏡的青年，長相斯文，面孔白淨，像南方來的，不知道為什麼，一瞬間望向天空，望了許久。望到我都好奇：他到底在看什麼？

我放下鏡頭，也望向藍天。夜空下的天幕，只是一片純淨的深藍。北方寬闊的天空，感覺特別高遠，星群特別明亮。一條銀河星群，清清淺淺，柔和迤邐，如絲巾般，輕輕劃過天際，向南方延伸。

銀河下的廣場，銀河下的北京，銀河下的大地，銀河下的中國山川……。這世界，如此寧靜，如此遼闊。

我坐在人民英雄紀念碑高處台階上，遠望著帳篷裡小燭光，像渺小的螢火蟲，一盞一盞閃閃發亮。歌聲遠遠傳來，又柔又輕，彷彿安眠曲。

寧靜的廣場，彷彿一張略微凌亂的大床，一個天地間為純真孩子而鋪設的花園。小小的帳篷，像一朵一朵的小花傘，遮蔽著青春的夢想。

有一些帳篷傳出吉他和歌聲。不知是哪一個帳篷，遠遠傳來蘇芮的〈奉獻〉。或許是夜太深了，唱得很輕，很慢，有一點悠揚，有一點感傷：

長路奉獻給遠方　玫瑰奉獻給愛情
我拿什麼奉獻給你　我的愛人
白雲奉獻給操場　江河奉獻給海洋
我拿什麼奉獻給你　我的朋友

我拿什麼奉獻給你
我不停地問　不停地找　不停地想

我感到一種難以言說的悲涼。

「故事快要結束了。」我在心中說。

就在這時，一個人影，悄悄的走了出來。從廣場指揮部的帳篷那邊，緩緩走過來。他是指揮部未眠的人。

啊，是李祿。他白天在指揮廣場時就認得了。

他披著一襲解放軍的軍用披風，是那種在韓戰的電影中，解放軍將領站在前線，指點江山，指揮作戰時，披在身上的大風衣。那種厚厚的綠色棉襖，披在肩上，長過膝蓋，包覆身體，在胸前垂下來。

他走上台階的動作很慢，一步一步，感覺像一個將軍在巡視著他的戰場，在觀察著他的士兵，也像在思考著明天的戰局。

他站上紀念碑的最高處，俯瞰著廣場。夜已深，廣場已靜下來，光線幽暗，燭火飄忽，寬闊沉謐。

他雙手環抱胸前，像一個解放軍大將軍，俯瞰著芸芸眾生。

六月的天氣，白天驕陽已曬得頗為燠熱，就算夜裡較涼，也不致於冷到必須披著軍用的厚大衣。那是一種有意的作為？還是無意的模仿？為什麼像在演戲，帶著一種不真實的幻境感？

我看到的第一感是：這個學生在演什麼？搞學運的，幹嘛學解放軍將領？夜深人靜，四周無人，他在演給誰看？

但他的樣子很認真，一點也不是在「演」。

這讓我不由得感覺，這是他在「自我形塑」的時刻。他想像自己是一個統領百萬雄兵的大將，現在正在檢閱，沉思，思考他的下一步戰略。

我默不作聲，坐在人民英雄紀念碑的一角，靜靜觀察。我想像著他看見廣場上的三、四千個學生，上百個帳篷，會想到什麼？

李祿，一個南京大學的學生，在廣場那麼久，在北京學生退出後，在北高聯、外高聯、各種學生團體的爭執中，一個從南京來的學生，終於從北京名牌大學的學運領袖之中，脫穎而出，站上廣場總指揮的位置，那是多麼不容易的事。現在，他已經成為全世界矚目的焦點。他也很自覺的知道，此後，無論撤退或對抗，他必須指揮全世界聚焦的學生運動，然而，這個二十來歲的大學生，有足夠的智慧與勇氣，來帶領學運嗎？

在這個一點也不冷，甚至有些溫熱的夜晚，他披著這樣的軍大衣，他心中想的是什麼？他認同的，是前方的民主女神？還是更遠一些的神像，那帶領百萬雄兵過大江的偉大領袖毛澤東？在毛澤東與民主女神之間，這一場學生運動的領袖，他的心中，真正深藏的是哪一個？六月二日凌晨，李祿的這個「自我形塑」形象，在我心中造成非常強烈的震撼。

我開始拋開自己心中預設的西方「民主運動」認知，拋開海外對中國民運的期望，以及那認知帶來的理所當然的「想像」，進入更真實的世界。那學生運動的「心靈世界」。一個夜深時分才會顯露出來的隱祕的角落，一個真正感性與理性都無所隱藏的內心世界。那是我「未曾了解」的心靈。

他為什麼會這樣？

他的內心，到底想什麼？

芸芸眾生的學生，內心在想什麼？

這一場運動的「心靈」，到底是什麼？
中國人的心靈深層，到底在想什麼？
天安門，這個歷史的廣場，突然像《現代啟示錄》裡的那一片叢林，裡面藏著未知的「黑暗之心」，那是我正在踏入的世界……。

17

六月二日，晴。

早上，在學生的簇擁之下，侯德健、劉曉波、高新、周舵，進入廣場，進行為期三天的絕食行動，抗議中共政權鎮壓學生運動。他們還計畫將絕食行動擴大化，變成「接力絕食」，以每次三天的方式，讓學生和民眾登記參與。據說，已經有三千多人登記。一個以〈龍的傳人〉而紅遍兩岸的歌手，和三個北大、社會科學院的學者，同時加入絕食行列，這讓廣場上的學生士氣為之一振。

絕食的地點在紀念碑前。來致意的學生和市民多了起來。或許因為有老師在，學生感覺有師長可以依靠，有一個更高的精神導師，顯得比較安定，不再像前一天那麼浮躁。

「老師在絕食，身體比較虛弱，我們小聲一點，不要打擾老師，讓老師休息。」當廣場上有北大學生想要來探望老師，或者有人要採訪絕食四君子的時候，負責維護秩序的學生就會小聲的叮嚀。於是學生就離開了。

廣場指揮中心相對的穩定多了。

四君子的加入，在記者之中有不同的反應。有人認為，學生運動快結束了，他們才來湊熱鬧，讓本來快落幕的，又激起新浪。有人批判，還不是為了名聲。但也有人認為，學生已經非常混亂，如果有得到學生信任的老師、文化名人來帶領，形成領導中心，他們可以帶領學生做出決策，採取一致行動，避免學生運動走向混亂無序的悲劇。

然而，廣場上的學生群體仍繼續著昨夜的焦慮感，顯得頗不平靜。廣播中再三提醒，各處傳來的消息顯示，解放軍會強行進城，所以各地的學生多留意。

天色暗下來以後，一種暴雨將至的危機感在學生的耳語間流動。

十一時許，突然傳來有一輛軍車在長安大街木樨地一帶撞死了三個市民，另有一個重傷。廣場的市民非常激動，跨上自行車，結伴往木樨地衝，一些人則提醒的高叫著：「這是刻意設計的，解放軍要進城了！」

另有一批人則高叫：「我們要冷靜，不能上當！」但學生情緒激動，這裡一處，那裡一處，議論紛紛，非採取行動無法平息一般，一小隊一小隊的擎起校旗，衝過來，跑過去，號召著「走，咱們去擋軍車！」「這是最後的犧牲了！」

但要到哪裡去，周邊怎麼防備，卻沒有一個戰略的指揮中心。

群眾之中，工人自治會的成員比較有社會經驗，他們先喊出：「保衛天安門，保護學生」。這幾句口號起了作用。廣場再度熱血沸騰。人人傳說著，「誓死保衛天安門，保護學生」。

不久，消息傳到人民英雄紀念碑前，解放軍確已進城，但不是著軍裝，而是穿便服。

指揮部立即召喚學生：「請各校學生，拿起手提擴音器，到各個路口去廣播，呼籲市民起來擋軍車，阻止軍隊。保衛天安門，保護學生，這是我們最後的關頭！」

學生迅速行動起來。像潮水般，往東西南北，各個方向，衝出廣場，到各個住宅區去號召市民。

廣場迅速冷清起來，帶著一種寒夜肅殺的氣氛。

我決定留在廣場，這裡是核心中的核心。唯有這裡能掌握各方的訊息。

凌晨兩點多，有部分學生回來報告，西邊的解放軍都穿便服，被老百姓認出來，圍堵在街道上，進行說服工作，但仍有一部分已經進城了。進城的集合地點，軍人都不說，可能是人民大會堂，或軍事博物館。

凌晨三時許，一個學生手執解放軍的衣服及帽子，來到紀念碑前，以證據確鑿的口吻說：「你看，這就是我們截獲的東西，解放軍把衣帽和武器，跟人分開，穿便服進城了。」

他馬上由李祿陪同，召開記者會。

國際記者的閃光燈，瞬間照亮了廣場。他手拿那些制服和武器，解釋說，截獲的過程中，有發生搶槍的衝突，但最後只搶下了這東西當證據。

「現在有多少解放軍進城了？」有記者問。

「我們也不清楚。只知道他們散開走，最後可能到某一些指定地點集合。」學生說。

各路擋軍車的學生陸陸續續回報，看起來主要以西邊居多，東路人少，北路沒什麼發現，也有可能北邊沒有一條固定的大路，所以沒有遇上。

凌晨四時半，東方曉色已濛濛微亮，我決定往回走，休息片刻就得給晚報發稿。卻不料在南邊的路上仍碰見了一群進城的解放軍。他們分成了幾批，大約被群眾沖散了，東一撮西一撮的，分別被群眾包圍在路邊，七嘴八舌的說著。

可能是上級給發下來的便服，解放軍大都身穿簡便的白色上衣、深藍色條紋運動褲，腳上著黑色布鞋，穿著其實和一般老百姓的沒有兩樣。可為什麼他們一眼就會被認出來呢？

北京人是非常眼尖心細的。滿街遊走的人潮，他們可以一眼認出誰是外地人，誰是北京人。即便是像我這樣的人，穿著比較尋常，在北京的記者都偶爾會認錯，把我當作是「北方的大陸記者」，但是老北京人卻一眼就看穿說：「你是港澳台的同胞嗎？」我問他為什麼。

「你這個皮帶就不是中國的。」他說。

所以三五成群、穿著一式衣褲，又都理了平頭，有著鄉村的陌生面孔，即使分散開來行走，仍然難逃北京市民的銳眼。他們當然不會將之錯認為是「來北京打工的外地工人」。

更何況這些天北京市民充滿警覺。一旦發現陌生人三五成群，就立刻高聲呼叫街坊鄰居。一群人立即衝出來，把解放軍團團圍住。不知道解放軍是否被下令「只許進城、不許衝突」，他們的面孔總是露出和善的笑容，一點也沒有對立的敵意，反而被群眾一圍一擋，就愣在當場，不知所措，拚命陪笑臉。

這時候，群眾裡面就有人主動呼口號：「大兵，回去！大兵，回去！」

呼喊聲響成一片，招來更多街坊鄰居。

解放軍仍按兵不動，站立當場，一些主動的人圍上前去，用北京人的話講，就是「做思想工作」。

「你們三更半夜進城，要幹嘛呀？我們北京好好的，又沒有動亂。你看，這街道上，有動亂嗎？」

解放軍默然。

「你們不會到廣場去殺大學生吧？學生是愛國運動呀，你們要到天安門廣場幹嘛呢？」

軍人默然不語。

「你們可是人民解放軍，是人民的子弟兵啊。人民子弟兵保護人民，怎麼可以和人民對立起來？我們是一體的，你們應該在廣場保護學生，保護人民才對啊！」

軍人默然無語，無奈低垂了頭。

這是一群被圍在一間房子外面的解放軍，人數大約三、四十人。而群眾也僅有七、八十人。果真要衝過去，以解放軍的訓練，還是可以通過的。但是他們沒有這麼做，只是低頭沉默，眼神中露出無可奈何的表情。

或許解放軍想用化整為零的策略，避免引起注意，分批進城，到達集結的目的地，卻不料分別被堵住了。

我在一個街角，看到有一個解放軍，獨自一人被群眾困在角落裡，顯然他和原來的隊伍走散了。這個人和一般大兵不同，可能是帶隊的，年紀稍長一點，約莫四十歲左右，語音帶北方口音，他對別人所詢問的軍籍、官階、屬於何種部隊、進城目的地、駐在何地等，一律沒回答。緊緊抿著嘴唇，偶爾陪著苦笑。

民眾你一言我一語問個不停。問急了，他才苦著臉，勉強的回說：「這我不能說啊，我有我的困難。」

他的態度非常誠懇，市民被打動了，變得溫柔了，就開始「做思想工作」。

「你在家可有結婚麼？有愛人麼？」一個長者溫聲說。

「嗯。」他默默點頭。

「有小孩吧？」

「嗯，一個。」軍人點頭說。

市民於是遞給他一根菸，幫他點上。軍人默然垂首抽菸。

「其實呀，解放軍就是穿軍裝的人民嘛！我們一樣都是有家、有孩子的。你孩子啊，以後也要讀書上大學。」一名灰白頭髮的長者緩緩的說：「就好像很多人家裡，也有孩子去唸大學。廣場上的大學生嘛，就是咱們中國的孩子，是人民的孩子，對不對？」

軍人默然點點頭。

「誰家沒有愛人小孩呢？你想想看，如果你的孩子來唸大學，你能不保護他嗎？這次政府也說，這是『愛國運動』，怎麼要調你們來戒嚴呢？難不成要用軍隊來鎮壓學生嗎？」

「這我是可以理解的。」解放軍終於鬆開了心防，吐出一口煙，緩緩的，像和街坊鄰居說話一樣，說：「誰家沒孩子呢？我們怎麼會去鎮壓學生呢？我們不是來鎮壓的。您放心，我一定不會這麼做。」

老者感動的拍拍他的肩。

「可是，你知道嗎？當上頭命令下來的時候，叫你對學生開槍，你要怎麼辦呢？」一個婦人在一旁提出了兩難的問題。

解放軍沉寂半晌，抽一口菸，回望著婦人說：「這位大嬸，妳放心，我敢向您保證，絕對不會對學生開槍。如果他們非要我開槍，我就先自殺！」

這位軍人以一種毅然決然的眼神，仰首望著前方。他的聲音不大，語氣平淡，可氣勢卻鎮住全場。

市民都為之動容了，卻又有些不忍心地說：「你也別自殺，只要別開槍，他命令他的，你別開槍就行了。」

這位有著北方濃眉、剛毅線條的面容的解放軍，眼神中流露出一種無語問蒼天的無奈，煩亂的注視著周遭的人，搖搖頭嘆息。

這是我在回旅館的途中，所見的一個小小場景。可以想見，今夜一定有許多地方，被截堵的解放軍也面臨著相同的遭遇。他們的心中原本對首都動亂存有一定的成見，那是被告知的訊息，但在實際的遭遇中，卻面臨這些大叔大嬸，像自己的街坊鄰居，大部分人白天還在公務機關、公營公司上班，其中還有好些婦女。婦女說，把孩子哄睡了，再出來截堵軍車，保護學生。面對這樣的百姓，解放軍怎麼下得了手呢？當命令下來時，他們要怎麼辦？

六月三日凌晨，「解放軍便衣進城記」就這樣在市民的截堵中，化解無形。

市民充滿信心，在街道間傳聞：「軍隊是人民的軍隊，解放軍是我們人民的子弟兵，他們不會開槍的。只要堵住他們，好好說服，他們就可以變成保護學生。」

這樣的信心，沿街的大叔大嬸都深信不疑。

早晨五點多，晨光照亮北京城的時分，解放軍被堵回去了，街頭的市民都放下了心，各自回去再小睡片刻。

踏著晨曦，沐浴著開始溫暖起來的陽光，走回旅館。我開始對北京人和解放軍的關係，感到無比驚奇。

「人民的子弟兵」和「人民的大學生」，這樣的想法，讓對立中還存有溫情，或許，北京這個千年古都，最後會有一種令人驚喜的解決智慧吧！

我這個海島來的孩子，真的還不了解北京，以及中國。

18

踏著晨光回旅館的途中，我慢慢想起以前在鹿港參加反杜邦環境運動的情景。

那是一九八六年，台灣還沒有社會運動的時代。

戒嚴時代的台灣，所有政治活動全面禁止。街頭群眾運動更是嚴格取締。只要一有群眾集會，警察就會全面包圍，不讓群眾踏上街頭。政治人物也深知這個禁忌，不會去街頭遊行。所以當鹿港進行反杜邦運動的領導者李棟樑要發起大遊行的時候，我非常擔心，怕爆發街頭衝突。

遊行的那一天上午，李棟樑把群眾集結在媽祖廟前。這些群眾基本上都是媽祖廟的信徒，年紀在五十歲到七十歲之間，農漁民居多，也有不少婦女，他們在廟裡幫忙燒香泡茶、整理環境。老人家閒來沒事，在廟口談天說地，打發時間。反杜邦運動一起來，廟宇就成為鄉村社會傳播耳語最快的地方。舉凡杜邦會如何汙染，跨國公司的公害如何可怕，印度波帕爾化學公司毒死幾千農民，如果化學公司來了，鹿港海邊就不再有漁獲，漁民都得去跳海……，諸種耳語，都是由廟宇傳播。其中當然不能免於民間愛說故事的天性而有所誇大，但社會影響力卻由此擴大了。從老人到小孩（都是爺爺帶孫子居多），從廟宇到學校，再到家長成年人，很快的反汙染的社會氛圍就形成了。

反杜邦的發動者李棟樑一直是媽祖廟的信徒，董事會董事，他一旦要發動群眾運動，媽祖廟的信徒一呼百應，成為他遊行的基本群眾。所以遊行集結也就從這裡開始。

彰化縣的治安單位非常緊張。除了警察全面出動，特務到處打聽，警備總部也出動幾百個鎮暴警察，在街頭待命。深怕群眾出事，變成大遊行。

遊行當天一大早，警備總部的鎮暴警察充斥街道，拿著一人高的長盾牌、手持一根長警棍、成排成排的站在街道邊待命。而民眾則不怕，他們都是廟裡的老公公、老媽媽，心中本來就不存在對抗，基本也不在乎，就在廟裡泡茶聊天。等到時間差不多了，人都陸陸續續到齊。有七、八百人，李棟樑看人也集結夠了，便叫大家排起隊形，說：我們現在出發。

隊伍在廟口整隊，以四、五個人一排，李棟樑和主要幹部站在前排，帶隊走出去。走到了大馬路上，這才發現前方排了一大隊鎮暴警察。他們已經整好隊形，圍在馬路中央，手挽著手，形成隊形，擋住去路。還有不少鎮暴警察則沒派上用場，站在一邊休息。他們應該是判斷這一群老人並不構成威脅，不會有衝突，所以沒打算使用鎮暴的盾牌與長棍。

這路就這麼一條，圍住了，走不出去，群眾就遊行不了。李棟樑走上前去，和警察交涉說：

「我們沒有違法，你憑什麼阻止我們的去路？」

「你們沒有申請，不許遊行。」

李棟樑說：「我們沒有要遊行，我們只是要在自己的家鄉散步都不行嗎？」

「你們沒有申請。」鎮暴警察中帶隊的官員回說。

前排的李棟樑等人被阻住，於是後排的群眾都擁擠到前面去了。幾個老伯伯不高興的說：「你們這些警察，都是少年人，你們出生以前我就在這裡散步了，你們憑什麼不允許我散步？恁爸我散步還要你批准哦？」

幾個老人家不高興的碎碎唸，搞得年輕警察很無奈。一個年輕警察說：「我們也沒辦法啦，上頭命令我們做的。」

老人家走不過去，就在警察前面走來走去，看來看去。忽然，一個老伯伯望著一個年輕警察的臉說：「咦？你不是阿木仔的囝仔？」原來，他和警察的父親是朋友。

年輕警察漲紅了臉，說：「阿伯，你嘛來哦！」

阿伯笑了，說：「你怎麼會在這裡？」

「沒有啦，就上頭有命令。」年輕人羞赧的低下了頭。

那阿伯拉起他的手說：「啊，你不要這樣啦，擋在這裡幹什麼？」於是把年輕人的手撥了開。那年輕人的手不自覺的一鬆開，老伯撥開一條道，就從兩個年輕警察的中間走了過去。其他人看到可以走，也就跟著走過去。

本來圍起來的警察防線，就這樣鬆開了。遊行的隊伍，於是走上了大街。

年輕警察有點尷尬的回頭看著警官，警官看到人都走了，再也圍不回來了，也沒有了辦法，只能苦笑。

李棟樑於是帶了人，嘻嘻哈哈，走上鹿港街道，高高興興，喊起了口號：「我要鹿港，不要杜邦。」「我要鹿港，不要汙染。」喊著喊著，街道邊的人都笑著豎起了大拇指，表示支持。還有人也站在路邊跟著喊。年輕的警察也笑著，彷彿本來就沒什麼事。

後來這消息傳到台北，政治圈的人都不敢置信。想不到戒嚴時代最強大的禁令，竟是這樣被突破的。它始於一個老伯伯對著鹿港的年輕警察說：「啊，你不是誰家的孩子？」

自此之後，台北開始有了林正杰的反司法迫害街頭運動、解除戒嚴遊行等等。過了一年多，台灣即宣告解除戒嚴。

一個時代的改變或許緣於諸多大環境、大局勢的結構性變遷，但改變的瞬間，往往始於一個微細的人性。往往就是那一點溫暖的人性，召喚出根本性的變革。

在一個互相熟悉的鄉民社會，那是一種人與人互相信任的關係，那是超越政治的民眾之間的情感。

這樣的情感，我在北京市民與解放軍之間，彷彿可以感受到。那種覺得解放軍是「人民子弟兵」，是自己人的感情，的確是非常可貴的。

這樣的情感，會不會變成一種互相扶持的善意呢？

我在走回旅館的晨光中，忽然想念起鹿港的李棟樑和那些媽祖廟裡燒香的人們，那些熟悉的人們啊，總是微笑著對我說：「啊，你來了，少年仔，來泡茶。」

19

六月三日上午發完稿子，中午到達天安門廣場時，氣氛劇變，一種狂亂的氛圍已瀰漫全場。廣播站通過擴音器，不斷高喊：「李鵬就要來鎮壓了！」「解放軍出動了！」「保衛天安門，保護學生！」

這種喊話，愈增廣場的焦慮、狂躁。

靠西邊的人民大會堂邊，兩、三千個防暴武警從裡面出來，廣場的學生一看不對勁，以為要開始鎮壓，就衝過去想圍堵。防暴警察也嚇一跳，雙方僵持在大會堂前方。學生大聲喊口號「人民警察，保護人民」，「李鵬下台」。防暴警察可能沒料到會被包圍起來，有點不知所措。他們並不想發生衝突，而眼前的情況看起來，若要突圍出去，勢必得正面對撞衝突。防暴武警面面相覷，過了一下子，可能有請示了上級，整隊退回大會堂裡。

廣場的學生隨即一陣歡呼，慶祝取得了勝利。

但各方面傳來的消息卻不容樂觀。東邊有解放軍要進城，西邊也有一隊吉普車要進城，還有從不知什麼道路要進市中心的。北京城如棋盤，道路四通八達，根本沒辦法擋住。

廣場的學生和市民都激憤難當，帶著一種鎮壓即將來臨的緊張、憤怒、狂亂，一小群一小群的在廣場上衝來衝去。時而傳出西邊有軍車來了，便有一群人衝過去要堵車，時而傳說公安武警在北京飯店前抓人，高喊快去救人。人民英雄紀念碑前，幾張帳篷裡，絕食的四君子還在靜坐中，他們對此毫無辦法。

下午三、四點之間，廣場傳出西直門那邊有衝突，士兵用皮帶抽打學生；市民為了保護學生，站上了前方。也有人說，有一隊解放軍唱起了軍歌，不然軍隊都沒了士氣。

五點多，下午的天色明亮，可天安門城樓那邊，也就是故宮的方向，天空中突然出現一大群烏鴉，也不知有幾千隻，突然飛臨在天安門廣場的上空，如一張黑色的天網，罩住了廣場。

牠們並不是一般的飛行而過，尋枝而棲，而是群聚似的，來來回回，在天空中翱翔盤旋。黑色的羽翼，飄動如烏雲，黑色的天網，遮蔽了半邊的天空，天地瞬間闇了下來。更驚悚的是烏鴉的叫聲。那不是一種呼朋引伴的聲音，而是彷彿哭泣一般，發出極為悽切的悲鳴。

嘎啊，嘎啊，嘎啊，嘎啊！空中傳來集體的悲鳴，彷彿群鬼在天上嚎叫，更像是來自地獄的哭聲，帶來一種極為悽慘的恐怖感。

「哦，老天啊，你要說什麼嗎？」我停下來，仰望天空，仰望盤旋的烏鴉群，凝神屏息，探問上蒼。

廣場上的學生跟我一樣，都靜默下來，望著天空。無邊的悲涼與恐懼罩住了每個人的心頭。我並非迷信之人，寧可理性去思考。回頭一想，很有可能軍隊正在通過故宮、後海一帶，人聲的雜沓，軍隊的行進，坦克的轟轟震地，驚動了原本棲息在古樹老枝中的烏鴉群，才會集體的飛出來。

但即使如此，也不一定會飛到天安門廣場上空來，牠們大可以飛去東邊，或者北海、中南海一帶更空曠、更遠離人群的地方，為什麼成群的烏鴉，會飛到天安門廣場的上空來，用如此悲切的嚎叫，呼喚不止呢？

在惶然驚懼的沉寂裡，廣播站裡傳出指揮部低沉的呼籲：「我們一定要冷靜、理性。民主所追求的不僅是目的，還是過程。我們要堅持和平、非暴力的原則，追求未來的中國人幸福……。」

接著是〈共產國際歌〉：

這是最後的鬥爭，團結起來到明天，

英特奈許奈兒，就一定要實現，
這是最後的鬥爭，團結起來，到明天……。

不知道為什麼，此時的〈國際歌〉聽起來竟有一種深沉的憂傷。

或許是〈國際歌〉的關係，我逐漸被歌曲吸引，等到回過神來，漫天的烏鴉已消失得無影無蹤。

我在廣場的帳篷之間遊走，想看看學生的狀況。大部分的學生都出去堵軍車了，帳篷裡沒什麼人。他們互相告知，今天晚上會有一場大鎮壓，但「誓以鮮血，保衛天安門」、「我們要用生命，與廣場共存亡」。

當太陽逐漸西斜，晚風吹動起來，只見東一小隊、西一小隊的紅旗在廣場飄揚。那是某一個學校的學生，舉起了寫著校名的紅旗，在四處穿梭，糾集同學去什麼地方圍堵軍車，狂亂的在廣場周邊奔逐。

而人民大會堂那邊的官方廣播站則一再勸告學生和市民，請盡快撤離廣場，以免發生不測。我知道，這是官方在預告，大鎮壓就在今晚。

我決定先回飯店打電話，解決今晚必將面對的問題：我是一個外地人，連大街都還沒搞清楚，怎麼在兵荒馬亂之中，維持不迷路，還可以採訪呢？更何況如果不熟悉道路，可能陷入險境而不知，所以我一定需要一個帶路人。在解放軍進城的時候，帶著我鑽胡同，才能保持安全，還可以繼續採訪。

我拜託一位開出租車的朋友，名叫馬天祥。他是老北京人，熟悉各個小胡同、道路的走法，也懂得各種換錢、換大小三件的黑市門道，他深諳世故，卻待朋友真誠仗義，為人機靈，反應敏銳。我需要這樣的人。

他知道了我的困境，也看到電視上不斷警告北京市民今晚不要外出，以避免發生危險，其中所蘊含的鎮壓行動，以及可能帶來的危險。但他沒有二話：「好，吃過飯過去。」

北京飯店那邊的《中國時報》記者，打電話來告知，他們那邊基本上已經被嚴密監視，但未管制行動。許多記者的相機被偷偷檢查，行李被翻了一遍，行李中的稿件被察看。很多國際媒體記者預知大鎮壓來臨，都趕去廣場上採訪。

晚上九點多，小馬終於來了。我先感謝他願意冒著風險來幫我。

他笑起來說：「你老兄一個台灣同胞，想在胡同裡鑽來鑽去，沒門兒。我老北京都常迷路了。可你不鑽胡同，這種時候，躲得過解放軍嗎？還得有人帶一帶才行！」

北京人講義氣，卻不忘調侃兩句。

我問他一路情況如何。他說，很難走，市民基本上把大馬路都封了，用公共汽車斜放，阻斷在馬路中央，特別是長安大街已斷路。他是從西邊來的，繞了許多小路，車停在較遠的地方，小胡同裡，距離長安大街很遠，怕有軍隊通過，車子被打成蜂窩。因為繞了路，他看到了一些狀況。

「看起來，解放軍要進城也不容易。都用公交車給堵上了。不過，市民也不可能把所有馬路都阻斷，所以解放軍真的要進城，繞一下也可以，阻止不了的。」他笑著說：「要不然我怎麼繞得過來？」

此時一個從香港派來北京採訪的報館同事打電話來說：「今晚千萬別出門，電視上已經嚴重警告，要市民不能出去，出事自己負責，你要小心。」

我說：也有看到這消息，好意我心領了。但記者的任務是出來採訪大事的，怎麼可能在大事要發生時候，反而害怕？

我心中暗想，我是來見證和記錄的，再危險的地方都要去。但我再三告誡自己，不要衝動，首先要活著，活著才能留下見證。

「去不去？」小馬知道了同事的用意，挑釁式的問我。

「你怕了？」我反挑著問。

「怕什麼？我北京小老百姓，怕什麼怕？你這台胞，才應該怕。」他激將的笑著說。

「台灣人，沒在怕的啦！」

我迅速把變焦的照相機帶著，換上感光四百的底片以便夜拍，再揹一個小錄音機，夜間行動中來不及記筆記，時間地點容易忘記，可以隨時把看見的先錄下來。

小馬帶著我和郭承啟從南門大街走向天安門廣場。一路上未遇到什麼阻礙，南邊的建築都是小平房，大多是一些小店，像居民區，所以有不少市民聚在路邊議論紛紛。有些人非常激動，傳聞著長安大街西邊，靠軍事博物館那裡已發生衝突，還有人說，開槍了，很多人死傷。但也有人從屋裡拿著大鋼杯，像在聊天般，邊喝茶邊說事。人們互相傳聞著各地聽來的小道消息。

此時有一小隊人走過去大喊道：「他們說會從四面八方攻進城，也會過我們這裡，快，咱們把大巴推過來。」

「哇操，快，快把路給堵上。」另一個人說。幾個年輕人於是行動了起來。

我們加緊腳步，趕緊往天安門走去。

走到廣場南邊的時候，只見道路都用兩節大巴車給堵上了。十幾個人還在用力把大巴推到馬路中央，讓它連結起來，中間沒有隙縫。幾個人大喊：「再推一輛來，一輛怕不夠。他媽的，他們是坦克車啊！」

十來個人齊力把兩節公車前推後轉的，終於橫堵在路中央。

看來南邊的路終於給堵上了。但前門大街的東西兩邊還是可通行的。這條大路沒堵上，等於開著大門。但我想，又沒有人領導廣場保衛戰，誰來指揮呢？而且布局上也有點怪，看起來像是有「保衛天安門廣場」的作用，但相對來看，卻把自己給圍起來了。

此時，從前門大街的東邊馬路上，突然開過來一輛豐田轎車。

豐田是進口車，一般人是不會有的，除非是官方單位，或者公安幹警，否則怎麼會有車在這時出沒？更何況廣場上一輛車都沒有，突然冒出來這一部車，非常快速的靠近，目標明顯，非常突兀。

我正感到不解，只見旁邊的民眾也好奇的向這裡觀望。他們會不會是解放軍？但看這車子，也不像軍隊的。但如果是警察，又沒有寫上公安什麼的字眼。最有可能的，就只有便衣了。

我正在打量著，那車子迅速的停在了正陽門的牌樓前面。車上走下來四個穿便服的男人。大家都打量著，很好奇他們打算在這裡幹什麼。只有四個人，他們也不是群眾的對手。說是來探消息，卻不東張西望，也不像有敵意的感覺。

「他們到底想幹嘛？」我問小馬。

「不知道。」小馬用一串北京捲舌音回答，目不轉睛的瞪著。

卻不料中間有兩個人，走到正陽門的牌樓下，幽暗的地方，一人一邊，做出拉開褲襠的動作，開始小解。另外兩人則點起了菸，很悠閒的吐出一口白煙。

緊張的氣氛頓時消解，我們都笑了起來。

「媽的，來尿泡兒的。」有人笑說。

我們也點上一根菸。但就在此時，路邊突然出現五、六個年輕人，互相打個招呼，快步向他們走去。

「你們來幹什麼的？」年輕人喊道。

「沒什麼啊，你不看到了。」一個人指著牌樓下的人說。

「你哪個單位的？」一個看起來像工人的男子口氣強硬的問道。

「都是北京的。」那人避重就輕的回答。然而此時本來在旁邊的幾個民眾也圍過來了。有人喊道：「是便衣的，是便衣。」

「媽的，先派便衣來了！」有人大叫。

那兩個抽菸的看情況不對，對兩個小解的男子低喊一聲：「快走啊！」那兩人迅速拉上褲襠，一轉身衝到了車上。圍著的人沒有上前去攔，只見他們上了車，車子還發動著，就一轉頭，衝出了廣場，向前門大街的東邊開走了。

此時群眾像突然炸開的熱鍋，大罵起來。「操，果然來了，他們來到廣場了。」

有人像突然醒來說：「那前門大街這一道口子沒堵上也不行啊。」

於是有幾個人發動去推另一部車，把路口給堵上。但那馬路太寬了，得三部大車才能擋得住。有人就喊道：咱們上公車總站那邊，再推幾部車過來。

正忙碌間。有幾個年輕人把正陽門前的一些紙板堆上，點火燒了起來。有人把廣場上的旗子、廢棄的輪胎收在一起，放上去，火勢更大了。一時間，一道熊熊的火光，照亮了天安門廣場南邊。由於廣場上所有的燈光都熄滅了，廣場一片幽暗，火光反而變得特別明顯，許多人圍了過來。

人民英雄紀念碑那邊有幾個學生跑了過來。

「唉呀，不妙。」採訪過許多群眾運動的經驗告訴我，有火堆，氣氛會很不一樣。火勢一旦大燃起來，群眾就會變得更加衝動，敢衝撞。

人一碰上火，彷彿原始本能就被喚醒，有一種動物性的亢奮。

現在，火開始燒起來，今夜，大衝突恐怕避免不了了。

哦，老天。我在心中感慨著。

順著火光，抬頭看天，此時卻見廣場的上空，也就是天安門廣場的上方，從北邊故宮的方向，到東邊的歷史博物館，再到西邊的人民大會堂，以及南邊的正陽門，整個天空，呈現一層暈暈的血紅色的光。

此時已是十點多，太陽早已沉沒，四圍天色幽暗，陽光最多折射到西邊，不可能射到廣場上空。更何況北京也不像台北，沒有什麼霓虹燈可以反射天際，天空怎麼會呈現這種血色紅暈？

可再怎麼觀察，也想不透怎麼會有這樣詭異的血暈。

正在觀望之際，小馬從旁邊走了過來，說：「剛聽說了，長安大街那邊，解放軍全面開槍，大開殺戒，死了很多人。今天晚上不妙啊，非常危險。」他鄭重的再重複一次：「大事不妙啊，咱們要非常小心！」

20

兵荒馬亂之中，忽然念及，紀念碑前的學生和絕食的四君子不知如何了，有沒有因應的對策？我正想走上前去看看，卻見到南邊前門大街的方向，一群市民朝著廣場大喊大叫起來：「來了，解放軍來了！快來啊，快來堵住他們！」

嘩的一聲，像炸彈爆開一般，廣場上的群眾成群結隊的向前門大街衝過去。

我們跟著群眾跑過去，只見大街上，一堆群眾圍住了一隊人，上千個解放軍以整齊的隊形，喊著口號，向前移動。此時群眾圍起來，憤怒高喊：「滾回去，滾出去！」

但解放軍這次不一樣了，不為所動，繼續踢著正步前移。部隊的前方，有一個帶頭的軍官模樣的人大喊：「請讓開，請讓開！」

群眾不依不撓，想擋在前面。

部隊終究訓練有素，提刺刀的軍人高喊口號，在前面開道，衝破包圍前行。群眾迫於刺刀，也被軍隊的喊聲威懾到了，逐步讓開。

但有群眾憤怒了，不知從什麼地方撿起石頭，飛過前面的群眾，向部隊丟去。一個人起了頭，其他人也跟進了。一邊丟，一邊大罵：「操你媽，滾出去，」

此時部隊士兵大聲喊起口號。我聽不懂，問小馬，他說：大概是「人不犯我我不犯人」之類的警告。軍隊起初不管石頭，有人剛開始用手想遮住頭。但太多群眾丟了，石頭如雨下，根本擋不住。有人受了傷，血流滿面，此時軍官突然下令，在兩旁的士兵此時舉槍還擊了。

起初槍口還對著天空做警告射擊，群眾先是後退，走了十來步，發現沒事，只是對空鳴槍，更加無懼，回過頭，還是丟石頭還擊。此時，一聲令下，士兵的槍口突然一低，對準群眾，直接射擊了。

啪啪啪啪，一陣槍聲，如鞭炮炸響，群眾啊聲大叫，有人中彈，有人對後面大喊：「開槍了，開槍了。快逃啊，快逃啊！」

群眾嘩的一聲，向後倒退狂奔，大喊著：「快跑啊，快跑啊，開槍了，開槍了！」

事實上，小馬一看到槍口對空射擊的時候，就感到不妙，大叫一聲：啊呀，糟了，開槍了！我還想看看會如何，他拉了我往一個胡同的方向奔去。我回頭一看，群眾還有人在丟石頭，立即招來還擊，槍口一射，立即有人大叫：「啊，打死人了。」

槍聲，叫喊聲，哀嚎聲，此起彼落。

群眾像發瘋一般，有人大怒大罵，但更多人朝著胡同裡拚命衝，拚命逃。

「快走啊，走啊，開槍啦！」民眾大喊大叫。

胡同特別狹窄，逃命的人擠成一團，往小胡同裡鑽。

連發射擊的槍聲，像長串的鞭炮聲，劈里啪啦，響個不停。那聲音起初來自前門大街，後來發現，遠遠的地方也有相呼應的。聽起來像西邊，又像東邊也有。彷彿滿城都在放鞭炮。

「哇靠，到處都開打了。都是槍聲。」走到胡同深處，人聲較不雜沓時，靜聽更清楚。

小馬臉色慘白，恍然說：「這北京城啊，從來沒有過。」

我再聽了一下，似乎西邊的槍聲大一些。而且是機槍一起打的連發，響成一片。

「怎麼辦？」我心想，這北京市區這麼大，我不可能全部看到，得選擇地方採訪。

在胡同走了一陣，槍聲漸漸小。回頭一看，郭承啟不見了，也不知道在那裡走散了。此時天色黑暗，根本無從找起，只能自謀生路。

軍隊通過後，我們回過頭，探出胡同口。路上躺著幾個人。有一個人坐在地上，手捂著腹部，血流如注，地上一灘血跡，他卻出聲大叫：「救人啊，快來救人啊！」他指著旁邊，地上躺了一個中年的漢子。

「老天啊，快來啊，有人受傷了。」大家大叫起來。

「操他媽的，法西斯！劊子手！」一個北京漢子大罵道。

那個坐著的漢子顧不得自己流血，指著一個老漢說：「你快回去，把那板車拉過來吧，快把他送醫院。流太多血，快沒命了！」

那個躺地上的人已經昏迷了。

正在此時，另一隊解放軍又從南面過來了。他們小跑步前進，以急行軍的方式，發出巨大的腳步聲。

「快，先把人拉進來啊！」幾個市民緊張的說。他們顧不得受傷的情況了，幾個人合力，把人抬進胡同裡。

幾個年輕人憤怒的撿起石頭，要衝出去，幾個老人家大喊道：「別去，別再去送死了。媽的，你們擋不住子彈啊！」

但年輕人不管。氣憤難當，大罵著三字經，衝出去丟石頭。

子彈果然毫不留情的回擊。有人受傷了，群眾又從大街上水一般湧了回來，逃進胡同。

看到許多人受傷，一個老漢穿過人群，大叫：「咱們先回去拉板車來。」他的身材高壯，平時可能就是拉板車的。

我想起初到北京時，在友誼飯店外看到有人賣冬白菜，很多人買了一大堆準備整個冬天用的大白菜，就是請這種老漢的板車幫忙給拉回家的。現在這個老漢，看起來正是這種引車賣漿者流。

「仗義多是屠狗輩。」我望著他急奔而去的背影，心中暗自嘆服。

這一隊解放軍通過時，仍有很多人非常不滿，從胡同裡衝出去，拚了命去丟石塊。解放軍隊伍中有人被打中頭盔，發出一陣啪啪聲。但隨後就引來一梭子機關槍的回擊。

群眾學乖了，一丟過石頭就迅速往胡同裡逃。但還是有人被機關槍掃射打中了背部。被打中者像突然被人拉住一樣，忽然就往前一衝，倒了下來，撞到地上。那撞擊是無聲的。不像電影中的場面，中槍者會呼喊，不，死亡是無聲的，人的身體一旦中彈，打穿中樞神經，人就麻了，撞到地上的聲音，像一塊肉，撞到了地面，悶悶的極低的一聲而已。

我從胡同內看去，只感到一種懼怖和悲哀。原來人是如此脆弱，原來生命如此卑微，沒有悲劇電影的場景，沒有聲音，生命真的就這樣倒下去了。

「快跑啊！」小馬看我還在觀望，迅即拉起我就往胡同裡衝。

老漢的板車終於來了，大家把人抬上去，高叫著：「讓一讓，有人受傷了！」老漢奮力踩著板車，衝出胡同。

解放軍通過後，我們繞著小胡同，從另一個胡同口出來。這裡更接近廣場。我想看看到底部隊通過後到了什麼地方，是不是把廣場包圍起來。

果然，他們都靠向了人民大會堂的方向，從外圍把廣場中央的學生包圍起來。

而在前門大街的方向，市民又從各個胡同裡走了出來，聚集在胡同口議論開罵。

就在此時，一個大叔拉著一輛板車，板車上躺了一個人，手捂著腹部，手上血汙一大片，血猶汩汩的不斷往外冒，正低聲呻吟著。大叔高叫著：「讓一讓，讓一讓，有人受傷了！」他拉著板車往前門醫院的方向衝去。

過不久，又有另一輛板車從另一個胡同邊衝了出來，大叫：「讓讓，讓讓，槍傷的，槍傷的。」

路邊的市民都讓出道來，一邊破口大罵：「操他媽，法西斯。操他媽，劊子手！」

有一個老大爺紅了眼眶說：「操他媽，咱北京沒見到這樣的，對著老百姓開槍！劊子手！」

我特地去看了一下，胡同口的牆壁上有不少槍眼和血跡。剛剛的射擊，不知有多少人受傷。

「你得小心，咱們別走散了。這胡同你會走丟的，萬一走錯了胡同，碰上部隊，就麻煩了。」小馬警告說。

「學生不知道怎麼樣了？」我一轉頭，想去天安門廣場看看。

「廣場現在可能已經被包圍了，咱們進得去，可能出不來了。」小馬警告說。他機靈的小眼睛環視著人民英雄碑的方向。

「怎麼辦？」我猶豫著。

從南邊只看得到後面，看不到紀念碑的前方，也就是學生聚集的地方，無法知道那裡的情況。但那裡感覺還比較安靜，沒有槍聲。

我心中還在遲疑的時候，小馬突然說：「剛剛他們說，部隊通過長安大街的時候，在軍博那裡打得很厲害，死傷很嚴重，不如我們先去那邊看看，先看周邊，免得進去了出不來，什麼都看不到了。」

小馬帶著我穿過曲曲折折的胡同，完全不走大街。只見家家戶戶門窗緊閉，關燈熄火，老樹陰影，暗暗幽幽，胡同古牆，灰黑粗糙，舊門殘戶，曲折環繞。我們如在無人的鬼城裡行進。最後，我們像兩個幽靈，從佟麟閣路鑽了出來。

我們往長安大街方向試著走走看，想了解解放軍到底通過了沒有？如果有通過，就意味著廣場已經被徹底包圍了。

想不到，我們竟然到了三味書屋。

三味書屋是今年三月剛到北京的時候，我第一間進去的書店。我習慣到一個新地方就找書店，有書香的一角可以窩著，彷彿就可以安下心。同時也可在書店裡找一點地方文史資料，了解地方歷史。三味書屋恰恰就位在我住的民族飯店的正前方，隔著長安大街，一個小小的胡同口。老式的灰磚建築，像極了清朝某王公的故居，門口有幾棵老樹，內部的擺設古色古香，有著典雅濃郁的書香氣息。架上的書以人文社會科學居多，像沈從文的中國服飾史、中國藝術全集、魯迅全集等，乃至於一些文化界正在討論的話題書都有。這些都是我的所好。三月間採訪兩會的時候，只要有空，我就會來這裡盤桓。買幾本書，做一點功課，是了解大陸文化與社會非常好的開始。

這麼好的書香之地，卻在大鎮壓之夜與它重逢。我站在長安大街邊，探頭先看一下。整個寬大的馬路上，悄寂無聲。作為觀光級飯店，民族飯店應該燈火通明的，但此時也幽暗異常，面向馬路的窗口全面緊閉著，盡量不要開燈，以免招惹子彈似的。路面上遺落著滿地的石頭與磚塊，看來是狠狠打過了一場硬仗。

但遠遠的，在西邊的復興門那邊，馬路上方，還有一片火光，不知道是不是有人在燒什麼，還有些機關槍聲，只是遠遠的，像一串響亮的鞭炮，時起時停的打著。

看起來部隊已經從這裡走過，但還有沒有下一波就不知道了。

我們退回胡同裡，小馬招呼我說：「你過來看一下。」

他一手撫摸著牆壁，指著一個一個小洞說：「你看，子彈給掃射的。」

我伸手摸了一把，彈孔很明顯。看起來像步槍射的，才會形成一排斜斜的槍孔。而且，周遭也有好幾個上上下下的槍孔，掃射得頗為密集的樣子。

「看樣子，部隊大概通過了。」小馬說。

顯然部隊通過的時候，有遭遇阻擊，可能群眾從街道這邊丟石頭，解放軍還擊，群眾向胡同撤退，才會留下這些彈孔。

小馬指了一個牆面，上面有一抹血痕，他用手摸了一下，血還未完全乾透，沾在他的手上。

「哇操，剛通過不久哪！」

從這情況看來，解放軍應同時從幾個方向出發，向天安門廣場集中，形成包圍之勢，把學生包圍起來清場。現在看來，西路和南路都通過了。東邊那邊似乎沒有人去阻擋，否則前門大街也不會有便衣的車一路開到正陽門去小解。至於北邊，是故宮，周邊都是古蹟和綠蔭小街，部隊應該不會從那裡走。這就表示，解放軍已經從東西南三邊，全部進城了。

小馬和我如此討論時，我忍不住問他：「你當過兵嗎？」

「是啊，我當的駕駛兵，才能回來開出租啊。」

「難怪你這麼了解。」

「這算什麼了解？我又沒打過仗，只是現場看看，常識判斷而已。」他冷靜的說。

我看一下手錶，近一點三十分。

我想回去廣場上看看學生，正要走上長安街，小馬謹慎的拉住我道：「別冒險，部隊剛通過，說不定街道上還有埋伏，你萬一被當成暴徒抓走了，怎麼辦？大街上太明顯，繞胡同走吧。」

繞胡同，走彎路，曲曲折折，最後回到前門大街。

我靠近一點，看了一下廣場，人民英雄紀念碑的周圍全被包圍起來了。東面有一排軍車停在長安街上，部隊在旁邊環立；西邊從人民大會堂即開始，站滿了軍隊，形成一條厚厚的防衛線。南邊則從正陽門開始包圍，直到歷史博物館。學生的所在範圍，只剩下人民英雄紀念碑附近。我觀望了一下，天色太暗，看不清有多少人。可依面積看，可能有大約一千人上下。只不知原來的帳篷裡還有沒有學生，他們是不是有退到紀念碑前。

這裡反而安靜，沒有槍聲。很顯然，把學生包圍起來，已不需要開槍了。

隨後小馬發現，廣場東南角有一個口子可以通過，走出廣場。但我想去紀念碑看看學生和絕食者。

小馬比較警覺，直接警告我：「我們現在進得去，恐怕出不來了。你明早還要發稿，千萬別冒這個險！」

我想起四月初的寒風中，方君在人民英雄紀念碑前，對我講過的一九七六年天安門事件的故事，他被包圍起來，仗著人高馬大，還受過林立果的野戰特訓，才打開一條血路，衝了出去。如今一樣是有那麼多學生在現場，一樣是解放軍大包圍，若是展開大鎮壓，我絕難倖免。

幸得小馬的提醒，我像夢中初醒一般，想到今晚報社有人發稿嗎？出這麼大的事，報館知道嗎？我是明天一早給晚報發稿，但今天晚上的事，記者有人發稿了嗎？

如果不先回旅館，沒有電話可以聯絡。我決定先回旅館。至少，先確定新聞狀況再說。

我於是跟著小馬，沿著前門大街往回走。

那是剛才解放軍進來的路線。

路上空蕩蕩的，軍隊已經通過，剛剛圍堵在路上的市民大都退回去了。大街上冷冷清清，只偶爾有人在胡同口議論紛紛，觀望著大街上還有沒有軍隊。滿地的石塊和磚頭的殘跡，大的石頭甚至有一個人頭那麼大，落在路中央。

我有一種走在劫後之城的感覺，心中憂憤如焚，而又萬念俱灰。

這巨大的鎮壓，這對著老百姓開槍的局勢啊，以後怎麼繼續下去？在軍隊與老百姓之間，新起的這仇恨，要如何了局？軍隊與人民之間，還會有「人民子弟兵」的感情嗎？

我們走到半路，卻見到空蕩蕩的馬路中央，殘石碎片之間，躺了一個人。我以為是有人受傷了，沒有人注意到，想過去幫忙救治。走近一看，才發現他穿著綠色的解放軍制服。他的頭部側著倒下，不知是被砸傷還是倒下所致，流出一大片血痕，他的頭皮青青的，是一個年輕的士兵。再看一下他的胸口，早已沒有了起伏，根本已經沒氣。

「怎麼會這樣？沒有人來管他？」我訝異的問小馬。

「老百姓不想管他吧。」小馬紅著眼眶說。「他們都開槍殺人了，誰要理他？」

「為什麼？就算戰爭，也要管一管敵人的屍體啊。」我抬頭四下觀望，遠處的確有一個胡同口，幾個人在向這裡觀望，他們交頭接耳，顯然很了解這裡的情況。

「解放軍自己都走了，不管了，老百姓才不想管。」

是啊，老百姓有恨，可以理解，但死傷者總該有個尊重的安頓吧。

「快走吧，北京老百姓都不想碰的事，你個台灣記者，甭管了。快走，免得你被當成是殺人的凶手。」小馬警告我說。

我們繼續往飯店的方向走，可走著走著，我還是不忍心，回頭觀望。一具孤伶伶的遺體，躺在夜半無人的街道中央。

我想到在台灣採訪的時候，曾有鎮暴警察在群眾運動的衝突中受傷，警察後來對群眾就特別凶暴，原因無他，警察是一個生命共同體，一個警察的受害，會激起全體警察的同仇敵愾。一個群眾對一個警察的暴力，會被視同對所有警察的威脅。一個警察對一個群眾的暴力，也等於對著所有群眾。

如今，這個解放軍死了。死在大街上，這一定不會只是死了一個，而是被視同對所有軍人的攻擊，以後軍人看到群眾，都會感受到一種威脅，他們為了保護自己，開槍的時候絕對不會手軟。如果每一個軍人都這樣還擊，那民眾的死傷就更慘重了。

這不是一個軍人的死亡，而是群體對群體之間的仇恨。

這樣的戰場，要犧牲多少人啊？

「解放軍會大開殺戒。沒辦法回頭了。」我絕望的說。

小馬非常冷漠的回望屍體，咬著牙，回道：「槍都開了，人都死了，兩邊都沒有退路。只有打下去了！」

21

小馬送我們走到飯店門口，在暈黃的光線裡，抬頭問道：「你還好吧？」

我看見他的臉色青灰，眼神渙散，彷彿還沒回過神來，又彷彿虛無到了一個地步，轉為冷漠無情。

我知道，自己的臉色也好不了多少。

一夜下來，我們鑽胡同、躲子彈、走暗路、歷經生死，最後只能算是倖存歸來。

我只覺得一顆心沉到比谷底還更深的深淵，絕望之至，搖頭嘆氣，憂憤的說：「這個國家怎麼會變這樣？怎麼變成這樣啊？」

「別想那麼多。」小馬蒼白的臉咬了咬牙，說：「你明天還得發稿，早一點休息。明天出門，自己小心，別走大街，盡量走胡同。」

「你先不要回去，現在太危險了。」我說：「今晚先住這裡吧。」

我和徐宗懋住同一間房，沒有多餘的床，但打個地舖總比在大街上安全。

「不了，現在也沒法睡。我知道怎麼繞著路走，別進長安大街就行了。」

「還是別冒險，今天晚上，誰也說不準。太危險了。」我堅持說。

「不用啦，你別擔心我。我是老北京，什麼胡同沒鑽過。我自然有辦法回家。不然我怎麼帶了你一晚？」他故作自信的笑一笑。

既然他如此堅持，我也沒辦法。小馬陪我走到房間門口，看我進了門。

「今晚也幸好有你在旁邊守護著，否則我一旦陷入採訪的熱狂，會發生什麼危險都不知道。謝謝你！」走之前我緊緊握著他的手。

「你一個台胞，帶你認識一下北京胡同，也是該的。只是時機不好。」他故做輕鬆的笑著：「睡吧，明早寫稿！」

然而，門一關上的剎那，我才開始想到接下來怎麼辦。看了一下時間，兩點半。我先給報館打了電話，晚報沒人接，他們明天一早才開始上班。我隨即給家裡打電話。家人已經從新聞上知道這邊出事。天安門廣場大鎮壓開始了。

「我已經去天安門廣場採訪回來了。外面真的打得很凶，部隊開槍，死了很多人。但你們別擔心，明天一早起來，看到報紙不要害怕。我現在已經回到旅館，人都平安。沒有事了。」

交代完，掛上電話，我感覺自己像一具被掏空的皮囊，只剩下一層失了心、沒了氣、掉了魂的肉身，掛在沙發上。

我知道，有一顆心消失了。

我想起很久以前，十四歲的那一年冬天，母親開始為了票據法被通緝而逃亡，我和祖母，一起照顧三個幼小的弟弟妹妹，度過那些債主臨門逼債，法院隨時要查封住屋，朝不保夕的日子。我是在前往監獄探望母親的途中，開始認識到家道中落，父親也逃亡，以後再不會有機會讀書了。我於是在心中築起一個為窮人而存在的烏托邦：為貧窮的孩子而設的貧民學校，一間為窮苦的病患而開的貧民醫院，一所為孤獨貧苦老人而建的收容所。

那是一個家庭即將破碎的少年，在苦悶、絕望、徬徨之際，所能幻想的唯一的出路吧。當時的少年怎麼樣都未曾料到，後來在高中讀到陳映真的小說〈我的弟弟康雄〉時，竟讀到一樣的夢想與幻滅的故事。循著安那其主義這一條線索，我終於在克魯泡特金的《我底自傳》、《麵包與自由》書中，看到一樣的夢想。那時的激動，有如找到隔世的知音。那理念，人們稱之為「烏托邦社會主義」。對社會主義的幻想，對中國社會主義的想像，在那戒嚴的時代，成為禁忌般的心底之夢。在圖書館找馬克思的禁書，想盡辦法找一九三〇年代中國作家的禁書，半夜捧著禁書耽讀，那是何等純粹的追尋。

那個禁忌而無法言說的「社會主義祖國」，成為了想像的國度。

即使一九八八年開始了第一次大陸旅行之後，感到失望，仍懷著希望，一如老一輩的人說的，中國太大，需要更長久的現代化歷程才能好起來，我懷著這樣的想像，期待於改革開放的進程，會給中國帶來那個夢想中的烏托邦。

「總是會慢慢好起來的。」坐了三十幾年苦牢的老政治犯林書揚先生曾這樣對我說。

然而，這個「社會主義祖國」啊，怎麼就對著自己的孩子開槍？

難道不能讓老師來帶領學生離開，讓事情平安落幕嗎？

為什麼會演變成這樣的悲劇？

最讓我難以釋懷的，毋寧是對社會運動「悲劇理則」的那種宿命感。

在台灣長期採訪社會運動，從一九八六年的環境運動開始，歷經學生運動、工人運動、原住民運動、農民運動、反核等等，我幾乎無役不與甚至實際參與策劃行動，我寫作的長篇報導，受到讀者的注意，報社也特別包容，並且欣賞我對底層弱勢者的「筆鋒常帶感情」。即使有情治單位在報老闆那邊告狀，說我私下支持社會運動，卻未曾對我施加任何壓力。

這實在是由於報社老闆余先生有著自由主義的思想有關。

然而，有一位主跑勞工運動的記者，卻想在報社組織工會，他把印刷工人組織起來，以發動罷工為手段，想達到工會參與編輯部，共同決定報紙內容的目的。

工會運動一開始，他們就來找我，希望我以參與社運的豐富經驗，協助他們制訂策略，發動罷工。可是我卻不支持。這是由於當時剛解除戒嚴，難得《中國時報》是一個同情弱勢者的報紙，社會運動非常需要大媒體的支援，如果在這裡搞罷工，會使得《中國時報》大倒退，變成一個保守派的報紙。這對台灣社會運動的總體發展是不利的。更何況，也未曾聽聞世界上任何一家報紙是由工會參與內容編輯的。編輯本身即是一種新聞專業。

我分析了大局給他們聽，坦率表明態度。然而，他們不做局勢分析與路線的論辯，反而運用他們留學美國讀到的那一套文革語言，攻擊我是「資本家走狗」、「投降派」。演變至此，已經無法討論，朋友變成「扣帽子」的敵人。更不堪的是，這樣做下去的結果，的確如我所料，時報的社會運動新聞立場變成保守，弱勢團體活動的聲援變少，社會運動轉趨沉寂。

我最難過的，不是個人聲譽的傷害，而是好好的大局，竟然被盲動激進者以極端的口號綁架。而這些喊著激烈口號，堅持絕對抗爭，做出拚死姿態的冒進派，就變成了正義的一方。正是這些冒進派，讓社會運動走上崩解之路。

我就是在被攻擊得最苦悶的時刻，決定離開一陣子，陪李明儒赴大陸旅行散心，終而開始了北京的採訪工作。

然而，在天安門廣場，明明學生運動是有退路的，知識分子也明知讓學生撤退回到校園，推廣民主思想，讓運動走入第二階段，才是推動中國民主化的明智之舉，然而，最後仍是以悲慘鎮壓收場。

為什麼？為什麼社會運動避不開被激進盲動綁架的「悲劇理則」？為什麼我無論怎麼努力，都改變不了這悲劇？

面對盲動激進者，明明知道悲劇正在來臨，我彷彿只能無力的注視著，無力阻止悲劇的發生。我也曾努力去詢問學生、學者、知識分子，想探詢學生運動的撤退之路，卻只能眼睜睜看著悲劇的終局來臨，當一個悲哀的見證者。

我坐在黑暗中，獨自面對致命的絕望感。

起初，我對人性的短視愚昧，對人性的盲目激進，對人性的動物性衝動，感到無能為力。但隨後，我想到剛剛在街頭，衝向軍隊去丟石頭的人，那些人難道不知道危險嗎？他們難道不知道最後的衝突來臨，強弱對比之下，只有死亡？

我甚至懷疑，人性中有一種赴死的衝動，一種走向悲劇的本能。

想要奔赴死亡，想要壯烈犧牲，這是一種人性嗎？

為什麼，這一場學生運動最後會變成《預知死亡紀事》？

而我只能站在這裡，看著它發生，看著死亡來臨？還有什麼比這更絕望的？

如果我只能這樣，看著悲劇發生，那所有的奮鬥有什麼意義？

難道奮鬥，抗爭，就是為了迎向悲劇？迎接死亡？

我獨坐黑暗裡，聽著遠遠近近，此起彼落，傳來密密麻麻的一串串鞭炮聲。我知道那不是鞭炮，那是機關槍。中間夾雜著救護車的呼嘯哀鳴，那是生命在死亡邊緣的呼喊，在街道上，徹夜響個不停。

第五章

22

沒過多久，徐宗懋回來了，已經三點多。

他看見我坐在幽暗的窗前抽菸，窗外是北京夜色，屋裡只有一盞小燈，大約也察覺到我的抑鬱，他問道：「怎麼了？你今晚在哪裡？」

「我在廣場上，靠南邊，正陽門一帶，再去民族飯店那邊，長安大街。」

「你那邊怎麼樣了？我都在廣場上，人民英雄紀念碑那邊。」

「很慘烈。軍方開槍，死傷很多人。這場面，太讓人絕望了。」我說：「我有經過廣場，那邊的學生還好嗎？」

「廣場那邊還好，解放軍包圍起來，沒有開槍。他們目的已經達到，沒必要開槍了。可是有的學生還很激動，誓言要保衛天安門，跟廣場共存亡。如果是這樣，就會是大屠殺，血流成河。」

他隨即和台北日報編輯部聯絡，將北京現況做了初步報告。由於北京飯店那邊已經被看管起來，武警在門口逐一搜索，見到人即全身檢查，舉凡錄音帶、照片、底片、錄影帶一律搜走。宗懋本想北京飯店比較近，要去那邊發稿，一見不妙，轉頭就跑，趕緊回到東方飯店。

台北編輯部已經在十二點先綜合記者的現場報導與外電消息，發出解放軍開進天安門廣場的新聞。另一方面，編輯部和印刷廠都還開著，等候最新消息。他們聽完宗懋的報告後，決定要臨時加印號外，由宗懋和我各寫一則新聞，他寫天安門廣場學生指揮中心的情形，我寫街道上發生的「戰況」。這畢竟是時報記者的現場目睹，從北京發出來的稿子。

我們邊寫邊迅速交換今晚所見所聞。

他整個晚上都待在廣場和學生在一起。學生最後被包圍到紀念碑前。很多學生在哭，又恐懼又悲憤，有不少學生誓死和廣場共存亡，但更多學生則希望撤退，為民主保留最後的火苗，以後再回來。絕食四君子帶領學生，最後全部退到紀念碑前靜坐，派代表和解放軍談判，讓學生和平撤退。但結果如何，還沒有最後決定。

我則談了南邊、西邊街道的戰場和死傷情狀。他很驚訝的說，在廣場那邊，已聽到各地傳來的消息，沒想到情況真的如此嚴重。廣場的解放軍已經完成包圍任務，剩下最後清場，沒必要動武。但如果撤退談判不成，武力清場，那就是一場大屠殺。

我們一外一內，所見正好互補。

寫完稿子已經四點多。為了使用傳真機發稿，我們把趙慕嵩叫醒，機器在他房間。此時傳真機在北京還是管制物品，不許民間私自使用，我們為了便於發稿，偷偷帶來裝上，如此不會受到飯店商務中心的限制，內容也比較不會外流。

傳真結束，確定台北已收到稿子，我們決定馬上出發，回到廣場。

「走，一定要去見證最後的結局。」

夏日晨光，濛濛初亮，我們三人徒步走向廣場。

早晨的街道相當安靜。只有街道邊、胡同口偶爾站了幾個人，顯然一夜未眠，還在焦急的議論著昨夜解放軍如何鎮壓，什麼地方死了多少人，復興門醫院那邊死傷很慘重……。

響了一夜的密集槍聲已稍稍停息，只零星傳來機槍掃射的聲音。聲音聽起來不遠，像是在天安門廣場那邊。我們加快了腳步。

胡同口的市民看我們快速行走，問道：「你們去廣場麼？」

「啊，去廣場看看，看學生有沒有平安。」

「廣場上的學生不知道怎麼樣了！」一個中年婦人憂心說。

「也不知道，所以才要去看看。」宗懋禮貌的回答。

「很危險啊，你們得小心。」他們再三叮嚀。

幸好我們是從南邊走過來，實際上，廣場四面八方都被包圍了，只有東南角這邊還有一個小口子，是留給市民進出的。說是「進出」，其實主要是讓人離開。只有我們三個人是進去的。

我們沿著歷史博物館旁邊的植物邊上走，走到歷史博物館前，這裡還有大約百來個民眾，一起觀望紀念碑前的學生。學生們聚在一起，大部分靜坐在地上，有幾個人站立著觀望遠處。由於四邊都被軍人包圍，他們無法離開，我們也無法進去。

這些學生都是最後留下來，堅持要和「廣場共存亡」的人。可以想見，整個夜晚，槍聲與坦克，恐懼與威懾，應已讓很多人離開，還留在現場的，應該都是決心赴死的人。

廣場上的帳篷，倒的倒，歪的歪，只剩下幾根某某大學的紅旗還插在地上。天安門城樓前，大約幾十輛坦克排成一排，同時發出轟轟的引擎聲，產生強大的震懾作用。天安門廣場的地基是用特別厚的水泥做的，而地面都禁不住的顫動起來。

原本設在廣場東北角的工人指揮部，帳篷已經倒了，人應該都撤退到紀念碑這邊來了。否則絕對無法抵擋那坦克的衝擊。解放軍密密麻麻的排在廣場上，以十倍的優勢，擺出陣勢，把學生包圍在紀念碑前。

我們站在歷史博物館旁的植物前，有幾個市民非常憤怒，大聲向前方的軍人開罵：「操你媽，劊子手！」

一人開罵，其他人跟進也大罵：「殺人狂，劊子手，法西斯！」解放軍不理會，兀自戒備著。但已有軍人為了防衛，奉命轉向面對我們這邊。幾個不畏死的市民怒不可遏，走向前大罵：「法西斯，劊子手！」

由於市民步步向前進逼，解放軍的警戒升高了，槍口舉了起來。此時有一個市民從地上撿起石頭，丟向解放軍。有幾個人也學著丟。解放軍認為有威脅，對天開槍示警，響起一陣機槍聲。一開始，那幾個民眾嚇得後退了，躲到樹叢下。但後來他們發現是對空鳴槍，就不再害怕，於是又逼進大罵「法西斯，劊子手」，更有幾個人從後面丟出石塊。此時，解放軍並不回罵，而是平舉槍口，回敬一梭子機關槍。啪啪啪，天空中傳來一陣空洞的回響。

幸好機關槍是對著群眾頭上的天空打的，為的只是警告。但機槍打來真的太恐怖了，大家都嚇得躲到花草叢裡。然而任何人都知道，草叢是什麼也擋不住的，如此下去非常危險。但沒有人出聲制止群眾的叫罵，因為說了也沒用。

一波罵，一波子彈，起初還打天空作為警告用，後來那一群民眾實在逼得太近了，解放軍指揮官乾脆下令，把槍平舉，壓低，對著地面掃射。子彈掃射處，地面上飛騰起一排煙塵。由於子彈會反彈亂射，群眾嚇到了。他們知道接下來就是直接掃射了。這是要致命的。所有人都得死，這才退得遠遠的，不再進逼。

我們站在這些群眾中間，也只能盡量壓低身子，祈禱群眾不要再進逼，卻無法保證子彈不會掃射過來。

就在此時，人民英雄紀念碑前有六、七個學生從群體中走了出來，手上高舉著白布，搖啊搖的，慢慢走向廣場上。

他們搖動白布，彷彿怕引起解放軍的緊張，走得非常緩慢，一步一步，走向廣場。由於他們的方向是朝著解放軍前進，看起來異常危險。

幸好他們手上的白旗與動作都是溫和而緩慢的。解放軍只觀望著。他們走到解放軍前面，低聲說話，手指著廣場的方向，似乎在說明什麼。

坦克車的聲音太大，我們隔得太遙遠，無法聽到他們在說些什麼。

隨後解放軍有人回頭去請示，兩邊默立不動。過一下子，回報的訊息回來，他們交換過意見之後，在解放軍的注視下，舉白旗的學生分成兩組，慢慢走向那些歪歪斜斜，散亂著的帳篷，從西邊向東邊和北邊，一個一個，進去查看。有些帳篷裡，還在燃燒，冒著黑煙。

舉著白布的學生像渺小的影子，游移在廣漠散亂、烽煙四起的廣場上。

我看見劉曉波、侯德健站在紀念碑高處，專注的看著他們。他們也舉著白布示意。

有一個帳篷裡，兩個學生模樣的人被找了出來。一個男學生走出帳篷，舉手向天，大聲哭喊著：「留下來，不要走，保衛天安門！與天安門共存亡！留下來，不要走！」聲音遠遠的傳來。另一個留下來陪他的學生跟著哭，支撐般的握著他的手臂。他們站著不想走，舉著白布的學生把他拉起來，托住身體，硬是拖呀拖的，往紀念碑的方向拉。

另外那兩三個搖著白布的影子，還在寬廣的廣場上，慢慢移動，在一個一個帳篷裡尋找，希望不要有人落了單，因為落了單就再無生路。

解放軍全部安靜的注視著。沒有動，坦克聲音一時低了下來。

最後他們在工人指揮部旁邊的帳篷，找到幾個死硬派的工人，他們或許想堅持，雙方僵持了一陣子，站在帳篷前議論，而最後，三個工人終於一起走出來，緩緩走向紀念碑。

我忽然想起那幾個廣東的女大學生。想到她們乾淨的T恤，有一點怯生生的模樣，那女生臉上的可愛小酒窩，和東北的爽朗高挺的男生，他們各自搭了三天三夜的火車才到達這裡，還有從西安、湖北、南京來的孩子，他們還在廣場上嗎？同學啊，你們在哪裡？平安否？今夜，還有多少中國各地來的孩子在這裡？

我像是被什麼撞到胸口一般，憂心的注視著紀念碑前的學生。

「要平平安安離開啊，同學！來日方長！」我在心中默默祝禱。

帳篷終於檢查完了，清查的學生帶著幾個衣著襤褸的工人和學生，回到紀念碑。時間約莫五點四十五分。

學生都回到紀念碑前。此時，侯德健、劉曉波、周舵、高新等四君子在紀念碑前說了一些話，可能是向學生做離開的宣告，交代大家要互相照應。而後，走在前面，成一長列，像帶領著一群羔羊般，帶著學生，在軍隊的夾道包圍下，一步一步向外走。

「起來，饑寒交迫的奴隸！起來，全世界受苦的人……。」學生中響起低低的〈國際歌〉，有人出聲應和，變成合唱。

學生互相扶持，有幾個人已經精神失常，死活坐在地上不走，哭喊得無法控制，有人哭倒在地，站不直身體。旁邊的同學只有硬生生將他們拉起來，一起扶持著，甚至把人整個架起來，抬著走出廣場。壓抑拭淚的孩子，嗚嗚哀沉的啜泣聲，集合成巨大的共鳴。

他們為了把哭聲壓住，就更用力的唱起了〈國際歌〉。

「起來，饑寒交迫的奴隸！起來，全世界受苦的人！滿腔的熱血已經沸騰，要為真理而鬥爭……。」

許多學生哭啊哭的，邊哭邊唱。那歌聲是如此緩慢而憂傷，夾雜著啜泣聲。歌聲和哭聲交織中，我身邊的北京老漢也不禁頻頻拭淚。

有的學生受不了，對著包圍的解放軍大聲呼喊口號：「法西斯，劊子手。」還有人喊：「我們還會再回來的，天安門廣場是人民的。」

此時坦克的引擎聲量突然大增，發出轟轟然怒吼的聲音，成排的坦克從天安門城樓的方向，壓過學生剛剛巡查的帳篷，壓過已經倒下的民主女神像，以緩慢的速度前進。

學生隊伍裡，有一個女生突然「啊——」一聲，淒厲呼嚎起來。那是一種精神崩潰的、撕心裂肺的淒厲狂呼。她整個人面向天空，彷彿向天怒嚎，大哭大喊，完全失控，向後仰倒。旁邊幾個同學緊緊的拉住她，卻拉不動她，最後只得把她整個抱起來，幾個人合力抬著她往前走。

有幾個同學突然用沙啞的聲音，嚎叫著大呼口號「我們會再回來的」、「天安門是人民的」。集體的嗚咽的哭聲，近乎共鳴般，發出嗚嗚嗚的聲音。既是放聲的長哭，也是響徹天地的天問。

那哭聲，撼動得周邊的市民也一起哭起來。我身邊的幾個北京老漢用手臂的袖子，頻頻拭淚。

哭聲中，坦克車不斷逼近，轟轟然駛到距學生十幾公尺處的地方，停下來，以更強大的聲音，發動引擎。

學生唱著〈國際歌〉，呼喊著口號，向東走，再沿著解放軍圍成的路線轉彎，走向西南角出口，終於慢慢走出了廣場，全部離開了。

此時又有一隊解放軍從東南角一側，默默的進入，把學生離開後的缺口給包圍得水洩不通。廣場完成清場。

與此同時，成排坦克有如收到命令，引擎一起怒吼，坦克沒有加速前進，而是以一種緩慢的速度，形成震盪。那共振的力量，讓天安門廣場的大地都震得顫抖起來，威懾的力量更為恐怖了。此時機關槍聲如鞭炮，從四面八方同時響起來。

我們站到廣場前沿，看著坦克逐漸逼近。我明白，學生已走，再下去就是全面清場。機關槍是一種警告，我們不能再留。更何況我們也該跟過去看一看，離開的學生有沒有平安走出去，有沒有人被逮捕。

我跟徐宗懋說：「該走了，我們過去看看學生的情況。」

徐宗懋有如著了魔一般，直望著坦克，竟沉聲說：「不，我不走，我一定要看到最後一刻。」

我想到他整晚在天安門廣場上，對機關槍的掃射也許沒有警覺，便警告說：「接下來會清場，很危險啊。」

「別擔心，我有經驗。我是採訪過中東以色列戰爭的戰地記者。這種場面看多了。」他拍著胸脯，自信的說。

我決定先走，至少要去追一下學生的下落，然後趕回旅館發稿給晚報。一整個晚上，晚報都不曾聯絡上，發生這麼多事，有太多必須寫的新聞。

我和趙慕嵩走向學生離開的出口。想不到，學生一走，那裡就給封鎖了。我們只能轉來轉去，最後從東南偏東的胡同小口子出去。想不到一出去就是一條曲曲折折的胡同，繞呀繞的，就是繞不回學生離開的那個角落。走了好一陣子，幾乎都迷了路，我眼看這樣下去不是辦法，我會來不及給晚報發稿，於是決定先問路，找到回飯店的方向。

23

東方飯店雖然距廣場有點距離，但槍聲遙遙傳來，四面八方，一陣一陣，未曾停歇。
我洗了一把臉，卻怎麼也洗不去那悲淒的哭聲，以及痛徹心扉的絕望感。
中國好不容易有一點民主的火苗，好不容易才種下脆弱的種籽，卻把所有的希望都在此夜葬送。
那些廣場上互相指責誰是投降派、激進派，誰是民主派的爭論，都沒有意義了，一切在槍口下消滅了。
然而，為什麼，中國人的社會運動，總是那麼容易被激進分子綁架，然後向著貌似激進，而實則毀滅的不歸路，一路走下去，永遠回不了頭。
為什麼？人性必然如此嗎？青春的學生運動，就必然如此絕對，如此純粹，如此壯烈犧牲？
我甚至懷疑，中國人有一種烈士情懷，彷彿成了烈士，才是真正的革命者。
而我，為什麼只能站在這裡，眼看著悲劇發生，完全無能為力？
我坐在早晨的灰濛濛的光線裡，心，一直下沉。
然而，這只能是以後再深入探討的課題了。
記者身分把我拉回現實。眼前最重要的是，放下內心的糾結，擺脫自己的悲傷，回歸記者，從客觀的角度，用目擊者的眼光，做全面報導，讓讀者了解今夜的現場，從解放軍進城，市民阻擋抵抗，衝突傷亡，直到最後，廣場學生的撤退。

特別是，一定要報導出學生全都撤退了。這是全世界最擔心的。

然而整個現場，讓我最感驚訝的，毋寧是北京市民那一股強悍的抵抗意志，那種誓死保護學生的犧牲奉獻，簡直不可思議，驚心動魄。這是非常重要的一點，如果不是市民抵抗，今晚不會如此慘烈。

就在我思索如何從幾個面向來寫作時，飯店的電話響起。

一個女子的聲音說：「請問，這是東方飯店九一九房間嗎？」聽起來是陌生的、冷靜的聲調，背景有點吵雜，彷彿從遙遠的地方打來。

「是，我這兒是。」我說。腦子迅速閃過一個念頭：會是廣場上見過的學生嗎？

「請問有住一位徐宗懋先生嗎？」

「有。請問有什麼事？」我心中跳了一下。他在廣場被抓？或被帶到什麼地方？

「請問，他是不是個子高高的，穿一件黃色上衣？」聲音比較溫和一點了。

「是啊。」我預感可能出事了。

「你跟他住在一塊兒嗎？」

「是。」

「你是他什麼人？」她的聲音平靜，有如例行性詢問。

沒有回答我，卻用冷靜的聲音一直詢問，表示出大事了。

「我是他同事，請問，妳是哪裡？」

「你們是來北京做什麼的？」她沒有回答我的提問，反而以非常直接的、調查的口氣繼續問。我腦中第一個跳出來的警訊是：這是來自安全單位那種官式的質問，他應該是被抓，或出事了，人在他們手上。我知道，已經沒什麼好隱瞞的了，必須立即表明身分，才不會被誤抓誤傷。

「我們是台灣來的，台灣《中國時報》的記者，我們是來北京採訪的。」我毫不避諱直接表明身分。

「哦！是這樣。」她聲音變溫和了。「我這裡是同仁醫院。徐先生中彈，被人送到醫院來，他全身是血，有腦神經麻木現象，必須急救。你能快些來嗎？」

「啊？中彈？他有生命危險嗎？」哦，老天，他果真出事了。

「目前還無法判斷，失血過多，很危險，要馬上開刀動手術。」

「好，我馬上趕到。你們先搶救！先搶救他！」

「好的，我們已在搶救了。」

「妳不必擔心費用，我一定會負起全部責任。」

「手術要有人負責簽字啊。」

「我會負責，我馬上來。馬上來！」我急忙回答。但一想，醫院名字沒聽清楚：「請問，妳說，妳是哪一家醫院？」

「同仁醫院。」

掛上電話，我才想起清晨要去廣場看最後清場，臨出門前，我特地提醒他，帶上鑰匙，免得我們走散了，回不來。昨晚就是和郭承啟一出去，在軍隊掃射下，往胡同亡命奔逃，被群眾一衝，就走散了。徐宗懋從門邊拿了鑰匙，塞入背心口袋裡。留了這鑰匙，醫院才知道打這一通電話。

我立即將情形轉告給趙慕嵩和郭承啟。請趙聯絡台北，郭先發稿給晚報。我趕去醫院急救，不知道什麼時候可以回來，一定來不及寫稿。

然而一下樓，站在冷冷清清的道路邊，我才驚覺，現在是早晨七點，根本沒有出租車。本來北京的出租車就非常稀少，更何況一夜大戰，長安街槍林彈雨，街道滿布大巴、石塊阻礙，更不會有出租車出來營業。我跑上樓問趙慕嵩，報社在北京買的那一輛吉普車能不能馬上開過來。他回說，司機住在中關村那邊，來到這裡至少要四、五十分鐘，更何況能不能來得了都不知道。

這樣來不及了，我衝下樓，決定用走的。再不濟，就沿路問。

此時，不知道哪裡傳出一陣響亮的子彈掃射聲，聲音不遠，看來戰事在不遠處。

這情況要如何過去？

不管如何，閃閃躲躲，走胡同，穿大街，還是要去。至少，我騎了一陣子的自行車，對方方正正的北京道路還算有一點方向感。

我向飯店的人打聽方向，才知道同仁醫院離北京飯店比較近，那邊外國記者多，或許容易叫到車，再不行，走路也可以到。於是我打電話給住在北京飯店的香港同事，請他們盡快設法去同仁醫院。但他表示，北京飯店已經被看管，沒辦法外出。我不太相信這一點，因為那裡有太多外籍記者，國外媒體記者都可以出去跑新聞，發得出照片，他們怎麼就不能動了？何況，官方不至於敢如此公然限制人身自由。我依舊請求他盡量想辦法找武警商量，請武警放行，盡快去醫院救人。但他連問都沒去問一聲，就表示「不可能，沒法辦到」。

「自私鬼！沒有道義！」從昨夜叫我別出門採訪，到現在同事受傷還不願出去，這讓我非常生氣，忍不住在心裡罵。

正當我問好路徑，一腳踏出飯店，忽然看見一個北京老漢，披一件藍色布衣，捲著袖子，腳上趿一雙北京老布鞋，踩著一輛舊舊的三輪車，從馬路的另一頭，悠悠晃晃的騎過來。

我趕緊招手大叫。

「師傅啊，師傅！」這是北京人叫司機的說法。他轉了個彎騎過來。

「您要上哪兒？」他悠然問。

「我有同事在同仁醫院，受了槍傷。我得趕過去，你能帶我去嗎？」

他有點擔心的打量著我。

「我是台灣來的記者，我同事在廣場採訪受了重傷。現在醫院，要動手術，我得趕去處理簽字，你快帶我去吧，行行好，救人一命啊！」

他一聽，立即仗義的說：「上來，快上來。我帶你去。」迅即用力踩上三輪車，向街口快騎起來。

槍聲依舊，此起彼落。此時該是政府部門、工廠要上班的時間，但道路被各種石塊、磚頭、橫擋的公交車等阻擋了，人們三三兩兩騎著自行車，遇上路障，過不去，就只能東繞西彎，在胡同裡鑽。

三輪車伕熟練的穿行在道路上，繞過各種路障，穿過公車圍堵的馬路，終於慢慢靠近前門東大街。這裡靠近天安門廣場不遠，槍聲已非常接近。此時，一隊解放軍踢著正步，在路上走著，人人荷槍實彈，警戒的觀望四方，保持前進。

一些騎著自行車從他們旁邊經過的市民卻像不要命似的，忍不住破口大罵：

「操你媽，殺人狂！」

「劊子手、法西斯！」

「你們還有人性嗎？」

「你們是人嗎？」

還有許多人站在路邊，怒目而視，有如寇讎。

依今天早晨在天安門廣場的經驗，這樣的大罵會換來一梭子機槍掃射。幸好，他們沒有攻擊行為，解放軍裝作沒聽見，不予理會。

想不到載我的三輪車伕用力踩著，在超過軍隊時，老漢故意吐一口痰，側目怒視軍隊，嘴巴忍不住罵道：「操你媽，劊子手！」

跟軍隊這麼近的罵，他是不怕死嗎？我聽得都頭皮發麻。

「快別罵了，師傅，我還有同事在醫院啊！」我生怕他的罵聲，再招來子彈，那就不僅去不了醫院，我也跟著遭殃。

然而他恍若無覺，忍不住繼續罵。

我知道這種氣氛下無法阻止，只能央求道：「師傅啊，我們先去醫院吧，救人要緊。」

他終於忍住罵聲，卻總是在經過軍隊時側目怒視，眼神如火燃燒。

我們繞了幾條街，在崇文門東大街繞來繞去，卻總是被市民用來擋軍隊的大公車擋住，繞不過去，怎麼也到不了醫院，三輪車愈繞愈遠。最後，眼看到了一個路口還是無法過去，我下決定說：「別再騎了，繞不過去，我們用走的。我不認得路，你帶我走，我照常付錢。拜託你了。」

我們繞過燒毀的兩節式公交車，在離解放軍不足五米的小街穿行，才終於抵達同仁醫院。

醫院的入口處前方，只見一片凌亂的擔架、自行車、板車，橫橫斜斜的散亂停放。我想起昨夜板車在南大街拉了重傷的人快跑，便明白了這些應是送人來急救的。

入口的走道擠滿了來醫院尋人的家屬。他們焦急的眼神可能正在尋找一夜未歸的孩子、去廣場未回家的丈夫、在廣場照料學生的工人、去堵軍隊的市民等，總之，一夜沒有了消息的家人，如今都心急如焚，一個床一個床的尋找。

然而醫院裡更混亂，到處都是傷患。有些人還有擔架可躺，有些人只能靠在牆邊，一張小椅子上坐著，身上綁著臨時吊在手上、肩膀的繃帶，滿身血痕。病房那邊也凌亂一片。病床顯然超出了負荷，連走道都是傷患。不知是否從病房裡挪出來的，床位排得擁擠異常，但也根本不夠用。病床上躺滿受各種槍傷的人，胸口的、腹部的、後背的、肩骨的、大腿的……，只能說死傷狼藉。

即使滿臉血跡，身體受傷，但從年齡看，主要是年輕人居多。蒼白而昏暗的燈光，各種血泊的臉，我根本無法分辨徐宗懋在哪裡，便趕緊去醫護站找主治醫生。

醫護站的醫生雙眼紅腫，可能徹夜未休息，拉著我的手便走，到一排病床中間，指著身體向下趴著、全身浴在血泊中的人說：「情況不是很好，可能有腦髓出血現象，子彈很可能從前腦穿入，後腦穿出。前一段時間昏迷，所幸護士給他輸了血，他才恢復生命。」

我伏到他身邊細看，只見黃色T恤早已被血浸透，一片血紅。口中吐出的血，沾滿他的臉和頭髮，面孔瘀腫變形，整個被泡在自己的血泊中。

如果不是醫生帶我來，我真認不出來了。

「宗懋，宗懋。」我先呼喚他的名字。

他竟然微睜一隻眼睛，從趴著的病床上模糊的說：「楊渡，楊渡嗎？」

「是，是我。我在這裡。」我趕緊回說。他的眼睛可能被血液黏著，張不太開。

「唔來了？」他嘴唇也無法張開，模糊不清的說。他只能把「你」說成「唔」。

「是我，你會沒事的。我會來照顧你！」

「我怎麼了？」他唔唔的聲音不易分辨，顯示舌頭不太能動。

「沒什麼事，你只是受傷了。」我意識到他受傷非常嚴重，這一次可能得動大手術。

「宗懋，別說話，先休息一下。」我握著他血色的手。

我轉身問醫師：「現在，我們還能做什麼？無論如何先急救，不管用什麼方法，不管要多少費用。」

「該急救的，我們都先做了。」一個醫生憂傷的說：「我們已經先把他傷口縫合起來，讓血先止住，他失血過多，差一點死了。所幸，一位護士救了他。這位護士啊，一天內已經輸了兩次血了。如果不是她拚了命的二次輸血，他早就失去生命了。」

「那目前，我們能怎麼搶救？」我問。

「他可能是腦神經受傷，子彈由左眉上角射入，由後邊穿出，或者留在腦內，顱內大量出血，我們已經盡力急救了，但還是無法弄清楚病情，他現在大致上已停止出血，但如果腦內出血不止，怕是很難活下去。」

「那就趕快送開刀，把子彈取出來啊！」我著急的說。

「沒辦法，我們這兒只能做外科處理，要做腦神經手術，唯一的辦法是送到天壇醫院。那裡是亞洲前三名的腦神經外科，才能做最好的手術。」

「那得趕快送去啊，我們盡力送他到天壇醫院，不管用什麼辦法。」

「好，如果是這樣，馬上聯絡天壇。叫他們派救護車，準備開刀房。」醫生指示一個護士立即處理。聯繫天壇，辦理移送手續。

然而，時間一分一秒過去，五分鐘過後，仍不見任何動靜。我急得不得了，便問道：「不是要叫救護車來送去天壇？」

「再等一下看看。車已經叫了，天壇說有派車來了，可是不知道怎麼沒來。」護士回說。她擔心的看著宗懋，勸我說：「你先顧好他，車一來就先叫上你。你先跟他說說話。別讓他昏過去，他失血過多，還好剛剛有輸了血。但我們怕他一昏過去，一睡著就回不來了。」

我只能在宗懋耳邊說話，安慰他道：「宗懋，你認得我嗎，我會帶你去醫院，你放心，會好起來的。」

此時，我才注意到病床旁邊一直站一個青年，穿著一件青色布衣。他見我看他，朝我微笑。那載我來的三輪車老漢還沒走，看著我說：「是他，把他救到醫院來的。」

我問他：「早上是怎麼了？」

青年用一種不是北京人的口音，有些害羞，吶吶的說：「他跑在我前面啊，不知道怎的，被打到吧，突然趴倒了，倒地上，我看沒有拉他，會死在那裡，就把他拖到旁邊，再揹去和平醫院。那裡也不收，把他揹出來，還好碰上一輛板車，把他拉到這醫院來。」

「啊，謝謝你啊，你是他的救命恩人。」我趕緊說。這是一個看起來像工人的男子，或許他的雙手有些卑微的交握在胸前，身體彎曲著，看起來有一點矮小，居然能揹得動一米八的宗懋。我趕緊向他彎身握手致意。

「是啊，還好命大，碰上了他。」老漢說。

原來三輪車老漢一直幫我在一旁照應著。

此時，一個可能是護士長的中年女子拉著我說：「來，趁著等候的時間，你一定要來見見這個人。是她救了你的同事。」

「是啊，我一定要謝謝輸血的護士。我們的救命恩人。」

我們來到一個醫護站的房間，裡面有幾個醫生和護士各自在忙著。

護士長叫來一個臉色蒼白的護士說：「是她給你同事輸的血。那時他出血過多，血壓已經低到很危險的地步。眼看就要昏迷，一旦昏迷就死了，所以她拚了命，一夜未睡，前一天又輸過一次血的情況下，給他輸血二百五十ＣＣ。」

「我們這兒血庫的血全部用光，代血也用完了，」另一個護士解釋說：「只能動員受傷者的家屬，或者輸自己的血。」

「謝謝妳啊，妳真是我們的救命恩人！」我感動的趨前向那一個護士致敬禮。緊緊握著她的手，再三感謝。

她有著瓜子臉，三十幾歲的模樣，瘦瘦的身材，可能連輸了兩次血救人，臉色顯得特別蒼白，溫柔的臉上，有一種堅毅的眼神。

「沒關係，今天的事情，實在太慘了，太慘了。」她說。

「謝謝妳在最後關頭，救了他一命。救命之恩，真不知道如何感謝妳！」

「沒關係，我們只希望，你能幫我們做一件事。」她安靜的說。「幫我們所有中國人做一件事。」

那一個拉著我進來的護士長說：「我們知道你和徐先生是同事，是台灣來的記者，我們不是要你感謝，我們只求你一件事。」

「什麼事？」我凝神注視她的眼睛。

我心中想，不要說一件事，救命之恩，無論什麼事，我都一定盡力辦到。

她環顧四周的醫生護士，清晰的注視著我說：「我們只求你把北京的真實情況，報導出來，讓全世界都知道。我們只求你，要幫北京的忙，幫中國人的忙，把北京的真相報導出來。」

「會的。我一定會做到。一定做到！」我內心激動不已，絕未想到救命之恩的報答，竟然是這樣。

「中國的人民太慘了！」一個護士紅著眼眶說。

另一位醫生嘆著氣說：「我們這兒的血庫用盡，藥品用盡，亟待支援，但外面那麼亂，藥品也無法運進來。」

「病床滿滿的，停屍間滿滿的，我們只能盡心盡力，大家拚一日一夜，不眠不休搶救，可是有限啊！」

「死傷太多，藥品太少，病床不夠，我們太有限了！」

啊，這些跟死神拔河的人啊！我感動又敬佩，一時不知如何表達，只能安慰說：「我一定會盡快報導出來，讓外面能給這裡幫忙。」

另一個醫生從一個放著許多子彈的盤中，拿起一顆子彈，那是銅色的實彈，上面還沾有血跡，注視著我說：「這就是從一個個傷口中取出來的，你剛剛也都看到了，有的人打入胸腔，後面一個血盆大口子，有人打入腹部、大腿，醫院滿滿的病患，我們搶救都來不及！」

「但這種情形，我們的報紙不會寫出來，沒有人知道真相，你是台灣記者，一定要為我們做真實的報導啊！」

「會的，我會好好寫，我會讓世界都看到這裡發生的事。」

24

我趕緊回到病床邊，還好那個青年工人一直在旁邊看護著。

又過了十幾分鐘，車還是沒來。而徐宗懋眼看快要閉上了眼睛，我心急如焚，再去救護站催促，誰知護士竟然沮喪的說：「有派車了，可路被堵上了，車子過不來。障礙太多了。」

「救護車一時來不了，要不先急救也行。這樣拖下去不是辦法！」我說。

一位看起來像護士長的人紅著眼眶說：「救護車在外面開也很危險。有個醫生也被子彈打中了，他們有些蠻橫到對醫生也開槍，一些醫生和護士都受傷。早晨一個醫生來上班，還被罰跪，叫他別動，任他毒打，若是動了，還要開槍打死。我們醫生，也毫無保障啊！」

這樣的時局，救護車來不了，就可以想像了。這是她未曾說出的話。

「我們已經把能搶救的，都先做了。」另一位護士說：「還是先照X光片，看看腦內有沒有子彈吧。如果要急救的話。」

醫院決定把宗懋推入X光室之前，三個醫生一起走過來，他們的白袍經過一夜急救，都沾著血跡。血跡早已凝固，看來或暗紅或暗黑，像一個髒兮兮的清潔工。其中一個年紀稍長，看起來像主任醫師，用溫和的語氣對我解釋道：「有一件事應該先說明清楚，現在照X光，必須搬動到他的身體，如果不動身體，沒法照光，但是一旦動到，可能動到他的脊椎神經，萬一子彈留在他腦內，會引起顱內出血，這是會死亡的。」

我倒抽了一口冷氣。他說得沒錯，現在移動頭部，留在顱內的子彈很可能因為重量，壓到柔軟脆弱如豆腐的腦組織，是非常容易致死，如果死了，我能負起完全的責任嗎？可眼前，也不可能去問他的家屬。除了我沒有人可以承擔所有的責任。

「那怎麼辦？沒照X光，就不能確定腦內有沒有子彈，照了又怕引起意外，我們能怎麼辦？」我問。

「唯一的辦法就是先做檢查，否則我們也不能做手術，或任何急救處置啊。」醫生說。

「你的意思是，除非冒這個險，否則無法繼續急救？」

「是的，除此之外，別無他法。或許天壇醫院比較專業，可能有其他辦法，但我們是一家眼科醫院，能盡力的，也只有這樣了。」這個年輕醫生的胸前有一片血跡，看起來像一個人臉的側顏。是某一個逝者想留下的印記嗎？我悲哀的想。

「可是，天壇醫院的救護車沒辦法來啊！」我說。看來，再無其他辦法了。

一位護士走上前說：「誰也沒辦法，解放軍不讓過，路都堵住了。」

是啊，我坐三輪車繞胡同都過不來，只能下來用走的，救護車怎麼進得來呢？去天壇醫院的希望是非常渺茫了。

「如果沒有其他辦法，拖下去更危險。與其拖到沒救，不如現在就下決心吧。」我望著血泊中的宗懋，滿頭滿臉的血跡，再拖下去，說不定就昏迷死去。沉默了片刻，我下決心道：「既然沒別的選擇，只有在這裡盡力搶救了。照吧！」

「那如果出了意外……」醫生語氣有點猶豫，話不敢說完。

「我負全責。」我毅然說。

護士拿來簽字的文件。照光同意書、意外責任自負等兩、三張，我一一照簽了。

我們小心翼翼的把宗懋推過走道，推上斜坡，終於被推入X光室。我生怕這是此生最後一見，過去握著他的手，在他耳邊說：「宗懋，為了急救，只能這樣了。你一定要堅強，知道嗎？要平安出來。」

我再三請醫護人員小心，照光的時候若要動到頭部，務必要輕一點。他們安靜的點點頭，事實上，我看得出來，在這危急時刻，為了救人，他們格外慎重。這一夜，他們已拚了命。

我們在外面等候。那個從天安門廣場救下徐宗懋的青年跟在我身後。直到這時，我才認真看著他的臉，又瘦又乾，黝黑的皮膚，徹夜未眠的鬍鬚碴子一根根，微突的嘴唇，南方人的單眼皮，像個台灣鄉下的農民，有一種我非常熟悉的純樸。

心情急惶惶，慌亂不堪的自己，未曾留意到他，我感到歉意，回頭握緊他的手。再度說：「謝謝你啊，謝謝你救了他。」

「沒事，沒事。」他帶著一種農村的羞赧，似乎也不知道要說什麼。

他緊緊的跟隨著徐宗懋，像是來守護他的親人。我剛到的時候，他站在病床邊，我推著病床去照X光，他幫著細心挪移，避免碰撞到牆角，我被拉到醫生房間，他跟著走。有些傷患有家屬站在旁邊照料，有人照應，但有些人根本沒有家屬，他就抽空去照應一下，看到點滴快結束了，或者病患有呼吸急促，便去通知護士，在幾張病床間巡視，是一個善良而樂意助人的人。

「你做什麼的？」我邊走邊問。

「做木工的。」他說。

「在北京嗎？」我看他的口音不是北京人，故而問。

「來北京做半年了。」他答道。我問了他名字，要他寫下地址，怕他萬一走了，以後無處致謝。

「X光照好了，可以先把他推出來。」一個護士前來通知。

徐宗懋從X光室推出來之後，睜著眼睛，從趴著的嘴唇中，以極其模糊的聲音，唸著：「楊渡，楊渡……。」

我蹲下去想在他耳邊說話，卻見他滿臉的傷痕，紅腫的額頭，左眉處有一道破了的傷口，不知是不是子彈射的，子彈如果還在腦子裡，恐怕活不過今天。我只覺得喉頭一緊，眼眶一酸，又強忍了回去，對他說：「你休息一下，回頭醫生幫你弄好，我們就回去了。」

「我怎麼了？我頭好痛，好痛啊！」他喃喃不清的說。

「你頭被打傷了，有一個傷口。」

「我在哪裡被打傷？……。我好痛，好痛啊，我到底怎麼了？」他意識不清的喃喃著。

「你先閉上眼睛，休息一下。」雖然知道他意識不清楚，我還是不斷對他說：「宗懋，別怕，我們一起來到北京，我們一定會一起回去。要一起回去的。別怕，我會在這裡陪你。我們要一道回去啊！」

他只能模糊的喃喃叫著：頭好痛，好痛……。

眼看他意識愈來愈不清楚，可能會休克，再度昏迷過去，我急了，跑去找醫師，問他到底能怎麼搶救。

醫師只回說：他頭上的傷已經縫合，左頸間的傷口也縫了，不再出血，但問題在於到底能不能將頭部的子彈取出來，又或者是，子彈可能從左肩打入，從頭下穿出，如果是這樣，那就很難辦了。

「如果真是這樣，那恐怕生存下去的機會不大。」醫師沉聲說。

「那我們能夠怎麼辦呀？」我急問。

「只有等天壇醫院的車。讓腦科醫生動手術。現在，我們想怎麼辦，也都沒有辦法。」醫師也很無奈。

另一個護士則補充道：「他現在有顱內出血的症狀，但不能確定。唯一的辦法是開刀。現在我們只有等X光片出來再判斷。重要的是顱內出血會有一陣昏迷，他現在已經醒來，估計沒有太大問題。但是，如果有子彈留在裡面，就會繼續出血，恐怕還會昏迷過去。那時候，就沒救了。所以你要小心，千萬不要讓他又昏迷過去。」

我想到剛剛還叫他先休息，睡一下，不禁自責起來。

然而，怎麼樣才能不讓他昏迷呢？我一時也不知如何是好。

幸好，此時護士來做檢驗，測量他身體知覺受傷的程度。

由於宗懋處於半意識狀態，人趴在病床上，無法說話，護士要他用眨眼睛的方式回答。

她先輕輕敲打他的右側手臂、右邊背部、右腿等，宗懋眼睛有反應，是正面的。然而左邊敲打的時候，他的眼皮不動。護士逐一問他，從手指、手臂到大腿，他渾無所感，眼睛直直未曾動過。

「左邊是不是有問題？」我問。

護士看我焦急的臉，把我拉到一旁說：「他左半身這一側，麻木，失去知覺。所以有可能是子彈射穿以後，打傷脊椎神經，因而左半身麻木了。」

這下不妙，我心想，如果是因為腦子或脊椎受傷，左半邊麻木，會不會也延伸到右半部，這樣就很難救了。

等到護士檢查完，他的眼睛似乎為了做反應，疲倦已極，快要閉上了。

我想起不能讓他昏迷，急忙對他說：「宗懋，宗懋，我們一道搭飛機過來的，對不對？」

「嗯。」他有反應。

「我們在馬尼拉飛機上碰到，對不對？」我試著問。

「嗯。」他眼睛的焦點在模糊。

「我們說好，要一道去南方採訪，一道走，對不對？」

「嗯。」

「所以，你一定要撐下去，醫生說，你一定能好好的，但是要用意志力，要用意志力，撐下去啊！知道嗎？」

「嗯，我知道。」他喃喃回答，可是馬上說：「我頭好痛啊，好痛！我到底怎麼了？」

「被子彈打到了。」我說。

「我在哪裡？我怎麼會這樣？」

「在醫院裡。」那位木工也幫著我回答：「你別擔心，好好休息，會好起來的。」

「這樣拖下去不是辦法啊，看這病情是夠嗆的。我看，我先去弄一部車來。」站在一旁的三輪車伕也急了，忍不住說道。我這時才注意到他仍跟在我身邊。他也像守護者一樣，照看著我們。

「去弄，趕快去，不管用什麼辦法，只要能送他上天壇醫院。」我說。

三輪車伕轉頭跑了出去。我只能希望他以街頭拉車的智慧，可以搞到一部車。

此時那木工反而安慰起我來：「你先別急，這兒我們是盡了一切辦法，但外面全給阻隔了，我們就是只能盡力。只能盡力了。」他木木訥訥的說著，卻是誠心誠意想安慰人。

這時我才想起來，忘了問他徐宗懋是怎麼中彈的，他是怎麼把他救起來的。

木工本不是口齒伶俐之人，但在他的簡單描述下，那場景依然驚心動魄，死生一線。

原來，徐宗懋在我和趙慕嵩從天安門廣場撤退後，留在現場。與這位木工一樣是廣場上留到最後的人。起初坦克是發出巨聲來鎮懾群眾，從天安門城樓那邊，一步步向南邊進逼。但坦克走得比較緩慢。他們未曾料到的是，本來以為是鎮懾用的坦克，不僅震動天安門廣場的地板，在最後清場行動中，開始「用子彈趕人」。槍口本來是對著地面打，最後是對著人的頭上掃射。群眾在槍聲中瘋狂奔逃，徐宗懋也跑。可能他身高比較高，也不知是直接射中，還是流彈彈起來，他突然中彈，往前一撲，砰一下，撞趴到地上。木工正好跑在他旁邊，立即停下腳步，高聲喊：「救人要緊啊，快別跑啊。救人要緊！」

人人爭著逃命，無人停步。

木工沒辦法，自己把徐宗懋的身體翻過來，拖到路旁的人行道上，才免於被踩死。所幸，軍隊並未繼續開槍，木工揹起了宗懋，一步一步，拖到離天安門廣場約五百公尺遠的和平門醫院。

「你身高不到一米七，怎麼揹得動。他一米八十幾啊。」我看著他的身材，忽然想起來。

「半是揹的，半是拖著走。他高嘛。咱平日做木工的，有力氣。」他害羞的微笑了。

但和平門醫院沒開。他又揹又拖，走了百公尺，才攔住一輛載貨的板車，盡速把徐宗懋送到同仁醫院。醫院要問他的身分。他也不知道，只好從徐宗懋身上摸，找出一把東方飯店的鑰匙。

這把飯店鑰匙一般應該放在櫃檯的，早晨臨出門前怕走散，我們都帶在了身上。這真是不幸中的大幸。

因為他沒帶背包，身分證件全留在飯店，無法知道他是誰。護士是在他恢復知覺後，從身上找到幾張有血跡的名片，逐一呼叫，在叫到「徐宗懋」時，他有反應，才加以確定。更幸運的是，醫生此時不計較費用、保證金、身分證等一切手續，而是以「救人第一」，在我到達之前，已先主動輸血，並且是護士拚了命的第二度輸血，主動做了一切急救手術才能存活到現在。

這位木工更是一路奉陪到底。他昨夜一樣在廣場躲子彈、聽槍聲、吃催淚瓦斯，為了揹宗懋，他渾身沾滿血跡，卻全無所覺。

讓我深感驚嘆的，是他們的態度。醫生、護士、木工等，他們徹夜未眠，甚至輸血，但人人毫無倦意。可當他們跟我談起救人的經過，彷彿不是在談危險的事，而是一件尋常公義所當為的事。連悲憤也深埋著，反而轉為一種冷靜，只希望我把事件的真相報導出去。

「讓世界知道我們這裡發生的真相。」

為了讓我了解更多真相，他們趁著救護車未來空檔，帶著我去察看醫院的開刀房和病房。

一個學生模樣的年輕人，皮膚看起來白皙，身材修長，子彈由前胸貫入，後胸穿出，但黏在肉裡，血盆大口已開在背上，病人昏迷不醒，再不取出子彈迅速止血，生命垂危。一個醫生正在開刀。因為傷患太多了，手術刀來不及用蒸氣完全消毒，只能用酒精擦過，權充消毒，就立即用上。

醫生一邊細心開刀，取出子彈，拿給一旁的護士看。

護士拉著我的手去接住這一顆子彈，讓我感受子彈的冰冷和重量，說：「就是這種子彈，你看，就是這種真槍實彈，對著手無寸鐵的老百姓。」她的口氣平靜，像在敘述一件事實，一項證據。

醫生默默用紙包好帶血的子彈，收入口袋，而另一個護士則從口袋裡拿出另一顆帶血的子彈，說：「都是這樣，全都是這樣的。」

她說著的當下，有一個記者模樣的青年過來拍照。醫生沒說話，只是默立著。他們無言的看著記者，眼中有傷痛，有默契，更流露出一種冷靜。彷彿痛苦到了極致，就只能用冷靜救人，好好留下人命，留下記憶。

那麼多的患者，那麼多的死傷，那麼慘烈的傷口，使我從恐懼與惶急中，慢慢沉靜下來，進入這深沉的、洪流般的大悲痛裡。

現在我明白，痛到深處，竟是一種冷，寒心的、安靜的冷。

就在此時，一個女護士突然跑了進來，急急慌慌的拉住我的手問：「那些學生呢？那些學生呢？他們說，你從天安門回來，知不知道他們上哪兒去了？」她的聲音沙啞、顫抖，身體也在抖著。

「啊？」我望著她近於惶然失神的眼睛，沒想到自己竟出奇平靜的握著她的手，說：「都走了，都走了。統統都離開了。學生全部都有離開，別擔心。」

「那剩下的呢？」她仍堅持的問。

這時我才忽然想起來，她是在天安門廣場紮下營的救護站的護士，當時我曾見過，一個臉孔和藹的母親般的婦人。如今那臉孔已驚惶的變了形，難怪我乍看不認得。

「都離開了。最後大家都從胡同走，散開了。」

「都散到哪裡去了？他們會不會被殺了？」她焦急問。

「他們是學生，學生應該都回學校了。」

「謝謝你啊，謝謝你！」她緊緊握著我的手：「可憐的學生，都到哪裡去了呀？」她似安心，又似黯然的喃喃著，轉身離開。

25

我彷彿從搶救的惶急中清醒過來，終於能回復記者的眼睛，看見病房中的全景。

一個個倒在血泊中的軀體，一個個受傷的「人民」，每個人的身上，是各式各樣的傷口，傷者昏昏沉沉，等待救援，生命在死的斷崖掙扎。醫生也只能盡全力，連護士都自己輸血，病床都不夠用，在這樣最匱乏的條件下，試著讓生命活下來。先搶救的、未搶救的、等待手術的、斷腿斷手的、胸口貫穿的、後背破了大洞的……。一切的一切，只能在最混亂、最艱難的狀況下，拚了命的和死神搏鬥。

此時一個胸前揹了一部相機，穿一件攝影記者愛用的多口袋卡其背心的男子走了過來。他臉色蒼白，鬍碴子特別明顯，眼睛帶著紅紅的血絲，顯然也是一夜未眠，站在我的面前說：「我也是記者。」他報了一個大報的名字。

「我也是。台灣《中國時報》。」我回說。

「他怎麼受的傷？」

我簡單說了一下今早在現場看學生撤退時，他最後走，後來就中彈了。因為不了解他的背景，我的言詞盡量平實，卻不料，他眼眶不禁就紅了起來，眼淚卻沒有掉了下來，硬生生咬著嘴唇，說：「我也是看到最後的……。」

我無言望著他。一個約莫三十幾歲的大男人，這樣忍著。

「你最後怎麼撤退的？」我問。

「我最後跟了醫院的醫生回來的，太多受傷的人，太多傷口，太慘烈了。我要拍下來，做見證。」他環顧整個醫院，只能用死傷狼藉形容。他望著宗懋說：「他的照片，我也有拍了。」

我想問他要照片，因為早上為了搶救，急得忘記帶相機。但還未開口，他就先說：「他的照片都在底片裡。我今天晚上，拍了三卷多。」

他從口袋裡拿出底片，說：「可這些底片，在我們這兒也沒法兒發了。」他望著我的眼睛，直直的，要望到底似的，毫無隱藏的說：「我想，這就把它交給你。請你帶到海外去發表。至少在台灣的報紙登出來，讓世界看到北京的真相。」

他把三卷底片握在手上，伸出手來，打算交給我。

我有些不堪重負般的，沒有去接，嚅嚅問他：「中國都沒有機會了嗎？有沒有可能試一試？」

我深知這是他在槍林彈雨中用性命換來的，我不能輕易拿走他的戰鬥血汗。

「你看啊，這樣的時局，還有機會發表嗎？」他慘然搖搖頭。

「好，那可以告訴我你的名字？」

「要做什麼？」

「如果在台北發表，一定要寫上你的名字，這是你用生命拍下來的。」

「不要了。我不重要，只要能發出去，讓世界知道這裡的真相，這樣就夠了。」

他把三卷底片交到我手上，交代說：「就託給你了。」

我珍重的放入口袋裡，緊緊的握著他的手。

「我再去拍一拍。還有一點底片。」他轉頭離開。

三輪車老師傅在外面轉了好幾圈，氣急敗壞的回來說：「媽的，沒車。根本無路可通，無路可通，沒辦法搞到。」

一個護士急了，說道：「乾脆咱們推到外頭去截一輛車吧！」

另一個護士冷靜的回道：「根本沒車，上哪兒去截？」

這時老三輪車伕拍拍我的肩，拉到一旁，指著木工，對我說：「這位先生救回了徐先生，我看他肯定沒吃早點，我們就去買點東西給他吃吧。」

我這才恍然覺察到自己急得什麼念頭都忘了，幸得這老師傅的照應，忙拿錢給他，說：「好，你去買些早點。請全部的人吃。醫生、護士、家屬，這一夜，一定都沒吃，你去買一些回來。」

這時外面傳來呼喊救護車到了的聲音。我們急忙推了徐宗懋往外跑，到了門口，才知道是空歡喜一場，根本是誤傳，又垂頭喪氣的推回急診室。

這時，我才驚覺，到現在為止都還未跟同事聯絡，他們一定還在等我消息。便央求護士帶著我去打一通電話。電話是郭承啟接的，趙慕嵩正在和台北緊急通話中。我交代郭承啟兩件事：第一，徐宗懋病情與處理狀況，第二，他先寫稿，今天沒事別再出去採訪了。承啟是新婚，我派他來大陸採訪前，《中時晚報》主任陳浩千交代萬交代，絕不能讓他出事，對新婚妻子不能交代。

打完電話，老三輪車伕買回來幾袋麵包，我交代他去分給醫院裡的每一個人吃，但整個醫院竟無一人想拿起麵包。

唉，這血泊中的醫院，誰吃得下？

這個老漢三輪車伕，有他古老的生存哲學，先生存才有辦法再奮鬥，那是底層最根本的生存意志力，但此情此景，生存都太艱難了。

由於知道徐宗懋情況已惡化至此，我非留下不可，只好請三輪車伕先行回去。也請那位木工休息一下。但他堅持陪在一旁，一同照應徐宗懋。雖然自己明知道他的意識已進入半昏迷狀態，但也只能不斷的重複說話。

「宗懋，要用意志力克服，要克服，不能昏迷過去啊！」

但宗懋一直喊痛。一直喃喃著。中間他突然迸出來一句話：「我會死嗎？」

「不會的。」一股熱氣湧上喉頭，忍耐著紅了的眼眶，我低聲對他說：「不會死，醫生會把你治好的。」

我握緊他的手，還沾著血，溼溼黏黏的。

「我們在馬尼拉機上碰見，不是說好一同回台北嗎？宗懋，要有意志力，活著，我們一起回台北，要有意志力啊！」

在這種情況下，除了本能的意志力之外，我不知道還有什麼依靠了。

「……我太太……」他舌頭發硬似的，發不出聲音，只能通過喉嚨出聲。

「你太太還不知道，我會通知她。」我不敢去摸他的頭，怕觸到什麼傷口，只能握住他的手說：「我會叫她來照顧你的。你放心。」

「楊渡，我會死嗎？」他又說。

「不會啦，只是槍傷，手術好了，就會帶你回台北。」

「沒事，你會好起來的。看看醫生，住院就好了。」那位木工接過我的話，跟著安慰他。他蹲下來，在宗懋耳邊說：「你只要休息，就會恢復的，你先歇一下吧。」

我想起初見他的時候，是在一九八四年左右，他在報社主跑外交，大學主修西班牙文的他去過中南美洲採訪，寫了一篇小說，要投給《文季》。那時他的志趣是寫小說。像馬奎斯那樣，寫出經典的文學作品。我們坐在台大前的小咖啡館聊天。兩三年後，我們都轉到《時報新聞周刊》工作，他以擅長的外語能力，赴菲律賓採訪柯拉蓉的黃色革命，又到中南美洲採訪過革命政權，去中東採訪戰爭。他自認為是戰地記者。但西方的戰地記者有一個規矩，只要手臂上配戴著「PRESS」字樣的黃色臂章，就知道他是記者，子彈不能朝他那裡打。但今夜，在天安門廣場，根本不管這規矩，子彈不長眼睛。

早上要離開天安門前，我要他一起走，他還很自豪的說：「放心，這場面我看多了。我很有經驗了。從中東到中南美洲，什麼場面都看過了，這個不算什麼。別忘了，我是老牌的戰地記者。」

我們互道珍重小心，便分手了。

如今，竟是如此場面。我真後悔沒早一點告訴他，在外圍街道上，槍打得多厲害，那些死傷多慘重。他可能是在人民英雄紀念碑前一整晚，跟學生一起，根本沒見識到槍林彈雨的殘酷，子彈射穿人體而倒下的血腥，才會如此輕鬆自信。然而槍彈無情，後悔也來不及了。

醫生拿著X光片走來的時候，我心中惶然一驚，有一種接到生死判決書的感覺。

醫生說：「X光顯示他的腦中沒有子彈殘留，也就是子彈沒有穿過他的頭顱，但看不出是否有血液殘留或出血。這要用更精密的另一種儀器。」

啊，還好！我呼出了長長的一口氣。

醫生接著說：「由於X光無法照身體，因此沒辦法確定體內有無子彈殘留。最壞的打算可能是，傷及脊椎神經，因而造成左半身麻木、無知覺。唯一的辦法，是趕快送天壇醫院，那裡有腦部的CT檢查儀器。詳細檢查再決定怎麼處置。」

就宗懋來說，幸運的是：確認腦中無子彈，可以活命了，這是非常重要的。不幸的是：脊椎神經受傷，可能造成半身不遂，未來會殘廢。

26

在久久的焦慮中，長久等候的救護車終於來了。護士和醫生一陣呼喊，大家動員起來，合力把宗懋推出門外，換病床，上車。

我感恩得直說謝謝，他們卻直揮手說：「謝什麼，快去，快去，救人要緊！」

為了搶時間，救護車開得飛快。同仁醫院很細心，怕中途出意外，派了兩個醫生、一個護士隨行。我叫木工也跟我們一起上車。面對生死，他那種平凡與素樸的態度，對搶救徐宗懋的忠心耿耿，讓我感到彼此有個照應，可以照顧得周全一點。

救護車穿過滿目瘡痍的街道。道路上充斥著燃燒車輛的汽油味、橡膠味和子彈剛剛打過的硝煙味。顯然街頭的戰鬥還在繼續。

救護車以鳴笛示警，一路上用擴音喇叭高聲吼著：「讓開，拜託讓開！這是槍傷！這是槍傷！這是港澳台同胞，是記者！受到槍傷！要送急救，送急救，拜託讓開！」

這喇叭的大聲呼叫起到了作用。沿路阻擋的人群逐一讓開，而且互相大叫著「快讓開，台灣記者受傷了！」

車輛火速蛇行，左搖右晃，通過許多路障。但某一些路口，路障全堵住了，車子過不去，救護車只好以高音喇叭大喊：「槍傷！拜託！嚴重槍傷！這是一個台灣記者，他被子彈打傷，要急救，拜託大家，合力推開一條通道！」

圍擠起來擋路的群眾立即主動吆喝，互相喊道：「快過來幫忙，台灣記者槍傷，要送急救！快幫忙推開。」

幾十人齊力推開一輛雙節大公車，推開路上的石頭，很快開出一條路。救護車火速通行。奇蹟般的，車子竟在十分鐘之內到達天壇醫院。

人一送入醫院，將宗懋抬入後，腦科主治醫生立刻走過來，他的身後跟了一個剃頭師傅，顯然，同仁醫院已主動把病情通報過來，所以可以很快進入情況。

剃過頭後，宗懋一直喊「頭好痛」，但立時又沉沉昏去。

醫生趕快將他送去照X光，隨即轉入CT室照腦波檢查。這時剃去頭髮的光頭宗懋除了臉上的血跡斑斑與浮腫之外，已難以辨認就是此前還在一起發號外、迎著晨光走向廣場的年輕帥氣的記者。

我們抬著他進入腦波檢查的CT室，抬上檢查儀器。看得出來，這裡不愧是亞洲第三大的腦科醫院，連掃描儀器都是最先進的。

檢查結果很快出來。醫生說，他的頭部並未有子彈，也沒有血塊殘留，也就是沒有顱內出血，而且「一切看來還算正常」。

這真是令我驚訝得不敢置信。在槍林彈雨的廣場，頭部直接撞擊地面，竟能平安無事，這簡直是奇蹟！真的是這樣嗎？

「可他一直叫頭痛啊？」我擔心的問。

「那可能是碰撞傷到的。腦部的疼痛應該是外傷。」帶著兩個醫生來看檢查結果的主治醫生說。

我站在CT室外面，終於鬆了一口氣。哦，老天，這真是不幸中的大幸。感謝老天爺！

等宗懋從CT室出來，我趕緊告訴他這個好消息。

「你沒有事了，腦子裡沒有子彈，也沒有血塊。」我毫不避諱的說。宗懋睜著浮腫的眼睛，望了我一眼，又無力的閉上。他可能還沒有意識。

同仁醫院的醫生、護士則額手稱慶說：「幸好，幸好，子彈沒有在腦內。至少不那麼危險了。」這是他們一直在擔心的。

「幸好你們急救，把他救回來了。」我只能再三致謝。

「沒事了，你好好照顧他。我們得趕回醫院去，那兒還有很多病人。」他們隨即回同仁醫院，繼續急救工作。

我和木工則合力抬著宗懋往病房走。他的身型高大，體重不輕，抬起來頗為吃力。我們正努力抬動時，他突然舉起了右手，那是沒有麻木的部分，比了一個V字型，然後用縫過針的大舌頭，不清不楚的說道：「民主萬歲，自由萬歲！」

我忍不住在心中罵他：「媽的，真幽默，你才剛從鬼門關爬回來啊！」

然而，轉瞬間，他又昏迷過去。

顯然，這是半意識的本能，表示腦子的本能還有活動，真是萬幸。

到了病房，X光片隨後送到，再度證明宗懋的腦中確實沒有子彈。而他身體的知覺似乎慢慢恢復，人也不再昏迷。他先從頭痛開始，轉而叫左肩痛、左眉角痛。我把這情形告訴主治醫生。主治醫生到病房對宗懋的各個部位做了詳細的檢查，上上下下，察看了又察看，仍決定再照一次X光，這一次再多照身體的其他部位，以防有骨折。

在等候X光片洗出來的時候，他怕影響病人，把我叫到病房外，說：「現在可以確定腦內完好，腦波也正常，生命應該沒有問題，但是至少還得再觀察五天左右，怕腦部有什麼病變。如果確定沒問題，這幾天住院打針，慢慢恢復就可以了。不過他的手臂一直叫痛，可能有骨折，等照過X光再決定怎麼處置。這個部分還好，問題比較小，不會要命。」他說。

「從傷口來看，他是怎麼受傷的？槍傷是怎麼打的？」我忍不住問醫生。

醫生認為：「基本上是外傷。子彈可能從後頸部射入，所以傷口有一點焦黑的痕跡。所幸沒有傷及動脈和脊椎，否則就完了。至於他左額上的外傷，不是槍傷，很可能是跌倒的時候撞到的，但也有可能是被打傷。他的上下門牙斷了兩顆，舌頭可能是跌倒的時候撞破了，才會一直流血。」

「會不會是……？」我想起他在同仁醫院中，護士說他喉嚨一直血流不止，會不會是子彈從後頸部射入，從喉嚨穿出，穿了一個破洞，喉嚨才一直大出血？

「也有可能。可是……」醫生有點猶豫的思考著。

「他的兩顆門牙斷了，會不會子彈從這裡穿出？」我問。

「哦，老天，不可能，這太不可能了。」醫生搖搖頭，感嘆起來，說：「如果是這樣，那他就太命大了。這幾乎是不可能的啊！」

我也知道太不可能了。子彈穿過的彈道是螺旋形，一遇阻力，會把傷口旋轉得更大，再從後面射出去，同仁醫院看到的那些大傷口，都是前小後大，即是如此。子彈如果從宗懋的後頸射入，他的臉孔會打成一個大破洞，早就沒命了。

醫生和我說著，也忍不住再進去察看宗懋的傷勢，特別是他的後頸和斷裂的兩顆門牙。上下門牙都斷了一半，看起來很像是向前趴倒的時候撞斷的。宗懋在半昏迷狀態，任由醫生做檢查。醫生檢查後，搖著頭對我說：「從後頸射入，穿脖子，穿破喉嚨，從兩個門牙中間射出去。這太不可能了！只要有偏一點點，哪怕是百分之一，都不能活命啊！」

我只能說，真的不知道，想不透。可醫生走了之後，我仍獨自觀察，才發現如果是趴倒的碰撞，他的上下嘴唇應該會撞出傷口，紅腫成一大塊。可並沒有此種傷口。這未免也是怪事。

然而，誰也無法有確切的答案了。就像醫生感嘆的：「唉，只能說他命大。」

醫生總結說：「同仁醫院把這些外傷的傷口都縫上了。他們急救的處理，真的是很盡心盡力了。目前他就住院在這兒打針，讓腦部復原，消炎、預防感染，觀察一段時間，如果都沒問題，也恢復得差不多，就可以出院。」

這是今天早晨以來，得到最好的消息，我終於鬆了一大口氣。

這時有人跑過來，對他說：「院長，腦波檢查室那邊還有兩個病患，檢查結果出來了，需要您去看一下。」

這時我才知道他是這一家亞洲第三大腦科醫院的院長，心中感激不已。

他正忙進忙出的救助病患，卻為了槍傷如何造成費神，真是太感動了。這時病房那邊也時時傳出，幾號幾號病房是配給打傷的，請病患往這裡送。顯然患者有很多，來不及逐一通知病房的分配，只能用廣播。而從剛剛走過醫院急診室與院內的情況看，傷者之中以青年居多，然竟也有婦女和兒童，難道是上班和上學途中被流彈誤傷嗎？真不知他們是怎麼受傷的。

還好，天壇醫院離天安門廣場比較遠，送到這裡的傷者沒那麼多，處理起來似乎比較有序，不像同仁醫院那麼不勝負荷、混亂、悲慘，如同戰地醫院。

院長再回望宗懋一下，對我說：「看起來暫時沒有問題。我無法在這裡久留，有問題，你們同主任醫生和住院醫生聯繫，我已經安排了，骨科、口腔科的醫師都會來會診，我們一起處理。我得去看其他病患了。」

我向他深致感謝。

回頭走到宗懋病床邊，輕聲叫他，注視著他眼睛，告訴他：「宗懋，你還好，沒怎麼樣，只是外傷。死不了了！」

「死不了了？」他問。

「死不了的。」我的焦灼好像還沒有熄火，仍在燃燒，但終於可以肯定的說。

「死不了了。」他終於露出笑容。

這一個被理了光頭、滿臉傷痕、門牙斷裂、額頭紅腫，綁滿了繃帶，從廣場被拉回來的中槍者，終於笑了。我也終於笑了。

27

「請問，您是徐先生的什麼人？」一個年輕的護士走進病房。

「我是他同事。有什麼事?」我說。

「那麼,有關他辦理住院的事,需要做一點紀錄,您可以過來一下嗎?」

她帶我穿過診間,走到一間小辦公室裡。

辦公室有兩張很老式樸素的木質辦公桌,靠窗放著。窗戶打開,初夏的綠樹成蔭,帶有一點涼意。桌前坐了兩個人。我的左手邊是主任醫生,看起來年齡有四十來歲,他剛剛和院長曾去看過宗懋,我有一點印象。現在近一點看,鏡片下的眼中充滿血絲和疲憊。我猜想,他很可能處理了許多病患,現在快要累昏了。

他的旁邊坐了一個女生,短髮俐落,眉清目秀,看起來約莫二十來歲,穿著醫生的白袍,可依她的模樣,又太年輕,不像已經執業的醫生。她的白袍有點灰灰的痕跡,可能也是拚了命救人的。桌前放著一本打開的本子,手上拿一枝原子筆,用一雙無奈的大眼睛看了我一眼,低下了頭。

主任醫師其實早已明白發生什麼事,因此他嘆一口氣,用一種例行性的口吻說:「受傷住院的病患,我們都得向上級做報告,這是規定。」

「沒問題。」

「你就照實回答,沒關係的。」他可能體諒我的為難,安撫的說。

「我知道。」我心中開始轉過各式懸念。醫院的報告,會不會引來安全部門的調查?天安門廣場的最後清場受傷者會有事嗎?我們會被逮捕嗎?但從槍傷的傷口和剛剛的檢查來看,醫生早已一清二楚,我們無可迴避。

「請問,患者是在哪裡受的傷?」

「天安門廣場。」我說。

「哦，是什麼時間？」他眼中閃過一絲猶豫。

「今天早上，清晨的時候。」我低頭回想：「大概六點多吧，學生退場的時候。」

主任醫生沉默了。他有些遲疑的停頓了一下，望著眼前的那一個女醫生。她和他交換了一個眼神。

她的筆停下不動，只望著我。

「怎麼受傷的？你知道嗎？」醫生的語氣溫和，甚至有點憂傷。

「同行的人說，清場的時候，被子彈打到，可能是槍傷。」我想盡可能敘述得簡單一點，免得他們記錄太多報上去反而麻煩。

「你在場嗎？」醫生語氣溫和。

「沒有。六點多，我們看著學生最後撤退，後來我跟著學生走，想看他們到哪裡去了。他留下來，想採訪最後清場，我們就分開了。後來就中槍了。是一個木工把他拖到同仁醫院的。」我簡短的說。

那醫生停下，雙手交握，怔忡的望著窗外，似乎想說什麼，卻又欲言又止的低下頭，望著桌子。

「唉……。」對面的女醫生長長的嘆息了一聲，喉嚨彷彿哽咽，放下筆，柔聲說：「就，別寫了吧……！」她長長的、深深的嘆了一口氣。

我心想，這報告可能是規定要上交的，交上去以後，發現槍傷，或許會有人下來查，有什麼後果，誰也不知道。一整晚下來，他們不知道寫了多少份報告？有多少份槍傷？

兩個醫生都沉默了。

片刻，女醫生抬起頭，一雙明亮的大眼睛，彷彿失了神一般，兀自望向窗外，溫潤的淚水從眼睛裡，靜靜的溢出來，慢慢的，盈滿她明亮的眼睛。淚水沒有流下來，她也失了神，忘了去擦眼睛，就那樣，盈盈的掛在眼眶裡。

主任醫師也愣住了，不知道怎麼回答，三個人在寂靜中對坐著。

我跟著她的眼光望向窗外。

窗外是兩棵老樹，綠葉青翠。寧靜的樹蔭裡，一陣早晨的風，涼涼的，輕輕的，輕到讓人沒什麼感覺的拂了進來，帶來一陣清涼。時間彷彿凝結。

我抬眼，望著她的眼睛。

「怎麼有這麼漂亮的眼睛啊！」我忽然忘了自己身在何方，在心中讚嘆。

一整個早晨的醫院奔波，目睹那麼多的死亡，那麼多的血跡，那麼多血肉模糊的傷口，那麼多徘徊死亡幽谷的人，在槍彈硝煙中，急惶惶穿過危險的街頭，把槍傷的朋友從一家醫院轉送到這一家醫院，整顆心像燃燒的火球，像灼熱的紅鐵，甚至不知道他有沒有救。直到此刻，我望著她的眼睛，竟有如看見一個溫柔明淨的湖，那裡有慈悲清涼的水，和溫柔憂傷的光。

在她的湖水中，我終於有鬆一口氣、平息了燃燒的心火的感覺。

我的心慢慢沉靜下來。

我永遠無法遺忘那一瞬。那孩子似的臉龐，那善良的眼睛，那悲憫的淚水，讓我重新相信，這世間還是有一點美好的東西。

雖然窗外是灰濛濛的天空，幾株老樹的濃濃蔭影中，傳來遠遠近近的槍聲，殺伐還在繼續，但至少這裡還有一個清淨的角落。

那一瞬，讓我重新相信，這世間是值得活的。

我回到病房，只見木工站在徐宗懋的病榻邊，默默的照看著。在這整個過程中，他一直幫我的忙，抬上抬下，拿藥照料，如果不是他，我一個人被找來找去的辦手續，應對各方，根本照顧不過來。現在，各種手續辦好了，該檢查的身體部位也做了，我終於可以面對他，好好跟他說話。我請他坐在宗懋床側的椅子上，兩人對坐著。

「謝謝你。你是宗懋的救命恩人。」

「沒事，沒事。」他低頭謙卑的說。

「不管怎麼樣，這一份恩情，我們會記在心上。」

「沒事，沒事。只是剛好讓我碰上。」他說。

「你怎麼會到廣場上呢？」我好奇的問。

原來，他今年二十八歲，江蘇人，原來在揚州當木工，希望來北京找工作多賺點錢，於是五月初，就和幾個學生一起來到北京，打零工幹活。有時住在親戚家，有時就住在廣場上。這也印證了我當初在廣場的觀察：有些外地來的工人把這裡當成了基地。天安門廣場的肅殺之夜，他在外圍直待到學生離開了紀念碑，還不願離去，就這樣，搶救了宗懋。如果不是他又背又拖送醫，宗懋早已被踩踏成重傷，在廣場流血致死；而如果不是同仁醫院的護士輸血，宗懋早已失血過多而死。

「那廣場沒了，你還有地方住嗎？」

「我可以去住親戚家。」木工說。

「工作呢？現在這麼亂。」我採訪過來北京打工的人，除了雇主家，大多數人在北京是沒地方住的，我擔心，木工也一樣。他說住親戚家可能只是一個託詞。

「打零工，幫人做做木工，這狀況，也無所謂工作不工作了。」他倒是看得開。

「那這樣吧，我請你當徐先生的看護，也拜託你照顧他，可以嗎？」

「沒問題。這幾天我來照顧他。」

先前與他談話時，我就明白他是很有骨氣、自尊自重的人，他願意拚死把宗懋送到醫院去，是一種道義；他一路照顧宗懋和其他病人的樣子，我知道他本性是很善良的。我也不知道如何報答，卻又怕他若走了，在這戰亂動盪的時局，一下子便消失在茫茫人海，即使留下他江蘇老家的地址也沒用，他是在外地漂泊的工人。所以我決定先把他留下來，用照護工作將他「留住」，再想個好辦法報答他。

幸運的是，他竟也一口答應了。這樣一來，我就放心了。

我還有新聞工作。北京發生這樣的大事，時局大亂，槍聲四起，多少大事，多少變局，要採訪報導，而那些我訪問過的知識分子，像嚴家其、李洪林，他們現在如何了，也要重新聯繫。報館的同仁趙慕嵩和郭承啟，都有採訪任務。沒有人能夠一直當看護，有這麼細心善良的木工在，我就放心了。

隨後，我拿出一筆錢給他，說：「你這幾天在醫院裡，家裡人會擔心。你先跟家裡報個平安，安頓一下家裡的妻小，寄點錢回家，你才能安心照顧他。」

「這個不必，我身上有錢。」他客氣的拒絕了，從口袋裡掏出十幾塊錢人民幣。

「家還是要安頓一下，發生這麼大的事，家人一定擔心死了。可人也要看護，就算是請你當看護的費用吧。」我笨拙的想說服他。

「不，就是看護也不需要。」木工沉默片刻，望著宗懋病床的尾端，小聲而堅決的說：「看護他可以，但這是絕不能做的。」

現在我明白，他是把「義利之辨」分得清清楚楚的人。

早在自己希望能回報他，請求他當看護之前，心裡就曾想過，可能這會傷害人們在天安門廣場互相救助的善心，但在毫無辦法可以報答之際，好像也只能這樣「庸俗」。更何況，我們並不住在大陸，一旦離開，天涯海角，再難有機會重逢了。我只能這麼做。然而，他終究毫不容許人們以金錢褻瀆了他的善意，堅持拒絕了。

最後，我只好說：「這幾天，醫院裡打針、拿藥、去買吃的給宗懋，都需要用到錢，你先幫我保管，以免宗懋臨時吃東西要用，錢不夠。而且醫藥費非常貴，也不知道什麼時候用到，我也不能常常在這裡。所以請你暫時幫我保管，該用就用，到他出院的時候，你再跟我結算就好。」這樣他才同意。

直到這時，我才想起來，他的名字一直記在我的小筆記本裡，可我太惶亂，沒能夠記住他的名字。現在悄悄看一下，我才放心的叫他「小邵」。他姓邵。

隨著時間過去，宗懋竟開始喊痛。從頭痛、左肩痛，左手痛，到最後全身都疼痛。我特地請醫生來看，醫生做了檢查，並未看到大的毛病，反而高興的說：「太好了，他正在恢復知覺。會痛才好啊。」

「為什麼？」

「原本他左半邊沒有知覺，我們很怕是中樞脊椎神經受傷，那就很難復原了，現在慢慢復原，就表示一開始的沒有知覺，可能是撞得麻木，而不是斷掉了。這是好事。」

開始有了知覺，也開始有了尿意。醫院拿來小便斗，讓他可以躺著尿尿。但他無法尿出來，竟以能動的右臂自己硬撐，要我們扶他坐起來。坐起來仍無法尿，他竟要站起來，走去廁所。雖然我可以理解，他對自己中槍這件事一無所知，不知道身體的狀況，所以才想採取他無法負荷的行動。但這種意志力，簡直不可置信。此時，距離他在廣場中槍倒下去，才六個小時。

下午一時許，他醒了過來，身體彷彿好一些了。頭痛不再那麼劇烈，而左臂與左肩的疼痛仍劇烈，卻比較可以忍受了，他半意識的對我說：「楊渡，楊渡，我還有一篇報導沒寫完，這是北京採訪的最後一篇，我來口述，你來寫。」

他說話時，仍口齒不清，舌頭可能受了傷又縫合，動起來非常不靈活，語意模糊。我看他意識還不清楚，就回說：「不急，等你好一點再寫吧。」

然而，他頭一垂，立即又昏睡過去。看來他只是無意識的反射。

可無意識的反射還在想寫報導，這簡直跟昏迷中喊著「民主萬歲，自由萬歲」一樣，內化到骨子裡去了。不愧是記者魂。

兩點多，宗懋終於醒來。

從天安門現場中彈倒地，直接昏迷，他幾與外界隔絕，完全不了解發生了什麼事。當他逐漸恢復意識，整個大腦中的場景似乎仍停在最後的廣場。他急切的問小邵：「我到底怎麼了？發生什麼事？」

小邵不敢說。後來他問我。我看他稍稍有一些意識，便把廣場清場，我們最後離開，他中彈後送醫，醫院轉院的事，簡略說了一下。怕太刺激，我把掃射和死亡、街頭奔波急救的部分都省略了。

他的頭還無法自由轉動，只能躺在病床上，我看到，他的眼睛直愣愣的望向天花板，眼淚在眼眶中打轉，滾動，掉向兩鬢，兩鬢是他剃光了頭的青青的頭皮，熱熱的淚水滑向耳際。

我也只能無言的抿著嘴角，忍著，無語對望。許久，他才長嘆一口氣說：「太慘了！太慘了！……」

我們無聲的坐著，望向窗外的天空。

陰沉沉的天，暴雨將至。

28

下午三點多，天空突然「砰！」一聲炸響。

我嚇了一大跳，以為有大戰開打了。趕緊抬頭看窗外。

這一段時間以來，總是流傳著一個說法：北京某軍區不聽從上級指揮，不願意鎮壓學生，於是中央另外指派幾個軍團來鎮壓，兩邊矛盾，有可能打軍團對抗，打內戰。因此雷聲乍響，我大驚抬頭傾聽，想知道從那邊傳來的。再一細聽，才聽見接在巨響後，是天空一串的驚雷聲。

巨大的雷聲響徹天地，終於把打了一整天的鞭炮似的機關槍聲給壓下去。

暴大粒的滂沱大雨，傾盆而下，嘩嘩打在屋瓦上。天地瞬間冥晦，有如黑夜驟然降臨。

報館的同事趙慕嵩和郭承啟，偕同到北京拍電影的台灣導演謝雨辰，在暴雨中到臨。謝雨辰說，他花了兩個小時，才穿過長安大街的路障，找到一條通路，轉到南邊來。

路障有北京市民設的，不想讓解放軍通行。也有解放軍設的，沿路檢查。

在這個時代，民間只有極少數人有車，大部分都是政府單位的，偏偏《中國時報》所買的這一部車是新出的北京吉普，它是和美國合作出品，外觀上比較新，所以市民一看，就認為是解放軍或政府部門的車，當場攔下來。任由他們解釋，甚至說出是台灣《中國時報》記者，有另一名記者已經受傷，要去醫院探親，市民都不相信。最後還是拿出了台胞證，市民才把路障移開，讓他們通過。而一路上，經過解放軍旁邊的時候也一樣緊張。因為怕他們認為是來衝撞的。還好謝雨辰是政協委員，有這樣的身分，才能通得過解放軍的關卡。

謝雨辰在戒嚴時代就干犯禁忌，到大陸來拍電影因此被禁止回台灣。我們曾一起聚餐。在這危急時刻，他冒這麼大的風險來，令人感動。

短髮清秀的住院女醫生來巡房檢查時，帶著一個護士，再做病情的檢查。她確認病情逐漸穩定下來，傷口沒有惡化，望著宗懋額頭上的傷說：「這些傷痕，要有一點時間才能復原。」現在的她看來更像一個嚴肅、耐心而冷靜的專業醫生。和上午那個含著眼淚、美麗而憂傷的模樣比起來，簡直判若兩人。

「他的意識有沒有復原？例如：說話，或者表達意思上，有沒有混亂？」她關心的問。

我把剛剛宗懋想寫最後一篇採訪稿的事說給她聽。她也被逗笑了，說：「這表示腦部有好轉了，意識正在恢復正常，只是還沒意識到自己出了什麼狀況，沒想到他恢復得這麼快。」

「應該在復原了，我跟他說了怎麼受傷的事，特別是廣場最後的撤退，他好像沒有記憶，卻聽明白了，一直流眼淚，直說太慘了。」

「唉，腦子慢慢會復原的。」她憂傷的說。

「復原了，只是現實很悲傷。」我說。

她專注的聽著，回頭看看昏睡中的宗懋，沒說什麼。

我本想問她，後來有沒有打報告，但想到這是醫院的規定，打不打也都是不得已，終究忍住了。

這時隔壁病房的家屬進來，希望請她去看看，正好一聲響雷打出巨響，彷彿就在醫院上空，轟得耳鳴不已，那人對著女醫生說：「妳看，這是天地異象，為這一天在哭泣啊！」

她望著天空，長嘆一口氣，默默走了出去。

晦黯如夜的天色，大雨如注，謝雨辰和郭承啟陸續回去了。

五點左右，大雨稍歇，我看宗懋並無大礙，便去問主治醫生，我還有採訪的任務，是否可以先走，留下小邵照顧著。

事實上，從早上離開廣場後，我一直在醫院裡，外面的情況都是聽人轉述，是否有發生對戰、民眾與軍隊的對抗又如何，我一無所悉。更何況，我的任務在寫作報導，從昨天晚上解放軍進城，到廣場撤退，再到醫院的所見，我所目擊的一切都還沒有寫，怎麼對得起那些救活宗懋的醫生和護士？

主任醫生看著我，望了望外面的天色，說：「這樣的天氣，還採訪嗎？」

「還是到街上看一下吧，從早上到現在，都在醫院裡，也不知道外面現在怎麼樣了？」我說。

「要慢慢平靜下來了吧！」主任醫生望著窗外說。

看起來也是，他也不像早上那麼忙進忙出的處理病患，顯然病患都安頓下來了。

「那我先走了，明天一早再來。」我說。

然而我還是忍不住看了一眼他對面的女醫生。她正在填寫一份表格。長長的睫毛和挺直的鼻梁，一張北方人的爽朗的面容。她抬起頭，準備說再見。

「謝謝妳幫忙照顧他。有空請再幫忙看一下。」我對她說。她畢竟是宗懋的病房醫生。

她帶一點悲憫的眼神看著我，柔聲說：「在外面採訪，自己小心一點。還有槍聲，挺危險的。」

「習慣了。」我堅強的笑一笑，說：「我會小心。」

從來到北京開始採訪到現在，一路槍林彈雨，醫院看死傷慘況，都要堅強面對，然而，這是第一次有人用母性般的聲音叮嚀我。

「能告訴我妳的名字嗎？有什麼問題，可以找妳。」

「我叫傅依紅。」她輕聲說。

我沿著天壇旁邊的大街走，平日車水馬龍的街道，此時悄無人跡，每一條大街口都有拋棄的石頭、磚塊、焚燒過的公共汽車。看得出昨夜市民與軍隊大戰的遺跡。下過大雨後的街道溼淋淋，淋在燒焦的汽車上，街道上飄著一股剛剛澆熄後的焦煙味。遠處的一些地方，還有一股一股的煙在燃燒，緩緩飄上天空。而耳中不時傳來鞭炮般的機關槍掃射聲，時遠時近。我不知道它從何而來，會不會有流彈射向我身上，只能盡量靠建築的邊緣，沿圍牆走。這時，真希望自己可以縮成一個小數點般的渺渺小小的人。

整個街道，竟只有我孤伶伶一個人。連問路都找不到人。我只能依照自己在醫院所看的地圖，向西北方向的道路移動。幸好，北京的道路很方正，容易找到方位。

細雨又飄了起來。絲絲的雨，無聲的灑在燒焦的土地上。路邊的樹洗得清新綠意，卻擋不住子彈，我還是盡快的走回了飯店。

回到飯店，我終於感覺到安全與鬆懈。已經兩天一夜未睡了，身體卻了無倦意。隨後，我想起該給家裡打一通電話報平安。電話號碼剛剛撥動，還沒撥完，我想起媽媽的面容，家人的樣子，自己就像罩著一層薄冰故作冷靜的堤防，在碰觸到家的、親人的溫暖的剎那，心中無可遏止地決堤，腦中陸續浮現出宗懋受傷的血泊身軀、小邵、護士、天安門廣場學生的哭聲與歌聲，路上的彈痕與血跡，奔逃的市民的腳步，成排的子彈掃射……，絕望與希望，哭泣與離別，一幕幕，在心中閃動，我終於丟下電話，忍不住趴在桌上痛哭失聲。

從十四歲初中二年級母親開始為父親的票據問題而開始逃亡的那一夜，她交代我要堅強照顧弟弟妹妹、照顧年邁的祖母和家庭開始，我就一貫以倔強和好強在壓抑自己，面對艱難世道，十幾年來未曾落下一滴眼淚，即使高中病得住在加護病房，骨髓發炎高燒幾乎死去，都不曾哭過。甚至在廣場學生撤退的時候，都強忍住。然而此刻，終於忍不住了。

在北京的痛哭，竟是成長以來的第一次。

擦乾眼淚以後，洗一把臉，我給家裡打一通電話，只簡短說：「請放心，我已經回到旅館了。一切沒事。明天看到報紙不要怕，這都是我在旅館裡寫的。人平平安安的。」

然後，我獨自坐在旅館的書桌前，看著雨中的天空。昏暗的、沉鬱的、深灰的天空，濃雲層層疊疊，看不出一絲光線。只有在最遠的天邊，天際線的邊緣，有一絲彷彿是夕陽殘留的一線光。

這時，我突然聽到機槍的聲音，噠噠噠，聲音很近，但很小聲。怎麼會這樣呢？

我大驚失色的站到窗戶邊，想聽清楚是不是從外面傳進來的，卻反而聽不到了。我在想，莫非是軍隊闖進來飯店要抓人而開槍了？我站到門邊，聲音也消失了。

我再度坐回書桌前，聲音又回來了。噠噠噠，噠噠噠。我警覺的靜下心來，才感覺聲音是從室內傳出來的。我走進臥室，聽到聲音是從浴室裡傳出。我進入浴室，才看到自己剛剛洗過臉的水槽，水龍頭沒關好，水滴，正一滴一滴的往下滴。那聲音只是水滴打在浴缸的聲音。

我的神經像被繃得太緊的發條，過度敏銳而脆弱。

我想起平時和宗懋總是各忙各的。我在早晨發稿給晚報，他在傍晚發稿給日報，時間不同，很少有機會一起工作。只有早晨我發完了稿，他還未出去採訪以前；或者晚上他發完了稿，還未就寢以前，才有時間一起討論對學生運動、大陸時局的看法。他採訪過不少國外的戰爭，了解國際局勢，我採訪過台灣一九八〇年代的社會運動，介入甚深，兩個人的角度不同，總是互相爭論，互相印證，有時爭得面紅耳赤，有時互證得會心微笑。

他和我的個性有很大不同。他堅毅果斷，敏於行動；我比較感性，喜歡沉思而容易陷入悲觀。像今天早晨，當我從廣場回來，一想到國家機器對人民開槍，又想到學生本該可以撤退，卻退不走，最後導致這樣的悲劇，我想到自己的無能為力，想到人性的盲動激進，想到學生在廣場都還沒有革命成功，就內鬥不已、貪汙內耗，對世界與人性、革命，感到絕望欲死的灰心。

也幸好他回來了，我們一起寫號外新聞，再赴廣場看最後的清場。

也正是他的受傷，把我帶到了醫院，看到中國人民的人性。在那血泊苦難的醫院裡，不管是學生、工人、記者、市民、死難者家屬、醫生、護士，人人都抱頭痛哭，共同面對苦難。

這個苦難的民族啊，遭逢這樣大的災難。然而，這個民族會讓人掉淚，也會讓人在痛哭後堅強起來。正如小邵、護士、醫生所做的那樣，默默的、隱忍的、堅強的繼續工作著。

我一定要寫下他們的故事。讓人們知道，在底層，在民間，在最絕望的時刻，還有最後的人性與希望。

暮色中，在兩天一夜極端的激動與疲倦過後，一個人在旅館的落地窗前，安靜站立，面對陰沉沉的天空，槍聲四起的北京城，烽火冒煙的街道，天地冥晦，幽茫無邊，長夜漫漫，逝者如斯，這世界，還要繼續……。

一個人，獨對天地。孤獨感，瞬間襲來，浸入骨髓，穿透心底。

第六章

29

我絕對沒想到，北京人竟然敢在槍口下，這樣玩「死亡遊戲」。

這不是電影，這是正午的長安大街。

昨日的夜雨，彷彿把眼淚都流盡了，六月五日是個大晴天，正午的透明陽光強烈直射，照亮了長安大街。雨後的街道，更加明淨清晰。

大街的柏油路面呈現反光，讓光線更為刺眼，溫度更加灼熱。

大街的幾個路口，都部署著站崗的士兵，幾個人為一組，監視著街道兩邊的過往行人。

我的前方大約二十公尺處，有一輛高大的裝甲戰車，炮口對著街道西邊，那是民眾往來的方向。四個駐守的解放軍，年紀大約二十來歲，站在裝甲戰車前方，頭戴鋼盔，身體站得挺直，臉上的表情顯得疲憊又孤單。另外有四個人坐在裝甲車旁邊的樹影裡，拿下了鋼盔休息，槍斜倚在肩上，顯然是換班的士兵。他們唯一的憑藉，只有手中的槍，和後方的裝甲車。

鋼盔下的士兵，瞇著雙眼，彷彿被陽光刺得睜不開眼睛，像要打瞌睡，卻又努力睜開眼睛。士兵的皮膚黝黑，臉色憔悴。看他們的長相，北京人在旁邊議論說：「就農村來的孩子唄，可憐啊，都是被強迫派來的。這樣熱的天！」

事實上，如此近距離的觀察解放軍是有危險的。如果有人突然抓狂發瘋，衝過去痛罵士兵，甚至偷偷丟出石頭，士兵是會開槍還擊的。但如果沒有威脅，士兵原則上安安靜靜的、近乎於百無聊賴的在那裡站崗。「人不犯我，我不犯人」，這是解放軍的原則。

我和北京記者朋友一起騎自行車，從前門大街轉佟麟閣路，再繞道胡同，來到長安大街，想在白天看一看六四之夜的主戰場，現在變成什麼模樣。同時也想看看，在充滿敵意的環境下，解放軍如何「恢復」北京的秩序。

很多北京市民也跟我們一樣，避開天安門廣場前最敏感的路段，先在胡同裡穿行，再從胡同鑽出來，進入長安大街，悠轉到西單，這個當天夜裡最慘烈的戰場。這裡曾有過最劇烈的戰鬥。

我們遇見一個住在西單附近的記者朋友。年輕的他，在新華社工作，手臂上綁著一條黑紗。依中國人的傳統，這代表著有親人，或者朋友過世，以此為死者哀悼。然而在六四之後，它已不代表有親人去世，而是一個鮮明的標誌，意味著「逝者是我的親人，我站在死者這一邊，我為他們哀悼」。

記者朋友說起那一晚目擊的現場說：「學生曾經把部隊團團圍住，要求他們別開火。學生為了保護他們，還繞成四方形，把他們圈起來，以免被市民的石頭砸到。然而當命令下達的時候，他們照樣開火，防暴警察照樣對學生、民眾丟催淚瓦斯，打民眾。當時大家急得眼睛都冒火了，明知道是機關槍一排一排在掃射，照樣衝上去幹！大家都不要命了，直到死傷狼藉，很多朋友都倒了下來……。」

「當時，你不會害怕嗎？」我有意的問。曾採訪過台灣社會運動的自己深知，在防暴警察的暴力鎮壓下，群眾會有奔跑躲避的慣性反應，為什麼北京人在強大的軍隊鎮壓下，不僅不逃避，反而不要命的迎上去對抗？這是我在昨夜就有的疑問。他們莫非沒有社會運動經驗，所以不知道暴力的恐怖？或者他們真的相信軍隊不會對人民使用暴力？

「當時，根本沒想到害怕，一心只想要保護天安門廣場的孩子……。」他想了想說：「我們以前總是在電影上，看到對日抗戰的時候，解放軍如何英勇的用自己的身體抵擋日軍的子彈，拯救了人民。那種臨死不屈，死前還說好長一段話的形象，特別感人。我們都相信了。內心有一種英雄主義的情結，以為做人就應該這樣！」

「你真的這樣想？」我不敢置信。電影是電影，怎麼可以相信？

「真的啊，共產黨宣傳，真是深入人心！大家都相信了，真覺得人就該這樣。」他深深嘆息一聲說：「昨夜過後，才知道，他媽的，都騙人的，人擋不了子彈，你衝上去，血噴出來，人就倒下去，再也起不來了，什麼都擋不住！」

他無奈的冷笑著，彷彿在笑自己，也在笑那宣傳片。

「事後平靜下來，才真的感到害怕。怕也得去。」他堅毅的說。

「嗯，人很脆弱。根本不像電影那樣，還能夠叫出聲。」我想起目擊現場，說：「人倒下去的時候，像一塊肉，撞到了地面，連叫出聲都沒有。就這樣死了。死亡，是無聲的啊！」

他眼睛注視著我，眼中有如要射出火來，說：「我知道，死亡是無聲的。我就這樣看著人被射中，倒下去，再沒有起來。」他的眼眶紅紅的、溼溼的，彷彿怒火和淚水交織。

我們走到三味書屋前。一夜的掃射，讓老牆壁上彈痕累累。日光明照，一個個彈孔，鮮明成排，射入古蹟的老牆。書屋依舊沒開。幸好它的窗戶沒有正面對著街，室內的書應該無恙吧。

書屋的古色古香，溫厚的老北京建築風格，和街道上裝甲戰車的冷硬槍管，戰爭武裝，恰成鮮明的對比。

「這麼好的六百年古城，這麼好的老百姓。老北京遭了劫難啊！」我忍不住搖頭嘆息。

我們緩慢騎著自行車邊說話，路上有不少民眾跟我們一樣，騎著自行車在長安大街一帶穿行。

我有採訪的任務，他們所為何來？北京人為何如此大膽？倒是大家都有所警覺，不敢太靠近站崗的士兵。

剛過了西單大街，就看到一具被燒得焦黑的屍體，我不敢置信，以為那是被市民放置作為阻擋用的道具，想嚇阻解放軍的。我正要趨前去看仔細，被身旁的朋友拉住了。

「太慘了！別去。太慘了！」他眉頭深鎖說。

那屍體斜靠著一輛火燒過的兩節電車，垂首坐在地上，屍身並沒有嚴重燒毀，頭髮一半燒得焦黑一半猶在，卻因此看來更加真實可悲；上身半赤裸，膚色略呈焦褐色，衣服殘留的部分，看得出是解放軍的綠制服；下半身燒得焦黑，兩腿伸得直直的，在身體前方。如同一具黑色雕塑，倦怠至極的人像，低著頭，放在這裡展示。

記者朋友比較冷靜，他判斷這個屍體可能是死後被拉到這裡來，故意燒了示眾的。否則不會是這樣。

然而，在長安大街上看見如此場景，如此直面殘酷的死亡面目，確是讓人觸目驚心，感到深深的悲痛。

按照道理，在西單這個發生槍戰的主戰場，已經經過官方清理，死去的解放軍屍身也應該被一併收理，作為犧牲戰士，帶回去悼念埋葬，以示對戰士的尊重。但唯獨這一具未被收理，且如此赤裸裸遺留在大街上，這是為什麼？是要「示眾」？還是做什麼用？

示眾給市民看，暴徒如此暴虐殺害解放軍？還是給部隊士兵看，以示暴徒的殘酷，好激起同仇敵愾的士氣？或者，為什麼？

正午烈陽，照射著一個燒黑的解放軍戰士的屍體，無論對生者死者，都只能讓人恐懼，心生不忍、悲憫，讓解放軍的戰士更焦慮和緊張。而焦慮的戰士，難道不會引來更多的開槍自保與衝突嗎？

慢動作在街道上看著的市民，有如在檢視歷史的傷口，悲憤、沉默而憂傷。而解放軍小兵則像陷身在「人民的汪洋大海」之中的小舟。

街道的情勢顯得極其詭譎。

我們繼續向東，想到天安門廣場看看，別來無恙否？

經過中南海新華門一帶，就有成排士兵鎮守，人數遠比其他地方多，神情嚴肅，氣氛肅殺。來到這裡的民眾很有默契，腳踏車騎得特別慢，彷彿生怕引起士兵緊張似的，以一種溫吞吞的慢動作騎行。在排滿路障、擋路的公車與碎磚石塊之間，若無其事的，踩啊踩的，慢慢悠悠，彷彿世界突然慢了半拍。電影變成每秒轉十二格了。

天安門廣場四周都有士兵把守，不許進入，呈戒嚴狀態。人民英雄紀念碑周邊被圍了起來，廣場邊有一些車輛進進出出，有幾輛像是水車，似乎正在清洗。

我們只好回過頭往西走。

到了復興門立交橋的時候，幾個解放軍手執步槍，身形挺立警戒，成排站在戰車前。那幾輛戰車以立交橋為中心，部署成炮口朝外的隊形，顯然是為了鎮守復興門立交橋這個戰略位置而設。國際媒體曾報導軍隊之間有矛盾，可能發生內戰。莫非這個隊形就是為了戒備外來的部隊？否則對付手無寸鐵的老百姓並不需要用到戰車。

在那附近，有三個解放軍可能輪到休息，閒散的坐在道旁的樹蔭下。鋼盔也不敢拿下來，手上的槍還端立著。他們的身邊，坐著一個左肩披著黑紗的青年。

明眼人一看就知道，他是死難者的家屬或朋友，怎麼會去坐在解放軍的旁邊？難道他不怕？他想幹什麼？

手綁黑紗的記者朋友解釋說：「他可能想去做『思想工作』。」

我大驚，問道：「前一夜解放軍的子彈或許曾射死過他的朋友兄弟，怎麼可能，就這樣化敵為友？」

「我們要做思想工作，讓解放軍站在人民這一邊。」他抽著菸，冷眼望著前方的軍人。「那些小兵都是農村來的，不了解北京人和學生，只是奉命行事。如果讓他們了解，我們是愛國的，我們是為了國家好，解放軍是人民的子弟兵，我們是站在一起的，只要他們願意站在我們這一邊，我們就會贏。」

他說，昨天晚上，他已經和新華社的另一個記者去天安門廣場靠前門那邊，陪站崗的解放軍抽了一晚上的菸，就為了要「做思想工作」。

「可是他戴著黑紗，不是擺明了有親人被殺，可以嗎？」我不解的問。

「你先看一下。」他說。

我們站在樹蔭下抽菸。

那黑紗青年在自己嘴上含一根香菸，再抽出一根，遞給一個年輕的士兵，他再劃上火柴，先幫自己點菸，再換士兵。我猜想，這樣做可能是為了讓對方放心，確認香菸沒有毒，所以自己先抽一口。就這樣，他們開始低聲交談。雙方的互動緩慢而低語。隨後，他再拿香菸給另外兩個士兵。

這是一個非常危險的「死亡遊戲」，如果雙方有什麼誤解，那年輕人來得及走避嗎？一夜鎮壓後，北京人還能沉得住氣，以一種隱忍、溫和、無懼、柔性的勸說，想把解放軍變回「人民的子弟兵」，一起反抗鎮壓者，然後逐步瓦解軍隊的士氣。但這樣能奏效嗎？「為什麼北京市民會這樣想？難道他們不知道，命令下來的時候，小兵是無法違抗的？為什麼他們會相信這樣有效？莫非這也是共產黨教育過的方法？或者又是哪一部解放軍電影裡的情節？」我心中有疑問，但沒有提出來，因為北京記者朋友帶著一種崇敬的神色，看著這個黑紗青年。他們應該擁有一樣的信念，相信「如果所有解放軍戰士都覺醒了，這個世界就會改變」。

我很好奇，他們到底在說些什麼內容？「說服工作」的話是怎麼說的，才能讓士兵「棄暗投明」？他們怎麼做到？

為了聽聽他們在說些什麼，我以放鬆的姿勢、極其緩慢的步伐，鬆垂著雙手，讓他們可以看見，一步一步，走向那黑紗青年和解放軍的角落。就在此時，一名士兵發覺了我正在靠近，緊張的盯著我看，他的身體緊繃起來，端起了槍，然後轉頭和另一名士兵低聲說話，我知道有點危險，停止了前進。

那一名本來正在交談的士兵此時轉頭，向那黑紗青年說了幾句。只見那黑紗青年以極其緩慢的動作站了起來，向我走五步，站到我面前，說：「這幾位解放軍戰士希望你們不要再靠過來，人多了，他們會緊張。請你們走開，好嗎？」

他的聲音柔和，近乎懇求，眼神中有一種請求諒解的堅定。我明白他的用意，輕輕的點點頭，轉身踏著緩慢的步伐離開。

騎上自行車前，趁著那黑紗青年轉頭的剎那，我向他點頭致意，很有默契的交換了眼神。

離開復興門，騎上自行車，一回頭，才發現那擺在立交橋上的戰車隊形，和寬闊的長安大街比起來有多渺小。周邊是騎過來騎過去如螞蟻雄兵般的幾百輛自行車，還有出來閒逛的市民，幾輛戰車和解放軍站在大街上，成為了極小的點，難怪他們會如此緊張焦慮。

而包圍著他們的，卻是一直想做他們思想工作的北京市民。這些市民，有大報社的記者，有退休的政府官員，最後會不會有什麼改變呢？再這樣下去，解放軍的士氣會不會崩潰？

街道上有許多地方還寫著極其強烈的標語：「以血還血」、「血債血償」、「人民要堅持另一場解放戰爭」等等，顯示民間的不平與憤怒。或許，黑紗青年所做的「思想工作」，就是為了「另一場人民解放戰爭」罷。

人民與人民子弟兵之間的拉鋸戰，這無形的死亡遊戲，要持續什麼時候？

30

我們繼續向西。

從木樨地到軍事博物館一帶的長安大街，是前晚打得最慘烈的地方。

木樨地二十二號樓是許多部長的住處，據傳劉少奇妻子王光美和她的弟弟王光英都住在這棟樓裡。它的後方是公安大學，培訓公安高級幹部的所在。前台東縣長、立法委員、戒嚴時代犯禁來大陸後任人民代表大會常委的黃順興住處也在這裡。然而這裡竟是打得最慘的地方。

六月二日晚上曾發生軍車撞死人的事件。六月三日晚上，解放軍從這裡經過時遭遇市民圍堵對抗。有不少人從樓上向下丟石塊、磚頭，軍隊於是對著樓上掃射，有一些好奇居民本是探頭外望，竟被打中而死。

這裡聚集著憤憤不平的市民，議論紛紛。幾個市民指著彈痕累累的牆壁，要我過去拍照，說：「連部長住的樓都敢打，這還有天理國法嗎？」

轉過一個街角，眼前突然閃現一個奇怪的景象：一個頭上歪歪斜斜戴著鋼盔、上身赤裸、渾身髒兮兮的人斜躺在一幢公寓樓的樓下。正午烈陽照著他突起的肋骨，黝黑的身體，沾著泥汙的綠軍褲。他的嘴上橫咬著一根原子筆桿，頭部斜靠牆邊，身體一動也不動，看起來是一具已經死亡而無人收拾的屍體。

光天化日之下，無人聞問的死亡，充滿詭異而荒誕的感覺。

他顯然不是這裡的居民，至於他何時出現？如何死亡？怎麼沒人來收屍？為什麼在這裡？我們去問附近居民，無人知道。僅能由他的鞋子和綠軍褲來判斷，可能是解放軍士兵的衣著。

然而，就在談話間，這看起來已經死了的髒兮兮的軀體突然動了一下。

就在居民和我都因為他突然動了而嚇一跳，「啊」了一聲之際，他伸出的手，移到嘴邊，把筆從嘴上拿開，又挖挖鼻孔，抬目茫然四顧，但眼神空洞。對旁邊圍觀的人，渾無知覺，只空茫直視著前方。

「發瘋了。」一個婦人悄聲說。

一位也嚇了一跳的居民推測說：「這可能是脫掉軍裝逃隊的士兵，看起來是發瘋了。可憐啊，他們開槍是違背良心的，但不開槍，回去以後軍法論處。上頭的人啊，怎麼把士兵和市民弄到這個地步？也是可憐啊！」

「要不要報案？」我問。

沒人回答。沒人想要去理會。一種懷恨在心的冷漠，讓市民採取不聞不問的態度。

「警察才不想管部隊的事兒。讓部隊自己來管吧。」有人冷聲冷氣的說。

他依舊靠著牆，垂下了頭，又用嘴巴咬了筆，彷彿像死去一般，睡著了。

從木樨地到軍事博物館，沿途所見都是斑斑血跡。但最觸目驚心的是坦克部隊和運兵車。那是六四的夜晚，被民眾圍堵得無法動彈，最後士兵放棄戰鬥，走出戰車，直接走去天安門廣場集合，戰車就這樣被棄置在這裡。

有人數了一下，共有三十一輛坦克。每一輛都被焚燒得焦黑，坦克上的槍管又重又粗，被民眾給拆下來放在地上，作為展示用似的，一根一根，排得好好的。一些市民好奇，刻意去拿起來掂掂分量。發現拿不動，才大叫一聲「哇靠，好重」。

還有膽大的市民帶著孩子站在坦克旁邊，任由孩子去摸弄那坦克和大槍管。一個六歲左右的孩子賣力的拿起一根較短的槍管，天真的微笑著，舉起來，對著爸爸做瞄準狀。爸爸說：「好啦，別鬧了！」

「為什麼不來收拾呢？是來不及嗎？還是要先清理天安門廣場？」我打了問號。

在軍事博物館裡，聽說有一批新駐紮的軍隊到臨了。運兵車輛停在裡面，下午五點半左右，炊事車的煙囪冒起了白煙。裊裊炊煙裡，飄出飯菜香。陽光明亮，此時竟有一種承平時代，平民過著小日子的感覺。

許多民眾圍在軍博的鐵柵欄外面觀看，不知道是為了好奇，還是想做「思想工作」。而軍隊也不會驅趕，任由他們在那裡觀望議論，直至自行散去。

我心想，即使經過一夜戰鬥，民間與軍隊並不如現場看起來那麼仇恨，為什麼就在一夕間，殺成那樣慘烈？

我們決定轉到復興醫院。如果說北京有一家醫院可能收容最多的死者，應該就在這裡。因為這裡鄰近木樨地。

當時解放軍剛進城，雙方還不知道底線，就開始衝突，解放軍沒料到市民會如此激烈對抗，甚至丟石頭圍堵，打傷解放軍；而市民也沒料到解放軍真的開槍，真正的射殺，噴出了血，打死了人。雙方都發瘋了似的，不要命的打。因此死傷特別慘重。

復興醫院外圍牆上，貼著一張告示：「由於醫院停屍已滿，屍體轉停東廂房中，為防止腐爛及傳染病，請非死者家屬不要進入。」

然而，還是有不少人在復興醫院進進出出。有些可能是來認屍、尋人的，有些可能像我們一樣，想來探看真相。

停屍間有兩間房間，地上躺著三、四十具屍體。這只是臨時停屍，不是冰庫，醫院用福馬林灑在屍體上，以防止夏日天氣炎熱，容易敗壞腐爛。空氣中飄滿福馬林的氣味，刺鼻刺眼，讓人難受。

死者大多是年輕人，赤腳髒汙。可以想見，應該是民眾協力從現場拖回來的時候，在槍口下，跑得惶急，死者腳上的鞋子在半路上磨掉了。槍傷的血跡由暗紅轉黑，使得身體看起來髒汙黝黑，不知道是為了便於辨認還是什麼道理，屍體都只用一條薄而短的白布遮蓋著上半身。

一排一排的屍體橫列在地上，屍體之間只有很小的間隔，有人在其間躡著腳尖，跨步察看，掀開白布，彷彿在找人。有兩三個有空格的地方，可能被親屬領走了。

復興醫院沒有人在現場管理，就這樣放著任人尋找。有幾個學生模樣的青年，拿了一本筆記，彷彿在計算死者人數。

那是讓人深深悲傷的現場。

生命，是如此卑微、如此渺小。在戰火、槍炮之下死傷，能拖著回來的屍體，只會是如此血汙而骯髒，如此不堪，如此沒有尊嚴。這就是死亡的真面目，沒有壯烈，沒有偉大，沒有珍惜，只有赤裸裸的，「死」的本身，除了「死」，只剩下一塊即將腐敗的肉身。

現在，這最後的肉身，灑滿了福馬林，在那刺鼻刺眼，讓人眼睛被痛得不得了，卻掉不下眼淚的氣味裡，靈魂，廣場上英勇的魂魄，已經離去。那些歌唱著〈國際歌〉的青春，已經離去。

生命，竟然是這樣。死亡，最後是這樣。

五時五十五分，我們從復興醫院出來，站在長安大街上，竟有一種走出死蔭幽谷，恍如隔世的感覺。

朋友忍不住用力吸一口氣，長長的沉默之後，他輕聲說：「活著，就是勝利。」

我也用力的吸了一口新鮮空氣，抬頭望天，那晴朗無垠的藍天，感嘆：「哦，老天，活著，活著啊！」

他講起了一個場景：「昨天晚上，我們在單位吃晚餐的時候，沒有一個人吃得下，大家在食堂裡，看著飯，就是沒人想去端起碗。最後有一個人說：不管怎麼樣，我們要好好活著。活著，就是勝利。然後，大家紅著眼眶，舉起了筷子。」

「我們都要記住，活著，就是勝利。」

自行車重回到復興門立交橋附近，突然聽到一陣槍聲。我想起那個黑紗青年，心中一緊。我們把自行車先停下來，走過去看。只見一群市民，大約一百多人，像潮水一般，圍在復興門橋上站崗的士兵前面。此時士兵約莫有十五、六人，本來是向著四個方向守備的，現在都站成了一排，對著群眾。

本來下午還好好的，不知道為什麼，情勢突然變得對立緊張起來。有人對著解放軍走過去，大罵：「劊子手！法西斯！殺人狂！」其他人也跟著齊聲吶喊。

解放軍起初沉默著。

後來有人故意靠得更近，語帶挑釁的大罵：「殺人狂！來北京殺人，你們還有人性嗎？」

「大兵，滾出去！」

可能是由於群眾逐漸逼近，上百個人有一股壓力，解放軍開始對空鳴槍。一排槍聲嚇退了群眾。他們潮水般湧退到二、三十米之外。但有些人一轉頭，看解放軍沒有追擊，又大著膽子向前靠近，想逼近解放軍。這一次解放軍沒讓他們靠近，約莫十公尺左右，就開槍了。仍不是對著人，而是天空。卻不料群眾彷彿看透了對空鳴槍的把戲，乾脆繼續逼近，集體喊道：「大兵，滾出去！大兵，滾出北京！大兵，滾出去！」

由於群眾的逼近，集體的吶喊聲音愈來愈大，解放軍先對空掃射一陣，無效後，開始對著地面掃射。啪啪啪啪，地面上激起一些碎石塊，也可能是流彈亂飛。群眾這才真正害怕起來，向後跑走，離得遠遠的。

然而，群眾並沒有離開。很顯然，群眾是準備伺機再繼續玩這種「神經戰」。我們站得稍遠一點，但也還是流彈的射程之內。記者友人說：「老百姓用『神經戰』，搞到士兵都神經質，搞到他們思想都混亂起來，看北京怎麼維持下去！」

我們在復興門碰到另一個《人民日報》的資深記者，他是來復興醫院計算死者有多少人的。他認為，將復興醫院和幾家大醫院的死者，加起來，再加上一些路上死亡被家屬帶回去的，或許可以知道這一次的死傷的大略人數。

「不然，老是聽電視上的謊言，也沒有用。咱們得自己想辦法。」他很務實的說。

「有幾家醫院？都去看過了嗎？」我問。

「沒有。還沒辦法。每一家醫院有自己的規定。有的不讓看，得再問一問醫生才知道。」他說。

「或許，有些是當天就被送回家了，或者，被部隊清理掉了。」我想起板車老漢，他們恐怕也是死傷者的見證。

「這個部分，確實就很難估算了。」他很實際的說：「但大部分人，總是會先把受傷的送來醫院，想辦法救一救。我們也只能從這裡試試看。」

我們坐在離復興門立交橋稍遠一點，有點安全距離，但還看得到的地方。一邊觀察著群眾與解放軍玩「死亡遊戲」的神經戰，一邊討論。

我忍不住問：「北京人為什麼對子彈、開槍毫無畏懼？為什麼可以如此勇敢？我這種在台灣看過鎮暴警察的人，都覺得非常恐怖，可北京人好像不把子彈當回事。」

「我也不知道。這只是我的猜想，」他謙虛的說：「也許，北京是一個太古老的城了。清朝以來，沒有發生過戰爭。明朝被農民李自成給破了，大清軍隊進來收拾以後，就太平了幾百年。除了八國聯軍小小打了幾槍，清廷也沒什麼反抗。連日軍侵略、國共內戰都沒在這裡開過槍。北京作為文化古城給保留下來。北京人對戰爭和槍戰的經驗，都來自電影，以為電影上演的都是真的。結果，人就照著電影上共軍的英雄行徑，去對付坦克和機關槍。槍子兒一打，就以為可以去堵槍口。北京人，太天真，太相信共產黨宣傳的那一套了。」

「確實，可是，打死了人，總是該知道了吧。怎麼就不知道害怕。」我指著那一群潮水般跟解放軍搞神經戰的人。

「人真的打死了。人們急瘋了，起來拚命。拚了命才知道，人是拚不過槍彈的。槍子兒是無情的。」他黯然說。

「也許，共產黨的教育太成功了。」年輕的記者朋友說：「我們成長的過程，課本都教育我們，解放軍是我們的人民子弟兵，我們抵死也不相信他們會真的開槍。等到槍一開，氣瘋了。怎麼可以這樣對付人民，就起來直接對抗，拚死了往前衝。最後才知道，對抗是有代價的，槍是真的，死亡也是真的。只能說，共產黨的教育太成功了。」他苦笑著。

「黨的歷史教育，一直告訴我們，黨如何愛人民，毛澤東也說過『鎮壓學生是沒有好下場的』，所以我們都相信，黨不會鎮壓學生。想不到他們竟敢違反毛澤東思想，真的鎮壓！真的想不到。」老記者感嘆說。

「可是你看，我們還是相信解放軍是人民的子弟兵，不然，怎麼會有那麼多人想去做思想工作？如果把他們爭取過來，情勢就會改變了。」年輕記者說。

「可是執行的任務一下來，小兵怎麼可能反抗？」我忍不住擔心，再如此相信下去，後果是一樣的。

「再看著吧。」年輕記者不死心的說。

他望著前方。復興門橋上的解放軍與群眾依舊對峙，群眾的吶喊聲「大兵，回去！大兵，回去！」不停傳出。而士兵也每隔一陣子就回敬一排機關槍。群眾於是奔逃而走，散去復來，反覆不已。

這樣的群眾心理，的確很難理解。他們是在死亡邊緣走鋼索？還是憤怒得必須找一個出口呢？我已難以分辨。

我總是無法遺忘，六月五日正午的烈陽下，一個臂纏黑紗的青年，坐在樹蔭下，和解放軍抽著香菸，喁喁而談的場景。一個可能是前一夜開了槍的士兵，一個是被殺者的親人，互相交談，試著要說服對方。

那種如電影慢動作的對應關係，彷彿是六四之後，我們用慢鏡頭，一鏡到底，用特寫、用遠景、用死亡的氣味，逐一檢視傷痕。

燒焦的士兵屍體，失了魂的脫隊士兵，灑滿福馬林的青年屍體，被焚毀的坦克，玩槍管的小孩，在槍口下玩神經戰的群眾，這樣的北京，經歷大劫後的北京……。如此巨大反差的世界，帶著魔幻寫實的殘酷。

太不可思議！

我只能細細凝視，謹慎記憶。

我總覺得有一些更深層的質地，是人性？是歷史？是本能？是教育？是仇恨？是信任？是死之慾望？是生之奮鬥？……

北京啊北京，這是什麼樣的一顆心？

許多課題，可能需要用一生去思索，也不一定能得到答案。

31

黃昏，天色暗下來之前，抵達醫院去探望宗懋。我特別去醫生休息室請教傅依紅醫師。她走在前面，醫師白袍難掩修長的身形，手插在口袋裡，邊走向病房，側顏問道：「今天去採訪了麼？外面怎麼樣了？」

「還好。街道都戒嚴了。」我說，去了復興醫院前見到的年輕人想說服解放軍的情景。她訝異的說：「那還挺危險的，隨時會開槍吧！」

我說：「還好。其實，解放軍也是農村來的孩子，他們也很害怕，挺可憐的。後來我又去了復興醫院，那裡有許多死者，醫院的冰櫃都放不下，只好灑了福馬林，擺在一間空房裡。看來特別不忍心。」

「聽我同學說了。那裡打得很慘，死了很多人。」她黯然說。

「還好，我同事很幸運，活下來了。」我說：「要特別感謝你們。」

「應該的。」她平靜的說。

不知道是不是因為她是醫生，走在她的身邊，我竟有一種安全感，願意對她訴說白天在街頭所見的危險衝突、死亡憂傷、暴力場景。

像對親人訴說一般，對她訴說了一遍，彷彿那些事件的重壓、可怖、悲慘，就會變得輕一點，不那麼難以承受。

傅依紅解釋宗懋的病體正慢慢復原，傷口結痂，不再出血。但左半邊的身體，有一部分還是麻木的，手臂仍沒有知覺。但腿部下半身都可以移動，也可以下床，讓小邵扶著上廁所了。這倒是很大的進步。

各科醫生合診過了，他們認為，很可能子彈穿過中樞神經，射傷了一部分中樞神經，導致某一些傳導系統斷裂，所以有的有感覺，有的沒感覺。至於子彈從什麼地方穿過，她笑著說：「我們大概討論了一下，認為最大可能是從後面，穿過頸子，射傷了脊椎神經，切開了一部分，但沒傷到全斷，所以只有部分受傷，然後，子彈從喉嚨穿出，射斷了上下門牙，飛了出去。所以他的上下門牙部分，都有斷裂，但沒全斷。如果門牙是倒下的時候撞斷的，應該上下嘴唇會紅腫瘀血，但是並沒有這種跡象。所以最可能的是子彈從牙齒之間穿出去。」

「怎麼可能這麼剛好，這太神奇了。」我驚嘆說。

「應該是這樣，那是千萬分之一的機率，真的是命大。」她說：「只要往上偏一點點，碰到牙齒堅硬的部分，子彈會整個旋轉，爆開了。」

「醫生都這麼認為嗎？」

「會診的時候，我們討論過了，綜合各種傷口，覺得這是最可能的。不然很難解釋得通。」

她望著我，笑著說：「你們記者，九條命。」

「我可沒有。」我說。

「還好，你今天平安回來了。」她微笑說。

她的眼睛清亮，笑起來的時候，彷彿是從眼睛開始的，有一種特別明亮的光。

對於宗懋的身體為什麼有些有知覺，有些沒有，我仍不明白。

她特別解釋說：人體的構造很微妙。整個神經系統，是經由周圍神經系統，例如手、腳、身體各部位等，將知覺傳達到脊椎神經，再傳達到腦神經。要做什麼反應，也是由腦神經傳達到脊椎，再傳到周圍神經系統。那是微細而迅速的反應。宗懋很可能是脊椎神經受到槍傷，所以有一部分無法傳達到腦部，失去知覺，也無法反應。

至於宗懋傷在哪裡，有沒有辦法復原，醫生也沒辦法判斷，只能說，人體構造太微細，人體的神經系統太微妙，有些目前還無法靠手術去修復，只有等神經自己長回來。至於宗懋能回復到什麼程度，未來什麼地方會受影響，都還無法預測。

為了讓宗懋有更好的治療，報社已決定盡早接他回去台灣，然而仍得等他身體初步康復，腦部與中樞神經的傷稍好，可以承受飛行的震盪，才能成行。

「不知道還要多久才可以搭飛機？」

「我們也沒辦法確定。這都要看他自己的復原能力。」傅依紅說。

長安大街可以通車後，人大代表黃順興特地來探望徐宗懋。他是台灣著名的黨外人士，為了追求民主自由，反國民黨的威權統治，在戒嚴時代就離開台灣，投奔北京，追尋他心目中平等正義的社會主義祖國。然而他終究有些不適應。最先開炮的是人大會的記名投票，違反民主原則，他提出抗議，獲得大會通過，改為無記名的投票機。學生運動開始，他依照台灣黨外人士在集會中的習慣，胸前披一條紅彩帶，上書「全國人大代表黃順興」，走上廣場，和學生一起遊行，獲得熱烈迴響。

胸披紅布條，上寫「候選人某某某」，一行人去拜票遊街，這是典型的台灣選舉文化，大陸從未有過。黃順興開風氣之先，威風八面，人們都認得他了。此法風行一時，立即為大陸學生與學者所模仿，諸如政協委員、廣場指揮部、北京大學、清華大學等，都出現了。

他認為，中國需要政治體制改革，監督政府權力，經濟改革才能深化，而改革的重心，即在民主。唯有民主監督，才能避免貪汙腐化，特權官倒。

然而，六四鎮壓之後，他彷彿失了心魂。宗懋到天壇醫院的那一天下午，他打電話到醫院，說明因為長安大街封鎖了，過不來，現在不能來看你們。等明天再看看。

今天，長安大街通了，他特地來看宗懋。

幾天不見，他的面容彷彿迅速的蒼老了。黃髮稀疏，額上的皺紋深鎖，安慰我說：「沒關係，人平安就好，能夠的話，盡快送回台灣治療。我有關照這裡的醫生，要特別照顧。但你也知道，這裡的醫療水平有限，設備也沒有台灣好。盡快送回去好好檢查，好好治療。」

「我知道。等他身體稍微復原一點，可以搭飛機，就送他回去。」

「唉，真沒想到啊，沒想到。竟然這樣開槍。」他深深長嘆。

我默默陪著他，站在病房外的走廊上。光線幽暗照見他灰黯的面容。他在日本殖民台灣的時代就來東北工作，一直想找到抗日的去處，可惜不能如願。國民黨統治時代，他當選台東縣長，第二任卻被作票而落選。後又當上立委，身經百戰。一九八六年到大陸來，希望對中國未來的農業發展有所作為，所以擔任人大常委。

「阿渡，這一生啊，所有的心血，為了社會主義祖國付出的所有心血，都白費了。」他嘆息著：「一生的信念，都幻滅了。」

我不知道如何安慰他，只能把宗懋受傷被老百姓所救的經過，以及自己白天在街道上所見的，市民如何去勸說解放軍棄暗投明的故事告訴他，說：「也許，人民的心中自有一把尺，老百姓心裡是明明白白的。他們還在奮鬥，不要絕望。」

「你不了解，這個國家太大，太遼闊了。」他有點傷感的說。

「我起初也是很絕望。特別是在廣場採訪到開槍的時候，我簡直是絕望至死。」我回想著這個過程，坦白的說：「可是宗懋受了傷，是這些老百姓救了他。中國的民間還有很善良的一面。中國有這麼了不起的老百姓，這麼善良的人民，他們讓我看到希望。」

「是啊，這個國家啊，政治這麼艱難，帶給老百姓那麼多痛苦，卻還有這麼善良的人民。」他眼睛泛著淚光說：「如果不是這麼善良的人民，這個國家實在不值得為他奮鬥啊！」

我們無言的坐著，良久，他垂首沉思著說：「我要好好想一想，接下來，我能做什麼？」

中共中央台辦的局長樂美貞和副主任孫曉郁也很快來探望。

他們是代表官方來探望的，不希望這次事件破壞兩岸關係。但很顯然，台灣人原有的大陸想像與美好願望，在槍口之下消散了。

如果鎮壓的受傷者只有大陸民眾和學生，台灣或許不會這麼關注，可是有一個台灣記者在廣場被槍打中，受傷危急，卻因此產生休戚與共的情感。彷彿台灣人與學生一起在廣場流血，一起受難。台灣人不只為學生，也為記者急壞了。台辦每天都看得到台灣當天的報紙，特地來探望，交代醫院多照顧，但對事件也不能說什麼，只歉疚的說：「這一場不幸的事件，讓台灣同胞受傷，我們非常難過……。」

為了感謝同仁醫院對宗懋的救治，六月六日，我特地去找幫宗懋輸血的李護士。那一天轉院是在緊急狀態，走得太急促，連一聲致謝都來不及說。雖然醫院裡有許多病患，忙得不得了，她仍約了下班後見面。她帶著當天一起救治病患的醫生一起來，我們在一家小小的快餐店談。

醫生約四十歲，看起來非常有經驗，穩重自持。然而，我未曾料到醫生竟在談到熟悉之後，交給我一篇他寫的稿子。

「我不是想出名，所以不要把我的名字寫出來。但是，這代表著一個醫護人員，在那一個晚上所看到的真相。我們在現場，看到那麼多的傷亡，再不說出來，外面就沒有人知道了。我們不能對歷史沉默。我在想，你們記者不一定能看到這些。」他謙虛的說：「我只是希望你能把我們醫護人員的心聲，傳出去，讓人們知道北京的真相。」

他慎重而嚴肅的神情，讓我決定當場看過稿子，並補充一些細節的訪談，把時間序重新整理一下，最後寫成一篇〈北京醫生的回憶〉，那是最真實的見證。

我是個醫生，一九八九年六月四日，是我永生難忘的日子！也是我有生以來最悲痛的日子！

六月三日晚，我在下班的路上，聽到了成千上萬的人聚集在市中心的道路兩旁和每一個主要路口，並在十字路口處設置了路障。人們紛紛談論著「今晚軍隊可能要採取行動了！」「絕對不能讓軍隊進入天安門！」「北京市民要遭殃了！」聽到這些議論，我有些毛骨悚然。深夜十一點多，我聽到街上一片喧譁聲，緊接著一陣震耳的隆隆聲。我下意識衝到街上，清楚地看見一輛裝甲車以飛快的速度朝前開去，憤怒的民眾撿起路邊的石塊和瓶子，朝裝甲車投去。但無濟於事，裝甲車像瘋了一樣撞翻路邊中間的汽車，衝向長安街。平整的柏油路被劃下兩道長長凹凸不平的痕跡。過了一會兒，已經是零點以後，我聽到不遠處傳來可怕的槍響，急救車鳴著嗚嗚響聲，飛馳著向醫院奔去。此時，一種做醫生的責任感撞擊著我的心頭，我毫不猶豫地跑向醫院，投入緊張的搶救。

我看到有四、五個已經中槍的青年躺在床上，還有幾個被棍棒打傷頭部的人，都是血淋淋的。他們當中大部分是市民，小部分是學生。在場所有的醫生護士都緊張忙碌著。縫合、輸血、取彈殼……。當時取出的彈殼都是一種薄薄的形同金屬片，直徑約一．五公分。彈殼大都是射在肌肉層，很少有射入內臟的。

過一會兒，一位哭喊的婦女捂著正淌著鮮血的頭，在她丈夫的陪同下走進急診室。她的丈夫非常氣憤的說，他看到外面的情況不好，趕到工廠去接上班的妻子，在街上被擁擠的人群擋住去路。防暴警察手持帶釘子的木棍，朝著人群亂打。他趕緊向人群高呼「請幫幫忙，保護一下我的妻子！」當即有幾個男子手拉著圍了一圈，將他的妻子圍在中間。

然而無情的警棒偏偏向這位女性的頭部打來，就這樣，她的頭上出現了兩條約五～六公分深的撕裂傷。緊接著，類似這樣的傷者一個接一個被抬到醫院。在忙碌中，我仍然可以聽到外面的槍聲，而且越來越激烈。急救車似乎是在咆哮著奔向各個醫院。

這時一群人抬著一副擔架跑進急診室，一個女人緊抓著擔架嚎啕大哭。當我們檢查擔架上的傷員時，發現他的呼吸心跳均已停止了，瞳孔完全擴散。心內注射、心臟按摩絲毫沒起作用。在他身上，胸腹部有三處槍傷，傷口還在往外冒著血。他，死了。而他的妻子似乎還抱著一絲希望地哭著，呼喚著他的名字！這時，我看了一下錶，已經是凌晨三點多鐘。

受傷的人一個接一個，大都是槍傷。他們當中有大學生、大學講師，還有站在各個路口無辜的市民。市民當中有知識分子、工人、孩子和婦人。我們不停的縫合，取子彈，堵傷口。

兩位大學生幾乎是同時被抬進來的，都是股動脈破裂，股骨頭被打碎，護送他們的大學生們，脫下了自己的襯衫或褲子，緊緊的勒在他們的大腿的根部以減少出血，儘管這樣，鮮血還是不停地從翻著的肌肉傷口湧出。

由於出血過多，他們很多表現出口渴，面色蒼白，血壓急劇下降呈休克症狀。醫生們大都是聞訊趕到醫院，因此很快將他們抬進手術室進行手術。

我們在取彈殼的同時，發現子彈的大小在逐漸升級。從開始的金屬圓片，到約二、三公分甚至四公分的銅彈殼。傷口在不斷的擴大，出血量也隨之增加。

又一位女性傷員被抬進來了。她是在醫院附近的大街上被掃射到的。她的小腿一片血肉模糊，經檢查小腿的左右側有兩個很大的窟窿，子彈已經穿了過去，腿骨已骨折，像這樣的槍傷越來越多，大批的紗布和繃帶從全院的各科室運到急診室。更重要的是，由於每個傷員都大量失血，因此都面臨休克的危險。

血庫裡的血已經用完，只好用代血漿來維持他們的生命。平時常為一些小事發生爭吵的北京市民，在這種危難的時刻，表現出了極高的精神境界！很多市民爭先恐後的要來獻血，但是考慮到獻血前檢查身體的困難，我們只採用了一小部分身強力壯小夥子的血。

街道上倒下去的人越來越多。急救車已經供不應求！一輛急救車開進醫院時，我們跑去迎救，沒想到的是，五個血淋淋的肉體，幾乎是疊在一起送來的。當把他們抬下來的時候，從他們胸前的校徽上得知，他們都是大學生，有南開大學、北京大學、理工大學的。

送他們的同學說，他們是在天安門遭到機槍掃射的。這五名大學生中，當時已有三人死亡，其餘的二名我們全力搶救。他們全部都是胸腔開放性損傷，而且都不只挨了一槍。護士和他們的同學哭泣著，把死去的同學送到太平間。急診室亂成一團，滿地鮮血，到處都是叫聲和痛哭聲，人們幾乎都要發瘋了！

由於診察床和觀察室的床上都躺著傷員，後來再送來的只好放在地上搶救。我們所有的醫務工作者都流著淚水為他們工作。

這時人們又抬進來一位傷員，他是個工人，三十歲，看上去他的身軀非常寬大。他的胸前有五個大小不一的傷口，最大的約有五×七公分肋骨斷裂，胸腔開放，大量的鮮血不停的往外滴。

護送他的人當中，有一位是他負傷的目擊者，這位目擊者說，他是個英雄，當他挨了一槍之後，他沒有倒下，他的頑強和毅力使他衝向正在向其他人射擊的槍口，就這樣，他又中了四發子彈，凶狠的劊子手又狠狠地往他的胸前挑了一刺刀！儘管如此，他的精神仍然是那麼嚇人，送來的時候，他神智仍然是清醒的。

他說：「醫生，請你們一定要救活我，因為我的妻子是殘廢，我還有一個恰恰兩歲的孩子。」聽到他的話，我們全都哭得泣不成聲。

我們以最快的速度為他縫合了傷口，做胸腔閉式引流、吸氧、輸血等等，然而他傷得太重了。凌晨四點四十五分，他永遠停止了呼吸和心跳。多悲慘的一幕！我默默地為他致哀，為他祈禱，祈求上帝讓他的靈魂升天。

天已經漸漸發白，而槍聲還在斷斷續續的迴旋在北京的上空。從長安街和天安門開出的急救車還在奔馳向各醫院。又有一輛急救車，同時送來七個傷員，這一次又有四個死亡，四具血淋淋的屍體，全都是死不瞑目！我們輕輕地幫他們合上眼睛，推著他們去了永遠安靜的歸宿。

天已接近亮時，一位七十四歲的老爺爺被抬了進來。他的頭部中了一槍，這人已完全昏迷，生命危在旦夕。他身邊五歲多的小孫子用力拉著爺爺的手，大聲哭喊著：「爺爺，你怎麼啦，你怎麼不說話呀！」多可愛的孩子！可惜的是，這糊塗的爺爺為什麼偏偏抱著小孩子出來？為什麼要在他幼小的心靈種下這永不可磨滅的槍傷?!這千秋之罪，應該由誰來承擔!!

凌晨五點半鐘，槍聲漸漸稀落，在送到我們醫院的一百多名傷員中，有十六個已死亡，其餘大部分都身負重傷，住進病房。隨著槍聲的減少，急診室也漸漸地安靜下來，而此時的我們——所有的醫生和護士，精神已經到了崩潰的邊緣！這究竟是為什麼？這血的代價由誰來償還？殺人的劊子手什麼時候才會有良心的發現？全世界的幾代人將如何評價這段發生在北京的悲慘歷史?!

一個醫生的控訴

死亡是什麼感覺？死者對生命的消失有覺知嗎？在中彈的瞬間，身體的中樞神經被打麻木，整個人像肉塊撞擊地板時，有感覺嗎？一瞬間失去一切知覺，然後進入一個無所知的世界？還是像許多小說所描寫的，進入一條長長的走廊，深深的引領你進入另一個世界？

我回頭問宗懋，才知道他對自己的倒下，毫無記憶。甚至倒下之前，我們在廣場所見所聞，似乎都沒有了記憶。至於倒下之後，救治的過程，更毫無知覺。當下即使有對話反應，甚至他說要寫一篇報導，也只是直覺，完全沒有記憶。

記憶是什麼？是像電腦這樣，要按下存檔鍵，它才能記住？還是留存在腦海深層裡，甚至在你的感官裡，例如運動肌肉，會自動記憶？

然而，再沒有比死亡更沒有尊嚴了。

我在復興醫院見證的逝者，竟是如此卑微，如此骯髒。那種生之卑微渺小、肉體之脆弱易逝，讓我午夜夢迴，感到難以言說的心痛。

我希望可以為逝者做一點什麼。而我所能做的，即是把逝者的人數做一個統計。不管他們多渺小，即使只是一個數字，即使只是一個名字，至少讓世界知道，這裡曾有這麼多的犧牲者。

由於宗懋在醫院的緣故，我比較方便接觸醫生。而醫院的醫生大體都是幾家醫科大學畢業，他們透過同學之間詢問，反而容易了解到一些情況。

根據一些醫生的說法，六四凌晨的傷亡之後，醫院「領導」都接到上級通知，告以此次「反革命暴亂事件」每一家醫院所通報的死亡人數「不得超過七人」。但醫生都知道，沒有一家醫院的死亡人數低於七人。

不過，各醫院的死亡人數不一。這是由醫院所在的位置是否處於發生嚴重衝突的地方所決定的，例如復興醫院、同仁醫院、友誼醫院等，靠近長安大街，軍隊過處衝突嚴重，送來的逝者特別多。而像天壇醫院，距離衝突路徑比較遠，大多是因腦部受傷而轉送過來，或者有熟人特別送來，因此死亡的人數較少。已經死亡者，也不需要再送來了。

就我詢問醫生之間的所知，復興醫院有三十八人死亡，同仁醫院十八人，友誼醫院十六至十八人，其餘如和平醫院，因為離天安門廣場較近，死傷者可能與復興醫院一樣多。然而，有的醫生卻說，這也不一定準確，因為復興醫院傳聞有七十人死亡，只是家人很快就來帶走，所以有一些逝者未計入。

如果依照軍隊經過的路徑計算，方圓幾公里內，約有十五家醫院，以一家平均約有四十人死亡，則死亡人數約有六百人。

然而還得加上：一，街頭死亡而「被清理」的失蹤人口。這是由於有大陸記者向我說，有失蹤者的家屬被通知前往東郊機場認領遺體。這顯示出，長安大街、廣場上的死者，有一些人被送往東郊機場。這也印證了六月五日白天，天安門廣場上戒嚴，圍了起來，有直升機在廣場起降，有人說是運送屍體出去。二，死於街頭而被朋友帶回家者，這最有可能。但人數不好估計。三，被流彈打中死於家中，這部分應該很少，但也有傳說木樨地一帶的部長樓裡，就有人死在樓上。

這幾個部分相加，即醫院可計算與無法計算者，死亡總人數應在六百至一千人之間。

至於受傷者，依照醫生在醫院的觀察統計，受傷者約等於死者的十倍。那麼輕重傷者約在六千至一萬人之間。若是到了一萬人，這幾家醫院已經難以負荷。想到那一晚在醫院救徐宗懋所見，醫院的確難以負荷。但並非每一家醫院都如此。

至於學生的死亡人數，依照醫生就醫院的實際情況看，市民與學生的傷亡比例，約為十比一。所以學生的死亡人數約為六十至一百人，受傷約為六百至一千之間。

如果對照事件發生的經過，大體也是如此。因為軍隊通過木樨地、軍事博物館、六部口、西單、建國門立交橋等，才有遭遇抵抗，發生大衝突。死傷以阻擋的市民為主。等到進入天安門廣場，大勢底定，只有零星反抗，已經不需要大舉開槍了。

犧牲最大的是北京市民。市民，一如在事件發生之前所吶喊的「保衛天安門，保護學生」，為此付出了慘烈的代價。

32

隨著時勢演變，各種小道消息不斷傳來。時而盛傳著李鵬下台，趙紫陽復出，萬里要出面支持學生運動；時而傳聞內戰已經在北京城郊開打，二十七軍、三十八軍如何攻防的說法都有。然而，人們恍然驚覺：為什麼發生這麼重大的國家大事，鄧小平沒有出來？莫非上層已經亂得無法收拾？傳聞更甚的是鄧小平病危，中共中央權力真空，各路人馬結合軍方，正展開合縱連橫，包圍北京，準備發動政變。而趙紫陽還有他的人馬，正在集結……。

不少國際媒體把小道消息當新聞，而這些新聞又被「美國之音」、香港電視、電台之類的新聞所引用，外銷轉內銷，成為市民的街談巷議。

我想找嚴家其、李洪林等學者探問平安否，但從六月四日開始，電話都一直打不通。我不知道他們是被逮捕、看管起來了，還是已經流亡。那些知識分子都失去聯絡。唯一打通電話的是高瑜的家，她的丈夫出來和我見面，談起她在六月三日說有事要出門，中午一出去，就沒有再回來。去問約她出去見面的朋友，回說她並沒有赴約，不知道被捕了，還是被誰帶走。他是軍方出身的，身形挺拔，一個男子漢模樣的北方男人，但說起高瑜的失蹤，竟淚流滿面，哭得無法停止。我也毫無辦法，只好拿出上衣口袋裡自己寫稿的英國鋼筆，跟他說：「高瑜是非常好的記者，希望她很快可以出來，繼續寫稿，寫出歷史的真相。這筆，等她出來時，請幫我送給她。」

在北京採訪的記者也碰到問題。《自立晚報》記者黃德北原本住在北京飯店，由於被安全單位全面監視，房間裡的照片、文字、資料、書籍都被搜索，他充滿恐懼，帶出來的旅費也已用罄，便臨時跑來我房間先住幾天，等台北支援的記者帶錢過來，才在東方飯店再租另一間房。他的經驗表明，我們的所有行動、發出去的稿子都是被監視的。而現在，群眾運動已經結束，監視人員應該更有空來監視我們了。

基於此，我們在飯店的寫作發稿也特別謹慎。每天上午寫完稿，用傳真機傳回台北，打電話確定台北已都收到無誤，就把所有稿件泡到浴缸裡，用水浸透，讓筆跡模糊，再撕碎了，揉成一團。紙張本有黏性，就結在一起。即使再張開來，也碎到看不清字跡。

然而，到底這樣有沒有避開監視的效果，我們也不知道。（多年後，有一個安全單位的朋友笑著告訴我：你們別天真了，稿子台北出來一份，安全單位也同時出來一份，監視是即時在進行的。）

緊張的街頭神經戰和「思想工作」繼續著。

不知道是不是北京市民的這種鍥而不捨的精神，讓軍隊都難以承受，有一天，那個天天去天安門廣場對解放軍做「思想工作」的新華社年輕記者，突然跑來跟我說：「軍隊移防了。」

我驚訝問：「如何得知？」

「昨天晚上去的時候，人都移防了，換了另一個部隊。」他說。

這個記者長得一張純真稚氣的臉，從學校畢業不久，主跑財經新聞，平時飽受新聞不自由所苦，一碰上學生運動，要求言論自由，熱血沸騰，全力支持。六四以後，他大哭一場。然第二天起，就決定放下絕望，繼續奮鬥，一定要說服解放軍「棄暗投明」、「站在人民這一邊」，所以一夜一夜，自己帶著香菸，去廣場上和駐守的年輕士兵聊天，即使是下著雨的日子，也撐著雨傘，和大兵抽菸，聊了一整夜。

「這是現在我們唯一能做的事。」他說：「總不能一無所為，我不甘心啊！」

這些農村來的軍人對北京一無所知，透過他的說明，漸漸有了感情。他比誰都了解年輕軍人的孤單和無助，久而久之，他甚至同情起軍人來。

「如果中國的軍人都能改變想法，支持民主改革，中國就有希望了！」他樂觀的說。

然而，不知道是不是這樣的情況很普遍，或者軍方內部有什麼原因，部隊調動了。北京街頭換了一批人。

他很擔心的說：「軍隊如此調動，有點不尋常，不知道是不是有內戰快爆發了。」

「如果發生內戰，你怎麼辦？」他問我。

「我會先留下來採訪吧，當一個戰地記者。」

「如果戰事擴大，你搞不好回不去了。那怎麼辦？」他態度認真。

「那就等戰爭結束再回去吧。」我想了想說：「總不至於兩岸再隔絕三十八年吧。」

「很難講，中國太大，戰爭一起來，停不下來。」

「總是有辦法的，你要知道，我的祖先是清朝移民到台灣去的。再不行，我流浪到福建，坐船偷渡回去。我三叔公就是在抗戰結束後，自己流亡到福建，搭船回台灣的。」

「如果真的發生戰爭，你根本不知道可不可能活下來。」他注視著我，說：「中國太大，一旦戰爭爆發，什麼時候能結束就很難說了。你想想國共內戰，一打幾十年，打到延安窯洞，最後打出天下，誰會料到要打多久呢。」

「不要小看我，在底層求生的膽氣和能力還是有的。」我說。

在緊張的局勢下，在戒嚴的北京城，也只能如此鼓舞自己。為了記錄北京的變化，我繼續騎著自行車，進行每一天的觀察採訪。

因為街頭站崗的士兵會隨時攔截盤查，每一天都得帶著台胞證。他們駐在街頭轉角，重要路口。每次盤查，都是一個軍人攔下你，另一個人荷槍實彈，在旁邊戒備。緊張的眼神和敵意的注視，讓我開始警覺自己的台灣人身分是敏感的。特別是有些年輕的士兵，可能是從農村來的，並未見過台胞證，查起來就難免帶著陌生的好奇。

繃緊的僵持狀態一天一天過去，直到一個人的出現。

六月九日黃昏，中央電視台新聞聯播開始的時候，我正在一間民營小館子裡，約了幾個記者朋友，叫了餃子和啤酒，準備好好吃一頓。這些時日裡，由於沒有觀光客，街道上的民營餐廳大都不開了，有些國營的館子也不開，開了的，也愛做不做的。餃子端上來時，大家都舉起啤酒，就在這時，電視上的新聞聯播頭條新聞，竟跳出來幾個字：「鄧小平接見戒嚴指揮部隊軍以上幹部講話。」

聽到「鄧小平」三個字，整個餐廳頓時沒有了聲音，啤酒停在空中，頭全部轉向電視。每一個人的嘴巴，張得大大的。

鄧小平看起來面色紅潤飽滿，沒有一點死亡的氣息，講話帶著濃重的四川口音，但氣勢非常篤定，在大圓桌前，對所有軍以上幹部，一字一句，分析得清清楚楚，一點也不含糊的指出：

「這場風波遲早要來。這是國際的大氣候和中國自己的小氣候所決定了的，是一定要來的，是不以人們的意志為轉移的，只不過是遲早的問題，大小的問題。」

「這場風波現在來，對我們比較有利。我們有一大批老同志健在，他們經歷的風波多，懂得事情的利害關係。他們是支持對暴亂採取堅決行動的。也許這件壞事會使得我們改革開放的步子邁得更穩、更好，甚至更快，使我們的失誤糾正得更快。」

「黨的十三大概括的『一個中心、兩個基本點』沒有錯，四個堅持沒有錯，我們所制定的戰略目標，不能因為這次事件的發生，就說是錯了。如果說有錯誤的話，就是堅持四項基本原則還不夠一貫。」

所有人，像被一棒子打醒一般，恍然大悟。所有政治迷霧，剎那間散去。

沉默了很久，所有人都說不出話來。彷彿我們都被耍了很久，現在才知道，上層內鬥呀，軍方內戰呀，幾軍打幾軍呀，北京軍區有自己的打算呀，一切都是那麼荒謬的事，一切都在鄧小平的掌握之中，他從頭到底操控全局，從軍方到政治局，從中南海到天安門廣場，國是一盤棋，都在算計中。

我忽然想起馬奎斯的小說《獨裁者的秋天》裡，那個獨裁者假裝死了，讓他的繼承者搶位置，爭權位，辦喪禮。等到他們都現出了真面目，才從棺材裡爬出來，拿出機關槍，一陣掃射，把所有想奪他權力的野心家一掃而空。

再沒有比鄧小平這一次更強的震撼了。一個人，一次會見，掃平了所有的謠言、流言、傳言。街頭不再有人去陪解放軍戰士抽菸，也不再有人和站崗的士兵玩神經戰，更不再有人傳聞各種小道消息。所有的反抗、憤怒、希望，所有的愛與恨，都在一瞬間消解。是「消解」，不是「崩解」。

彷彿一個沒有了氣的皮球，人都沒氣了。連街頭吃飯的人都顯得意興闌珊，食物也沒了味道。「結束了，都結束了。咱們該幹嘛幹嘛。別再想了吧！」一個北京朋友說。

我想起《生命中不能承受之輕》裡，米蘭昆德拉形容布拉格之春時，人們沉浸在一種「醉醺醺的仇恨裡」，直到鎮壓來臨。北京也一樣，像過度亢奮的醉酒之徒，如今酒醒，只覺得全身無力，宿醉不去，徹底的虛無、傷感。

「活著，就是勝利。」一個文化界的朋友用冷冷的聲音說。

六月十日，報社從台灣和香港派來了三個特派員和一名護理人員，準備接宗懋回台灣。飛機從香港轉機，他們將一路護送他到台灣。

他的身體復原到可以搭飛機，但仍躺在擔架上，從北京開始，一路用救護車護送。為了怕中途有什麼意外，天壇醫院設想了許多狀況，包括飛機在航行中的亂流起伏等，盡量做到萬無一失。

我還不能走。鄧小平的出現固然使時局出現大逆轉，但新聞才剛出來，時局未定，會不會還有未竟的變動，仍難逆料，因此我派郭承啟護送宗懋回台，我留下來處理後續的新聞，以及善後工作。

善後工作包括：給小邵一筆致謝的紅包，這是余董事長親自指定的。不知道如何感謝小邵，我們只能這樣「俗氣的報恩」。何況北京情況不明，會不會秋後算帳在未定之天，他是個外鄉人，又救了台灣記者，身分敏感，留在北京說不定會有危險。所以我們決定送給他一點資金，足以讓他回鄉做個小生意。

小邵原本不同意，但在我的勸說下，他勉為其難的接受了。

第二件事，是向輸血的救命恩人李護士致意，致贈一份厚禮。這也是董事長特別的交代，若非她不顧安危，當場輸血，宗懋早就沒命了。

我特地向宗懋說了曾與李護士見面的事，她表示，希望以後可以和宗懋保持聯絡，畢竟他的身上，曾流著她的血。宗懋流著眼淚說：「這一條命是中國人救回來的，我一定會回報的。」

第三件事，是向天壇醫院的醫生致謝。在兵荒馬亂之中，他們以腦科專業，治療宗懋，脫離險境，台北準備了禮品，也要請醫院的院長和醫生吃飯。

送走宗懋的那一天，是一個微熱的晴天。天壇旁邊的百年老樹蟬聲齊唱，唱得每一片綠蔭都濃得化不開。

我反而覺得有點孤單。

和宗懋作為生死與共的戰友，我們個性相近，一樣好強、愛新聞、好冒險，然而他還有一些固執到近乎偏執的觀點，常常一起爭論，這樣的論辯，激發思考，是非常棒的對話。如今他先回台灣了，確實有一點寂寞。

然而，那淡淡的憂傷，細細尋思，還因為我再不會有理由來醫院了。

從宗懋住進天壇醫院以後，我每天發完稿或採訪結束，一定抽空來看他。當然，我總是要去問一問今天的病情。主治醫生常在門診，主要由住院醫生傅依紅負責，我幾乎天天要見到她。

我會詢問病情的一些細節，例如左邊的神經復原得怎麼樣了；有時再追問人類的中樞神經是怎麼構造的，為什麼這邊有感覺，那裡沒感覺；左邊沒感覺，中樞神經有沒有損傷，以後能不能復原，會不會有後遺症……。她總是不厭其煩的回答。

事實上，我只是喜歡見到她。從第一天送宗懋進天壇，看到她的眼中所蘊含著的淚光開始，她就變成我心中一個清涼的湖。在繃緊的戒嚴街頭回來，聽她細說身體復原的細節，反而像安靜的鋼琴曲，平緩柔和，讓人心安。

她所說的醫療細節，其實我也不是太明白，只是想看著她很認真思考的眼睛，嘴唇微笑輕啟，說出一些我明白或不明白的答案。

看著她年輕的臉龐，我偶爾會恍神。聽漏了就再問一次。她就會有些苦惱的擰著眉頭，吸一口氣，嘟著嘴唇，試著用其他方式再解釋一次，說得更仔細一點。

於是我就「哦哦哦」的假裝恍然大悟，原來如此。

她就開心的笑了。聽見她開心的輕笑聲，變成我緊張採訪後，唯一的鬆弛劑。

有時，她也會問我採訪了什麼。我就開始講街頭的故事，群眾和大兵搞神經戰，騎自行車被查身分證……。

她有時會緊張的交握雙手。等到我講完了，她才安心的嘆一口氣說：「還好你平安的回來了。」

「要小心一點啊！」她這樣交代。

此時我可以變成一個小孩，說：「沒辦法，我的職業就是這樣。冒險是無法避免的。」

她會拿出醫生的專業神色，叮嚀道：「不管怎麼樣，一定要小心。子彈是不看記者不記者的。」

「別怕。我在台灣專門採訪群眾運動。碰過鎮暴車，吃過催淚瓦斯，還跑給警察追。」我吹噓著說：「我還得感謝台灣的街頭衝突訓練，一有狀況，就趕緊鑽胡同，要不然，像北京人，都不知道危險。」

「你別像他那樣，太自信了。還小心一點好。」她指的是宗懋自認「戰地記者」卻受傷的事。

「是啊，一語成讖。我還是小心一點。」

彷彿變成一種心理的依賴，我習慣在採訪後到醫院，問一問宗懋的病情，和她說說話，一整天懸著的心，就有一個放下的地方。

如果我採訪時像一匹蒼狼，這兒便是我可以躲起來，舔好自己傷口的角落。可惜，以後沒理由再來了。

中午十二點，我們推著宗懋離開病房，他逐一向天壇醫院的醫生護士道謝，還堅強的發出豪語說：「謝謝你們，我還會再來的，但下一次不是在醫院。」

小邵和輸血的李護士也來，一起護送他到機場上飛機。同行的人有七、八個，一路有人照顧，我決定只送他到救護車旁邊。

臨別時刻，想到一路生死相依的過程，我們無言對視，許久，他深吸一口氣，說道：「你自己要小心。」我笑了笑，把他推上救護車。

我們彼此又比了一個V字形的手勢，救護車關上門，靜靜駛向機場。

致謝的晚餐在一家知名的老餐館，天壇醫院院長有事沒法來，由副院長代理，主治醫生和住院醫生傅依紅都來了。脫下白袍的傅依紅穿了一件白色洋裝，配上俏麗的短髮，明亮的大眼睛，看起來成熟一點。但她的模樣仍像個大學生。

兩個剛從台北來的同事一看，驚訝道：「怎麼北京醫生這麼年輕？是學校派來實習嗎？」

「不是，我已經畢業了。」傅依紅正經八百的說。

主治醫師笑起來說：「別看她年輕，她可是我們醫院的住院醫生。腦部手術的好手，很厲害的。」

同事趕緊的摸了摸自己的頭說：「唉喲，好怕呀！」

我看一眼傅依紅，心想，這個小女生如此動刀，也真有本事。

她謙虛的微笑說：「我只是助手，還在學習哪。」

大家隨後就聊起了北京醫院和台灣有什麼不同。席間，有同事好奇的問起六月四日那一天，醫院收治了多少個死傷者。副院長只能尷尬的笑一笑，說：「我們也沒有去問。只要是病人，我們就好好治療，我們也不想多問。」

這是敏感話題，為了避免尷尬，我們回頭聊起兩岸醫學院的教育差別、天壇醫院的歷史和大陸中西醫合作的治療與研究等等。

傅依紅是一個新進的醫生，在副院長和主治醫師面前，她只是默默吃飯，微笑應答。主要的對話都是由副院長來負責。

晚宴在客客氣氣的氣氛中結束。我們送副院長和主治醫師下樓，我問傅依紅：「跟徐宗懋有關的事，特別是台灣方面如果有什麼治療問題的話，能不能再請教一下？」

她有點為難的望著副院長和主治醫師，彷彿是在暗示需要有院方的指示，她才好幫忙，我趨前一步，向副院長請教：「以後如果什麼問題，台灣的治療方面有需要詢問的，可不可以向你們請教？」

副院長看了一眼主治醫師和傅依紅說：「沒問題啊，台北那邊有什麼需要，可以隨時保持聯絡。他們兩位都可以。」

我向副院長道謝。

主治醫師望一眼傅依紅說：「徐宗懋住院資料都是她負責的，你們有什麼需要，儘管找她就可以了。」

我過去和傅依紅要了醫院的電話和分機，也給了她一張我的名片，上頭寫著旅館的電話和房間號。趁著抄分機號碼的時候，我悄聲問她：「什麼時候有空，可以單獨見面，請妳吃飯，聊一聊嗎？」

她一下子臉紅了，低聲說：「看情況，這幾天，醫院要看診。」

「要不，週末可不可以？」

「嗯……，應該可以，我回去看一下醫院的排班。」她低頭說。

「那，我有事可以去醫院找妳嗎？」

「可以啊，」她看一眼副院長的方向，發現他們已陸續坐進公務車裡，拿上名片，爽朗一笑，抬頭說：「院長有交代，有什麼問題，隨時過來。」

她快速進入車子前座，一起離開。

第七章

33

天壇公園是明清兩朝皇帝祭天的地方，建了幾個宏偉的大殿。和皇家居住的故宮比起來，這裡更像是祭祀的神廟。遠遠看去，寶藍、深紅為基底的建築，配合金碧輝煌的雕飾，在宏偉中顯現出滿族草原文化的特色。那是不同於漢族的鮮明與華麗。

但我更喜歡它園林裡的古樹。蒼蒼古柏，紋理深刻，有如老人臉上的皺紋，帶著閱盡滄桑的美感。

或許是六四之後，幾個大殿都不開放，只有外面的園林可以參觀。即使園林，也讓人不得不感嘆文明在北京的沉澱，竟是如此深厚。路邊一棵平凡老樹，都有五、六百年的歷史。這面容蒼蒼的老樹，看過多少朝代興衰，如果樹木有心，會有什麼感受呢？

而歷經朝代更迭的祈年殿、祈穀壇，更是見過無數帝王的祈福、祝禱、生與死。

我在等待傅依紅下班前的空檔，先漫步走了一圈。

前天我去醫院拿台北要的用藥資料，便約了她星期六是否有空，下班後可不可以出來吃飯聊一聊。這一段時間，醫院發生那麼多的事，她一定見了很多不足為外人道的事。更何況，緊張的衝突已經結束，而我對北京的風土民情還很陌生，應該多花一點時間去了解，否則實在想不透北京人怎麼可以在槍口下有這樣的勇氣。她父親是旗人，從小生長在北京，熟悉在地歷史，了解尋常市民的街談巷議，或許可以讓我更深入北京的文化。

下午五點多，陽光轉為溫和了。傅依紅從醫院下了班，穿著一件淡藍色綢子上衣，一條及膝褶裙，牽著自行車，輕快的走出醫院。平時在醫院裡穿著白袍，有一種專業的模樣，現在她穿著便服，看起來更加年輕亮麗，是一個漂亮的少女。我有些不習慣，正在打量著，心想，原來和這樣的一個女生約會。

她淡淡微笑說：「不認得了？」

「啊？妳還很年輕啊！大學畢業多久了？」我微微慌張的問。當記者的，習慣用問問題來掩飾自己的慌亂。

「去年畢業的。」她說。

「哦。那也真的很年輕，這麼快就當上醫生。」我有些口拙，不知該說些什麼。以前都是討論徐宗懋的病情，現在反而不知道怎麼開始。

「我們都這樣的。台灣不一樣嗎？」她問。

「我也不太清楚，台灣的醫科學生要讀七年才能畢業，其中有三年要在醫院實習，才能成為正式的醫生。規定是這樣吧。」我其實不是太了解。

她說：「我們這兒是四年，畢了業就到醫院。」

醫院附近的小街裡，只有幾個擺攤子的小販，賣一點香菸、汽水、扇子之類的，因為沒什麼生意，只在下午的陽光下，百無聊賴的搖著小團扇。

「徐先生病情好點了麼？」她問。

「哦，好多了。」我說：「可是台北醫生最近說，他脖子上的傷口很深，可能是被刺刀後面給刺的。他們認為是被人有意的刺殺。」

「當初救了他的那個農民工不是說被槍打到，才突然倒下去的？」她說。

「是啊。」我說：「他們不知道怎麼查的，或許，是從傷口上做出了這樣的判斷。但是，妳怎麼看呢？」

「我看，還是子彈從後頭射入的可能性比較大，那兒有燒灼的痕跡。」她有一種醫生的專業和審慎，沒把握不敢把話說得太絕對。「同仁醫院那邊說，一開始血一直從他的喉嚨裡冒出來，後來才止了血。有可能子彈是從喉嚨穿過，從嘴巴出去。所以他上下門牙都有斷裂。綜合各種情況，可能是這樣吧。」

「那他就真的是命大了。老天爺讓子彈偏了，你們又用全力去救治，他才活下來的。」我笑著說。

從熟悉的話題開始，我們邊走邊聊，漸漸熟稔起來。她問道：「天色還亮著，有沒有想去哪裡走一走？」

「都可以，北京的什麼小街、小胡同都可以。妳幫忙帶路。」我習慣性的依賴她。

「可惜現在天壇都關了，要不，我帶你去看看有沒有人在放風箏吧。」她說。

她輕快的騎在前頭帶路，轉過幾個彎，到了一個小廣場。

廣場上有幾個看起來六、七十歲的老頭兒在放風箏。他們穿著北京老布鞋，一身閒散的白夾衣，旁邊放個裝風箏的小袋子，看起來特別輕鬆。其中一個特別厲害，已經放出去一隻大蝴蝶，拖著長長的彩色尾巴，飛到很高的天空中，他握在手裡，只輕輕繫著，並不需要用力。另一個正在組裝一隻蜈蚣形的長風箏。我雖然也會玩風箏，但都只是孩提時代自製的簡易型風箏，像這種大型而複雜的結構，還未曾玩過，非常好奇的站在旁邊看。

「黃昏的時候，這裡常有人放風箏。前一陣子，或許因為戒嚴，許多公園廣場上都少了人跡。還好，現在慢慢恢復了。」傅依紅說。「我們這兒有一些高手，傍晚會在這裡鬥風箏，看誰厲害呢！」

幾個小孩子似乎跟著父母來的，也圍在旁邊看。

蜈蚣組好以後，那老人家把線條理順了，把線拉直了，先是移動身子，讓風箏逆風飄起來，他小跑一下，便乘著傍晚漸漸飄動起來的風，向天空冉冉上升。緩緩上升之際，風勢有一點盤旋，蜈蚣身軀稍微有點頓挫，但很快找到風向，拉得愈來愈高。等到上了更高空，風更大了，風箏反而要小心一點的慢慢放出去。

那老頭子看幾個小孩子在鼓掌，微笑著，向一個小孩子說：「你要來拉一下嗎？」

那小孩子約莫五、六歲，高興的跑了過去。他的媽媽在後面說：「他還太小了，別把風箏給吹跑了。」

老頭子說：「沒事兒，後頭我拉著呢！」於是把線的前端放在小孩子的手上。那孩子興奮極了，拉著線扯呀扯的。老人笑起來說：「不必太用力，你看，輕輕拉一拉，飛更高。」

那蜈蚣如一條大蟲，一節一節，色彩鮮豔，隨著老人家的拉動，身形搖動，兀自在天空中騰飛。

「這都是您老自己做的嗎？」我過去問老頭兒。

「自己做的。」他有幾分驕傲的說。

「太厲害了，這麼漂亮，像藝術作品。」我讚美道。

「哪裡，這也只是風箏的一種。風箏哪，做起來還有許多花樣呢！」老頭兒不知是驕傲還是謙虛的說。

傅依紅說：「小時候，我爸爸也會做，可不會做這麼複雜的。這些老人家太有才了。」

我走過去，跟老人家央求說：「可不可以讓她放一下風箏，她好久沒玩兒了。」

老人家打量我一下，大約看出我不是北京人，倒是像港台來的，就客氣的笑了笑，說：「沒事兒，拉著就行了。」

傅依紅拉著風箏，輕輕一抽一拉，看蜈蚣在空中邈邈飄逸，開心的笑起來。

「那上頭，風還挺大的。」她指著天空說。

蜈蚣甩著長長的尾巴，像一條大龍。我估計要設計成一條大龍，也一樣可以擺尾。這風箏的功夫厲害了。

「這風箏，這麼長，要收也不好收哦？」我問道。

「得順著風，慢慢收回來，也不能太快。」老頭兒若有所思的說。

「好久沒出來走走了，傍晚的風，真好！」傅依紅抬頭望天，眼睛清亮，長長的舒了一口氣，露出微笑。

望著她的笑容，我忽然想起來，不知道有多久沒這樣純粹的、孩子似的、放心的笑了。

「唉呀，不知道天安門廣場開了沒，那兒也有放風箏的高手。」傅依紅把風箏交還給老漢，忽然想起來，興沖沖說：「我帶你去看看吧。」

我們騎上車往廣場方向走。

穿過前門大街，進入廣場前，才發現廣場還在戒嚴，不許進入。

「還在戒嚴。可惜了。平時這裡是最多人放風箏的。」她說。

我們沿著歷史博物館邊的道路慢慢騎。傅依紅望著廣場，緩緩的說：「那時候，我也在那兒，」她眼睛望向廣場那邊，一手指著幾個衛兵站立的地方。「學生絕食的時候，我來幫忙做點保健工作。」

「你們都做些什麼，危急嗎？」

「還好，怕大學生不懂事，身體搞壞了也不知道。也怕臨時出意外，我們幫忙看著。絕食的人，每天要量一量體溫、血壓、脈搏什麼的。還好，也沒出什麼事兒。」她彷彿說著家常事。

或許我們騎得太慢，又指指點點，過長安大街轉角，靠歷史博物館前方時，兩個站崗的士兵走到街邊，把我們攔了下來。

「把證件拿出來。」年輕的士兵口氣很嚴肅。他的皮膚黝黑，口音不像北京的。

傅依紅臉色有點發青，看著我，輕聲說：「你帶了嗎？」她擔心的是我。

她打開白色小皮包，找出自己的身分證。

「沒關係，我有。」幾天前曾在街頭被攔查過，我知道這一段時間敏感，最好隨身帶著台胞證。然而，年輕的士兵拿著我的台胞證，似乎有點看不懂，前後翻看，臉色嚴肅的說道：「這是台灣證件，不是身分證。」

「他是台灣人，所以用這種證件。」傅依紅趕緊說。

我心想，這個年輕士兵可能沒看過台胞證，畢竟兩岸開放交流才一年多，大陸太大，台灣人來的還太少。此時一個士兵察覺有問題，走過來堵住我們的去路。傅依紅緊張起來，擋在我前方。

他前後翻看台胞證，似乎也沒見過。另一個人建議他說：「這個有問題，去請示一下吧。」

傅依紅說：「這是政府發的。給台灣人用的證件。」

那士兵瞪了她一眼，一副「妳怎麼幫著外人講話」的神色。

「是在國外辦的證，你們駐外單位給發的正式證件啊。」我說。我確實害怕這兩個不懂事的年輕人把我的證件給扣了，那就不妙了。

但他不聽。請示的人似乎去打電話，用無線對講機在通話。過後，那士兵大約得到指示，才走回來說：「可以了，可以走了。」

騎上車，傅依紅有點不高興，嘟著嘴說：「這些農村來的，什麼都沒看過。算了，這長安大街可能一路盤查，咱們走另一條小道兒吧。」

我們從長安大街轉進南池子大街。

她邊騎邊安慰我說：「他們可能沒見過台胞證，怎麼查成了這樣。」

「也不怪他們，他們大概沒想到，都戒嚴了，一個台灣人還騎著自行車，跟著一個北京姑娘，滿大街的閒逛。」我看她一臉認真的樣子，笑著說：「搞不好他們認為我是國特哩。」

她笑起來說：「唉呀，他們受的教育就是這樣，還是農村長大的，連台灣人都沒見到過，說不定真的這麼想。」

我想起台灣戒嚴時代描述「匪諜」的形象，笑著問：「你們小時候讀過的國特是什麼形象？」

「小時候，我們課本裡講的就是國民黨特務專門來搞破壞，」她笑了。「文革的時候，誰要是有一點台灣關係，就被冠上蔣匪幫、國特的罪名，要抓去坐牢，特別慘。」

「我像嗎？我在台灣，還是反國民黨的黨外，被列入黑名單的人呢。」我說。

「你呀，其實長得還是不像。」她微笑起來說：「那特務呀，得戴鴨舌帽、墨鏡、穿風衣。」

我驚訝道：「啊？怎麼兩岸描寫特務的形象都一樣。台灣也是。我們叫『匪諜』。小時候，學校的圍牆上都寫著『保密防諜』、『匪諜就在你身邊』。還畫上漫畫，匪諜就是頭戴鴨舌帽、墨鏡、身穿風衣，鬼鬼祟祟，到處打聽的模樣。」

「兩岸的特務怎麼都長得一個樣兒？難道他們都得這樣打扮？」她笑著說。

「這兩個黨曾經兩度合作，同一個師父訓練出來的，想法差不多，連特務都長得一個模樣。」她還年輕，似乎沒聽懂，我解釋一下國共曾在聯俄容共和抗戰兩度合作。毛澤東、周恩來都是黃埔軍校的老師，蔣介石當時是校長。

她驚訝的說：「原來如此，我們歷史都不說的。」

「國民黨的課本也不說呀。國民黨只剩下一半的歷史，只講國民黨如何抗戰，打共產黨多厲害，從來不講怎麼被共產黨打敗，跑到台灣的。我是看課外書看來的。」我忍不住笑著說。

「啊，原來這樣。」

「我看，大陸這邊也只剩下左半邊的歷史。這兩個黨都只講各自的半邊歷史。所以啦，妳的課本，加我的課本，我們兩邊合起來，才是完整的歷史。」

「原來，我們得兩邊都看，才看得明白。」她開心的笑了。

「剛才他們為什麼對妳特別凶的樣子？」我問道。

「你說那大兵嗎？」她一下沒會過意來。

「嗯，他們還瞪著妳。」

「他們可能認為我幫你說話，『裡通外國』吧。」她無奈的說：「一個北京女孩子，帶著台灣人逛，他們可能看不慣吧。誰知道呢？」

現在，我明白她為什麼要轉進小街。

南池子大街雖說叫大街，基本上就是一條只容雙線道車子交會的小街，道路兩旁有古老的百年老樹，樹蔭深濃，把整個天空都遮住了。整條小街，幽深如濃蔭的隧道。斜陽穿不透濃綠，只灑下細細白亮的光點。光點斜照在斑駁的灰牆上。那些清朝時期留下的老磚，暗處看似老舊，可光點一照，竟栩栩如生的活了過來，一磚一瓦，斑斑駁駁，都有獨自的風韻。明暗交會，點綴如一幅點描派的水墨。

戒嚴之城不再有擁擠的遊客，小街疏落寂靜，騎著自行車，如魚一般在光影的流動中，慢慢悠悠，自適任意，自在漫遊。而天地沉靜，彷彿幾個朝代就這樣過去了。

「這條小街真美！」我讚嘆說。

傅依紅看我有時張開雙手，讓自行車滑行，有點緊張的說：「你別這樣，小心點兒。」

「小時候，我可以放開手騎自行車。」

「小心地面不平。」她叮嚀著。

我想起小時候的一首兒歌。「妳有聽過一首歌嗎？『三輪車跑得快，上面坐個老太太，要五毛給一塊……』。」

「唱的什麼呀？」

「台灣的兒歌。我小時候唱的。」我笑著說：「這一放鬆，都想起小時候了。」

「看，都把你給悶壞了！」她嫣然一笑。

我們穿過新華門一帶時，我忽然想起六月三日下午的那一大片烏鴉。那種遮天蔽日如烏雲，當空鳴叫如嚎哭，彷彿死亡預告的群鴉亂飛，簡直恐怖。牠們是從哪裡來的呢？是不是故宮裡面，那些庭院深深處，有很大的樹林子，可以讓這些鴉群棲息？

「要不趁著沒人，咱們去故宮周邊看看。」我說。

她聽著我描述，悲傷的說：「那時，怎麼都沒想到，會是這樣啊……」故宮的護城河邊，垂柳依舊，夏日的綠蔭，更深濃了。但沒有看到烏鴉的鳥巢。

平時有許多小攤販的護城河邊，因為沒有遊客生意，都不見了。新華門進去的南邊，有一大塊綠草空地，平時，一大早會有趕著馬車、驢車的農民，趁著半夜載了一大車蔬菜土豆進城，來到這裡休息，等天亮再到市集去賣。現在也都沒有了人影。空蕩蕩的綠地，成排的垂柳依依，帶著幾分溫柔的景致，垂向護城河。河水並不清澈，漂浮著些柳葉，倒影下的天空澄淨淡藍，倒映著柳條的搖影。古城牆帶著幾分歲月的斑駁，寂寞的還原了它的本色。

我們圍繞著故宮的城牆走。仔細觀察這些樹，太細太瘦，也沒有鳥巢，都不像是烏鴉棲息群聚的地方。那麼，那一天下午的烏鴉，莫非是從故宮的深宮後院裡飛出來？故宮裡有牠們的老窩？或者，故宮有靈，叫牠們來示警？

可嘆，那悲鳴已無從探問，悲劇也無法回頭了。

我曾聽聞，故宮城牆有磁吸力，把一分錢的人民幣放在上面，就會被牆壁吸住。但我身上沒人民幣，於是拿了口袋裡的台幣想試一試，可是黏不住。傅依紅於是拿出她口袋裡的一分錢硬幣，果真就吸住了。

「看吧，故宮只吸人民幣。」她笑著說：「台幣不行，她不收。」

「等台灣遊客多一些，它就認得了。」我說。

繞到故宮午門，時間已近七點，顯然已經關門。平時這裡是人潮鼎盛的地方，如今無一個遊客，只有我們兩人，站在空蕩蕩的老廣場上。

站在午門向南望去，那兒有一條長長的通道，兩旁是牌樓、廊坊，一直延伸出去。

「古裝劇不是都說『推出午門斬首』嗎?從這裡一直走下去，最後會到什麼地方?刑場嗎?」我望著那長長的道路問。

「這是一條貫穿北京的中軸線。」傅依紅說：「這裡出去，會經過天安門城樓，就是毛澤東宣布中國人站起來了，那個地方。」

「啊，連到人民英雄紀念碑?」我問。

「是啊，再過去，就是長安大街，天安門廣場，人民英雄紀念碑。毛主席紀念堂，也就是放著他水晶棺的地方。聽說以前推出午門斬首，是到珠市口大街那邊的菜市口一帶。」

「那以前的皇帝站在這裡看天下，不知道什麼感覺?」我問道。

「皇帝大概不會站在這裡，他要坐裡面，等著讓人去叩頭拜見呀!」

「是這樣沒錯。」我想起了《末代皇帝》裡溥儀很小的時候，從長長的宮殿走出來，面對一個遼闊的廣場。但那廣場也是在故宮裡，比起天安門廣場，那可小太多了。

「古代的皇帝，從這裡走出來，應該很威風哦?」我說著，往前走過去。

剛走了十來步，卻不料前方從牌樓的下方，本來看不見的樹影深處，忽然閃出來幾個站崗的士兵，執槍在胸前，面容嚴肅的站在長路的兩邊。

我嚇了一跳，愣立當場。

「不能過吧，咱們別去了。」傅依紅過來說。她大約怕我再被檢查一次台胞證。

我退回幾步，站在午門前方，想像古代帝王從故宮走出去，看到一個廣大的天地，會怎麼看待這個世界，感到興味盎然，甚是有趣。

「肚子餓了，我們先去吃飯吧。」傅依紅說。

我們繞到新華門一帶，看到一家個體戶小館子，決定炒兩三道家常小菜。傅依紅點了尖椒炒牛肉、炒豆苗和紅燒魚。想不到小店滋味竟是非常的好。特別是尖椒，我以前未曾吃過，現在才知道這是北京家常的小炒。

吃完飯，夕陽已然西斜，光線已開始轉為金黃。故宮的紅色城牆映著金黃光澤，顯得特別明亮輝煌。

老建築需要用早晨或者黃昏的光來打光，才會顯出它的美。這是我在鹿港拍龍山寺的時候就體會過了。現在愈發明白，早晨和黃昏的光都帶著金色，而斜光的照射，會使得建築立體起來，明暗對比特別鮮明。而故宮的城牆、宮殿、角樓，明暗之間，線條分明，連斑駁的紋理都細緻可見，帶著溫潤的觸感，歲月的痕跡，如人的面目，依稀有表情。

我們捨不得騎車，沿著護城河慢慢走。繞過西邊的門，再轉到故宮後門，可以看得到景山。黃昏逐漸安靜下來。夕陽的溫暖光影退到西邊，東方的天空層層蘊染，從淡藍轉為深藍。故宮的老城牆有蘊紅的幽影，輕柔的柳葉帶著初夏的翠綠，柔如長髮，輕垂岸邊。水波中倒映著橙紅的夕陽。天地間，每一個建築和樹木，都有它各自的質地，卻又層層蘊染，用溫暖的金光包覆起來，彷彿陳釀的老酒，緩緩的滲出它的芬芳。

金黃光影也映在傅依紅臉上，騎自行車而微微滲著汗的臉頰，泛出一層粉紅，愈發襯出明亮的大眼睛。此時我忽然想起，自己一直當她是醫生，對她有一種安全的依靠，覺得她已經很成熟了，卻不曾想到，她其實只是二十四歲，大學剛畢業不久的女生，那一張稚氣的臉，盈盈欲語的眼波，還正當青春美麗。

子，仔細看，的確不像漢族。」

「喂，你在看什麼？」她一臉訝異的表情，望著我問道。

「啊，只是在看妳。」我這才驚覺自己望著她漫想，看呆了，慌亂的隨口說：「妳的臉型和樣子，仔細看，的確不像漢族。」

「本來就是旗人啊！」她笑著說：「我爸是旗人。」

「北京旗人多嗎？」

「好像也不多，都同化了。你不說，人也分辨不出來了。」她說。

「算是正宗老北京人嗎？」

「我爸爸那邊算是正宗旗人。」她想了想說：「唉呀，一九四九年後，很多革命幹部進了北京城，早就說不好誰是北京人了。旗人不也是東北來的嗎？」

「那，妳們家裡會唱京戲嗎？」

「我媽媽忒愛唱。」她微笑說：「沒事兒就哼呀哼兩句。小時候天天家裡開著唱機，就放的樣板戲。也沒別的，天天聽，就會唱了。」

「妳唱一句給我聽吧，我來了北京這麼久，還沒聽人唱過。」

「在這兒唱，怪彆扭了。」她害羞的說。

「不會啦，反正四下無人。」我望了周遭，說：「那我們去那柳樹下，坐下來唱。」

「你可別笑我。」她說。

此時夕陽最後的餘光轉為橙紅，照亮半邊天空。故宮的紅牆從亮紅，轉為了幽幽的暗紅，晚風吹拂，柳條細細柔柔，緩緩搖曳。

我們拂開垂柳，走到護城河邊上，望著河上的倒影，說：「人生真是奇妙，沒想到，我們會在這裡相遇。」

她微笑點點頭，有一點害羞，臉頰泛紅。

「妳剛剛說，學生絕食的時候，妳也去廣場幫忙，是嗎？我也有去那裡採訪，可惜當時沒認識妳。」

「我是絕食團剛開始的時候去了。我們首都醫科大學也有學生去照顧那些絕食的學生。後來絕食結束，就走了。醫療團還在那兒，可我想醫護人員也有不少，沒關係，後來就沒去了。」她說。

「我是五月底才回北京來採訪的。」我把自己三月下旬來採訪兩會，以及重返北京採訪的經過簡單說了一下。

「你的報紙叫什麼？」

「《中國時報》，一間民營的報紙。台灣有一些報紙是民營的，不像這裡，都是國營的。」我解釋說。

「我們這兒都是國家的。」她半開玩笑的說。

「我知道。所以特別跟妳說一聲。」我說。「那一天早晨，真的謝謝妳，叫那個主治醫生不要寫報告了。這樣會不會給妳帶來麻煩？」

「不會，我也沒辦法叫他都不寫。」她微笑說：「只是要他別寫在廣場受的傷。萬一，上頭查，你們會有麻煩。」

「妳這樣說，還是很勇敢的。」

「那一天，我怕醫院有事，特別一大早去到醫院，就看到有很多傷患，都是外傷的。而且，外頭的槍聲一直響，不知道還要死傷多少人。我也是太難過了。」她黯然說。

「那時候，我也很難過。還不知道徐宗懋能不能活下來。急死了。」

「我看你整個人臉都發青了，心想，別再問了，再問也是一樣的。從廣場能活著回來，已經很不容易了……。」她說。

我握住她的手說：「謝謝妳。」

「沒事兒。」她笑起來說：「你當時看起來挺慘的。」

「怎麼慘？」

「臉色青青的，一臉鬍碴子，眼睛泛著血絲，頭髮亂蓬蓬的，身上還沾著血，急得不得了，卻又無能為力……」她笑了。

「這麼慘！」我自己也笑了。

「挺可憐的，像個小孩兒。」她說：「那天呀，我心裡只想，快點結束吧，別再來了。拜託，快點結束吧，這一天！」

說到此處，我忍不住想起那一天早晨，學生離場時唱的〈國際歌〉，於是說：「剛才說要請妳唱京戲，倒是哦，我還不會唱〈國際歌〉，妳能先教我唱嗎？」

「你幹嘛學這一首？」

「北京學運的主題曲，要學一學啊。」我說：「那時候在廣場上，天天聽，可惜沒有歌詞，沒機會好好學。」

「這可是共產黨的〈國際歌〉，你學了這個，回台灣能唱嗎？」她好奇問。

「以前當然不行。十年前唱這首歌還會被抓起來。可現在，變成北京學運的主題曲，應該就可以了。」我說。「而且，我來北京採訪學生運動，回去台北，大家一定要讓我唱這一首歌。不學不行。妳教教我吧。」

「可我記不住全部的歌詞，先試著唱唱看，不知道能不能唱全。唱不全的，以後我再把歌詞抄給你。」

「好，那我跟著妳唱。」

她於是輕輕唱了起來。「起來，饑寒交迫的奴隸！起來，全世界受苦的人！滿腔的熱血已經沸騰，要為真理而鬥爭！……」

她的曲調溫柔緩慢，和〈國際歌〉雄壯進行曲的調子不同，更像一首抒情曲。特別是最後「這是最後的鬥爭，團結起來到明天，英特奈許奈兒，就一定要實現」，那樣的歌詞，本來是遊行的時候，學生會舉拳頭，以示氣魄的段落，可是現在，由她唱起來，那溫柔的聲音，悠悠的調子，竟有一種傷感的意緒，天安門廣場的一幕一幕往事，一張一張面容，湧動如潮。

我望著她的臉，認真跟著她唱，卻被歌聲帶著，彷彿重回到最後撤退的早晨，那調子也是這樣的憂傷，有如輓歌。

是啊，〈國際歌〉竟然唱得像輓歌。

她唱完以後，我忍不住說：「妳唱這首歌的調子，讓我想起那一天早晨，撤退的時候，我看著學生，他們手挽著手，也唱著這首歌，一邊走，一邊哭呀哭的，一邊唱，離開了廣場……」

「後來都好好的，離開了？」她喃喃的問，睜大的眼睛，忽然就紅了，眼淚含在眼眶裡。隨後，淚滴滑了下來。

「放心，他們都走了。」我說，伸手輕輕抹去她掛在頰上的眼淚。

她垂首靜靜站著，我忍不住把她擁入懷裡。

一顆溫熱的淚，滴在我的臉頰上。

淚水緩緩滑落，隨即滑入我開始和她結合在一起的唇瓣之間。

我感覺到有一絲苦澀的滋味，沁入我的舌尖。也有一種甜蜜的滋味，從她的細緻柔軟的舌尖，緩緩沁入我的心底。

所有的苦難與哭泣，歌聲與記憶，都融化在一起，只剩下深深的，無悔的，劫後餘生般的擁抱。

34

彷彿經過長長的、無聲的幽暗夢境，終於醒了過來，我們抬起頭，才發現夜色已沉靜的潤透了天地。

流過了淚的眼睛，彷彿清洗過一次，重新看見世界，天地變得一片清朗，那樣清晰而細膩，連最細的光影，風吹動的波紋，都可以感覺到。

暗下來的古城，披著一層銀白色澤，閃動著溫柔的光暈。

細長的柳葉上，輝映著薄薄的白光。柳枝彎成細細的弧線，溫柔的垂下了腰。

護城河的水面平滑如鏡，只有柳葉輕輕飄落。

不遠處的角樓，古老建築的飛檐和城牆，泛著白光，光影交錯，已然是另一種景致。

抬頭望天，只見一輪明月，又圓又亮，如一盞明燈，遍照天地。

清涼如水的月光，洗淨所有的濁熱和暑氣，彷彿也要洗去苦難和憂傷，從內心到臉上，開始感受到一種極其古老的沉靜。

晚風吹過她單薄的綢子上衣，她的手臂有點涼，臉頰上淚痕已乾，帶著燙熱的紅暈，柔軟的身子，依偎在我的懷裡。

「月好圓啊。」她說。

「應該是農曆十四了，妳看，只要再圓一點點，就滿月了。」我說。

「你怎麼知道？」她有點訝異。

「我小時候在農村長大的，農村很暗，晚上沒事幹，就看著月亮啊。」

「我真沒注意過。」她說。

「我喜歡抬頭看天空，看看有沒有月光。有時候，看到月光，或者星星，就覺得天地很大，世界那麼寬闊。」

「現在要多看看天空，不然要悶死了。」她若有所思的說。

「跟台北比起來，北京高樓不多，沒有光害，天空顯得特別空曠、開闊。天清地朗，舒舒暢暢，月亮看起來就特別明亮。妳看，連星星也很亮。」我指著西邊的天空，有幾顆星星，稀疏散落，但光度很亮。

「我這北京人，在這裡住久了，都沒什麼感覺！被你這麼一說，反而注意到了。」她笑著說。

「妳這北京人，不是要唱京戲給我聽嗎？」我突然想到了。

「不行，不行，這不公平，你也得唱台灣歌。」她俏皮的說。

「好啊，這麼美的月光，來唱一首〈月亮代表我的心〉。妳會唱嗎？」

「鄧麗君的歌嗎？聽過。可不太會唱。」她說。

「沒關係，我也不太記得歌詞，我們一起唱。」

你問我愛你有多深　我愛你有幾分
我的情也真　我的愛也真　月亮代表我的心
你問我愛你有多深　我愛你有幾分
我的情不移　我的愛不變　月亮代表我的心
輕輕的一個吻　已經打動我的心
深深的一段情　教我思念到如今……

「有些歌真微妙，一開唱，歌詞就自動跟著韻律來了。這一首就是這樣。」我也沒想到自己能記起了歌詞。

傅依紅開心的說：「真好聽。以前，我買了好多鄧麗君的盤兒，心想，怎麼唱得這麼柔，這麼好聽。歌可以這樣唱呢。」

「換妳唱了。」我說：「妳不是說媽媽都會教妳唱京戲。」

「好，我試試看，唱一段樣板戲吧。我沒在人前唱過，你不許笑哦。」

「沒關係，我也沒聽過。妳隨便唱，反正唱錯了。我也不知道。」

「這可是我們北京人都會唱的。文革那時候，全中國都聽這個。」

她仰起頭，唱起了我未曾聽過的旋律：

壘起七星灶，銅壺煮三江，
擺開八仙桌，招待十六方。
來的都是客，全憑嘴一張。

相逢開口笑，過後不思量。
人一走，茶就涼。
有什麼周詳不周詳。

歌詞雖然沒看過，但她咬字清楚，歌詞也簡單，一聽就懂了。

但美妙的是她拉長的音，一個字，可以千迴百轉的，彷彿在一個字裡，轉了好幾種情感。我忍不住鼓掌叫好。

她唱得臉都紅了，害羞的說：「第一次在人面前唱哪。我媽老說我五音不全。」

「唱得好極了。」我感興趣的問道：「這戲文是什麼意思？」

她解釋說：「這是一齣講抗戰的戲，劇中，一個茶館的女掌櫃的，叫阿慶嫂，要保護抗日的地下黨人，和日本鬼子鬥，也要跟漢奸鬥。人問她是不是有隱藏身分，她就這麼唱著。這是最有名的一段。」

「小時候，台灣電視台每個週末都有京戲，可是我特別不喜歡，一個字，拖呀拖的，唱了一分鐘還在咿咿啊啊，全部人晾在一邊，好像在等他斷了氣。現在才知道，要聽現場的，像妳這樣，那才能體會京劇的美妙。」

「你剛剛是在等我斷氣？」她笑起來。

「沒有，妳唱得好聽極了。以前沒想到，一個字，竟可以千迴百轉；一個涼字，可以盪氣迴腸。」我真誠的說。

我忽然想起，有一次美國留學回來的老師，曾唱過一首中國民歌，叫〈紅湖水〉。我於是問她，會不會唱。

她驚訝的笑起來說：「你們台灣人，怎麼也聽過這首歌？」

「為什麼？這不是中國民歌？」我問。

「這可是紅歌呀！」她說。

「啊？怎麼會？我還一直以為是江南的民謠小調。」

她笑著說：「我們小時候看過一部電影叫《紅湖赤衛隊》，這歌就是它的主題曲。」

她唱起第一段的時候，和我聽過的沒兩樣，但唱到了第二段，我就沒聽過了。唱到最後，她臉上露出微笑，特地說：「你聽這一句。……共產黨的恩情比海深」。

我聽後不禁撫掌笑起來。「當時，我朋友沒唱這一段。也難怪他不敢唱。」

「你們台灣人有本地的民歌麼？」她問。

「有啊，很多民歌都是和海洋有關的。」我想起台灣這幾年流行的行船人的歌。「台灣畢竟是一個海島，四邊都是海洋，男人得出去外面奮鬥討生活，所以有許多流浪、漂泊的歌。」

她說：「你會唱吧！可以唱一首嗎？」

我想了想，決定唱一首老歌〈港都夜雨〉。

由於它是台語老歌，我先把歌詞的意涵解釋了一下。那是描述一個下著細雨的港都，異鄉的城市裡，青青的路燈，照著水滴，一個青春的男兒，站在港灣，不知自己要走到哪裡去，只覺著這是一個寂寞的夜晚。

她聽完了，微微一笑說：「還挺合你的心境的。」

「你祖先是高山族嗎？」她問。

「怎麼會？我祖先從福建去的呀，清朝時移民去的。」我訝異的說：「為什麼你會這麼想？」

「我們書上寫的台灣，就是高山族，阿里山、日月潭啊。」她說。

「事實上，台灣有百分之九十八的人，都是漢人。」我說：「我有個朋友採訪高山族的故事，他的書名就叫《百分之二的希望與奮鬥》。所以啦，漢人多。我祖父的墓碑上，刻著『平和』兩個字，代表我們是漳州平和人。」

「其實，我們並不了解台灣。」她用手支著下巴，伏在護城河的短牆上，若有所思的說：「也不了解你們台灣人，都過的什麼樣的生活。」

「我也是。我們也不了解大陸。如果不是遇上學運，我根本看不到那麼多層面的人和事，也不了解真正的大陸。那麼廣大而無邊的中國，那麼善良的人民啊，要了解它，真的太難了。」

「其實，我也不了解你。」她望著我的眼睛，靜靜的說：「如果不是你說你在台灣農村長大，我還以為，台灣人都是住在高山上，要不就是老兵的後代，要回來探親。我不知道還有清朝的移民哪。」

「真的？妳沒開玩笑吧？」

「沒騙你，我們看不到台灣的新聞，只有一些報紙的宣傳。就那一點點啊。」

「哦，好。那我告訴妳哦。我祖先是清朝移民去的。海上很危險，風浪太大，容易死人，那時候，福建很窮，所以只有窮人才會移民。要不就是窮得沒辦法了，去海上當海盜。妳看我，我可能是海盜的後代。」我裝了一張強橫的鬼臉給她看。

她大笑說：「你是海盜，那我可是關外騎馬的草原民族。」

「妳是哪一族的？」

「滿族啊！」

「哦，不是，我是問滿族那一旗的。譬如正黃旗？鑲黃旗？還是皇族的愛新覺羅什麼什麼的？」

「我爸都不想說了。我也不知道。」

「妳會說滿語嗎？教我唱一首滿族的歌。」

「真抱歉，真的不會。我們家都不說滿語了。」

「來吧，我教妳唱一首台灣高山族的歌。」

於是我唱起了〈我的家鄉在那魯灣〉。

我們是乘著月光歸去的。

月光太美，大街太寂靜，沒有一絲車聲。只有戒嚴的士兵，偶爾在街角站崗，像古代的京城。

深夜，我彷彿聽到什麼「噠噠噠」的聲音，像敲門，又像機關槍，恍惚間，我的身體顫抖一下，突然從睡夢中驚醒，才發現她在我的臂彎裡，熟熟的睡著了，鼻息在我的耳際柔柔拂著。

昨夜她想回醫院宿舍，因為太晚了，媽媽家又遠一些，於是留下來，明早再直接去上班。

她被我身體的輕微顫抖嚇了一跳。

「怎麼了？」

「好像做了惡夢。」我喃喃說。

「哦？什麼夢？」她喃喃低語。

「好像聽到機關槍的聲音。這幾天太緊張，有時候會這樣。沒事，只是做夢罷了。」我說。

她喃喃唔唔，伸出手臂，說：「不要緊，來，我抱著你。」彷彿很自然的，她將我抱入懷裡。

微笑著說：「你放心睡吧。」

我靜靜的蜷縮在她的臂彎中。一個溫暖的港灣，一個可以聞到微微的少女香的地方。

在她的臂彎中，我才想到，自己在北京採訪的這一段時間，特別是六月四日以後，一直保持著高度的警覺，即使睡覺，常常半夜驚醒。醒來張開眼睛，立即蒼惶望向門口，彷彿有誰會闖進來，或者要確認自己身在何方。每天早晨睜開眼睛的第一瞬間，也是尋找門口確定方位。我從不知自己那一根弦繃得多緊。直到，被她擁入懷裡的那一瞬，才感覺到自己是一艘歷經狂風巨浪、傷痕累累的小舟，尋尋覓覓，終於找到一個安全的港灣。

是她，終於讓我承認自己的脆弱無依。

那麼沉痛的傷痕，那麼慘烈的代價，那麼無助的奔波，那麼孤獨的憂傷，那麼無言而無法落下的眼淚，那麼長久的壓抑和忍耐，彷彿一切的一切，都走到了極限。

現在，我終於卸下久懸的桅燈，放下警戒的燈號，停泊，在她溫潤的水域；停靠，在她柔軟的港灣。

她是不是也像母親的港灣，有了小舟，港灣不再孤獨？……

在她的懷中，飄搖如舟，我安心的航向夢的深處。

35

北京的夏日像熱烈的火，瞬間就燃燒起來。

星期日的早晨，陽光燦爛，綠樹如洗，一城的蟬鳴如歌。

我送傅依紅去醫院值班，她的同事家裡有事，請她代班。

街道上人車稀少，不知是假日的關係，還是市道尚未恢復。只有靠近天壇醫院邊上的小街，有幾攤賣煎餅、水果、蔬菜的。一些工藝品的小店都沒開。

天壇的老樹高大，枝葉茂密，樹上可能有許多蟬，齊唱起來非常大聲，頗有「眾聲喧譁」的氣勢。

「好熱鬧啊。」我說。「蟬唱的夏天。」

「吵得都沒法午睡了。」她笑著說。

我心想，如果在這古都住個一年，感受一下四季分明的味道，一定很棒。台灣四季如春，幾乎未曾有冬天的感覺。

傅依紅笑著說：「哪一天一定要去台灣看看，聽起來滿城都是花朵。四季如春，多美的地方。」

「唉，夏天熱起來也很要命。這裡的熱是乾的，身上水分都被烘乾了。台灣可是不一樣，那是蒸籠，全身濕黏黏的。」

「夏天怎麼辦？」她問。

「我就是受不了，住到陽明山去的。」

「哦？住山上？」

「嗯，我跟朋友住在山上的書房，涼快一點。」

「你先回旅館吧，傍晚的時候，再去找你。」她好像哄著我似的，用溫柔的口氣說：「我先去值班了。」

騎在如歌的蟬聲中回到旅館，想起〈秋蟬〉那一首民歌，心想，晚上可以唱給傅依紅聽，她不知道聽過沒有。此時，台北報館的電話就來了。

「阿渡啊，董事長希望你們快一點回來。他想要見見你們。這一次辛苦你們了，他要親自慰勞。」總編輯胡鴻仁在電話中說：「看起來北京已經不會有什麼大事了，有什麼新聞，讓那兩個派去的記者處理就可以。你們回來吧。」

一時間，我也不知如何回答，便說：「那要不要訂一下機票看看。」

由於來的時候是在台北訂的機票，回程如果要和趙慕嵩一起回去，就得從香港走。

「沒問題，台北的旅行社這邊我們來處理。就幫你們訂二十一日的回程機票吧。」

「啊，這麼快！」我直覺的說。

「都去了快一個月，回來休息一下吧。董事長急著要慰勞你們！」總編輯說。

我沒有拒絕的理由。事實也是如此。學生運動的採訪已經結束，北京已不可能採訪到學運的消息，流亡的流亡，失蹤的失蹤，逮捕異議知識分子的傳聞無法證實，他們家裡電話也打不通。能做的，其實不多了。

為了探問兩岸關係會不會受影響，訪問了郵電部、經貿部，他們只能表示，希望開放兩岸三通，經貿開放，老調重彈，並無新意。

市道慢慢恢復常態，小店重開，生意清淡，日子悶悶的過下去。

為了接替我和趙慕嵩，報社已經派一個社會組記者、一個政治組記者來，希望他們採訪社會新聞的經驗，懂得避開危險。

「你們這一次有關學運的報導，大家都很感動，跟著北京的老百姓一起流淚。那一天的報紙，不知看哭了多少人。」胡鴻仁說：「余董事長那一天拿著報紙，一邊看一邊流眼淚。報社的老人說，幾十年來，從未看到他這樣老淚縱橫。」

他指的是六月五日和六日，我分兩天寫了約一萬字的稿子，報導徐宗懋受傷、送醫、急救的過程，引起很大的轟動。因為文太長，我先寫五千多字，繼續去街頭採訪，晚上回來再寫下半部，分兩天登。然而一登了上半部，報館電話接不停，許多人等不及，打電話來詢問結果怎麼樣了，人是不是有救活。而農民工小邵、李護士和天壇醫院救治的故事，他們正直勇敢的人格，更感動了許多人。

「那只是真實的故事，北京的學生和老百姓太讓人感動了。」

「余先生很想看看你們，沒事了，就先回來吧！」

是該輪換的時候了。《自立晚報》也派了記者徐璐來接續黃德北。

徐璐一下了飛機，直奔東方飯店，和黃德北會合。到達的時候，她從背包裡拿出兩包小盒子，面色神祕說：「這是你兄弟李疾要給你的。」

我看那外包裝，好像台北檳榔攤的盒子，上面還印有女生清涼性感的泳裝照，打開一看，果然是兩包檳榔。我不禁哈哈大笑起來。李疾和我是一起採訪社會運動共患難的兄弟。我在陽明山和他一起合租了一間農舍，作為寫作的書房，我常常住在那裡。他大約也不知如何安慰這個在北京單獨作戰的兄弟，只好拿了我們採訪台北街頭運動時，常常一起吃的台灣特產檳榔，千里迢迢，直送北京。

檳榔，在台灣的習俗中，有一種喜氣祛邪的作用，他大約看我寫的報導裡有太多死亡的氣息，特地來祛邪。

下午五點多。傅依紅下班回來了。帶著一種老北京導遊的口吻說：「今天沒事，中午還小睡了一下。現在精神忒好。夏天到了，聽院裡的醫生說，北海的荷花盛開，帶你去看看。」

我們先去吃了一碗北京炸醬麵，還在一個胡同口買了兩片西瓜，站在胡同邊和幾個老北京人一起吃。一邊對著地上吐西瓜子。兩個老漢看起來是胡同裡的住戶，打赤膊，搖著團扇，呼呼的吃著，形象特別鮮明。

吃完走了，她才悄聲對我說：「以前，他們都特愛砍大山，聚在胡同口，邊吃邊砍。北京人愛談政治，什麼都敢講。現在，什麼都不想說了。」

轉過小街，騎到北海時，已經吹起微微的涼風。

在北海附近先停了車，緩步而行，只見遠處的海子裡，粉紅、粉紫、嫣紅的荷花，亭亭盛開。荷葉飽滿，雲集如蓋，更襯出荷花的出淤泥而不染的清芬。

沿著長橋緩步而行，我才突然發現，她換了一件水藍色上裝，白色裙子，在白橋上，自有一種乾淨淡雅的氣質。

「妳這樣的打扮，走在荷花池邊，還挺像古代的公主。」我笑道。

「那叫格格。」她輕笑說。「咱們是旗人！」

「哎呀，那小的向格格請安。」

「平身。」她依然笑著。

「都不怕我？我是台灣海盜，來搶親的。」

「搶什麼搶？我草原騎馬的民族，很能打仗的，跟你去當女海盜就罷了。」那最後三個字

「就罷了」，她故意用一種京劇的腔調說出來，別有趣味。我也被逗樂了，便說：「妳算什麼格格，人家格格，走起路來，要搖曳生姿的，搖呀搖的，妳會嗎？」

「像這樣？」她在橋上，兩手交握腰前，學著京戲搖曳生姿的姿態，走了幾步，自己都笑了起來。

此時，恰好有一個四、五歲的小孩子從橋的另一端突然跑了出來，正向前衝，猛一抬頭，看見她走路的樣子，竟呆住了，停了下來。

她也愣住，笑了起來，說：「不玩兒了。」

那小孩子呆望著她，竟乖乖的從眼前走過去。他媽媽從後頭追來，牽起他的手說：「發什麼呆。走啊！」

傅依紅忍住了笑，輕咬唇，說：「被格格鎮住了。」

「魂被吸走了。」我說。

在北海的水湄倒影中，她款步而行，不知是高䠷的身形就吸引人，或是天生的氣質，確實有一種獨特的韻味。那是介乎少女與女人之間，一種將熟而未熟的青春之美。

我想起昨夜，她偎依在懷中的纏綿，像初初開放的花蕾，幾分羞澀，幾分迎擁，幾分愛慾，也有幾分畏怯。彷彿那不只是對異性身體的陌生，也是對她自己的身體、肌膚、敏感的觸覺，竟有這樣的慾望和反應，有幾分陌生、恐懼和歡喜。

像一朵初開的春花，開始熟悉慢慢綻放開花瓣來的自己。

「不想走了。讓我長駐北京吧。」我忍不住說。

「那就留下來唄。」她高興的說。

然而，轉瞬間，她隨即明白了，眼神微黯下來，低語問道：「什麼時候得要回去？」

「報館來了電話，大老闆要召見了，最近得要回去了。」我說。

「哦……。什麼時候？」她輕聲問。

「二十一日。報館說要去訂那一天的機票。這時候，航班也沒什麼人，機票應該不難訂到吧。」

雖然在我心中，真希望他們訂不到。

「今天是十八日了，那就是三天以後了。」她黯然說。

「嗯。」我們倚在長橋的欄杆邊，望著一池夏日盛開的荷花，那些姹紫嫣紅，都只剩下一種傷別的神色。

夏日的黃昏緩緩下沉，晚霞逐漸轉紅，斜光照著荷花荷葉，曲線溫柔，浮光流動。池水如鏡，倒映晚霞，霞光倒映在她臉上。她的眼睛望著池水，明亮如小湖。

晚風吹動，空氣中漾起一絲涼意。

我想起以前讀的一首詩，是楊萬里的〈小池〉：「泉眼無聲惜細流，樹陰照水愛晴柔，小荷才露尖尖角，早有蜻蜓立上頭。」

「我特別喜歡晴柔這兩個字，是那種柔美的好晴天。因為有這兩字，後面剛剛出生的小荷才有一個美麗的環境，讓它露出尖尖角，停在上面的蜻蜓，也變得很美。」我說。

「現在的晚風，也是晴柔的感覺。」她說：「被你這樣一形容，那些荷花會很開心。」

天色暗下來之後，北海蒙上一層淡淡的白光。舉頭一望，才看見十五的圓月已高掛天空。清涼的銀白月光，灑在荷花荷葉上。如鏡的北海泛著鏡一般的冷輝。

「那一天，我來送你，好不好？」我們坐在海子邊上，她靠著我臂膀說。

「可以啊，車上就我和老趙。」我說。

「前幾天答應幫人值班，沒想到現在就可以用上了。」她有些傷感。

「如果沒有在北京騎自行車，慢慢的走，慢慢看，很難體會到北京的美。」我有感而發的說：「就像夏天在胡同口吃西瓜，在月光下騎車，看黃昏的故宮城樓，在天安門放風箏，月光下北海看荷花。這些都很美。」

「嗯，也是多虧了你，我才會這樣走。」她微笑說：「我們平時也不這樣，如果不是要帶你，我也不會自己一個人來故宮看城樓，來北海看荷花。北京人天天看，什麼都不稀罕了。」

「嗯，六百年古都啊，真的不一樣。得慢慢去感受。」

「這一次，你也夠辛苦了，在廣場出生入死的，在醫院奔波求救的，唉，總算讓你看看古都之美，緩一口氣，下次還會想再來。」

正說著，我忽然想起，在月光下繞著故宮城牆慢慢走，會是什麼感覺呢？於是決定繞故宮走一圈。

我們先繞到西邊，再繞到東面正門。月光下的紫禁城靜悄悄，紅牆幽暗平滑，莊嚴高聳。我忍不住說：「這麼高，沒法爬，什麼武林高手都跳不過去啊。武俠小說都是吹牛的。」

她輕笑說：「楊大俠是要去盜國寶嗎？」

「哪敢？只是去後宮幽會而已。」

悄無人聲的故宮，有一種寧靜肅穆之美，帝國的無數幽靈，還深深鎮住這一座城池。

我們繞到午門，望向中軸線，也就是天安門的方向。月光照亮了那一條長長的道路，隱隱之中，彷彿看到道路的盡頭，便是遙遠的天安門廣場。

我忍不住對她說：「走，咱們試著走出去看看。去體會一下古代的皇帝從皇宮走出去，是什麼感覺。」

傅依紅說：「好啊，去感受感受一下古代的感覺。」

「君臨天下。」我笑道。

「衛兵會不會擋著？」傅依紅有一點擔心。

「試試看吧，過不去再回頭。」

我們從自行車上下來，推著車慢慢走，讓自己看來像一個悠哉遊哉的遊客，一步一步，往天安門城樓的方向走。

這一條是北京的中軸線，故宮在北京的正中心，我們就站在中心點上。

緩步而行。傅依紅笑著說：「路還長著哦！」

然而剎那間，從門樓的後方，一左一右，走出來四個衛兵，把我們攔住了。

這一次比較有經驗了，沒有嚇一跳。我還未拿證件就說：「要通過這裡，到前面的飯店去。我是住那邊的飯店的。」

年輕的衛兵看著我的台胞證，翻了兩三頁，似乎他是認得的。

傅依紅說：「這裡走近一些，給個方便吧。」

或許這一條路並沒有不准通行的指令，衛兵很快放行了。

我們帶著僥倖的小小快樂，往前走。再一回頭，衛兵已隱沒在門樓的暗影中。

在幽暗的長路上，月色更加明亮，照亮了兩邊的古代宮廷建築。那是清朝時期官員入朝時等候的廡房。此刻它早已變成古蹟，悄然無聲，在月光下發著典雅的幽光。

我們再往前走，才發現暗影中還有許多部署的崗哨，都是荷槍實彈的士兵。或許他們已看到我們在前方被盤查過了，並不攔查。但月光映照下，崗哨的衛兵身影竟如同古代就已站立了幾百年的士兵。

沿著這條長長的皇家中軸線，經過兩旁的廡房，經過兩邊的老樹，和樹影下的崗哨，再走過古老的門樓。我不禁設想，古代上朝，在這裡等候的文武百官，個個正襟危坐，前面是成排的大轎。而在這前方，是皇帝的衛隊，排滿兩邊，他們負責皇室安全。這一班官員，個個戰戰兢兢，靜立等候。當時都是清晨，天還未亮的時候。他們是否也像我一樣，看見這滿城的月光呢？

他們看見的紫禁城，和我現在看見的有什麼不同呢？

如果把現代的崗哨衛兵換成古裝，手執長戟大刀，站立兩旁，那麼，有什麼差別呢？

這個幾百年的老帝國，到底有什麼改變？

我們沿著中軸線慢慢走，一步一步，走過幾個崗哨，走過清朝造的白玉長橋，終於走到了靠近天安門城樓前，一個門樓擋在前方，我們緩步走過去，跨過漢白玉橋，穿過圈起的古代大門樓，就看到天安門廣場，開闊如一片平坦的天下，展現在你眼前。

那種天寬地闊、天清地朗、世界盡現眼前的感覺，是難以形容的。彷彿你從古老的皇宮，張開雙臂，擁抱大地，看見世界，瞭望天下。

我們在橋上高處。站定了，遠望天安門廣場。

月光皎潔，一片銀輝，遍照天安門廣場。那個我曾在此亡命採訪、長哭當歌的地方，如今一片寧靜。天地無言，廣場厚重，承載著歷史的、現在的、未來的命運，所有的榮耀與傷痕，美麗與哀愁。

古代的皇帝，君臨天下，會有這種感覺嗎？

這麼遼闊的天下，誰不想擁有它？

中國人的「天下之大，世界之中」的「中國」思維，和這種感覺有關嗎？

我恍惚能想像到那種「看天下」的內蘊。

想想學生運動時，李祿站在人民英雄紀念碑上，說不定也是此種「君臨天下」的底蘊。那是一種望著大廣場，要爭霸天下的雄心。

這一步一步，在午夜的無人時分，獨自從午門走出來的感覺，遼闊、孤獨、蒼茫、雄渾、悲涼、野心……，萬般思緒，千般滋味，交會於心，深刻而難以言喻。

我和傅依紅從天安門城樓下出來，沿著大街慢慢騎自行車。

夜已深，街道上空無一人。

月光如水，我們在水月中穿行。

有如在古老帝國的大歷史深河裡，感受著某一種神祕的脈動。無聲的，綿遠流長的，神祕而悠然的，沉重喘息的，低低呼息的，這大地和子民啊，那深深之河，仍在脈脈而流。

我想起六百年的明清帝國、八國聯軍、抗戰、內戰、毛澤東建國的城樓講話、周恩來過世之後的四五事件，以及這一次的學生運動，帝國的建立與反抗，群眾的奮鬥與死亡，吶喊與淚水，都在這裡，湧動如浪。

在古老的紫禁城與天安門廣場之間，在北京城的中軸線上，在空間與時間的座標上，彷彿有一條深藏的古老命脈。是權力的魔咒？是帝國命運的密碼？還是幾千年文化的積澱？或者幾千年精魂的合唱？還是隱藏得至深的精神底蘊？

歷史太深，大地太廣，而我還在追問。

36

回到旅館門前，停下自行車，傅依紅站在我面前，望著我，嫣然一笑：「怎麼，還在恍惚？」

「月光太美了。」我隨口說。

「你在想事兒。我一路帶著你走，要不你早迷路了。」她望著我。

這時我才覺知，自己真的不知道如何走回來的。我摸摸她的臉說：「謝謝妳。撿回了一個迷路的小孩。」

她的臉頰，被月色和夜風浸透了，摸起來涼涼的。

她嫣然一笑，說：「乖，上去休息了。」

沖過冷水澡之後，我坐在大片玻璃窗前，望著樓下的北京夜色。一大片居民區的平房，燈火幽微，稀稀疏疏的幾盞路燈，點綴著無邊的長夜。

室內太亮了，只見屋內的光影，看不清外面的夜景。我於是把屋內燈給關了。只留下一盞小夜燈，免得正在洗澡的她出來給嚇到了。

關了燈反而可以把戶外看得更清楚。月光逐漸向西，天空中的藍並不深，是一種被月亮暈上一層白光的銀藍。民房的灰色屋瓦上也披著銀輝。

街道上的民居樓漸漸的暗了下來。雖然這是首都北京，卻像一個安靜的小城。想想那些衝突的日子，機關槍連夜的掃射，居民在街道聚集，喊口號，擋軍車，保護學生，那樣激情的吶喊，那樣堅持的不眠不休，而今一日一日的安靜下來。

一樣的街道，一樣的人，我曾走過的、見過的人，他們的內心會如何想呢？他們正在想什麼？今夜他們的心情，會和我一樣嗎？

為了抽菸而點亮打火機，卻在玻璃倒影上，照見自己幽暗的臉。我看見一個陌生的臉：一雙空洞的眼睛，飄在陌生的城市上空，獨自站在遠遠的高樓上。採訪這個城市這麼久，卻彷彿還沒有了解這個城市；採訪學生運動，卻彷彿還沒有了解學生；走了這麼多的路，卻彷彿還未了解這個大地；看到這麼激烈的事件，卻彷彿還有太多未曾解開的謎題……。

即使只是故宮，都這麼深，這麼沉，每一個角落，都有它的故事，這麼難以追尋。更何況整個中國。那麼遼闊的大地，那麼長遠的歷史，這個渺小的人啊，即使用一生，能追尋到答案嗎？而經歷過這麼劇烈的苦難，目睹著悲劇在眼前發生，自己卻毫無辦法，只能站在那裡，目睹著巨輪的輾壓，那種無力感，真是永生難以釋懷。

我知道自己的內心，似乎有一個地方，徹底空掉了。某一種精神性的東西，永遠不在了。我不知道怎麼形容，只知道，我再也不會相信革命。那種召喚理想，召喚犧牲，召喚「為了下一代人犧牲這一代」的精神，為了某一種情操去拚命的奉獻；都不復有意義了。

某一種精神性的東西已經死去，大概就是這種「不再相信」的虛無感吧。

那麼，在這虛無的世界裡，人的生命啊，該是一種什麼樣的活法？

她沖過澡走出來的時候，呀了一聲。「怎麼這麼暗？」

「看看北京的夜景。」

倒影中，她換上白色T恤，一雙白而修長的腿，在小夜燈的光影中，緩緩朝我的背後走來。身影襯著窗外暈染的月光，星子稀疏的夜空。

她站在我的背後，說：「怎麼一個人，自己坐這裡。」

「正在想著，北京慢慢安靜下來了，以後的日子還是要過下去。可是人啊，人的心啊，會怎麼想呢？人啊，以後會是一種什麼樣的活法？」

她默默坐下來，靠在我身邊。

「還是要上班開刀，門診看病。要不，病人誰看哪？」她握著我的手說。「日子，總是要過下去的。」

「好像有一些什麼精神性的東西失去了，我說不上來。」

「你說呢？是什麼精神性的東西？」

「一種為了理想，為了希望而奮鬥，生死與之至死不渝的精神，好像不再存在了。」我說：「好像一種大失望，大絕望，大虛無。最後只能說，活著就是勝利。讓自己好好活著。」

「嗯。我知道。我們醫院的很多醫生也都是這樣說的。」

「妳看，北京人那時候拚了命的要保護學生，要打倒官倒，要去街上說服解放軍。那麼來勁。可現在，好像沒了那一股氣，連吃西瓜都吃得懶懶的，砍大山都不想砍了。」

「人的日子，總是要過下去。有些事，放在心底吧。」她沉靜的說。

「這種夜裡，望下去，不知道有多少不眠的心事？」我憂傷的說。

她從背後抱著我，說：「我真的很好奇，你的腦袋裡，到底都裝了什麼東西，老是想東想西，想個不停。一會兒故宮，一會兒學生，一會兒月光，一會兒荷花，一會兒歷史長河，一會兒憂國憂民，好複雜……」

「啊哈，腦子太多條線，打結，壞了。」我笑說：「妳得開刀，幫我解開。」

「真的好想哪一天，把你腦子打開看看。」她開心的笑了。「就用那種小鎚子、加一支小鋸子，把它敲開。」她用手指輕撫著我的腦袋，好像在檢查哪裡可以下刀。

「好。以後我腦子壞了，讓妳修理。」

她在我身邊坐下，把腿伸直，看起來特別修長。洗過澡的肌膚，冰涼光滑，帶著絲質的觸感。

「北京的女生，看起來身材都挺好的，可能跟騎自行車有關吧，天天運動，不會肥胖。」我隨口說。

「當然，都挺好看的。」她說完，轉念一想：「你天天在街道上看北京女孩兒？」

「不是啦，台北還有一堆健身房，在北京根本不必，只要天天騎自行車上下班就行了。像妳就身材挺漂亮，挺修長的。」

我也把腿伸直，一比，她笑起來了，得意的說：「我的腿，比你長。」

「這不公平，我們身高一樣，怎麼妳的腿比我長。」我抗議說：「上帝偏愛女生。」

她靜靜伏在我的身上，望著夜空。

這慢慢沉靜下來的古都，彷彿安靜的凝視著，就有許多回憶湧上來，讓人思前想後，帶著一種無名的憂傷。

幽幽倒影中，兩個身影結合成纏綿的影子。

像荷花盛開，總是一瓣一瓣的綻放，她也慢慢的綻放。她的身體彷彿有了自己的生命力，像一朵荷花，粉色的，紫色的，嫣紅的，嫩白的，顫抖、搖曳、嬌嫩的荷花。如盛夏晚風，濃密溫熱，如月色滿盈，纏綿傾注。

月光從窗外照進來，照在她蛋青色的頸子上。

37

離開前夕，我邀請北京的朋友一起聚餐，把帶來的那些未喝完的酒喝光。

剛從台北來的同事帶來時報出版公司新出版的《北京學運五十日》。媒體的朋友一邊看，一邊哈哈大笑起來。尤其看到大遊行的時候，幾個《人民日報》、《新華社》、《光明日報》等媒體的記者編輯，拉著長布條一起遊行，簡直樂壞了，邊喝邊笑說：「哇操，那時候，我就在這一隊裡面。」

另一個邊翻邊笑道：「媽的，這些鏡頭，都拍下來了。太好了。至少留下記憶。我們報社都不讓發了。」

「可惜了，我們報社也拍了許多照片，沒用了。」

我們在深深的感傷中，不知不覺喝到微醺。但我們都不敢喝醉，因為怕自己的情緒失控。

「你不必難過了，回去台灣，報社準備了英雄的儀式歡迎你們哪！」從台北來接班的同事說。

可是，我卻有一點怕回去。北京太壓抑，太寂寞。我已經習慣像孤狼一樣，在街頭採訪，在戒嚴下生存。突然回去那完全相反的英雄式的歡迎會，我怕會不知所措。

北京朋友問我臨別感想，我一時語塞，只能說「恍如一夢」：中國太大，無論發生什麼事，都是最大的。學生運動，百萬人大遊行，規模是世界上最大的；鎮壓也是最大的，傷亡也可能是最大的。我也有很絕望的至暗時刻，卻也有峰迴路轉的希望。以為是必死的絕境，卻帶來新生。

中國太大，歷史太深，我還沒有弄明白。我只能這樣回答北京朋友。

朋友走了以後，我慢慢整理東西。文稿、底片、錄音帶、資料。每天寫好的稿子，確定台北已收到，為了避免被監控，都已銷毀。如今也沒有需要帶的文稿。

這麼長時間的採訪，在北京買的宜興茶壺，已經被我泡出了茶色。而台灣帶來的烏龍茶也早已喝光，幸好同事幫我帶來新茶補充。

茶，大約是我出差採訪時，必帶的鄉愁吧。在異鄉的早晨和夜晚，一杯熟悉的茶，就可以和故鄉連結起來。

可能怕打擾我和朋友的聚會，傅依紅九點多才過來。她已經請了明天的假，準備送我去機場。我泡了一壺台灣烏龍茶，再把最後的茶葉送給她。可她只是淡淡一笑說：「你把那一件上衣留下給我吧。」她指著那一天我們去護城河穿的短袖T恤，我丟在行李箱的上頭。

「那一件還沒洗，這一件比較乾淨。」我拿了身邊一件水藍色長袖襯衫，「這個質料還不錯，好像是薄綢的，夏天穿比較涼快。妳穿起來應該很好看。」

「可是，我想要那一件。」她微笑堅持：「還有你的味道。」

「好吧，如果妳要聞那味道。」我笑著說：「可是，妳穿這一件一定很漂亮，水藍色。」我拿給她試穿。

她有點感傷的說：「好想把你留下來。」

「好想把妳帶回去。」我說。

望著她明亮的眼睛，我忽然想到，長這麼可愛，她青春時代怎麼會去讀醫學院，便問道：「認識這麼長時間了，都沒聽妳說過妳小時候的事。妳小時候，漂亮嗎？」

「不漂亮。」她斷然說：「媽媽說我小時候長得像男孩子，個子又高，剪個短髮，就像個小夥子。」

「啊？妳長得像爸爸？還是媽媽？」

「他們都說我像爸爸。可是媽媽說我比較像她。媽媽手巧，她可是非常會刺繡。文革的時候，她繡了一幅毛澤東像，大大的一幅。一拿出來，大家都驚動了。佩服得不得了，還受到表揚！」

「哇，太厲害了。刺繡的人像，不容易啊！」

「繡的毛澤東站在井崗山揮手，漂亮極了。」

「找一天一定要去妳家看一看。」我說：「所以妳這巧手，是有遺傳的。把刺繡變成手術刀了。」

她笑起來：「是啊，你不說，我還沒想到。」

「一個女生，怎麼會去讀醫科？」

「我媽媽說，讀醫科，可以幫人治病，碰上政治風波，比較不會有人來整你。我爸爸就是醫生，文革時候，沒什麼人會找他麻煩。大家總是要看病的。」

「小時候長得像男生，什麼時候覺得自己變漂亮的？」

「從來不覺得啊，我媽總說我個性太自我，沒一點女孩兒的樣子。……」

「怎麼想學神經外科的？」

「我對研究比較有興趣，想研究人的腦子到底是怎麼構造的，怎麼人的思考，會這樣複雜。」

「妳研究出什麼來？」我大感驚奇。

「還沒哪，才剛剛從學校畢業，先當一陣子醫生。有機會再說。」她似笑非笑說：「研究你的腦子，應該很有趣喔？」

「打開腦子，看看把妳存在什麼地方？」

「我選擇腦科，主要是因為人類的一切行為、思想、反應、行為等，全部都由腦子跟神經控制。這是最關鍵的地方。我想要做這一方面的研究。」

離別前夕，聽她談著自己，彷彿親歷了她的成長，畢竟，我未曾如此貼近的了解一個北京人的生命史。那種真實的生活感，是在報導文學、小說中所無法感受到的。

十二點多，沖過澡後，我們坐在窗前看夜景。

我怕她今天開了一下午的刀，站著做腦部手術，「那種全神貫注、不能出一絲差錯的活兒」，累壞了。便問她要不要睡了。

她卻說：「好捨不得睡。」

我讓她靠著我的臂彎。她沉默的望著窗外的夜景，似乎有心事，我想或許明天便要分別，她心中難過吧，便把她抱入懷中。

「怎麼都沒想到，」她柔聲說：「有時候我在想，如果早一點遇見你就好了。可是，唉，怎麼都沒想到會遇見一個台灣人，以前，我甚至不知道台灣在那裡。」

她輕輕的握著我的手，放在自己的胸前，沉思著說：「如果不是這一場學生運動，你也不會帶你同事去醫院，我也不會遇見你，我們也不會在一起。」

她的鼻息在我的胸口，熱熱的。

「好像冥冥之中，有什麼力量，把我們牽引在一起。」

「有時候想想，有點難受。」她輕聲說。

玻璃窗前，北京之夜，幽暗無邊，只有點點夜燈，微小如螢，飄浮著孤寂的光。

「妳不要難過，在這麼大的北京、這麼大的中國，今天晚上，不知道還有多少人，會懷著這樣的心事，還有多少人因此改變了命運。」我說。

她默默的點頭。

「妳知道嗎？我曾在廣場遇見一個從東北來的男生，三個從廣州來的女生，他們都坐了三天三夜的火車，才到北京，在天安門廣場相遇了。好像千里萬里，只是為了來這裡相見。過幾天，就出事了。不知道六月四日那一天早晨，他們在不在廣場？他們有沒有平安撤退？不知道他們會不會戀愛？像我們這樣，可以相愛，互相安慰。」

「希望他們會在一起。」她柔聲說。

我們緊緊的相擁。

我想起張愛玲的〈傾城之戀〉，就跟她說了故事。

「我記得最深的是張愛玲說，彷彿這一場戰爭，是為了成全他們的愛情。本來在浮世中只是認識，各走各的人，卻因為戰爭在一起了。」

「可是，我覺得我們不一樣。」她沉思著說：「我們，好像有太多的不可能的事，才會遇見。」

「嗯，有那麼多的人，在廣場受傷，被送去不同的醫院，」我回想著，也覺得不可思議，說：「那麼湊巧，他偏偏被小邵救了，送去了同仁醫院；還好同仁醫院救回他的命；而子彈偏偏打中了他的頭，同仁醫院認為他是腦部受傷，一定要送來你們這裡開刀。如果不是這樣，我怎麼可能遇見妳？」

「那天一早，我要去醫院工作，媽媽還說，外頭開槍了，就別去了罷。可我想，萬一有學生受傷，需要治療，那怎麼辦？我就趕緊衝過去了。沒想到會遇到你們。」她說：「這麼多的不可能啊，這麼多的萬分之一的機會，連在一起，我才能碰到你。」

她把我的手指，放在唇上，輕輕含著，像個小女孩。

「回想起來，好像從一開始就註定了。來北京的那一天，我在馬尼拉的飛機上，只聽到有人一直叫我的名字，我想說，馬尼拉耶，這個陌生的地方，怎麼有人認得我？不理他。沒想到，竟然是徐宗懋，也真是奇遇。」我笑著說：「我們根本沒有約，竟然搭同一個航班。然後，他又是匆匆忙忙，沒訂旅館，只好跟我住同一間房。然後，他出了事，只好由我負責。好像冥冥之中，上天自有安排。」

「那一天晚上，睡你旁邊，看到你做惡夢，不知道為什麼，覺得很難過。讓你們受苦了。」她的手指輕輕放在我的胸口，劃了一道弧線。「好像，經歷過那麼多的死傷，那麼悲哀的代價，我才能遇見你。」

「我也是。如果不是你們救了他。如果他死掉了，我大概會對中國絕望至死吧。」我回憶著說：「還好，是你們救了我。」

她沉默的聽著，像要安慰我一般，用手掌的掌心，柔柔的撫著我的胸口。

「妳知道嗎？那天早晨，我帶了宗懋去你們那裡，看到妳的眼睛，盈滿了淚水，叫主治醫生不要再寫報告了。我可能當場就愛上妳了。」

「啊？真的？」她有點訝異。「那時候，那一個早上，哦，兵荒馬亂的。一堆受傷的人啊……」

「真的。就那一瞬間。」我轉過頭，注視著她的眼睛，說「妳的眼睛，那時候盈滿了淚水，我就想，那麼善良，那麼慈悲的眼睛。我一輩子都會記住。」

她臉頰微紅，望著我。

「我愛妳。」我對她說。這是我第一次這樣對她說。

「我愛你。」她動情的說。

我們再次緊緊相擁，有如走過了千山萬水，走過烽火連天，才終於相遇；有如在這個亂世裡，人生只能有這一次的相遇。

她的擁抱，帶著一種死去都無所懼的決絕。

彷彿此生，只要愛這一次，什麼都不管，死了就死了吧。

那是近於一起赴死的愛戀。

月光斜照，願世間受傷的人，都擁有可以互相撫慰、溫潤如玉的愛。

第八章

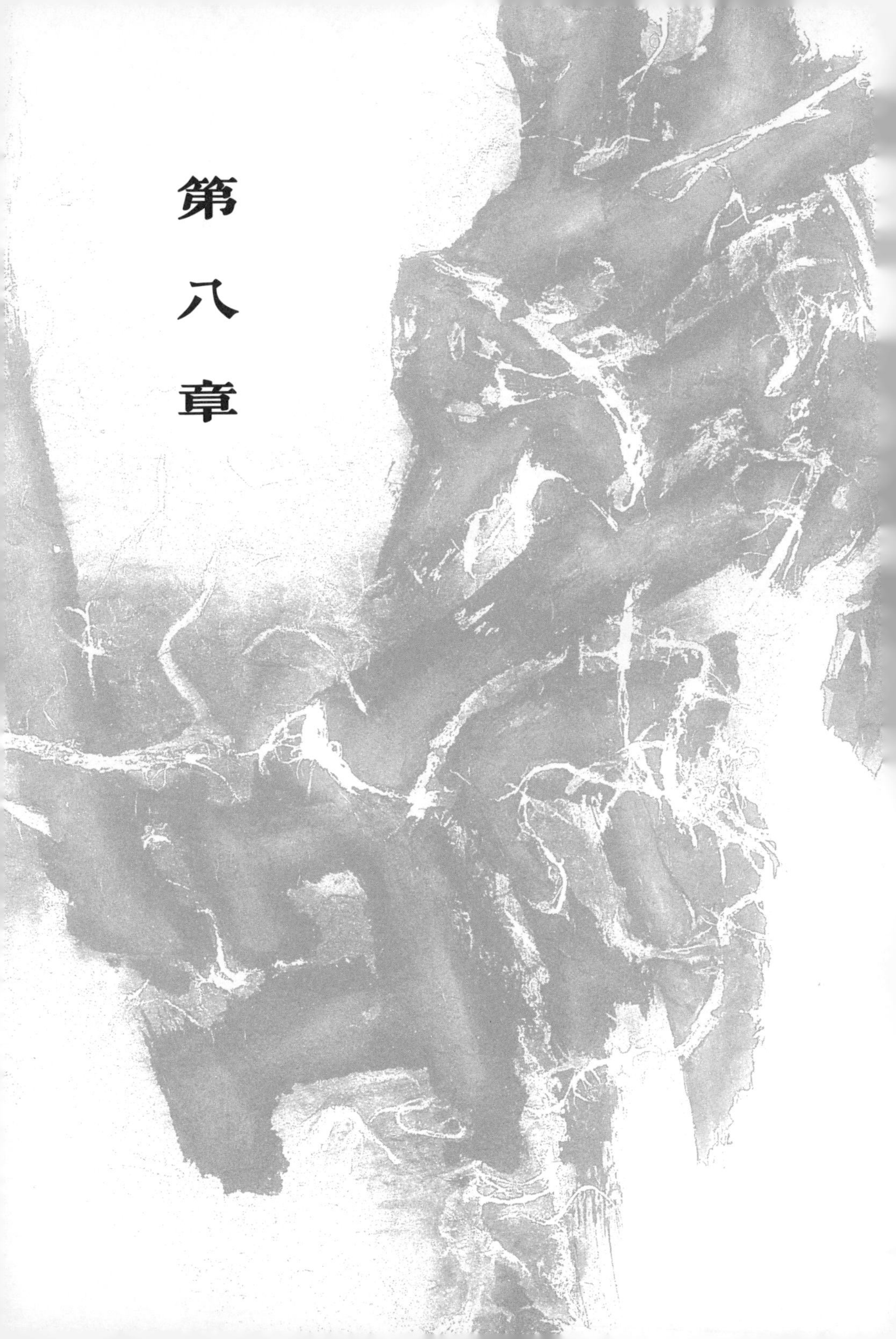

38

三十年之後，我想起一九八九年六月二十一日，離開北京的那個早晨，就會回憶起那一條陽光燦爛的小街，在略帶蕭索而近於清寂的市井裡，遠遠傳來自行車叮鈴叮鈴的聲音，耳中聽著京劇小曲，望見傅依紅清亮的回眸。經過三十年悠悠的時光之後，我終於領受到，那是北京最美的純真時刻。

那一天，我提著行李，從東方飯店走出來。傅依紅挽著我的手，走得很慢，彷彿不想走似的。早晨的陽光清澈明淨，從小街的一方照過來，照在她乾淨的身子上。淡藍色短上衣配上潔白的衣領，一襲過膝米白色綢裙，襯出她高䠷的身形，剪短的頭髮俏麗英氣，濃密黑亮，愈發顯出她一雙黑白分明的大眼睛，和粉紅潤澤的唇色。

我把行李放在飯店門口，等候司機的到來。

飯店在轉角，大門正對著前方的十字路口。路口斜對角的小街邊，一個北京老漢，穿著泛黃的汗衫，一雙黑布白底的老布鞋，踩著一輛後方有座椅的載人三輪車，嘴上哼著小曲，似乎在唱京戲，悠悠晃晃的從飯店門前經過。在出租車非常稀少的北京，飯店門口總有一些三輪車悠轉著，用更便宜的價格，載觀光客去天安門、故宮、琉璃廠等地逛逛，這是常有的。

這個車伕看起來約莫中年，比較瘦，我可以認出來，他不是六月四日那一天早晨，拚了老命踩三輪車，載我去醫院搶救中槍同事的那個硬朗的北京老漢。可他熟悉的身影，讓我想起北京人熱血的本性，忍不住多望了他兩眼。

他抬頭看看我的行李，用手比了一下，示意要不要坐車。我笑了笑，對他搖一搖手，點點頭，表示不用了，謝謝。

他嘴唇似乎還在哼著小曲兒，微微一笑，踩著三輪車走了。

高興或悲傷，這尋常的小老百姓，日子總是要過下去的。我心中想，卻感到無法阻卻的依依不捨。

傅依紅站在我身邊，帶一點心領神會的別緒，也不想說破，便微笑說：「看起來，他正哼著樣板戲呢。」

我想起護城河邊柳樹下，她教我唱〈共產國際歌〉的夜晚，也唱過樣板戲《沙家浜》的鬥智那一段，可我怎麼也學不會北京人的捲舌和京戲韻味的千迴百折。她總是笑彎了腰，說我是故意裝的「台灣大舌頭」。最後我只學會了一句最簡單的「我們是工農子弟兵，來到深山，要消滅反動派」。

那是沒有什麼京戲韻味的唸唱旋律，比較容易學。她一聽到，咯咯笑個不停，直說：「你回台北再這樣唱，小心會被抓去坐大牢！」

「這麼遠，妳都聽得到？」我望著那老漢，問她。

「聽不到啦，只是一看他那嘴形，搖頭晃腦的模樣，就是北京人的味兒。好像唱的是『來的都是客，全憑一張嘴』。」她看著車伕，用京戲的韻味唱了兩句，眼神輕轉，嫣然一笑。

這一眼有幾分嫵媚，看得我心旌動搖，便央求說：「妳再多唱兩句嘛，真好聽。」

她笑了，說：「那你別走了。留下來，我教你唱。」

「怎麼被妳說中，我真不想走了。」

望望四周，也沒什麼人，我央求道：「只要唱最後那幾句嘛。反正司機還沒來。」司機是時報雇用的，他住在比較遠的地方。昨天約了早上八點半到九點之間來，送我們去機場，此時還沒到。

「早知道，小時候就跟我媽好好學。」她輕聲笑著，唇邊有一個小小的酒窩。她垂目想一下，眉毛微微一揚，說道：「你愛聽那一段，就唱那一段就好了。」

她側臉望我，粉紅唇色微張，舌尖輕輕挑動，唱道：

壘起七星灶，銅壺煮三江，
擺開八仙桌，招待十六方。
來的都是客，全憑嘴一張，
相逢開口笑，過後不思量。
人一走，茶就涼。

望著她的紅唇白齒，在那「涼」字的餘韻裡，緩緩開合，起伏跌宕，我不禁出了神。唱完，她淺淺一笑，羞色道：「唱到這裡。再下去就不行了。」

「下次要錄音，回去了，還可以再聽一下。」

「你會想我嗎？還是人一走茶就涼？」她感傷的說。

「啊，當然。一生都會記得。」我握緊她的手。

「下次待久一點，北京還有很多好地兒。」她說。

「下次妳帶我去玩，我們騎自行車，去觀光客到不了的地方。」

我望了望飯店前的十字路口和旁邊冷冷清清的小街，平常幾個賣水果的小販也沒出來擺攤子。我們住的東方飯店，十七層樓高，兩側有樓，至少可以住上幾百人，六四之後，連美國、日本都撤僑。飯店更沒有了客人，只剩下我們四、五個採訪記者還在撐著。飯店空蕩蕩、冷清清。除了我們住的樓層開著燈，其他樓層一片黑暗。有幾天，他們甚至為了省電，把中央空調的冷氣關起來，直到晚上我們採訪回來才打開。當然，飯店門口更沒有人排班幫客人開車門提行李了。

「飯店都這麼冷清，你們走了，連客人都沒了。」她回望著空蕩蕩的大堂。

雖然北京天氣開始熱了起來，但在樹蔭下還是涼快的。這時節的台北，快要放暑假，蟬鳴應該唱得滿城陽光了。

一輛北京吉普開了過來。司機小李把車停在門口，我把行李丟到吉普車行李箱，把隨身行李掛在肩上，等報社同事趙慕嵩下樓。

報社同事趙慕嵩的行李比較多，小李上樓幫他提。除了要帶回台北的衣物，還有一些是要留在北京，以後來了可以用的生活雜物，像是煮東西的電爐、鐵鍋、茶壺等，存放在司機那裡。

趙慕嵩是北京人，因為抗戰，自幼流亡，一九四九年到台灣，做了許多工作，後來到《中國時報》擔任高雄特派記者，地方上人稱趙老大；一九八七年兩岸開放後，他爭取到北京採訪，成為駐京記者，他說服報社買了一輛新型的北京吉普，請一位司機，坐起來頗為拉風。

趙老大拉著行李下來，一看傅依紅依依難捨的牽著我的手，二話不說，自己坐到前座說：

「前座寬一點，給胖子坐。你們坐後頭。」

車子從胡同開出來，進入珠市口大街。

「幸好我一開始就決定住這裡，不跟那些老外記者湊熱鬧。我當時一看，媽呀，一狗票老外記者全擠在一起，住北京飯店，那不正好被一網打盡？」趙老大不無幸災樂禍的說：「這些老外，太天真了，不了解老共。你看，全部被盯得死死的，房間被搜，照片被查。哈哈哈，還是我們中國人自己比較了解國情。」

「我們從前門大街走吧。我想繞一下天安門廣場再走。」我對司機說。

那一天早晨，我和徐宗懋、趙老大，就是一起從前門大街，走進了天安門廣場。現在要走了，我想再回顧一眼，也算是跟廣場的靈魂告別吧。

「從那邊繞過天安門廣場，再走長安大街吧。」老趙說。

前門大街慢慢恢復了一點市集的氣氛。路邊濃濃的樹蔭，讓小街有一絲夏日的氣氛。早晨的陽光斜照，穿不透兩旁的舊房子，平日裡賣老布鞋、南北雜貨、成衣布褲的小店剛開了門，一間老店的店員拉開舊式門板，把衣服、攤子擺到門口。雖然整體看來還有些冷清，總是慢慢在恢復了。

車子向北，進入崇文門大街，轉向寬大的馬路，車輛稀少。我們繞過天安門廣場東側，那一天早上我們躲避解放軍而藏身的歷史博物館前方，現在停了兩三輛軍用吉普車，持槍的軍人站在那裡，似乎只是警戒，並無什麼人經過，所以他們神情輕鬆。

幾天前我曾在這裡目睹著學生最後的撤退，想到那時的血淚槍聲，竟恍如一夢。

車子轉上長安大街，公安部前，也只見幾輛公安的車排在那裡，門口也沒什麼警戒。

看起來，這是一個平靜無波的日子。

「長安大街，挺平靜的。慢慢回復平常的生活了。」我對趙老大說。

「軍隊和公安都沒事了。」他漫應著，拉長尾音道：「可以走人了。」

此時傅依紅望著前方南池子大街，用手指了指。那裡是我們初識不久，她帶我騎自行車走過的地方。有濃濃的樹蔭，小小的街道，過了東華門，沿著故宮的護城河慢慢騎，可以繞到故宮的後方，那裡可以看見景山。

她握著我的手，大拇指在我的左手心上，輕輕的、溫柔的畫著圓圈。

車子慢慢駛出市區，離開朝陽區狹窄的道路，向著機場的方向開。

幾爿老舊的市招，灰撲撲的店舖。幾家小糧店的門口堆著幾十顆大西瓜，有一顆切開的，看起來鮮紅多汁，特別涼爽。

「夏天來了。」傅依紅微笑說。

我想她一定是想起幾天前，我們在故宮附近的東華門小街上，繞著護城河走累了，買了西瓜，站在路邊，這樣大口大口的吃了起來。

在地的市民也是如此。切個大西瓜，光個大膀子，坐在路邊吃西瓜，用老北京話「砍大山」，讓西瓜汁液隨興的滴下。那該有多過癮。

「這就是我們老北京的生活。」當時她手拿過一片西瓜遞過來給我，輕笑著。

路邊有一個婦人，抱著半顆西瓜，提了一個菜籃子；一個老漢搖著扇子，坐在街邊。幾輛自行車依然來去，老日子一樣過。

「如果不是遇見她，這個採訪，我不知道會有多絕望。」我在心中想。回頭握緊了她的手。

「別了，北京。」我在心中說。

車抵北京機場，陽光一片燦爛。

和六月初的陰雨相較，夏天彷彿已經來了。

機場的蘇聯式建築已經老舊，只有毛澤東飛揚的題字，紅色「北京」二字，高掛航站樓上方，在豔陽下顯得異常鮮亮。

我們把行李箱取下，趙慕嵩很老到的和傅依紅告一聲再見，自己提了行李進機場，刻意留下我和傅依紅話別。

傅依紅牽著我的手，只站在陽光下，依依看著，說：「要記得寫信。」

「妳也是。」我望著她的眼睛。

她淡淡的笑了，叮嚀道：「可別亂寫哦。」

「好啦，免得被偷看。妳辦公室電話，就上班時間打。其他的，就是週末打到爸媽家。對吧？」

「嗯，都記得了！」她叮嚀道。「下回要來，先給我寫信，或者打個電話。」

其實這些話，昨夜都說過了，只是依依難捨。

司機發動車子，開到前面等。

「進去吧。他還在等你。」她說。

「我有交代司機帶妳回醫院。」我說。

「看你走了，我才放心。」她抬眼看著我。

我有些傷心，本想說：「如果不是妳，我不知道能不能撐過來，不知道自己會絕望成什麼樣子。」可說不出口。最後只有握緊她的手說：「謝謝妳，來送我。」

雖然只是認識了十七天，可是一起共患難的感覺，卻讓人彷彿認識了一輩子。此刻一別，那些共同擁有的記憶，就只能鎖在心裡。

「記得給我寄幾張照片，讓我看看你在台北的樣子。」她望著我。

我伸出手掌撫著她的臉頰，手指輕輕滑過她柔軟的唇，微微溼潤的唇，彷彿要張開來。

「下一次，再教我唱歌。」我想起護城河邊的歌聲。

「不要，你大舌頭！」她微笑著，眼中卻有一點濕潤。

我忍不住抱住她，緊緊的，用力的一抱。

「好啦！」她忍住了淚，有點不好意思，眼神望了一下旁邊，有個機場公安在看著。這樣西方式的公開擁別，在保守的北京還是非常少的，她害羞起來，低聲說：「該過去了，趙老大在等著呢。」

「好吧。」我依依的說。

我提起行李往機場走去。一回頭，她還站在車子旁邊。

「妳先走。」我揮一揮手，輕聲的說。我知道，她會看到我的嘴形。

她點點頭，卻不動。我看同事已經在機場裡等了，便頭也不回的走了進去。

我站在大廳裡回望，司機把車開進陽光燦爛的道路，天空藍得像海一樣深，深透到宇宙的盡頭。

39

一九八九年，六月二十一日，北京／台北

相較於室外的陽光，機場大廳顯得陰暗而悶熱。適應了光線，才發現幾個穿著解放軍制服的海關人員站在各個角落，注視我們走進來。

沒有其他旅客，他們也懶得走動，看起來無精打采，只望著我們走向出關的證照查驗窗口。有兩個穿便服的人，一看便知是安全人員，站在太陽照不到的陰影裡抽紙菸，空氣中瀰漫著一股紙菸的辛辣味。

由於旅客不敢來，眼下的旅客寥寥無幾，我們兩個特別突兀而明顯。

查驗窗口不高，約莫在胸前。我從背包把護照拿出來，遞進窗口，卻一眼看見七張人頭照片成排貼在窗口上。仔細一看，照片裡有嚴家其、蘇曉康、包遵信、湯一介、陳一諮、王軍濤、萬潤南等。照片旁邊同時寫了簡單的特徵如：大包頭、臉型瘦長、牙前凸等。

這幾個人裡，我和嚴家其最熟，六月一日還去他家吃餃子；我也訪問過包遵信。原本我還在想，電視上沒看到他們被通緝，應該都沒事，卻不料就算六四當晚沒有在廣場的知識分子也都沒能倖免。

嚴家其夫婦待我如同兄弟，噓寒問暖，叮囑各種在大陸採訪要注意的事，介紹可以幫助我採訪的人。那時他已預感自己會被逮捕，至少這一場政治運動他難以倖免。

雖然他說得坦蕩，準備承受苦難，可離開的時候，我仍忍不住問：「往後，如果有事，小孩怎麼辦？」

「有朋友答應要照顧他。沒關係的。」嚴家其樂觀的笑著。他的妻子高皋在一旁說：「這種事情在中國，你要避也避不掉。我們都有心理準備。倒是你，對中國狀況不頂熟悉，自己才要小心。守住新聞原則才好，有些事是沒什麼道理可講的。」

那一天，我拎了一瓶法國白蘭地要給他，因我知道他的胃在文革時因營養不良弄壞了，常鬧毛病，便希望他每夜睡前喝一小杯，可以暖胃。但他堅持不接受，並堅決的說：「再這樣就不讓你來這兒吃飯，也不跟你談了。」我只好把酒帶走。

六月四日以後，我好幾度打他家電話，一直無人接聽，我還希望是他社科院的電話被關機了。以迄於今天，準備搭機離開北京，竟而在機場的通緝令上見到他的照片。我心中一陣寒顫，久久才想起他們夫婦當時微笑著說過的一句話：「做一個知識分子，都要有這種準備。」

「然而，他們的孩子強強呢？他們在哪裡？」我在心中問。

當一個知識分子即使不在現場也被列入通緝令，難怪他一開始就預感到無法倖免。

嚴家其的通緝令讓我想起自己背包裡的東西，開始緊張起來。

隨身行李裡，有幾卷還沒有洗的底片，那是我從五月下旬到六四當夜所拍的；最重要的是後來去醫院照顧中槍的徐宗懋時，一個大陸媒體記者特地將他整夜所拍的三卷底片，包括從廣場到醫院裡死傷者的現場底片，一起交給我，含著眼淚說：「這些留在這裡也沒用了，你帶走吧，去什麼地方發表都可以，只要讓這個世界，看見我們這裡的真相。」

1989年6月，《中時晚報》在北京的三名採訪記者，左至右：趙慕嵩、楊渡、郭承啟。背後那一輛吉普車是時報在北京的採訪車。攝影地點在北京天壇醫院後方。

1989年5月底，原本已逐漸冷卻的學潮，因豎立民主女神而再度成為熱潮，人們議論著：未曾看過美國自由女神，來這裡看看民主女神也好。正對著天安門廣場毛像的女神像，有著強烈的對比。

八九學運後期，北京學生主張退出，但外地來的學生不斷加入，變成退也無法退，進也不知下一步。進退失據之間，明顯的顯現在凌亂的帳篷與學生人數的逐步減少。

八九民運的宣傳部，位在天安門廣場人民英雄紀念碑的二層，用竹竿搭起的帳裡。由於有許多人來要求印製他們的呼籲或聲明，或者代為發傳單，所以宣傳部乾脆寫上説明。作為全世界矚目的焦點，宣傳部應該每日有新聞發布，以統籌説明，但實際上，因學運組織已不斷變動散亂，難以統籌。此照顯示了它日常的一面。

位在人民英雄紀念碑二層另一角的財務部。學生大多喝著橘子水配麵包度日，很不健康，而精神緊繃的狀態，更讓一些學生有輕微躁狂的跡象，有不少學生生病了。西安來的學生，甚至開始想念煮熱麵條的香味，想回家，卻又不甘心。

在高揚的各大學旗幟下，許多學生已經多日未曾休息。他們從全中國各地（廣東、東北、西安、武漢等）合聚於天安門廣場，睡在廣場，吃在廣場，曬著烈日，面目黧黑，衣服髒舊，卻一心熱血，仍想堅持到底。

廣場上掛滿了各地的聲援團旗子。如長春電影製片廠、首都醫學大學、河南省許昌市高中等等。看得出來，北京仍是當時全中國矚目的焦點，全世界矚目的中心。

民主女神是中央工藝美院一群師生的共同創作，在三天之內趕出來的。外以石膏，內以竹架木架支撐。多年後我認得了設計製作者，此君談笑風生，說起往事，所有師生不眠不休的幹了三天，用手推車一起推去廣場組合，仍為自己的「手藝活兒」得意不已。

我接過底片，眼睛也溼了。

那是多少人的鮮血和傷口所留下的見證，每一張都是生命換來的。

現在它們在我的手提行李裡。

我想起六四過後，住在北京飯店的記者朋友全部被搜查，有些底片遭到取走。還好我住在南邊一間較小的旅館——東方飯店，才免於大量軍警的搜查。但眼前我該如何保護這些珍貴的底片？

窗口裡，查驗櫃檯的官員不是一般的年輕女性，而是一個穿著公安制服、剪短了頭髮、像軍人的男子，他的背後還站著一個穿了毛裝的中年男子，方形臉，面容白淨，但眼神銳利，不像是一個在海關上班的人，反而像是派來監視的。

毛裝中年男子瞇著眼睛，上下打量著我。那軍人模樣的男子低頭比對護照相片，時而眼睛，時而嘴巴，來回仔細驗證了三次，生怕我是冒用別人護照要逃出國的。或許我的氣質比較像一個台胞，他沒說什麼，蓋了章，把護照還給我。

看著這陣仗，我明白，接下來的海關檢查一定很嚴格，該怎麼辦？

那些敏感的底片有五卷，帶身上目標太鮮明了，我決定把它從隨身行李取下，塞進大行李箱中。至少他們不容易在一堆衣物中找出小小的膠卷。

我跟同事說：我想上一下洗手間。

洗手間有點髒，沒辦法把行李放在地上展開。我只能把行李箱靠在洗手台邊，打開一半處理。

我決定把照片、錄音帶等，分別塞進那一條牛仔褲的兩邊口袋、一件西裝外套的前胸口袋，和背心的肩側口袋中。每個口袋只放一個，這樣至少可以分散風險。我再把牛仔褲捲成一團，西裝折疊好，再用一件襯衫上衣、一本珍貴的郵票冊子（那還是採訪郵電部長送的官式禮物，上面有單位的牛皮紙袋）、幾本朋友送的書，蓋在上面。我想，再怎麼會查，總不至於查到牛仔褲的口袋吧。但我仍留一卷自己拍的底片在身上，算是冒險一試。

行李查驗處站著幾個中年官員。長形臉，戴了一副黑框眼鏡。我有點訝異，因為前兩次進出機場的時候，檢驗人員以年輕人居多，怎麼這時都換了人似的。我心想，官方莫非認為機場的檢驗人員大都是北京人，他們比較同情學生，又看到軍隊的鎮壓，說不定會悄悄放行，所以就把海關的人全部都換了，才能嚴格把守？

但這只是揣測。因為，鎮壓就發生在北京人的眼皮子底下，北京人多少家戶被流彈打過，多少人目睹學生受傷受難，心中自然憤憤不平。此時此刻，在官方的眼中，北京人是不可靠的。

機場沒有其他旅客，就只有我們兩個人要通關。他們好整以暇的站在查驗處。要我們打開行李。那時查驗的方法還比較古老，人少，行李要開箱查驗。我心中忐忑不安的打開來。

「要回家了。」我故作輕鬆說。他正在翻到那一本郵票冊子，我於是說：「郵電部長送的禮物。」

查驗的中年人沒說什麼，只是點點頭，用手開始翻看衣服。我心臟跳動得很快，深怕底片從口袋裡掉出來，那就麻煩了。

幸好，他只是上下翻一翻，確定都是衣服，和一些簡體字書，如當代名人錄之類的，就把衣服放回去，叫我自己去旁邊整理了。

我把衣服重新疊好，蓋子蓋上，再通過X光檢查，終於放心了。

至於我的隨身行李，最害怕的是他們把相機拉開來，萬一底片就這樣曝光，那未免太冤枉了。幸好，也只是打開來看一看，未做什麼翻動，最後看一眼後面的那個監督者模樣的「長官」，後面的人點點頭，就放行了。

我和趙慕嵩兩個人以一種故做閒散的步伐，走向登機口。

這裡沒什麼人，只有三、四個看起來像公務員的人，穿著灰色西裝，坐在那裡，等同一班飛機。

空蕩蕩的機場，冷清清的櫃檯，熱而沉悶的空氣，只有遠處依然飄來安全人員的旱菸味。我們都知道，依然有人在暗處監視著。

但無論如何，終於過關，可以回家了。

我和趙慕嵩禁不住鬆了一口氣，也點上香菸。

趙慕嵩原是在高雄主跑社會新聞的資深記者，和地方上的政界、黑道、白道、商企各界都熟，經驗老練，所以高雄人都叫他「趙老大」。兩岸開放探親後，他自願來北京駐點採訪，與一些早期開飛機來大陸「投奔」的飛行員如王錫爵等人相熟，也與戒嚴時代就違反國民黨禁令，跑來大陸拍電影的導演謝雨辰交情匪淺。他有一種新聞界「老江湖」的氣味。

他抽著香菸，望著那些穿解放軍服的查驗人員說：「這些人，可能是派來檢查的。平時都不是長這樣，嘿嘿，一看便知。」

我也笑起來說：「像上級指導員呵。」

「這些人哪。不露聲色，他們心裡真正在想什麼，誰也不知道。」趙老大說。

「真的，誰又想到，滿街都是官員、招牌掉下來會砸到幾個處長的北京城，竟然會發生這麼大的事。」我說。

如果不是這一次的採訪，和北京的朋友一起呼吸，一起走街頭，一起哭泣，受傷流血……，我恐怕永遠也無法進入北京人的內心世界吧。

「這個機場不能不嚴管。」趙老大說：「現在通緝的人太多了，很難辨認。不過，說不定連北京機場的人都落跑了。」

「好像一場夢啊！」我說：「三月來的時候，機場還熱熱鬧鬧，各國記者都來採訪兩會，沒想到，三個多月下來，天地巨變，變這麼冷清。」

「唉，還真不知道要多久才能恢復過來！」

整架飛機空空蕩蕩，可以乘坐兩三百人的航班，只有五個人，趙老大笑說好像專機。

當飛機在香港啟德機場降落時，看到繁忙的人潮，拉著行李匆忙進出的老老少少，機場免稅商品店裡五花八門的菸酒、各國的名牌包包、服飾、巧克力、香水、太陽眼鏡、藥品……，琳瑯滿目。

望著繁華的世界，想到前三小時前在北京的寂然，竟有一種恍如隔世的感覺。

似乎是為了給我們驚喜，晚報發行人余範英親自來接，報社同事朋友都來了。他們甚至邀請我的家人，卻故意不讓我知道。他們告訴我，董事長余紀忠先生特地約在他家裡接見，向我們這一次危險的採訪表示慰問，大家都急著要回報館，可我的行李竟然出不來。左等右等，趙慕嵩的行李早已出來了，可我的行李卻不見蹤影。

到最後，香港國泰航空的行李全部都出清了，旅客都走了，獨不見我的行李。

去櫃檯詢問，他們只回答說，所有飛機上的行李都下來了。我要他們再上機去檢查一次，看有沒有遺漏的。

我想起香港轉機時匆匆忙忙，會不會遺漏了，便要他們去詢問香港方面，是否有行李轉錯機的情形。

由於接機的人太多了，還有趙慕嵩的家人，我只好拜託主跑機場的《中國時報》記者幫我留意一下，如果找到，隨時通知。

「有很重要的資料在裡面，請拜託，務必找回來。」

40

一九八九年，七月，台北

彷彿從深海的高壓下，突然浮出水面，會有「潛水夫症」一樣。我在重壓下的北京回到台北，竟有一種輕飄飄的、失重般的暈眩。

街道上的霓虹燈，寫著牛肉麵、肉圓、四神湯等小吃的市招，狹窄、擁擠、塞車的街道，林立的菸酒小雜貨店，穿梭在車陣中蛇行的摩托車，點綴在小巷口的檳榔攤，穿著清涼的檳榔西施，空氣中傳來炸排骨的香味，萬華龍山寺的香火氣味……，一切都是如此熟悉，卻又如此陌生。

有如遠行太久的旅人，回頭用一種異鄉的眼光，看見自己的故鄉。不知道希臘神話裡尤里西斯打仗十年、流浪十年，回到家鄉，是不是有這樣的感覺呢？

「真的回家了。」我呼吸著街道熟悉的氣味，告訴自己。

太多事等在台北。董事長的接見、報社同仁的慰問、報館的專稿寫作、出版社寫書的邀約、各種現場見證的會議與座談等等，還有為了慶祝「歷劫歸來」，許多友人特地相約聚餐。

一時間忙得不可開交，像陀螺一般，被拉著旋轉。和北京那種狼一般專注、觀察、等待、全力以赴的採訪生活相比，台北的忙亂顯得無由自主。

但更深層的是，有一種微妙的認知距離。從台北看北京，和北京看台北，是完全相反的視角。台北看北京學運，更像是電視機前、街談巷議、尋常觀眾的視角。跟北京那種直面槍口、生死以之、危機近身的現場，是完全不同的感受。

「你真的看到槍戰、死人了？」有一次，一個報館的老朋友問。

「嗯。」

「真的死那麼多人嗎？十幾萬人？」

「太誇張了吧。那麼多屍體要放哪裡？」我說：「至少我去醫院看起來，不是這樣。」我簡單說一下復興醫院，那裡有多少死者，醫院相加大概如何的情況。他才明白過來，卻驚訝道：「哇操，你也太恐怖了，那現場你也敢去？」

「沒關係，都是年輕的英魂。」

「還是你在現場實際看，比較準確。外媒太誇張了。」

「槍戰好刺激哦？在耳邊飛來飛去的，你是什麼感覺？」酒喝多了，另一個朋友直接問。他大約是用電影來想像的。

為了讓他不要有電影的想像，我故意說：「跟電影不一樣。槍打到，穿過身體，會直接射穿，人倒下去，不會啊的大叫一聲。實際上是無聲的，像一塊肉，撞到地上，砰一下而已。人很脆弱啊。」

「啊！電影的特效果然是會騙人的。」友人說。

「北京人太相信電影了，還以為人可以去堵住槍口，拚了命的衝上去呢！」

「結果呢？」

「唉，人太脆弱了，槍口太強大了。會叫的，都還沒死。」我說。

氣氛瞬間冷卻下來，不知怎麼接話了。

「哇操，這才是真實的死亡。」一個朋友打破冷場說。

我也意識到自己太認真了，何必呢？只是酒後閒話而已。

我漸漸回到熟悉的台北，燈紅酒綠，閒言絮語。唯一略感到吃不消的，是杯觥交錯間，不斷被詢問六四那一天早晨撤退的場景、坦克如何開、到底死了多少人、為什麼演變出最後的悲劇等。這些都是新聞上寫過多次了，但謠言太多，互相矛盾，人們總是想聽聽在現場的人說一聲。不說還好，我簡單的說明，難免引來驚訝的回答：「啊，這樣。那時候外電寫得好誇張……。」然而，回憶重播，難免讓自己都疲倦起來。

我彷彿陷入矛盾的情緒裡。一邊是回到台北的放鬆休息，把北京的苦難暫時擺開；另一方面，又要整理採訪，參與座談，勾起記憶，然而真實的北京，現場的感受，在我心中卻是如此之重，重得難以重現。更不可能在酒酣耳熱之際，幾句閒言閒語帶過。

回來不久，我去醫院看宗懋。他的傷勢大部分痊癒，未能痊癒的是中樞神經的部分。他的左右手臂仍有麻木，一些細微的感官還沒辦法復原。有一邊沒有溫度感，一邊沒有觸感。至於未來能不能復原，醫生也無法斷定。

躺在醫院的病床上，他看來虛弱卻充滿精神，彷彿隨時都想回到現場，去繼續未完成的採訪。然而，北京的現場，已經結束了。

他的時間斷點，落在事件的中間。瞬間中斷，讓他一直有一種「未完待續」的期待。而我有幸，採訪到事件整個落幕。可是，回到台北，卻有一種難言的寂寞。

我知道，台北與北京之間，存在著巨大的鴻溝。

北京人的真實感受，那種壓抑下的奮鬥與掙扎，那種沉鬱下的苦悶與反諷，那種「活著就是勝利」的卑微與尊嚴，這一切內心深層的感受，是無法傳達的。

兩個世界，兩樣社會，兩種心境。

在島嶼與大陸之間，

在浮華與喪亂之間，

在歡鬧與孤獨之間，

在迷醉與清醒之間，

在輕與重之間，

自己只是夾縫中間的一個小數點。

一種無由言說的孤獨，在心中慢慢滋長。

有一天和朋友吃完晚飯，我獨自開車回陽明山書房。

那是一幢位在山間小路裡的舊農舍，我和李疾一起合租，我住在其中有小閣樓的邊間，作為寫作的書房。有時朋友落難要找暫時落腳的地方，也會來此小住。

那房子唯一的問題是，小鳥會來閣樓的氣窗邊築巢，下蛋。這很容易招來蛇。上一個住戶王晶文就抓到過。何況我閣樓的臥榻就在氣窗邊，早上太陽還未出來，剛出生的小鳥看到晨光就先醒來，在氣窗旁啁啾鳴叫，要鳥媽媽去外面覓食回來餵食。這一窩小鳥，有如把幾隻鬧鐘同時放在耳朵邊，吵鬧得不得了。

可我又不捨得趕走，覺得自己在樓下泡茶寫稿，樓上有鳥鳴為伴，一起聽音樂，也挺好的。就那樣同居共存。

我將車彎進山間小路，停下車，關了燈，正要穿過林子回去，忽然看見地面上有幾道亮光。抬頭望去，只見林子外，遙遠的天空中，似有一彎月光。

我站到山崗的空曠處，往東望去，只見一輪半圓的上弦月，伴了幾顆疏星，悄然高掛。月色皎潔當空，夜色深藍如海，樹影濃鬱幽暗，更襯托出白淨淨如勾的月影，教人只想放下俗事，靜靜面對。

夏日晚風清涼。乘著幾分酒意，散步歸去的小路上，忽然覺得，良辰美景奈何天，不如獨自去擎天崗上洗個野溫泉。

擎天崗在陽明山高處。那裡是冷戰時期美軍布下蒐集衛星訊號的地方，有幾個大天線盤子，為了防備，更高處的擎天崗上有軍隊長期駐守。由於不許農民耕種放牧，那裡原本養的幾頭水牛就變成無人看管的野牛。在山上自己吃草自己繁殖，竟也生養了好幾代，變成了牛群。

這裡只有一些住在軍營裡服義務役的軍人。奉命站崗之外，根本無事可做。太陽一下山，偏遠的山上只有野牛和野草，山野一片幽暗，從北方吹來的風，颳得小路兩邊的菅芒草和箭竹沙沙作響。曾聽得人說，這裡有過士兵自殺，半夜會鬧鬼。

山上有一處野溪溫泉池子。溫泉從高處流下，有人用附近的山石，堆砌起了個不大不小的池子，可以供七、八個人泡湯，也不知是始自何時、誰人挖的，年深日久，竟也有好心人加蓋了草寮屋頂，冬天就不至於被山上冷風吹拂了。這裡於是成了阿兵哥的溫泉池。偶爾我黃昏上山來，會碰上下崗的大兵來洗溫泉。

洗完了溫泉，人都容易肚子餓，於是有一對操著四川口音的老兵夫婦，在這裡搭了一間沒有門牌號碼的草屋，權當小雜貨店，賣些香菸、酒、餅乾、泡麵等，每天早晨都會滷一鍋小菜，鍋中煮的有豬耳朵、豆乾、海帶、魯蛋等，泡溫泉的人來了，隨點隨吃，也可以站在山路邊吹著風，或坐在山石上就著小酒，吃著幾塊豆乾海帶。在微醺中，等待天狼星的升起。

由於山路太暗，小路太多，道旁的菅芒草與劍竹筍也濃密而荒涼，不熟悉的人不敢晚上開上來，所以來的遊人很少。我和好友喜歡夜晚來此，一邊看星星，一邊泡溫泉。夜半無人，就赤身裸體，坐在大石上吹山風，身體冷了，再進去泡一會兒。特別從社會運動的現場歸來，一身汗臭，加之應酬的菸酒氣味，頗覺濁惡，往往自己來泡溫泉，重歸純淨，依舊是山林裡的野孩子。

從北京回到台灣，過多的應酬使自己迷失，竟忘了來泡溫泉。現在夜靜了，一個人去山上，看月光，泡溫泉，正好。

山上的老夫婦都睡了。小店只有一盞昏黃小燈，沉靜無聲。

山谷裡的蟲鳴也不再唱了，四圍靜謐。

我先下水泡了一陣，身體熱了，骨頭和肌肉慢慢軟化，終於有一種回魂般的鬆柔。

「回家了。」我心底說。起身躺在大石上，裸身望著月光。

此時，月光西移，即將沉落。天空不再那麼明亮，稀疏的星子漸漸變得亮起來。前方通往擎天崗的一大片草原，草原後迤邐的山脈，山影龐大靜默如巨靈，夜風吹拂，淡淡的銀白月光映得草原上的菅芒花細細柔柔的花莖，泛出一層青白色光澤，光影飄動，宛如銀質的絲綢。

在透明的天際之藍與大地的微光之間，彷彿有一種音樂，像大提琴的低沉而柔和的樂音，正交響成宇宙天籟，讓這些菅芒花跟著擺動輕舞。

我感覺全身肌膚沐浴在月光與風的交響詩之中。彷彿可以飛行。

在輕得近乎飄浮的失重狀態，那些浮動在天安門廣場的學生的面容，那個戰亂的夜晚，奔逃的市民，為了救治而奔命於醫院的三輪車伕，那失去信念而虛無至死的絕望，一切記憶，像一幕幕無聲的畫片，一張張重映，如此清晰，如此鮮明。在無聲畫片裡，我終於看見自己，像一個無助而故作堅強的孩子，在蒼惶的戰亂時代，支撐著走了過來。

「幸好，遇見了善良的中國人，承接了、救治了、安慰了所有的苦難。」我想起學生、農民工、護士和醫師，每一張面容，每一個眼神，如此清晰真實。

於是我想起了那一天早晨，她的眼睛明淨如湖，盈滿了將落未落的淚水，望著窗外，輕聲說：「就別寫了吧。」

「依紅！」我的心，在深深的地方，酸疼了起來。

現在，在擎天崗的夜半時分，這樣的明月夜，在長長的記憶的最後，我終於有如獨占一般的想起了她。

一個完整的她。

回來之後的日子裡，我常常想起她，卻總是在零零碎碎的生活中被打亂。雖然想要寫信給她，卻擔心會不會造成她的麻煩。特別是學運後，有太多人流亡海外，各種偷渡新聞不斷，被逮捕的名單不斷增加，有海外聯繫的人，變得非常很敏感，為她著想，心裡總是顧慮再三。

報社有人傳聞著我在學運採訪期間的「傾城之戀」，會有人好奇探問。但我怎麼也不想說出口，彷彿一說出來，她就會變通俗小說，不，不是那樣。在內心裡，她有一個更深的、難以言說的位置，我自己都還沒想明白，寧可深藏在心底。

她的影子，也藏得更深。現在，獨自一人的月夜，她的影子，她的歌聲，她的回眸，終於完整歸來。

有如浸潤在思念的溫泉池裡，徹底融化。

時間的河流是依著人的感覺而流動的。有時在驚險、湍急的激流中，時間會變得非常慢，你可以清晰覺知到它的移動，每一分，每一秒，每一個動念，每一分心思；有時河面平緩，順流而下，你渾無所覺，隨波漂浮，時間過得異常迅速。即使時間是分秒不差在進行，但有沒有感覺，讓時間的流速變得不一樣。

在北京的採訪時間，總計也只有二十八天，可是整個過程正緊張危疑，時間是滴答滴答，慢速進行的。所有採訪的過程，見面的談話，拍照的畫面，都有如慢動作，一格一格的進行，所以許多畫面，幾乎都還能記得。可是回到台灣，吃飯應酬，恍恍惚惚，渾渾噩噩，十幾天就過去了。

洗完溫泉的隔天，一封航空郵件放在我辦公室的桌上。傅依紅的第一封信終於到了。

她的信是六月二十二日寫的，也就是我離開的隔天。北京的郵戳蓋的是「1989.6.22」。但詫異的是，在「四川民居」50分郵票的下方，有一行字被塗黑。依郵票的慣例，那一行字應為「中國人民郵政」。可以想見，塗黑的當然是台灣這一方。而郵票寄了這麼久，十幾天才到，是郵票本身為平信，來得慢？還是因為大陸或台灣的檢查所致呢？是哪一邊在檢查？說不定，兩邊都一樣，才會走得這麼慢。

這並不意外。我從大陸旅行回台灣，過海關的時候，行李必須全部開箱檢查，裡面帶的每一本書，都必須拿出來讓檢驗人員翻閱。上次我帶了一本嚴家其送的《文革十年史》，他們要和《毛澤東選集》一起沒收。我只好說，我是《中國時報》記者，這些是報社要我買的研究資料。他們才勉強放行。信走了那麼久，在這過程中，顯然被很多隻手翻閱過了。

想到自己私密的信被人翻閱，就有一種內心世界被開箱檢查的赤裸感。我只能提醒自己，以後來信都會有人在中途看過，或許在什麼地方留有紀錄。

楊先生：你好

不知應該怎樣稱呼你才最得體。就按我的習慣吧。而且你們似乎總是豎版寫字，我也是不太熟悉，你就多多遷就包涵吧。

昨天見到你，很有些不是滋味。難過？留戀？似乎都不是，又似乎都有點兒。大概是一種希望與嚮往的成分居多。昨天晚上，整個一個晚上，都在發愣。總是想起那個夜晚，想起你的微笑，想起你把手含在口中……。好像一切都在順理成章中發生，好像一切在明天還要重複。你走時我沒說出一句吉祥送別話，沒有一點惜別的表情，我表面總是很平靜，很遲鈍的。我太笨了，像個醜小鴨。

可是壞小子，你也不要洋洋得意，因為我們是要托生於一個星座的，或來自於同一動物的衍生。我想，我們應該有共同的思慮與煩惱。你的祕密，我會猜到的，而且已經知道一些。大概是第六感官的作用，只是我又不願說，免得叫你難為情。如果你能「坦白從寬」，我會給你機會的。

昨天晚上又做了一個夢，又夢見我被抱抵住後背，關進一個屋子，後來有一個人來看我，不知長如何模樣，後來又吃了一個子彈，後來又哭了。後來呢？亂死了，忘記了。好像有人救了我，可不知長得啥子模樣。你猜能是你嗎？

常想起你的那個關於「傾城相戀」的故事，雖不知具體細節，但總想其中可能的內容，但願有一天，我能看到真實的一幕。

今天又上了一檯手術。突然一個念頭。要是你們來參觀，一定會嚇得暈倒的，而且會覺得恐怖的。刀子、剪子、鑽頭、鐵銼、鉗子，檯上叮叮噹噹的，尤其當你躺在檯子上，聽到這些響聲，大概也不會有痛覺了。真想讓你躺在上面，好好「折騰」你一番，看看你束手無策的樣子，一定很有趣。

我不想再寫了，不然晚上又要發呆了。可一想起你沒有同感，心中一陣覺得太不公平。壞小子。

願上帝保佑你平安歸來！

願上帝保佑你有機會住在我的病房！

你信哪一個？

吻

依紅　89.6.22.

41

想著在北京，我做惡夢醒來，她會擁著我入眠。可現在她只能獨自面對了。這些糾纏難解的記憶，以夢魘的形式歸來。

那保存著用生命換來的底片的行李，卻依然沒有下文。

三天兩頭打電話詢問國泰航空，他們總回說，還沒有消息，後來直接說，國泰查不到行李的紀錄，沒有轉行李過來，責任在港龍航空。

我去電香港港龍航空總部，他們回答：「我們去找了，找不到行李。」

「行李找不到？怎麼可能？當時我在機場，明明把行李送進去的，還有行李牌。」

「可是啊，我們航空公司在北京和香港這邊，都找過了，找不到。」一個女生用港仔的口音回答。

「你們有去查過北京機場嗎？」

「有啊，我們問過那邊。他們說，北京也找不到啊。」

「那行李去哪裡了？還可以找誰詢問？」

「我們也沒辦法。」她小聲說。

七月下旬，我最後一次不甘心，直接去港龍航空公司，想要問出個所以然，卻只能在反覆與香港聯絡後，得到一個冰冷的、無奈的回答：「行李不見了，但責任不在航空公司，我們也沒有辦法。」

最後，我終於明白，行李應該是在北京就消失了。港龍航空只是不能明說而已。

我想起那一天，在洗手間整理行李，把底片藏在衣服裡面，說不定早就有人在監視了。我只是讓自己暴露得更明顯而已。

走出機場的時候，我站在空曠的停車場上，只覺天地一片空茫。

新聞說，有一個颱風可能要來臨了，天空的雲被吹散，空氣近乎透明，陽光滾燙火辣，直接射在肌膚上。

我的行李，我的記憶，我在槍口下所拍的長安街彈孔與急救板車，醫院裡死傷者的碗大傷口，那記錄著槍聲與吶喊聲的錄音帶……，一切見證，就這樣，全部不見了。

那個大陸新聞記者，有如托孤般的，在充滿傷患、槍傷狼藉的醫院裡，一身血跡，將他所拍攝的底片交給我的情義，我該如何交代？

多麼不甘心啊，我的記憶，像颱風中的雲朵，被吹得無影無蹤，消失得近乎透明？

我急於拿到行李，也是因為時報出版公司來約我的稿子，希望我把六四的新聞報導，重新編輯整理寫成一本書出版。行李中有照片、訪談錄音帶和筆記。現在，我只有靠記憶了。

考慮到寫作當時是在北京兵荒馬亂的時局裡，每天寫時效性的新聞都來不及，根本無暇做深度分析，當時知道學生運動中的諸多問題，包括社會的深層矛盾，本想找機會寫出來，誰知鎮壓突然來臨，一切內幕與深度分析都來不及寫了。如果能寫成書，寫出超越新聞事件之上，許多人的面容與故事，人性的底蘊，那才是我希望的。

那是一個寂寞的夏天。

陽明山早晨涼快，宜於寫作，白天極熱，陽光酷烈。午後蟬鳴，滿山唧唧。夜裡，我喜歡喝一杯酒，坐在院子裡，獨自看著星星，想想北京，想那些騎自行車行過天安門之夜，想想許多有待探索的課題。

那是一個記憶與反省的夏天。

過往新聞生涯教會了我：新聞不斷變舊聞，記憶不斷磨損，每一個都只是一個點，如果我們不能將新聞事件，整理成一條可以連貫、具有意義的線，它就會只是一串水珠，隨時光流逝，被遺忘蒸發。如果我們能整理成一條可連貫、有意義的線索，對生命的思索，它才會真正串起來，從水珠變成珍珠。

我知道，北京學運如果不能透過自己的反省與書寫，連貫起來。它必然會慢慢變成水珠，遺忘會一步一步來臨。

我不甘心。不甘心現場的生死記憶，就這樣消失於被操控的轉盤上。

我找出相機中僅存的照片，靠著採訪筆記本、靠著採訪過程中發表於報紙上的新聞稿，努力想寫出自己所見所感的一切。那未曾被新聞所記載，也未曾被媒體所深入探討的一些什麼：時間的、空間的、北京的、中國知識分子的、尋常百姓的、特殊的、共相的、人性的、現象與本質的……。

那是一個猜疑而壓抑的夏天。

許多學生、知識分子被逮捕的消息，不斷傳出。

一如米蘭・昆德拉在《生命中不能承受之輕》裡所顧慮的一樣，為了怕一些人被按圖索驥的追查，我隱藏了許多人名、地名和時間；為了保護某些人，許多事，特別是學生之間的內幕，本來是應該反省的，卻因為考慮他們已是被鎮壓的弱小者，便有意的略去。真相不能如實的寫出來，反省也只能點到為止。

更重要的是，歷史還靠得太近，就像黃仁宇說的，我們還無法用遠距離、大歷史的眼光，看清楚眼前發生的事。

我的追尋才剛剛開始。但我知道，自己不能陷在當下事件的糾纏裡，得走出來。我只能期待於未來，當歷史走到更遠處，時間的距離更長一些，對民間中國的了解更多一些，對某些事物的現象與本質，或許會看得更清晰一些。

42

在心中如懸絲般惦念、無法放下的，還有傅依紅。

七月下旬，我收到一封傅依紅寫來的信。寫於七月十一日。信裡說：

濃濃：你好。

我想這樣稱呼你。你會樂意吧？你常在我夢中，我想這樣叫你。

自從你走後，一直盼著你的電話或是隻言片語，當然，最好還是長篇大論了。上星期日，我總覺得你應該來電話，在你之前，我爸爸一直在用電話，我差點兒想讓他少說一會兒，我怕你打不進來就放棄了。可是我沒敢說，太不禮貌了。是吧！

平常夜裡，總能跟你說好多好多的話，可當真拿起話筒時，卻生生硬硬地吐不出什麼了。可是你別誤會我是個笨孩子，從本人生理角度來說，我天生聽覺差，而視覺和嗅覺比較敏感，所以你是個聰明的孩子，大概可以解釋了吧。

因為要調入研究所，所以每晚都在苦讀文獻資料，好一上任向導師匯報我的學習能力，取信於他，取悅於他，好好重用我，希望有一天，上蒼感動了，能讓我出去深造，求學，我的目的就達到一半。如果我能做出些成績來，算我沒白白闖入生命中。有時我就是個工作狂，有時又浪漫得怕人。……好了，請你為我祝福吧，如果你願意。

你不好。一直不來消息，我總想你一定是回去就將昨天扔掉了，輕鬆地回到了你的圈子，當然這不能受到責備，而且我也只是責備我自己的不夠灑脫。我實在很想你，怎也忘不掉的。閉上眼睛，你就來了，睜開眼睛，你又消失了。你已經成了我夢中的常客。不知暫住？還是長留？……

我曾給她打過幾次電話，可不容易接通。北京的電話機不多，她父母家有電話，醫院也有，但我們總得每一次先約定好下次打電話時間，她在某個電話機旁邊等著，才能連得上。可醫院裡有時候打過去是忙音。

我可以想見，她等在電話機旁，父親還在講個不停，她在背後的門縫裡偷偷瞧著，焦急得像個小女孩。或許在醫院裡等我電話，同事還在講，也還得裝得若無其事。

她在電話中問我，什麼方式較容易申請到國外去。在醫院，她常常做惡夢，也許離開這個環境會好一點。事實上，我可以理解，在事件之後，她傷透了心，只想離開這傷心國度。我在北京時，我們還可以互相安慰，現在我離開了，她更感到孤單。

可台灣還不允許大陸人來台，更不必說醫生的資格。在戒嚴時期法令的殘留下，連民主運動人士都無法取得台灣居留，更不必說一般人民。

我只能依據自己有限的知識告訴她，最好是做研究，可申請研究助理，在一些項目上做出成績，這樣會比較容易申請到學校，也可以申請到獎學金，在國外的生活上過得去。如果要當醫生，很不容易，因為歐美醫院不承認中國大陸的資格，得從頭來過。

她於是決定到研究所。天壇醫院以神經外科研究與治療著名，是北京最權威的腦科醫院，她的老師正在做一項腦部血液與意識反應停留多久的研究，因此想借用她靈巧的開刀之手，進行一項老鼠的實驗。

懷著這樣的希望，她默默在醫院裡繼續白天開刀，晚上苦讀，等待研究所的通知。我只能有時給她打電話，打打氣。

七月下旬，我接到了她的第三封信。

濃濃：

有件事，很不想說，可是我只能告訴你一個人，只能和你說。

我的心情很複雜。不知道是悲是喜，悲喜交集，心裡非常難受。我躲在醫院的醫生休息室裡，哭過了一回，才能開始寫這封信。我不敢在家裡寫，怕我爸看見我的樣子。

前兩天，研究所的通知下來，我已經可以調過去了。調動之前，我有一星期休假。真是喜出望外，我爸也很高興。以後做好研究，出了成果，有資格出去深造，這是我的人生目的。

可有另一件事卻發生了。我懷有了我們的baby。

你走之後，我的MC一直沒來，等了好長時間，昨天我請假到同學的醫院做檢查，才知道我有baby。

濃，我好想要Tâ。那是我們一起擁有的，也是我們相愛的見證。雖然那一段時間裡，有那麼多的痛苦，可是，我一想到我懷裡擁有Tâ，就覺得你就在我懷裡，永遠不會離開。就算隔得再遠，你仍在我懷裡。

可是我又覺得好悲哀。濃，這個孩子，好像是為那時代，留下見證。可一想到這個孩子，就會想起那一段時光，我就為Tâ感到悲哀。

可是我一想到現在正要調進去研究所，我的指導教授一定不會樂意見到我懷著孩子做實驗。我接下來的研究，又沒辦法。

怎麼辦？濃濃，我好想讓Tâ永遠在我懷裡，好像天天抱著你。

怎麼辦？我從小到大，生命中，從來不曾這樣。所有事情都交會在這時候了。

你什麼時候，給我打電話，我只想聽聽你的聲音。

想念你，……

想到她一個人在那古老的天壇邊上，懷著一個苦難的愛的結晶，卻無人可以言說，又怕讓父親失望，讓家人憂心，對教授無法交代，對自己的未來，充滿不確定，只能寫了長長的信，訴說著千般纏繞、萬般糾結的心。如此孤單，如此無助，走過那長長的小街，到郵局去投下一封信，寄到遙遠的海峽對岸，去訴說求助。我恨不能飛過去，陪她度過。

然而，當時台灣人赴大陸要申請台胞證，每去一次都得重新申請。我已採訪過兩會，進入記者列管名單，如果要申請台胞證，須經北京的全國記者協會的審批同意，否則申請不到台胞證。審批得依程序寫好採訪計畫，由報社通過香港新華社向北京正式申報，逐層審批，得到通過的回函，才能開始申請台胞證。

然而報社認為此時北京正是最緊張的時候。《自立晚報》記者黃德北在七月初因王丹主動聯絡，電話中想請他協助逃亡，兩人相約見面，在街上被逮捕，七月中被驅逐出境。而在香港，不斷有民運人士偷渡到香港，現身流亡。一邊是香港的黃雀計畫，一邊是不斷在大陸追捕民運人士，兩邊在鬥法，大陸氣氛異常緊張。即使人在北京，記者也隨時被監視，不管跟誰聯絡採訪，都有可能牽連無辜。這種時機，進入大陸不僅無可作為，反而是自陷險境。

報社明確表示：徐宗懋已經差一點死掉了，這時候，你別再去涉險。

毫無辦法，我只能在電話中，和傅依紅討論怎麼辦。

她的聲音如此熟悉，如此脆弱。那個在危難中救人的醫生，那個悲憫而善良的白衣女子，如今徬徨無依，我卻一點辦法也沒有。

「我知道，現在很難，很難把他生下來，剛調了工作，研究所很忙，指導教授很重視，我也想出國深造。可是我好想把他留下來，那是我們的孩子……。我該怎麼辦？」

她的聲音柔弱細微，深怕被聽見，但每一聲，都重重落在我的心上。

43

一九八九年，十二月，台北

劉賓雁在木柵的一間牙科診所裡，他的牙齒有些問題，在美國做牙齒非常貴，隨便一點修補，都要好幾千塊美金。他聽說台灣便宜，便趁著來台灣，找熟識的朋友介紹，把牙齒修補整理一番。

劉賓雁的夫人朱洪坐在裡面等著無聊，便站到馬路邊，看著台北的風景。

他們前天剛到台北，先來看看牙，讓醫生看看需要做什麼修補，以便在接下來的幾天去中南部參觀訪問後，再回來修補。

朋友介紹的牙科在木柵一帶，馬路兩邊都是一九八〇年代經濟起飛後所建的一些公寓房，三、四層樓高，水泥板牆，樓下是可以停放摩托車的騎樓。牙科附近是一個小市集，有一些賣著生活小吃的店，像是小麵攤、滷肉飯、肉羹等等。再過去有兩間髮廊，紅白藍三色燈誌不停的旋轉，兩三家賣菸酒的小雜貨店。

朱洪看著，不禁笑起來說：「看起來，好像廣州呢？」

「什麼地方像？」

「可能是這些騎樓、小店、理髮店吧。還有一些摩托車，廣州也是這樣的。」

「哦，確實是這樣。在北京都沒看到這種騎樓。」被朱洪一提，我才想起來，在北京所見的房子都沒有騎樓，這是南方的產物。

「可能南方天氣比較多雨，所以需要有騎樓避一避雨吧。」朱洪笑著說。

她這麼一說，我才發現，她的眼中有一種溫暖的感覺，好像人們在說著家鄉的時候，特別有的一種溫情。哦，想家了。我在心中說。

「離開大陸多久了？」我問。

「去年，我們去了美國訪問，碰上學生運動，賓雁在美國非常生氣，在報紙上批評了政府，就不能回國了。」

「看起來，台灣還是比較像中國的南方城市吧？」我怕她太傷感便試著回到眼前的街景。

「這些小吃店也是吧？像中國南方的小吃。」

「嗯，真是很像。在美國，出個門都得開車，根本沒什麼小吃可以買，不像這裡，生活機能非常方便，也便宜。」朱洪感嘆說。

一會兒，劉賓雁看完了出來，朱洪還開玩笑說：「你看，像不像廣州？」

「好像啊。這騎樓，還有招牌的模樣。」劉賓雁感慨地說：「原本以為很快可以回到大陸，但回不去了。現在到台灣，卻又彷彿回到大陸了。」

十一月下旬，我正在高雄採訪年底的立委選舉，忽然傳來祖母在台中老家病逝的消息。我連夜趕回台中，送別從小帶著我長大的祖母，哀傷的心情還未復原，就接到台北報館的電話通知：劉賓雁先生要來台灣訪問，希望我作為採訪過天安門學運、也是報導文學《天安門紀事》的作者，全程作陪。

六四之後，香港的民主運動支持者、影星歌星、文化界人士等，在海外募了一筆款子，結合走私古董文物的香港黑道人脈，利用原來買通的管道，到大陸去救人，成功偷渡了許多學生運動領袖、被通緝的知識分子，再從香港轉移到美國、法國、德國等地。

台灣一向支持民主運動，在這過程中也出錢出力，因此民主運動人士常常轉到台灣參觀訪問、座談時事、尋求贊助。特別是一下子湧出來那麼多人，國外的資源有限，無法全部收容支持，美國與歐洲國家也無法容納那麼多異議分子，在僧多粥少的情況下，流亡者的生存空間有限，處境變得異常艱難。台灣因此成為一個尋求支持的重要根據地。

而《中國時報》老闆余紀忠先生是一個有自由主義理念，也有民族情感的知識分子，對大陸民主運動的支持不遺餘力，我因此有幸接待一些學人、民運人士，進行深度訪談。

劉賓雁便是他特別邀請來台訪問的作家。

劉賓雁的書，從一九八五年在台灣出版以來，我陸續讀了不少。他的報導文學作品《第二種忠誠》、《人妖之間》，曾是我了解大陸的最重要窗口。而他作為報導文學作家、調查記者，那正直真誠的良心，以文學干預生活、為人民喉舌的創作精神，更是我敬仰學習的典範。

在《中國時報》的安排下，劉賓雁會見了台灣政界、文化界、學術界各方人士，他風骨崢嶸，有為有守，從不為了取悅任何人，或為了得到支持而改變立場觀點。他依舊有著理想主義的堅持，那種為受苦的人說話、為饑寒交迫的人吶喊、為底層人民服務的精神，從未更改。有些台灣文化人說了一些輕視大陸、瞧不起中國人的話，他會當場嚴正反駁。在人民與政權之間，他清清楚楚，底線分明。

在繁華的忠孝東路，五星級的大飯店裡穿梭著各國商旅，站在大廳中的劉賓雁夫婦雖已旅居美國近兩年，因而對此並不陌生，然而朱洪梳得直而過耳的頭髮，樸素的衣著，無論怎麼樣，一看即知是大陸訪客的味道。同劉賓雁憂患疲倦的眼神、銀黑相錯的亂髮、樸素的西裝相較，朱洪像個典型的中國婦女，清楚而鮮明，忙進忙出，鉅細靡遺。

然而愈是繁華的大飯店，愈加反襯這一對流亡夫婦的難以言說的寂寞。彷彿是一個尋找故鄉的過客，或者無法回到家鄉的遊子，努力用記憶的類比、細緻的回想、愛深責切的批判、遙遠而樂觀的估計，甚至是努力的採訪，寫筆記，試圖畫一條未來的歸鄉之路，在心靈上，擁抱不久前離開的、生活了大半輩子的土地和人民。

在苗栗一處現代化的養豬場，他們用現代化的科學方法，將台灣本土黑豬和外國種豬結合，培育出能適合本土環境，肉質較優良，體型較健康的新品種。劉賓雁拿著筆，詳細的詢問各種細節，記錄養殖過程該注意的事項，甚至連約定的午餐都耽誤了，也置之度外。那個模樣，像一個未來準備養豬的農戶。

事後我有些不解的問他，為什麼問得這麼仔細？有什麼計畫嗎？

「以後如果回去大陸，可以去鄉下教農民怎麼養豬。這個方法很科學，很有參考價值，得帶回去給中國的農民知道，對他們有幫助啊，得先記下來。」

他說得理直氣壯，我聽得一陣心酸。都不知道能不能回鄉的天涯流亡者，卻還在心心念念中國的農村和農民。這樣的心靈啊！

參觀的行程裡，他彷彿在台灣尋找未來中國人可以做些什麼事，進行什麼改革的參照。「咱們一樣是中國人，台灣做得到的，大陸可以很快學會。」

到了花蓮的慈濟醫院，劉賓雁仍忍不住將海峽兩岸的宗教活動、民間組織、愛恨意識等，做著對比：中國太少民間組織，可以互助助人；太少宗教的自由，心靈缺乏信仰，人的心靈空虛；太多恨的意識，太少愛與包容……。

由太魯閣國家公園徐國士處長陪同的旅行中，他乘車由花蓮開入山區，目睹那花蓮低矮的灰泥瓦房，亞熱帶的行道樹，間錯其中的農田果樹，夫婦二人便交頭接耳說道：「呵呵，好像海南島。」

行走在太魯閣的陡峭山壁間，望著斷如刀割的絕壁與生長在石縫中的草木，那些險峻的風景，壯偉的山稜，劉賓雁夫婦像叮嚀般地說：「你們有機會一定要到黃山看看，那兒也真美，起霧的時候，像國畫的畫卷，天氣好的時候，非常的壯麗，美極了。啊，只可惜就是沒有水。跟這裡一樣美，是完全不同的美呵！」

睹物思鄉之情滿溢在心底，於是，有一種遙遠的夢，像故國的召喚。

在花蓮過夜的晚上，我特地問他未來的願望。

「我最大的希望，是回到大陸去，重新採訪並理解這十年改革以來中國的變化，哪怕是一個縣的『蹲點』，只要紮紮實實的做好調查採訪，一年、兩年地把一個地區的變化報導出來，對探討中國的前途也是有幫助的。」

劉賓雁的心心念念仍在那一片土地上。

然而短期內是回不去的，只能在台灣，在熟悉的語言、相近的菜色氣味、彷彿南方的風景裡，故國神遊，安慰那無法觸及的鄉愁。

當陳映真與劉賓雁首次在台北碰面，陳映真請吃牛肉麵時，因為常受招待而不斷吃一些大同小異的大宴，劉賓雁早就疲倦得想吃點簡單的麵食，因此顯得特別高興，忍不住對服務生叮嚀：

「最好牛肉裡有一兩塊帶肥肉的，」然而又體貼的說：「如果真找不到，就算了。」

陳映真大笑起來。

陳太太笑說：「你們怎麼都一樣，他也愛吃紅燒肉。」

席間，陳映真終而問到，「什麼時候可以結束這種……」他頓了一下，終於直白的說：「這種流亡生活？」

然而劉賓雁卻極為坦然地說：「樂觀一點估計是兩三年吧，形勢總是要變的。」這問題被問及已無數次了。但首度由形貌、動作、思想與劉賓雁極為相近的陳映真提出卻是首次。

「他們已公開點名批判我，果真申請回去，無異飛蛾撲火，所以只能看形勢行事。」

陳映真聞言亦只能搖頭嘆息。

被徐復觀喻為「海峽兩岸第一人」的陳映真與劉賓雁有許多相似之處。高壯的身材，微突的腹部，明朗的笑聲，走路時雙手晃動的滿不在乎的神態，乃至於對生活細節的糊塗茫然的神色，或思考時摸著鼻子、眼睛不知望向何方的出神的面容，都像得不得了。兩個人的妻子也都必須隨時在旁叮嚀叨念。

朱洪說：「在美國是我開車，他不行，腦子不曉得在想什麼。」

陳太太則說：「他腦子東想西想，怎麼可以開車，乾脆讓他坐計程車算了。」唯一的不同之處是較年輕的陳映真比劉賓雁多了一些偶然的促狹頑皮的表情。

生活於台灣這資本主義社會的陳映真早年因信仰社會主義並組織讀書會而「坐國民黨的牢」，劉賓雁所住的飯店所在地早年即是陳映真小說「趙南棟」中所描寫的軍法處看守所。而劉賓雁則在大陸被劃為右派，飽受各種「運動」的折磨。劉賓雁忍不住比較說：「像李敖、柏楊、雷震可以在獄中寫書，這一點倒比我們那兒還好，你們會給紙和筆嗎？」

「上政治課嘛，要寫報告的。」陳映真說。

劉賓雁因而認真起來說：「我們那兒連一點紙筆都不給的，這兒監獄好一些。」然而卻都是為了政治問題，這一點卻是歷史已然確定的。

遭受過去共產黨政治壓迫而今被開除黨籍、點名批判、流亡海外的劉賓雁與信仰社會主義、坐過國民黨的牢的陳映真，坐在台北市曾經關押、槍決過政治犯的所在地而今改建為五星級大飯店的堂皇餐廳裡，兩人一起吃牛肉麵，那是中國現代史上，何其奇特的、鮮明的對照與象徵！

然而，信仰社會主義的陳映真未曾到過大陸，在大陸也一樣信仰社會主義的劉賓雁卻到了台灣，在流亡中想家。

這對一個少年時代即加入共產黨的作家而言，確實是一種無比殘酷的考驗，他一方面要反省理論與現實的差距，甚至進而反省理論信仰中的問題，但更為嚴重的恐怕是「讓一個作家無法返回母親大地」這個現實。

我仍記得，劉賓雁在說到想回中國時，他特別說了：「外國人說，Motherland，是相當準確的。對作家而言，還有什麼比失去土地和人民更為嚴厲的懲罰呢？」

站在台北街頭的劉賓雁夫婦因而有著外人所難以理解的感受。特別在面對講著同樣語言的中國人，但在思想、經驗、情感、認知上竟而有這麼大的差距，思鄉之情怕只有愈益深植而糾纏了。

這樣的心境，或許也是六四之後無數流亡海外中國知識分子的心情。正如劉賓雁抵台時說的「彷彿回到中國」，但終究不是中國。

因為《中國時報》的關係，我在台灣接待了不少大陸知名民運人士、流亡各方的學生運動領袖等。由於有著相同的天安門記憶，我甚至停留廣場直到六月四日凌晨才撤退，所以我們總是能開誠布公的討論。

事實上，我也想解開心中的疑惑。

那是在六四的現場，來不及找出答案，讓我長期困惑的課題。

為什麼在事件中，中國知識分子是缺席的？為什麼無法帶領學生走出廣場，回到校園？知識分子在事件中，在中國，到底代表什麼意義？

為什麼學生唱著〈共產國際歌〉、〈義勇軍進行曲〉，這不是官方的主旋律嗎？為什麼追求自由民主的學生，唱的是共產黨的主旋律？如果他們立的是民主女神，怎麼沒像台灣的學生唱著美式民歌如「We Shall Overcome」？為什麼廣場上的學生廣播，調性和官方一模一樣？最後幾天的廣場總指揮李祿半夜站立在人民英雄紀念碑上，俯視廣場上的帳篷，芸芸眾生，那麼像解放軍將領，為什麼是這樣？

民主女神立了起來，但這些學生、民運人士真的了解西方的民主嗎？他們觀念中的民主，是什麼？是經濟富裕的美國？是抽著駱駝香菸，喝可口可樂？是一種生活方式？還是一種民主選舉？還是社會文化？他們真正了解歐美的民主嗎？

我總是想到那拯救了徐宗懋的小邵、李護士和傅依紅。他們是救了宗懋和許多受難者的人，他們是中國的尋常百姓。如果不能了解他們，怎麼能了解真正的中國？不了解民間中國，怎麼看得清楚未來？

在遼闊的中國大地，從水鄉澤國的南方，到雪原的東北，從黃土文明的西部，到沙漠地帶的新疆，到東海的島嶼，各地差距如此之大，民族這麼多，文化殊異，我要如何去了解民間中國？這些課題，遠超過事件本身，甚而指向更遼闊而深遠的歷史與文化，我逐漸明白，這是要用一生去探索的課題。

一九八九年，最讓人震撼的，毋寧是東歐的局勢竟會在一夕之間巨變。整個共產主義陣營，從波蘭、匈牙利、捷克、東德、保加利亞、羅馬尼亞、南斯拉夫，一個個土崩瓦解。彷彿有一顆巨石，從中國的大山上轟轟隆隆，向下滾落，壓過高山，滾過無數溪谷城鎮，改變了世間一切，改變了整個歷史。而這一切，似乎與一九八九年六月四日的那一刻有關。而最初的源頭，中國，仍未改變。

唯一能確定的，這個世界徹底改變了。

歷史並未終結。

第九章

44

一九九〇年，三月，北京

飛機在北京著地時，天空灰濛濛的。出了北京機場，零下的溫度立即把心臟凍結，我趕緊穿起厚厚的大衣，可沒穿棉褲的腿依舊凍得像冰棍。

車子駛出機場，前往市區的道路狹長彎曲，穿過農村田園。遠處還可以看到農舍升起的炊煙。道路兩邊植有成排垂柳和白楊樹。

依舊是去年三月初來北京採訪兩會時的模樣。車子穿過這些樹林，依舊是乾枯細長的枝椏，像老人的手，長伸向天，抓到的卻只是灰濛濛的天空。

枯枝高處，烏鴉空巢結一團黑影，掛在黃昏灰黯的空中，像水墨畫裡抖落的墨點，孤單而寂寞。林子後面的殘雪還未融化，成片的白雪，足跡踩踏過的印痕，散落在枯樹的深處，形成荒涼的風景。

冰冷的空氣，無人的雪林，讓我想起「枯藤老樹昏鴉」的古詩。那是在台灣生活了一輩子的我所未曾見過的。

去年採訪完兩會，四月初離開北京時，節氣入春，慢慢轉暖，冰雪融化，柳條剛長出新芽，嫩嫩綠綠的葉子，細細長長，纖纖柔柔，迎著初春的寒風顫抖，卻有如初長成的少女，難掩迎春的喜悅。

等到五月底再來採訪時，道旁的葉子都長滿了，綠透了，濃蔭蔽天，林子裡許多鳥雀在跳躍，鳥鳴啁啾，歡喜熱鬧。

六月下旬，採訪完學生運動，要離開時，卻見綠蔭深濃。林子密得看不見裡面的鳥雀和草地，倒是耳中彷彿傳來初夏的蟬鳴，唧唧復唧唧。

這季節的變幻，竟像書頁，一頁一頁翻過去，明明白白。

如今重返，已經九個月過去了。然而，僅僅是去年的記憶，竟已恍如隔世。是因去年太過激烈，而今春太過冷寂嗎？

我忍不住想起詩經的句子：

昔我往矣，楊柳依依。
今我來思，雨雪霏霏。
行道遲遲，載渴載饑。
我心傷悲，莫知我哀。

這一段時間裡，我曾向報社申請來北京採訪。但報社認為六四後，主要的異議者都流亡海外，北京除了官方的政策套話，並無新聞事件，看看新華社新聞稿就夠了。我也想不出有什麼非來不可的理由，便放棄了。

直到今年例行的人大會與政協會在北京召開，官方允許採訪，我才有重返北京的機會。

抵達當夜，我趕緊聯絡新聞界的友人見面，詢問別後。大家都不勝唏噓。曾經積極參與學運的記者有的調職，有的被停了職，但大部分人還好，守在崗位上，卻失去了最初的激情。一個在中央電視台的記者朋友，利用自己出差可以帶著多一點錄影帶子，把省下的帶子轉給離職的朋友，好讓他們可以做地下的紀錄片，有的幫離職的朋友找一點廣告，維持生計。

地上與地下，合法與非法，大家互相掩護，支撐著活下去。

「老日子還是這樣，總是要過下去的。」友人說。

送朋友離開飯店的時候已經深夜，我站在民族飯店門口，望一望天色，冷得徹骨，問道：「會不會下雪啊？」

「不會啦，都三月底。天要暖了。」友人說。

我不信邪的說，冷得好像要下雪。

他們和我打賭說：「你夢想吧，下了雪，請你喝二鍋頭。」

我返身回到房間。然而，太久沒來北京，加上旅程勞累，而屋裡的暖氣又乾又熱，皮膚發癢，讓人想睡卻睡不著，翻了幾個身，遂決定去跑步，看看西單的街頭是否無恙。

空氣冰冷，凍得手指都僵硬了。寂寞的跑步，用冷得近乎麻木的面孔，迎向悄無一人的幽暗街道，在跑步的節奏中，尋找失落的北京記憶。

我先跑過三味書屋，看看舊痕跡，繞過佟麟閣路，看一看路邊的老樹老屋，轉過新華社那一帶，再往回跑。卻不料一邊跑，一邊覺得眼前的空中，飄起白花花、細細的粉末。我以為是這個季節的柳絮開始飄了。去年四月，滿城柳絮飛舞，讓我印象深刻，於是伸出手去接。卻不料細細白花，竟輕飄飄的落在我的手上，轉瞬間，便化為透明的水珠子。我這才驚覺，啊，是雪花嗎？我不曾看過下雪，心中驚疑，便凝神望向天空，果見細細的白花，從天而降，漫天飛舞。

下雪了！真的下雪了！

我興奮的跑回飯店，敲響每一個同事的房間，一個一個把他們叫醒，說：「快起來看，下雪了！」

第二天，人民大會堂的工作報告還是很冗長，依舊是那樣的唸了兩三小時。我簡單翻閱，果然對去年的政治問題基本迴避，其他內容與去年大同小異，我不耐煩的走出大會堂，走到積著一層白雪的人民英雄紀念碑前。

人民英雄紀念碑已清理乾淨，只有一些角落尚餘焦黑的痕跡，有些破損的地方，尚未補齊。然而，在紀念碑前方的鐵欄杆上，已經有人繫上了小白花。一朵一朵小白花，在寒冷的雪地上，那樣脆弱而渺小，在風中顫抖，卻連結成了一長串。一朵小白花，什麼標誌也沒有；但一長串小白花，卻彷彿訴說了無法遺忘的、不能言說的、綿綿無期的追念。

四月五日快到了，那永遠追念的日子，快到了。

我曾經聽說，以前周恩來過世的時候，就是從老百姓自動自發的到人民英雄紀念碑前繫上小白花開始的。那時，人民的追念讓廣場變成一片花海。最後變成了四五運動。

今年，為了追念去年廣場的學生運動，會不會也有這樣的景象呢？

現在才三月下旬，卻已開始了。到了四月五日那一天，會不會整個廣場變成飄滿小白花的海洋？

去年離開後，我首次回到人民英雄紀念碑前，默默為死難者致哀。

隨後，走上兩旁積雪的長安大街。街邊的玉蘭花都開放了。在寒冷的空氣中，愈發純潔美麗。我在長安大街慢慢行走，像一個尋找記憶的孩子，一滴一點，找回某個失落的自己。

天壇醫院的研究樓在醫院的另一幢，得穿過老式幽暗的長廊。長廊兩邊都是關著門的實驗室，只聞到一些藥水和酒精的氣味。再上了窄窄的兩層樓梯，才找到一間寫著幾號實驗室的房間。我敲了敲門，沒有人來應。便推門走了進去。

房間相當寬大，一排架子上，擺了成排的玻璃器皿，隔開了幾張手術檯。手術檯上鋪著一層塑料布，以及各種形狀的器皿。靠牆壁邊，有幾個籠子，籠子裡是十幾隻白老鼠窩在一起，動也不動。一排架子靠在房間的一角，裡面是一些檔案夾，旁邊有一張書桌，桌上有些表格文件。在它的後面，有一排試管的架子。

「有人在嗎？」我問。看這房間似乎沒人。

似乎沒有回應。我大聲一點，重複了一次。

一個年輕的男子，穿白袍，戴眼鏡，蒼白臉，從一排試管的架子後面露出頭來，問：「找誰？」

「找傅依紅醫生，是不是在這裡？」

「隔壁。」他指了指隔壁房間。

「哦，謝謝。」我說。

我走到隔壁。敲敲門，一個熟悉的女聲說：「請進。」

我推開了門。一樣的房間，只是排列的架子更擠一些，試管多一些，一面古老的木格子窗戶面向窗外的老樹。書桌上翻開一本厚厚的書，和一本筆記本。

傅依紅在房間的另一端，靠桌子的邊緣，穿著醫生白袍，站在手術桌前，正拿著筆，在一本筆記上寫字。手術桌上，有一台像金飾店在秤金子的精密小秤，有一隻白老鼠，一動也不動，好像安靜睡著。看起來好像她要幫老鼠進行手術，已經完成麻醉。

她抬眼看見我，張大眼睛望著，帶著不敢相信的神情，幾秒後才回過神。

我走到她面前說：「妳不是說，好希望那一天，我會突然冒出來？」

「怎麼，都沒說一聲，就來了？」她委屈的抿著唇。

「我問了醫院的人，他們說，妳的實驗室在這裡，就自己找過來。」我故作輕鬆的說。

「怎麼，都不寫信，說一聲？」她長長的睫毛垂下來，眼睛凝視前方，眼眶慢慢變紅，聲音裡，細細的委屈。

「來不及寫信，報社突然說要出差，來北京採訪兩會，沒多想，就來了。」我輕聲說。

「也不打電話，我都，不知道。你看……。」她低頭，望著自己的醫生袍。白袍並不髒，只是洗舊了，變成米白色。

我仔細看著她，在實驗室的幽暗裡，她皮膚更加的白淨，雖然穿著寬大的白袍，卻看得出她身形依舊修長窈窕，只是她的眼中含著委屈。

我走到她面前，抱住了她，緊緊的把她抱過來，擁在胸前。她把頭靠在我的肩膀上，忍了很久的一滴眼淚，緩緩的滑了下來。她咬著唇，忍住哭聲，只身體輕輕抽動著。

我側過臉，親吻著她的唇，那飽含著眼淚與憂傷的、柔軟濕潤的唇。

一會兒，她恍惚醒來一般，抬起頭，幽幽說：「你都沒來。」

「我知道。我也想來。」我說。「沒辦法，報館不讓我出差，沒辦法申請台胞證啊。」

「來就好了。」她用手臂抹了一下臉頰，才發現自己的兩手還戴著白手套，笑起來，說：「怎麼還戴這個，把你衣服弄髒了。」

「不會啦，乾淨的。」我說。

「還好沒碰到你的衣服。」她終於破涕為笑，轉身在手術檯前，把睡著了的小白鼠放回一只空的籠子裡，脫下手套，說：「等會兒再做吧。」

「沒關係，妳要忙什麼，就忙吧。」我笑著說：「我在一旁當助手。」

「不行，不行。」她終於笑了：「你在這裡鬧，我根本沒心思做事，會誤殺。」

「好，那我不鬧妳。妳做妳的。我安安靜靜坐一邊，等妳下班。」

「那不行。我這是很細的手術，幫老鼠開腦部手術，得很小心，那腦子特別小，不能出錯。」

「那，這些老鼠都是？」

「是啊，我們用老鼠的腦部來試驗心臟停止以後，腦部還會有什麼反應。」

「這怎麼做？」我大感好奇。

「就……。唉！」她長嘆一口氣說：「說出來你別嚇著了。」

「我這心臟很強的，天安門廣場都經過了。」我說。

「是要切開腦部，觀察離體後，腦部血液的活動。」她說。

「那老鼠死了嗎？」

「算吧！只是怎麼看死亡這件事。」她說。

「所以心臟停止了，腦子還會想，會思考？」

「會不會想不知道，這個沒辦法實驗。只是先觀察它的血管活動，再量一下腦子的重量。」

她指了指小秤，天真的笑起來，好像一個小孩子說：「你每次都出怪問題。」

「我只是在想，靈魂是不是還留在腦子裡面？」

「我們對腦神經的研究還很少。所有的神經都太細微、太複雜了，要看思想啦靈魂啦，就更不可能了。」她說。

「那腦子裡想念的功能，可以切除嗎？」我故意的問。

「切不掉啊。要不，我早就把你切掉了。」她指著自己的腦袋，大眼睛一瞪說。

「妳轉來這裡，就一直做這實驗嗎？」

「也不是，老師也讓我做了其他的。剛來，盡量配合。要爭取指導教授的欣賞，才能做更深入的題目。」

「這樣的手術，要做多少例？」

「至少要有一百多例吧，才能看得出普遍值。」

「那妳還得做多少？」

「至少還有幾十例吧。」她說：「看指導教授的意思決定。」

「那妳檢驗要做到幾點？昨天晚上下雪，好想跟妳去雪地散步！」

「沒看過雪？忒興奮？」她微笑。

「嗯，第一次看到雪。」我說了昨晚跑步的奇遇。

「好，好。你先回飯店。我專心做完，早點去找你，陪你去散步哦。」她笑著安撫。

初春時節，天色暗得很快。早春的寒氣凍結了街道，昨夜的一些殘雪，積在路樹底下，泛著白光。黃昏的光線，灰白而憂傷，一點一滴，讓夜的黑色，暈染成更濃的灰沉。

我翻看著剛從三味書屋買來的書，偶爾望著窗外。下班時分，長安大街上的自行車流，如一陣潮水般，無聲流動。

望著雪後的街道，沉靜等待她的到來。回想去年往事，西單街頭的生死追逐，如今，逝者如斯，生活如常，自行車的鈴鐺，依舊在上下班的流水線上輕響。日子總是要過下去，彷彿庶民的生活，才是天長地久的恆常。

終於等到敲門聲，開了門，去牽她的手，卻不料身上的靜電互觸，啪的一聲，手上觸電，把我們都嚇了一跳。

「我們台灣說，這叫來電。」我笑著解釋一下。

「天太乾了，有靜電。」她笑了起來。脫下外套，裡面穿著一件套頭的緊身毛衣。或許緊身衣的關係，現在才發現她的胸部變豐滿了。

我握住她的手，還是冰冷的。

她站在窗前，窗外的天色整個暗下來，大街上的自行車流漸漸稀疏。她回眸望著我說：「實驗室有沒有把你嚇一跳？」

「沒有。只是心疼妳，每天做這樣的事。去年到現在，都這樣嗎？」

「不只這個，也有各種實驗。既然決定要出國進修，只能這樣拚命，要積累學術成果才行。」她堅定的說。「無論如何，都下定決心了，就要做到。」

六四之後，很多人灰心失望，決定離開這個傷心地。出國唸書，申請工作，找各種機會離開，一時蔚然成風。她的同事和同學也一樣，不是出國，也是在做著準備。好強的她，不願意落後，積極在研究上有所表現。近一年來，參與了幾個教授指導的研究計畫，有些腦科實驗甚至是歐美還未做過的。她積極的找外文書來讀，和教授討論。

在醫學工作上，她的專業和細心，我早見識過了。沒想到她做研究的精神，也一樣讓人刮目相看。唯一擔心的只是，或許她太積極學習，指導教授有時會有一點顧慮的樣子。她問我：「是不是學者也會這樣呢？感覺上，有一點怕我太有表現了。」

「也許吧，學者、教授也是人啊，難免會忌才。」我於是說起自己大學時，只因向導師提了一個教學上的建議，她竟然非常生氣，把我訓了一頓，還對學校的其他老師說我「恃才傲物」。「老師，也是人啊，就有人性的嫉妒，也會心胸狹窄。研究者也許也有這個問題吧。」

「可是我是他的手下，他的學生啊。所有成果最後都是他的。」她無奈的說：「人的腦子，真是最難懂的。不過，我也可以學到很多。」

我們望向窗外。窗玻璃上，倒映出她的臉。那臉飄浮在城市幽暗的上空，和我的臉彷彿在玻璃中，互相注視著。別後不到一年，她彷彿長大了，不再是那個剛畢業的女生，開始有一種成熟的韻味。

她輕輕把頭靠在我的肩上，望著交疊在一起的影子。

久別重逢的我們，緊緊相擁，細細纏綿。

在每一寸肌膚，追索著往日的迷戀；在每一聲低語，召喚著別後的思念；去年此時的場景，那護城河邊的歌聲，那抵死纏綿的夜晚，隨著一點一滴的觸感，逐一歸來。

我第一次感覺，人的記憶一定是埋藏在肉體之中，那些經歷過的色澤、聲音、觸覺、味道，都儲存在身體的每一個細緻的感官裡。只要熟悉的觸動，柔潤的召喚，它就會自動醒來。

她聽到我這麼說，忍不住笑了，把身體依存在我臂彎裡，輕聲說：「嗯，那麼熟悉的感覺，都在身體裡面。可惜我們神經外科沒有這個研究項目。」

她的乳房靠著我的胸膛。我輕輕撫摸著，說：「她有長大了哦？」

她低頭，羞澀微笑說：「嗯，去年才變大的。」

「妳也長大了。」

「是那一次改變的。」她聲音帶著一點哀傷。

「哦，是因為baby嗎？」

「去年，你走了幾天以後，我感覺她好像長大起來。起初還想，可能是因為你的關係。」她微紅著臉說。

我想起去年她彷彿初識情慾的身體，有一種花蕾初開、迎接綻放的美麗，她對自己內在的慾望既害怕又渴望。

「從小女孩變女人了。」我撫著她微微發熱的臉。

「嗯，本來這樣想。」她沒有笑，反而認真而平靜的說：「後來，過了半個多月，MC一直沒來，我才覺得害怕起來。去我同學的醫院檢查，發現是懷孕了。」

「就是那個時候，Tâ慢慢長大起來，讓我覺得可以當媽媽了。」她低頭說。「那時候，好想把小baby生下來，可以抱在懷裡，像抱著你一樣。」

「可是，我又好怕真的生下來。如果生下來，Tâ要帶著那麼痛苦的記憶，會不會是一個傷心的孩子？Tâ難道要揹著痛苦的記憶過一輩子？」她握著我的手，放在她的小腹上。「不知道怎麼辦才好，那時候，好希望你在這裡……」

我仍記得，接到她的信是在七月下旬。我很快打電話給她。

在電話中，她充滿矛盾。想把孩子生下來，可又不忍心讓這孩子背負著痛苦的記憶；既想把我們的愛情永遠保存下來，又不忍心傷痛也跟著留下；她想把孩子永遠留在懷中，如同把我抱在懷中，卻知道現在她的生活，她的前途，無法容許她這麼做。如果生下孩子，她未來的人生將只是在醫院工作，努力帶著孩子長大。她好不容易調入研究所的努力，她為了出國所做的一切付出，乃至於未來的人生，都要徹底改變。

我當時想著，她才大學剛畢業不久，未來的人生都還沒想好，不應該為了我們的愛情，為了那一段至痛時光的愛，付出這麼大的代價。那是整個人生的大轉變。「妳心中有準備好了嗎？」我問她。

電話裡，她沒說得很清楚。只說著非常害怕，不知道該怎麼辦。

那時她用的是醫院的電話，不知道旁邊是不是有人在等著使用，她只說：「我只是等著，想聽聽你的意見。如果沒有生下來，我怕你會難過。」

後來我接到她的信。信裡說：

打電話前一週，我已經將我的打算付予行動了。之所以未告訴你，主要想聽聽你的意見。當我知道這是真的，三天後便毀掉了我的夢想，毀掉了我的一個資格。因為我想你大概沒有毀掉什麼的打算。這樣對你將是一種負擔。我們活在這世上已經很不易了，幹嘛要自己再套枷鎖呢？大家都不應該有虧欠的感覺，那樣做人是太累了。

那一瞬間，我真覺得有上帝在懲罰我，我真覺得對不起Tâ，對不起Tâ的爸爸，我當著很多人的面，大聲地哭，或叫嗥，原因只有我一人知道。

我愛Tâ，更愛Tâ爸爸，可不知Tâ爸爸是否也是同樣的愛Tâ的媽媽呢？……

「那時候，妳是怎麼做手術的？」我握著她的手問。

「找我的同學幫忙。她在一家婦幼醫院，幫我找了一個很有經驗的老醫生。」

「過程都平安嗎？」

「中國有一胎化政策，做這種手術的醫生都很有經驗了。」她說。「只是手術後還是有一些後遺症，很疼，身體不舒服。在我媽媽家休息了一個星期。」

我用手掌輕輕撫摩著她的小腹，她伸手過來握住我的手，輕聲的說：「那時候，好像Tâ不在了，你也不在了。心裡空空的。」

「我在這裡。」我在她的小腹上緩緩畫著圓，說：「我愛妳。」彷彿，那溫暖柔軟的地方，曾經有過的小小生命也在那裡。

她側過身來，緊緊的把我擁入懷裡。我溫存的親吻著她的小腹，內心卻充滿苦澀。有一個生命，有一段記憶，有一份愛與夢的青春，有一段悲欣歌哭的思念，曾經存在在這裡。然而，已經從我們的生命中，消失了。

「好像Tâ不在了，你也不在了，什麼都沒有了……。」她輕聲低語。眼淚，緩緩滑落，靜靜的滴落，落個不停。

千般不捨，萬般捨不得，我也只能輕輕吻去她的淚滴。

她緊緊把我擁入懷裡，閉著眼睛，任由眼淚滑落，喃喃說：「好想把Tâ放回到我的身體裡面，永遠不要離開。」

「Tâ在我們心裡面，一直都在，一直都在……」

45

暮靄沉沉降落，北方的天空壓得更低了。

莽莽蒼蒼，天地寂寂，只有枯枝交織如網。幾幢俄式的灰色大樓，矗立在空曠的街道上，愈發顯出遼闊和荒涼。

穿著白風衣的中年男子是一家報社的高級記者，有一種北方人的硬朗體型。通過朋友的介紹，他到飯店找我。一進入房間，只望了望周遭，斜望一眼天花板和電話，便說：「我們去外頭走走吧。」

我們走到附近的一個小公園裡。

「這裡可以坐下說話。」他正色說：「剛剛在飯店裡，說話不方便。你們境外記者，房間裡頭大約都裝了監聽器。」

「哦，我想也是。」

我們坐在公園的水泥椅子上說話。他注視我的眼睛，問道：「去年那一天，你在哪裡？」

我說：「就是在長安大街，轉來轉去，最後是在廣場看著撤退的。」

「我也是，在長安大街，整個晚上。看著槍彈打個沒停。」他憂傷的說。

我們於是談起當時的所見。這樣一對上當晚的時間空間，我們發現都在同一個歷史現場，一起受苦，竟有一種特別親近的信任。他握著我的手說：「我們一起見證了那段歷史。」

他於是談起不久前，和妹妹坐了很久的公車，到荒涼的郊外監獄，去探視她的孩子。才十六歲的高中學生，根本還不懂事，就因為那一天晚上參加了學生運動，被抓了起來。望著那孩子在獄中理了一個大光頭，眼睛還是個少年，他非常不忍心。帶回來的家書，看一個，哭一個。

「可是，你知道嗎？聽說那監獄裡的上級，自己的孩子在那一天晚上，也在廣場被射殺了。」他說。

天氣太冷，零下的溫度，身體心底都寒顫，我點了一根菸，那星火卻取不了暖，只好說：「我們邊走邊說吧。」

我們繞著小公園行走。枯樹底下的殘雪，凝結成冰。他說起一些報社的整肅，一些參與過遊行的記者，被調了職，更嚴重的還有停職處分。他說了幾個大報的知名記者朋友，這些都是國外的新聞媒體所不知道的。

「人太多，這實在是再普通不過的事了。一些記者朋友沒辦法，只好下海經商了。」

「能生存嗎？」我憂心說。

「媒體圈的朋友都還在，有些人也還在崗位上，盡量找一些廣告、門路什麼的，互相幫忙。」

我心想，北京人的心都是雪亮的。大家只是不說。

我送給他一本我寫的書《天安門紀事》。這書記憶了我六四採訪的過程。他翻著裡面的照片，一張一張，細細的看，無限感慨的說：「現在，也只有靠你們幫我們說出心聲了。」

我不只送給他，也送給台辦和官方的幾個朋友。我不知道他們的想法，只是希望用坦然的態度，面對這一段歷史。

那時還未成立國務院台辦，只有中央台辦，辦公室在中南海附近的文津街一幢小樓。我在一間小小的會客室送給一個官員《天安門紀事》的時候，本來還有點擔心會不會有所冒犯。但他卻非常平靜而客氣的說：「謝謝你，在報上有讀到你出書的消息了，沒想到有幸得到作者的贈書。」他專注的翻閱幾頁，看了標題和內文的幾張照片，鄭重其事的抬起頭：「一定珍藏，好好拜讀。」

我本以為他只是客套的話，但在另一個社交的場合中，他悄悄走到我身邊說：「謝謝你的大作，說出了北京人的心聲。我們不能說的，你都幫我們說了。」暗中緊緊握著我的手。

還有一位高層的官員在讀過後，主動跟我說：「當時，中國還不懂得西方的街頭運動處理方法，根本沒有鎮暴的相關設備，像盾牌、催淚瓦斯、驅散的設備等等，只知道橡膠子彈。而橡膠子彈又沒有多少。那子彈一打完，部隊又奉命要進城清場，最後就變成實彈鎮壓，死傷才會這麼慘重。這教訓，太慘重了。太慘重了。我們共產黨一直以為自己代表群眾，怎麼也沒想過要學習西方處理群動運動的方法啊！」

那真是無比奇特的感覺。我可以感知，北京有一個內心世界。不管是上層官員還是尋常百姓，他們的內心都有一個隱藏的、不願意輕易表露的世界，但我卻因為這一本書，保留了他們禁忌的記憶，反而交了許多真心的朋友，甚至有一些官員曾在採訪的過程中，幫我許多忙。

後來的十幾二十年光陰，我的這一段經歷也讓我交了許多好朋友。一如我和這個白風衣的男子所經歷的一樣，我們總是會互相印證當時你在那裡。那像是民國時期的幫會，用一種祕密的切口來互相認證一般，我們也是通過那一段記憶，互相辨認，認證過了，便是同一個記憶國度的人。

因為我們都是隱藏著共同記憶的人。

一九九〇年秋天，我和三聯書店的沈昌文先生長談。

那是在一家飯店的寬大中庭裡，我請他喝咖啡。中庭有一個彈鋼琴的男子，和兩個拉小提琴的女孩子，正在演奏弦樂的二重奏。

悠揚的音樂聲中，我緩緩回憶起那一晚，在天安門廣場看見李祿，披著大軍衣，獨自站在人民英雄紀念碑上的情景，以及學生為什麼有民主沒有集中、無法形成決策，為什麼那麼執著的放著〈義勇軍進行曲〉和〈共產國際歌〉。

「我只能說，那個形象，絕對不是西方的民主英雄，也不是自由鬥士，而更像是解放軍的將領。否則沒理由都快夏天了，還穿成那樣！像毛澤東那種『百萬雄師過大江』的氣勢。」我說。「那一刻，在他的心中，真的是西方的民主女神？還是毛澤東？」我想起那時從人民英雄紀念碑看出去，正是相對的民主女神像與毛像。

沈昌文先生和其他流亡海外的知識分子不同。海外流亡者後來都為了生存，搶奪資源，互相批評，使用了一些不堪的語言，鬧得讓支持者也不知如何是好，對我的問題，不知道是不是他們認為不是當務之急，或者認為這些問題有點尷尬，不願意說出內心所思；總之，大部分人都顧左右而言他，迴避了。

沈昌文先生主編《讀書》雜誌，和李洪林先生提倡過「讀書無禁區」，是一個長於讀書深思的學者型的主編，他的朋友多，遍及知識圈的各方人馬，思路開闊，不拘一格，也深諳官方的思維方式，因此我特別想請教他的想法。

然而他並未給我回答，反而很認真的陷入沉思，老半天，才慎重的說：「這個問題，是比較深層次的問題，我得回去好好想一想，改天再和你談，說不定也沒有能夠幫上什麼忙。」

幾天後，我們再見面。他鄭重其事的叫了咖啡，並且有意先不說，而是等到咖啡來齊了，才慢慢開始說：「你的問題，是以前沒有人提出的。倒是一個很好的觀察。回去以後，我認真的想過，你說那個學生李祿，半夜站在紀念碑上，或者學生運動中的一些表現，像是唱〈義勇軍進行曲〉、〈共產國際歌〉，以及他們的思維方式，處事方法，其實都是在大陸受的教育的結果。我們的教育內容中，都是共產黨怎麼打倒反動派，萬里長征，解放軍戰士如何英勇，打敗國民黨軍隊，取得革命的成功，建立新中國。所有的教育，就是教育學生效法共產黨的英雄。而這些英雄的所做所為，就是學生的榜樣。在這些學生的心中，他們從來沒有過民主政治的概念，更不曾認識到民主制度該是什麼樣子，民主的選舉該如何進行。甚至於身披紅彩帶遊行，也是你們台灣的黃順興先生帶來的風氣。我們根本不曾見識過，更不必說學生了。所以，你看得沒錯，李祿的形象，就是我們這裡教育出來的，他認同的英雄，也只有解放軍的將軍，要帶領百萬大軍去革命的形象。那就是他們唯一可以學習的對象。」

「說起來，雖然是民主運動，可是骨子裡，還是共產黨的精神嗎？」我問道。

「這樣說，很尖銳。」沈昌文先生苦笑說：「但是，認真看起來，可能就是這樣。想想看，他們從小到大，就只有這些教育內容，他們的腦子裡，只有這些東西，就只會有這樣的結果。」

我於是說起自己在廣場聽到學生幹部有腐敗的現象，拿了錢說要去買「祕密武器」，最後卻不見了蹤影。甚至互相封誰算部長級別之類的，這也是另一種文化的縮影嗎？

「唉！學生也還年輕，他們所能學習的，都是環境給的，他們學習的歷史、觀念、思想，也無非是這個教育環境所培養的。」沈昌文先生沉痛的說。「你可以想一想，無論是北京的、南京的、西安來的學生，哪一個不是在這樣的教育下長大的。他們的行為，自然是他們成長過程的教育所塑造出來的。我們大人也一樣啊。」

「所以民主運動，其實也只是概念上的理想，骨子裡，還是共產黨教育下的思維方式嗎？或者，他認知裡，恐怕連西方的民主體制是怎麼一回事都不知道？」

「這也不是他們的問題，是我們的教育裡面，從來就只有共產黨革命的歷史和意識形態教育，沒有機會認識歐美的民主制度，制度都不知道，更不必說實踐了，怎麼會懂得怎麼做呢？」

「所以其實，他們也不懂得民主怎麼運作，以至於學生運動的組織裡，內部亂得一塌糊塗。根本無法形成共識，採取一致的行動。」

「恐怕也是這樣的。」他無奈的苦笑著。「一切還是要從教育做起。」

後來，他乾脆創造了一個名詞：「喝狼奶長大的孩子。」

透過沈昌文先生的介紹，我有幸和許多知名的學者、文化人訪談，深談之餘，我總是想問：中國未來的發展趨勢何在？

特別是鄧小平的身體不好，國外媒體多次誤傳他的死訊。但有什麼是鄧小平之後，中國不會改變的？再怎麼樣的變動，總有一個社會基礎，了解這個基礎，我們才能預測中國的未來大趨勢。

我把這個想法請教沈昌文先生。

「中國很大，很複雜，你一定要到地方上去看看，否則你無法了解真正的中國。」沈昌文先生微笑著說。

是的，中國再怎麼變化，所有的動力應是來自於民間，特別是社會的結構性變遷。如果我不了解中國的民間基礎，怎麼看得出中國的未來？

到民間去，去看看真實的中國吧！

46

一九九二年，五月，長江三峽

旅遊船從長江三峽轉進寧河小三峽的時候，立即感受到水流的湍急。船行在高聳的山壁間，將長江鎖在狹窄的河道裡，河水變得更湍急。而小三峽的水流入長江，河道更窄，水勢更急。要逆水而上去看小三峽確實非常艱難。

我們這一團「長江三峽兩岸記者採訪團」因為有全國記協安排，所坐的還是比較現代的船，有大馬力的引擎，卻也得東挪西移，斜行著向上走。有一度，斜行向上的方向太過直角，被水流直沖，船還差一點翻覆。旁邊一台馬力較小的船就無法這麼做了，便請了十幾個人站在岸邊，以繩索幫著拉行。

「這就是傳說中的拉縴？」一船的記者都驚呼問。

「是啊，就這樣。」

一群記者都擠到了船邊，拿了相機狂拍。船的重心偏移，立即傾斜起來。

船長大驚道：「不要全部過去，船會翻了。」

一眾記者趕緊稍稍後退，分成兩排，分散一下重心。但爭搶新聞的本性，仍讓他們深怕失去精彩鏡頭，拚力向前擠。

鏡頭下，只見縴夫赤裸著身體，以肩膀和半身綑綁住長繩，雙腳狠狠的用力踏在岸邊的山石、泥土地上，雙手用力攀住岸邊的岩石，手腳一起使力。有的地方無處可踏，甚至下半身都陷入河水中。他們的大腿肌肉飽滿糾結，狠狠下了全身力氣，才抵擋住湍急洩下的水勢。每一個身體，從頭髮到面容、肩膀，都滴滿汗水，也沖激著清澈的河水。為了拉住船，他們有時得一起用力，便吆喝著「嘿——喲，嘿——喲」。這是汗水與江水的交融之歌。

小船，在一步步往上爬。

千百年來，生命在這裡譜著一曲縴夫的長歌，生命在這裡和大自然共存共生。

我們坐了這較先進船，拿著相機拚命拍照，想不到，竟看得一身筋肉都跟著糾結繃緊起來。那種原始的力與美，筋肉與河流的對話，下沉與上升的抗衡，人與自然的奮鬥共生，形成優美的律動。

轉過險灘，終於進入一段稍稍平緩的河面。

河流轉彎處，一片寬廣的河灘展開如鏡。映著峽谷綠意盎然的山壁，晴藍如洗的天空。河岸邊，纍纍的鵝卵石圓潤光滑，閃閃發亮。一個母親樣子的婦人，拉高了裙腳，坐在岸邊洗衣服。一個木製的盆子裡放著洗好的衣服，旁邊是一堆未洗的衣物，她拿了一根木槌子，正在擣衣。她的身邊，一個五、六歲的小童，穿著短褲薄衫，在她的身邊撿石頭，有時又站到一塊大石上，朝著載滿遊客的這一條旅遊船觀望。他孩子氣的眼睛，天真好奇，彷彿我們這些拿著相機的外來客才是他觀光的對象。

然而，我完全被這景象吸住了。

凝望著他的模樣，我忍不住想起小時候，在台灣中部的鄉下，母親每天早上都會像那個母親一樣，用一個木盆子盛了衣服，去河邊洗衣服。媽媽把腿泡在冰冰涼涼的河水裡，坐在一塊擣衣石的前面，搥呀搥的，把衣服的汗臭味給擣出來。而我就在她的旁邊，走到上游，或者下游，下到水裡去摸蜆仔。有時運氣好，摸到了足夠的蜆仔，晚上就可以讓媽媽煮出甜美的清湯。

不知道有多久了，我未曾想起媽媽洗衣服的記憶。如今，竟然在長江三峽的巫山邊上，更深入的小三峽裡，在這樣的景象裡，追憶起母親和自己的童年。

我望著那個小小的孩子，有如看到自己。如果這個孩子長大，就像那個小時候的自己，長大以後會不會也去了更遙遠、寬廣的世界，看見異鄉的景色，回憶起自己的小三峽童年呢？就像我回憶起台中故鄉？這個小三峽的孩子，有這樣的機會嗎？他的命運會如何呢？

我忽然想起六四所見到的來自中國各地的孩子，他們踏上北京天安門廣場的那一刻，是生命中多麼重要的時刻。他們是什麼感受呢？

這個遼闊的中國，要從最偏遠的地方走出去，是多麼的難，要在十三億人之中，開創自己的人生，是多麼漫長的奮鬥。

那一天晚上，我和國台辦新聞局一位年輕的官員說起自己的回憶。他的眼睛為之濕潤，說：「今天看到的時候，我也想到自己。我就是長江三峽邊上，一個農村出來的孩子。小時候，我們村子裡會讀書的人很少，我祖母知道我愛讀書，天冷了，總是抱著我讀書。後來我提早入學。考上大學的時候，才十六歲，沒有人相信，我們村子裡竟然會有人考上北京大學。村長親自來通知，全村子都轟動了。那時候啊，北京是多麼遠的地方啊，鄉下人，想都不敢想了，更不必說去到北京，還去讀書！我就是那個從長江邊上走出來的孩子。」他沉靜的說。

「那麼你怎麼去北京讀書？從這裡，這樣搭著小船，一路出去？」

「那時候，去北京是一件大事。我祖母幫我縫了一個綁著腰的布帶子，把錢縫在裡面，讓我綁在身上。還把毛毯、衣服、書本等，綑成一捲，揹在身上帶走。

「離開的時候，村裡的人還說，這個孩子將來會有出息，以後回來娶區裡的媳婦兒。你可能不知道，在中國，省下面是區，區下面是縣市，縣市下面才是鄉政府，能娶區裡的媳婦，已經是往上跳了好幾級，很有出息了。」他笑起來說。

他揹著祖母準備的行李，搭上村裡的小船，順流而下，到長江邊上的縣城，轉搭大一點的船，坐了幾天到武昌；再搭上火車，坐了幾天幾夜，才到達北京。到了北京，他一片茫然，搭上公共汽車，到北京大學。幸好大學裡有接待新生的單位。他這才入住了北京大學。

第二天早晨，他搭上公車，直上天安門廣場。在毛澤東掛像前，和天安門拍了一張合照作為紀念。同時把照片寄回老家，照片上寫了一行字：「我已平安到達北京」。

長江邊上，河灘上的鄉村孩子，就這樣走出了他完全不同的人生。十幾年後，他的名字，成為許多人知曉的台辦發言人——楊毅。

而我們都知道，一個鄉村的孩子要走出去，進入完全陌生的城市，和一個完全陌生的世界奮鬥，有多麼不容易。從長江邊上，和從台中的烏溪邊上，都是一樣的。

那一晚，遊船停泊在長江邊上過夜。為了晚上可以喝酒小聚，我在路過市集的時候，買了一點地方的小菜，大家坐在甲板上，喝酒聊天。

五月的三峽還未炎熱起來，黃昏之後，習習谷風，以陰以雨，帶著深山的森林氣息，柔柔吹拂。濃濃的水氣，帶著縹緲的神話，沁涼入心。

此時正是月明之夜，仰望天際，高聳的山峰，都成濃濃暗影，唯有月光，穿過高峽，照射進來，明亮處，有一層淡淡的銀光色澤，像舊式的黑白銀版相片。月光夾在兩山之中，顯得清麗婉約，如佳人出谷，帶一點羞澀。

如果《九歌》的山鬼從山谷裡飄出來，我一點都不訝異。甚至會邀請他一起來喝一杯。

這一次是首度的兩岸記者採訪團，台灣有二十幾家，大陸也有二十幾家媒體，總計五、六十個記者一起參加。負責接待的是國務院三峽辦公室。整個採訪行程的目的，是要說明三峽大壩工程，希望透過媒體報導，讓外界了解三峽大壩的計畫。作為台灣記者，我們平常毫無機會深入三峽，特別是這一次的採訪行程將近一個月，可以走鄉串鎮，做深度訪問，確實非常難得。

我的立場和黃順興一樣，基於生態與文化保護的原則，反對三峽興建水壩。因此一路上和三峽辦公室派來的工程師爭論。我一方面要求他們給建壩的資料，詳細的規劃圖，另一方面每天晚上提出一些問題請教工程師。

我們從重慶一路南下，沿路訪問許多以前只有在詩詞裡才讀過的古鎮：奉節、巴東、巫山、白帝、涪陵、酆都鬼城、萬縣、秭歸等等。三峽的每一處山水，彷彿都有詩人的足跡；三峽的每一處古蹟，早已有古人題詩在上頭。而峽谷中的懸棺、赭色石壁，則是巴族文化的遺留。這些古老的文明遺跡，如果全部沉入大壩江水之中，實在太可惜了。更何況居民的遷移，達百萬人以上，實在不是任何一部社會史有過的紀錄。

最讓人難過的是，由於建大壩的計畫一直遲遲未能定案，如果要建壩，地方建設就白費了，所以這些地方完全停止新建設。整個城鎮的建設，像停留在三、四十年前的時空膠囊一般，老舊、荒廢、違章，連繁華的碼頭市集都像是急就章的臨時違建。即使像萬縣這樣，上下游會集來交易的水陸碼頭，也只是像一個農村市集。一整個三峽沿岸，像是被封鎖在歷史時空裡，還不許民間走入新時代。

許多地方政府、民間人士跟我們座談時，只求一件事：要就建大壩，大家搬遷，找一條生路；要不就決定不建，讓我們可以好好建設地方，不要再爭論下去了。快快做決策，生命有限，我們沒有另一個三十年可以爭論了。

這可悲的願望，顯示了三峽，這個中國南方文明的源頭，已經走到歷史的關頭。

我還記得，到達屈原故鄉秭歸採訪的時候，正是上午。我們下了船，踏過翠綠的山路，在一處平坦的坡地上，春天的油菜花開滿了整個山坡。黃澄澄的花，鮮亮亮的綠葉，早晨的新鮮如洗的陽光，映得整個天地都明亮起來。

一個年輕的農民，挑了一根扁擔，前後擔著兩個竹編籃子，走呀走的，左一搖右一搖，走下了山坡地，似乎要下到田裡去採收什麼，看起來那麼歡喜快樂。他年輕的臉上，有一種南方人的白淨，微笑點頭，和我們這一大群人打招呼。

我忍不住想到，屈原當年寫詩的時候，想到的家鄉，就是這一大片花園般的故園嗎？他的湘君、湘夫人、山鬼的相貌，便是整個三峽的風土？

這樣美的地方，這些詩詞的原鄉，如果沉入水庫底，永遠沉埋，那就太可惜，太可惜了！

我一路和工程師爭論。事實上，他們有許多問題是無法給出答案的。特別是生態影響、移民搬遷、下游環境變化、國寶魚類保護等各方面，面積太大，範圍太廣，已經超出工程師的純技術思考範圍，更不必說文化的層面了。這是世界上未曾有過的超大實驗。因此爭論到最後，我們總是以「一場太巨大的實驗」做結論。沒有誰說服誰。

直到有一個晚上，我和大壩的設計工程師爭論不休後，許多人都去睡了，只剩下我們少數幾個人還在，他才笑著說：「沒看過像你這麼認真的記者。」

「也沒看過你這麼執著的工程師。」我也笑了。想到他敘述大壩的語氣，往往超出工程師的感情，我忍不住問他：「你為什麼這麼執著要建大壩呢？」

「我的執著是有原因的。」他誠懇的說：「年輕的時候，我從貧窮的鄉下出去上大學，學的就是水利工程，為什麼？我的志願，是要建設這個國家，讓它擺脫貧困，富強起來。要建設一個現代化國家，就得有水有電，讓家家戶戶都用得上電，所以我的第一志願，就是建三峽大壩。三峽大壩，不只是一個水壩，也是一個偉大的工程，這是從孫中山就開始規劃的建國方略。我現在已經五十幾歲了，一生能做的最大夢想，就是完成三峽大壩。」

如此說明「世紀大夢」，我就無言了。擺脫貧困，建設新中國，這是中國人百年來的悲願。一個年輕就立志要建大壩，為「復興中國」而奉獻一生的人，三峽是生命意義的所在，這已經無法爭辯了。後來我訪問白先勇才知道，他大學曾就讀成功大學土木工程系，原因也是為了以後要建三峽大壩。還好他功課不行，轉到了台大外文系，才有了後來的「小說家」白先勇。

由此可見三峽大壩之夢，所蘊涵的精神，已不是一個技術上的大壩，而是一代人的復興中華之夢。

三峽的採訪經驗告訴我，這個幾萬年的古老河流，幾千年文明積累的山川，有太多神祕的典故，太多生命的故事，有太多民間隱藏的祕密，不能輕易用水壩把它埋藏起來。

可惜，後來的三峽變成「平湖」，我們走過的足跡，看過的鄉鎮，觸摸過的廟宇，欣賞過的文物，都變成最後的凝視。

可是我未曾遺忘，有一個孩子，從三峽坐了船去讀北大，有一個孩子，把三峽大壩當成他復興中華之夢，這些複雜交錯的心靈故事，才是中國之成為中國的原因吧。

月明之夜，我們坐在三峽的峽谷深處，喝著小酒，聊著人生的志願，成長的故事。

抬頭望天，天空被兩岸的山壁夾成了一線天。

但那一線天空，卻因為周邊的黑暗，顯得特別明亮。那藍的質地，彷彿是用星光綴成的，像寶石，像《楚辭》所描寫的仙人的霓裳，忽然散開，在夜空中，熠熠閃亮。那是神話的夜空。

而那個神話的天空，只有在谷底才能夢見。三峽成平湖以後，再也不存在了。

47

一九九四年，十一月，深圳

從北京飛深圳，和朋友相約晚餐後，沒有事，便決定去一間大飯店的地下室，也就是朋友小娜開的歌舞廳探望她。她現在是這一間歌舞廳的「媽咪」。台灣叫「媽媽桑」，大陸叫「媽咪」。不像台灣的媽媽桑都有一點年紀，事實上，她才二十三歲。

小娜帶著我走過一排咖啡桌前，十來個打扮入時的小姐坐在那兒望著她。她問我喜歡哪一個，喜歡就讓她來陪我。我本來只是路過，看過朋友，明天一早就走，對歡場沒有興趣，就坦然說：「只是來看看老朋友，沒有這個打算。等一等，跟妳聊一下就走了。」

卻不料她說：今晚有幾檯韓國、日本的客人，我得先去招呼一下，得有人陪你說說話，所以還是幫你找一個吧。她叫了一個女孩子過來，叮嚀道：「妳先陪一陪我大哥，我叫他們拿威士忌過來，等一下再來說話。」

那女孩子長得眉清目秀，氣質不錯，細問之下，才知道她是北京某知名經貿大學畢業生，父親是某個中央部門的處級幹部。本來她已經輕鬆的分配到國營事業單位工作。但她和許多年輕人一樣，不想過著一成不變的公務員生活，遂決定出來自己闖。而當時深圳正是所有年輕人心中的新樂園，遂直奔這裡。

她起先在一間大飯店當會計，後來因為和朋友去唱歌，朋友覺得她歌聲不錯，姿色清秀，就介紹她去酒店的歌廳兼差，她發現陪酒唱歌下來，一夜所得的小費超過常人一個月的薪水，而且生活自由，有些日本、韓國的客人給的小費也高，就開始來小娜這裡上班，開始「下海」。

她帶著一種崇敬的眼神看著小娜說：「她非常厲害，可以說英語、韓語、日語，更不必說唱台語歌。她可以招呼各國的客人，還可以召集這麼多小姐來上班。真的是非常能幹。」

小娜穿著緊身粉紅色洋裝，有點像是美國名牌，身材婀娜，滿場走來走去，在包廂之間穿梭，時而過來招呼一下。

「再等一等，我先把他們招呼了。等他們都上樓去辦事，就沒事了。」她笑咪咪說。

旁邊的女生微笑不語。我望著場子，便明白了。樓上是大飯店的房間，這些客人無非是看好了各自中意的小姐，帶上樓去開房間。等事情辦完，再下來繼續唱歌。唱歌的事，小娜就不必招呼了。四、五十個客人，也得找來這麼多小姐招呼，這主持內外場子的本事確實不容易。

「抱歉啊，沒讓妳接到日韓的客人。」我對身邊的小姐說。

「不，好久沒這樣談話了，也很開心。小娜說，你是她的大哥，是台灣的作家，所以特地要我陪。」

哦，原來如此。我心中想，原來是她特地挑的，難怪氣質不太一樣。蒙古人的小娜表面上看來開朗自在好相處，但其實是心思細膩的人。

她問我：「以前來過深圳嗎？」

「來過。」我說。「那是一九八九年四月十四日。」

為什麼記得這麼清楚？因為那是一個特別的日子。我先是在北京採訪兩會，後來晚報的總編輯胡鴻仁從日本轉來北京，我陪著他參觀了天安門、故宮、長城、王府井等重要景點後，便一起南下廣州。再從廣州包了計程車到深圳。當時作為特區的深圳管制相當嚴格，出入都需要特許證件。我們沿路觀察，發現所謂深圳特區根本一片荒涼，老城區可能還有些居民在住，但這些新開發的區域根本就是一片大工地，到處是圍起來的大樓工程。我們預訂了一間新飯店，卻不料到了飯店才發現它才剛開始試營運，有一半樓層還在裝修，房間裡充滿油漆水泥味。夜裡想出去走走，根本沒地方去。所謂特區，根本是平地造出的空中樓閣。

隔天早晨，我們就搭上開往香港的火車走了。經過羅浮，轉香港鐵路，終於從香港的地鐵站鑽了出來，時報駐香港的特派記者來接胡鴻仁。他劈頭第一句話就是：「胡耀邦死了。」

「啊？」我說：「他很受知識分子愛戴，可能會出事。」

但香港特派認為，依照中共的慣例，會開一些追悼會，辦一場風風光光的追思儀式，事情就結束了。

那一天是四月十五日。這就是我特別記得深圳和那一片荒涼工地的原因。

然而我怎麼樣也想不到，深圳的發展竟如此迅速。特別在一九九二年鄧小平南巡講話之後，全中國好像都在做生意，一切向錢看。整個人的價值觀都轉變了。那些高樓不僅蓋好了，如今住滿了人，韓國、日本、台灣的投資客到處跑，酒店的生意都好得不得了。

她說，深圳是新開發的，剛開始時，很多酒店、辦公樓、工廠都才剛建起來，一下子來了許多人，因此工作很好找。現在來的人多了，也複雜了，外面反而不安全。但整體來說，日本、韓國、台灣的投資者、管理人特別多，所以常常來酒店應酬。這一間酒店主要做韓國人生意。

「太不可思議了。」我感嘆說：「深圳的繁華，可以這樣硬生生給造出來。我怎麼也沒想到這麼快，平地起高樓，荒地變城市，不到五年的時間。」

九點多，客人帶著小姐陸陸續續離開，場子慢慢清靜下來。小娜過來坐下，喘了一口氣說：「今晚生意特別好。來了幾個公司的客人。他們現在帶小姐去樓上，等一下辦完事下來，就會自己唱歌，不需要招呼了。」

她把酒幫我斟上，說：「難得你會來深圳。我以為你只會在北京採訪。」

我和小娜認識，也是在北京。約莫四、五年前，一個台商朋友帶著她到北京，知道我在北京採訪，便約我一起吃飯，後來乾脆搬來我住的飯店住下，晚上可以一起聊天。

我當時覺得奇怪，台商在大陸找女伴，這是常態，但也不需要找一個這麼年輕，看起來像剛剛從鄉下出來的女生吧？她穿著花色有點土的T恤，身材顯得有一點豐滿，圓圓的臉上，有一雙靈動聰明的眼睛，直率開朗。她的口音不像北京人，樣子也不像江浙人。我於是問她哪裡人。她說是內蒙古的草原上，一個叫什麼盟的地方。我於是說起自己在內蒙騎馬磨破屁股的往事，大家都笑了。

小娜有一個本事是很會照應人。把台商朋友照料得好好的。可是，到了晚上，那台商朋友要打電話回家跟老婆報到，她就吃醋了。兩個人免不了吵起來，每天晚上當消夜吃，吵得不可開交。有一天晚上，兩人吵起來，朋友沒辦法了，就帶她一起來找我喝酒。我只能好言相勸。這才了解她才剛滿十八歲，因為在內蒙和一個男生戀愛，發生關係懷孕了，被家裡知道，因為她未成年，那男生又不負責任，她一氣之下，把孩子拿掉了，離家出走，遠赴深圳去找生路。高中剛畢業，又人生地不熟，她找到一間理髮店當洗頭小妹。這個台商朋友從香港轉深圳，正在舟車勞頓，去洗了頭，看她個性開朗，活潑可愛，便約了她出來吃飯。不料就這樣在一起，一路相隨。

由於她的開朗活潑，這朋友一掃沉默內向的個性，變得愛笑。他本是做宗教古董生意的人，到印度、尼泊爾、蒙古、四川各地去找文物。此時大陸尚未明確規定那些古文物不許帶出境，小娜就陪著他到處找。甚至回到她的家鄉。兩個人像情侶一起旅行。

朋友不在北京的日子，小娜就幫著他交際一些做古董、管海關的朋友，好辦理一些文物出口。然而她才剛滿十八歲，孩子心性，一個人在外，難免寂寞無聊。所以朋友一來就糾纏在一起，吵吵鬧鬧。我後來覺得這樣也不是辦法，就勸她如果有空，不妨去大學聽一聽外語的課，特別是英語會話課程，學起來總是有一點用，以後可以去飯店、外商公司做事。

她倒是聽進去了，認真到北大去報了培訓課程。她確實很上進，把課程好好上完。

後來台商來大陸投資的生意老是不能落實，只有來回做買賣。小娜覺得如此下去不是辦法，便到深圳去找工作。憑著她的外語能力，她很快在酒店找到接待，又由於她開朗善交際，很快被酒店的主管看中，變成歌舞廳部門經理。她的交際手腕靈活，名聲迅速傳開。另一間酒店開了很好的條件來挖角，轉眼間，她成為炙手可熱的經理人。再加上她有帶客能力，還能隨時找來一群小姐陪酒，應付客人的需要，又能兼經營情色生意，很快成了知名的「媽咪」。而事實上，她才二十三歲。

我也沒想到，才幾年時間，她已出落得如此世故成熟。如果不是來此出差，我幾乎不敢相信變化如此之快。

坐下來的時候，她讓那小姐先離開，微笑著問：「喜不喜歡？晚上要不要讓她陪你？」

「不用啦，妳小妹子不用操心。」

「她氣質不錯，大學經濟系畢業，家教很好，平時有些沒水準的客人，她還看不上。我特別找來陪你聊天。她對你印象也不錯。」她說。

「妳這麼細心，難怪生意這麼好。」我說。「沒想到喲，就這一兩年，妳就混成了深圳的大姐。」

我知道，在酒店要能混到這一級，得黑白兩道、男人女人、老的小的都能擺平才行，非常不容易。

她說，跟台商朋友已經分開了一年多。實在是沒辦法，他要不要做事業舉棋不定，她也沒事幹。「結婚不可能，事業沒著落，與其拖著，不如自己奮鬥。」她堅定的說。

「還好，那時你勸我去學外語，後來就靠了這個來深圳找到工作。而且，我好像還挺能學的，我就是臉皮厚，敢開口說，韓語、日語都可以講一點。交際一下還沒什麼問題。」她頗為自得。

「妳語言能力怎麼這麼強？」

「我小時候說蒙古語，後來學漢語，其實就是學外文，再後來學英語、學韓語、日語，就差不多是那個樣子吧。越後來，學起來越快。敢說就會了。」她笑著說。

「能學那麼多語言，那確實也是天分。」我說。很顯然，她的語言和組織、交際、管理的手腕，超出常人之上，難怪她要開創自己的路。

我問她未來如何打算。她說：「最近幾個月正在和一個美國人談假結婚的事。我想取得美國人身分，再用外資身分回過頭來投資，那就有很多的優惠政策。咱們要好好『用』政策，利用外國人身分，才能賺大錢。」她說了一些如何運用政策，在土地取得、投資優惠上，賺各種錢的門道，其竅門之複雜微妙，實難想像。這個腦袋，早已不是那個剛出蒙古草原的小妹子。

說了半天，她自己一笑說：「這都是以後的打算，現在要先開始。我的第一步，正在談價錢。那個老美，要的價錢太高了。還想占我便宜，說雖然假結婚，還要我陪他睡，才算真的夫妻。」她笑起來說：「媽的，老娘賠了夫人又折兵，這代價也太高了。」

看著她圓圓的臉上露出調皮的笑容，不禁大樂。

我想起自己曾送她一本井上靖的小說《蒼狼》，那是講蒙古大汗成吉思汗的故事。故事說，蒙古人是一匹從北方來的蒼狼，在蒙古山上遇見一隻美麗的鹿，結合為夫婦，就生下蒙古人。因此，蒼狼是蒙古人祖先，蒼狼的勇敢孤獨與善於征戰的心，就變成蒙古人的本性。

原來，那個我初次看見的鄉下來的紅臉小姑娘，本來是蒼狼的後裔，只是她當時還沒有長成，如今她開始證明自己是「蒼狼的女兒」，準備要征戰天下了。

她聽後，沉思一陣，才說，最初從蒙古出來的時候，也是很害怕的，但終究要拚下去。不管怎麼樣，都要謝謝那個台商朋友，把她帶出來。雖然分手了，她還是有情有義，要我回去問候一聲。

更晚一些，我想回飯店休息了，她卻堅持要帶我去吃消夜，吃一家現在最著名的雞肉煲，好像非如此不算招待完成。原來那是用香料熱炒土雞肉，再用香菜墊底，加上啤酒去煲的小火鍋，口味確實不錯。吃過後，我想散步，自己走回飯店消化消化。她卻不同意，宣稱：「不行，這一路上非常危險，我叫車送你回去。」

我很訝異的說：「別害怕，大陸是一個安全的地方，何況我是記者，什麼地方沒去過。」

但她堅持搭車送我回到飯店門口，看著我進了飯店，轉頭揮手，才放心離開。我心想，這個小妹子，變得像一個大姐大了。

第二天，我就知道了她為什麼如此堅持。

早晨我拉著行李，估計飯店離車站不遠，決定走路過去。剛離開飯店十公尺，在馬路邊上，就有一個人故意揮開手來撞我。我訝異的看了他一眼，他怒然說：「看什麼看？你撞到了人，不必賠償嗎？」

我說：「是你故意來撞的，說什麼？你為什麼不道歉？」

他竟說：「你把人的手撞傷了，不必負責任？」

我知道碰上問題了。但實在沒時間生氣，便瞪他一眼道：「告訴你，我在這裡還有很多關係，別跟我玩這個。我沒時間理你。」

他也有點訝異了。我轉頭拉著行李離開。走了幾步，回頭一看，飯店周邊的確有一些閒雜人等，晃來晃去的，可能是在等著尋找外來的獵物下手。

這是一個剛剛開放的社會，一個什麼規範都還沒有建立的特區，這是一個蠻荒世界，充滿冒險家和搏命求生存的人。

這個地方太生猛了，一定有許多故事，包括了中國人、韓國人、日本人、台灣人、黑道、白道、警察、官員、小偷、騙子、搶匪、酒女、妓女，整個的故事，就是中國社會大轉型的寫照。

而小娜，一開始就料定依我的穿著，一副台胞模樣，在午夜的街頭可能碰到問題，難怪堅持要送我回飯店。

果然是蒼狼的女兒。對危險和戰鬥，永遠保持高度的警覺，難怪她可以在這裡生存。能夠在這裡生存，也一定可以在世界各地生存了。

唯有到了深圳，我才真正了解到鄧小平一九九二年的南巡，造成多大的衝擊。這些酒店裡的排場，那些吸引外資的政策，乃至於整個社會風氣，都為之改觀了。深圳只是一個縮影，全中國都在變。舊秩序、舊規範、舊價值崩解，新秩序、新規範尚未建立，一切重新開始，一切都可以實驗，一切都在開創。鄧小平給後毛澤東中國造成的最大衝擊，乃是整個的「價值觀革命」。

社會主義中國完全不一樣了。這是一個「資本主義初級階段」的原始叢林。而六四的記憶，漸漸被新的城市叢林、燈紅酒綠淹沒。

48

一九九五年，一月，廣西邊境

平而河是一條絲帶般蜿蜒而翠綠的小河，穿過高聳的山巔，沿著中國廣西和越南的邊境流過。河面上漂浮著冬天的落葉，以及上游漂下來的一段段褐色木頭。那是越南那一邊的商人砍下來的，讓它順流而下，準備在廣西這邊撈起來出售。

河流的對面便是越南。不遠處立著一個個界碑，標誌兩邊國界的所在。這裡的解放軍連隊要負責一五·七公里的邊境，河界長就有四、五公里。平而河向下，靜靜流入淈公河，從越南出海。

河水清清，江山如畫，南國風光，洋溢青翠的生機。

「你不要看這裡靜得像世外桃源，誰也看不出來，這裡曾是中越激戰的戰場，槍林彈雨，烽火連天。」帶我來的廣西資深記者朋友指著前方，一大片綠色林野說：「一九八四年中越戰爭結束，雙方大量在邊境布雷，我們這邊布了至少兩千萬顆，越南那邊我們不清楚，但至少有一千萬。加起來，至少有三千萬顆地雷，就埋在這些綠林裡。」

「那，比台灣總人口還多哪。」我訝異說。

「是啊。戰爭結束以後，這幾年來，主要部隊都撤走了，誰也不記得曾經在那裡布雷，整個邊境線變成地雷場。」他說：「當年，為了安全，恨不得布得愈密愈好，藏在深山老林裡，就怕敵人來偷襲。現在可好了，兩邊都想做貿易，很多先跑的人早就在做走私生意。他們走一些森林小徑，結果一個不小心，就踏上地雷，死在誰也不知道的深山裡。還有些農民的牛羊，也不管邊境，吃著草就走到另一國去了，不小心也踩上地雷。」

「改革開放以後，為了避免悲劇，廣西政府希望排雷，以保護居民。但本來的部隊都走了，很多人早已轉業，根本沒人記得地雷埋在哪裡了。」

我們站在邊境上，沉默不語。戰爭殘酷，豈只是遺害百年。三千萬顆，要怎麼掃？

「以後能怎麼辦？要不要趕著牛羊讓牠們滿地跑，用來排雷？」我笑問。

「這也不成，誰知道跑了還有沒有遺留呢？」他大笑。

「那邊境貿易不是很危險？」我是為了採訪邊境貿易而來的。傳說中越邊境貿易的量非常大，超出了中央的統計，已成為非常重要的地下經濟，對越南也有很大的影響。

「你放心，中國老百姓是很有智慧的。他們會自己發展出固定的交易路徑、交易地點。要不然，怎麼叫邊境貿易呢？」

我們前往邊境小鎮——憑祥。

憑祥沒有什麼生產企業，但有不少貨車在這裡進進出出。最重要的是：它有一條邊境小道，直通越南。地方上把那一條街道叫「弄堯」。長約兩、三公里，沿著山嶺的邊境線，曲曲折折的延伸。

這一條路本來是越南戰爭時期，住在北越的中國人進出買賣的貿易據點。中共支援北越，有不少補給物資也會從這裡輸送。等到越戰結束，越南開始排華運動，捕殺華人，這一條小路反而成了北越華人難民潮的逃亡山徑。兩邊關係緊張之後，這裡也變成阻止越南入侵的要塞，共軍駐守的據點。

歷史曲折前進。改革開放以後，中越不再緊張，由於兩邊的經濟差距，邊境走私貿易又自動開始了。百年來的貿易路線重新恢復，民間熟門熟路，很快找到自己的利基。

重新開放的這一條道路非常狹窄，有的地方只容三個人通行。路的兩邊都是用便宜的水泥和鐵皮搭的小店，店面門口擺放著各種五金、小電器、服裝、棉被、毛毯、酒、飲料等等。貨品的式樣並不多，但似乎隨時可以補充。

一間小店面裡，年輕的女子抱著一個嬰兒，正在哺乳。紅通通的小臉，晶亮亮的眼睛，好奇看著行人。他的旁邊，就是一盤塑膠打火機、香菸和幾瓶酒。

每天早晨開始，就有越南人穿著便宜的塑膠拖鞋（據說是適合於泥土路上止滑用的），來到這一條小街購買貨品，再交由挑著扁擔的挑夫，跟在他身後，當場挑回去。

據當地人說，人來人往的小徑，每天至少有幾百人進來。而賣出去的貨品，不僅多樣，數量也越來越可觀。因為越南是一個落後封閉的共產國家，所以這裡的走私貿易特別興盛。

那真是非常壯觀的場景。在崇山峻嶺之間，一條荒涼的山徑上，有無數挑夫在綑綁貨物，一根扁擔挑上肩頭，瘦小的越南人的身影，摩肩接踵，挑著都快比人還高的貨品，一搖一晃，朝越南的山路走去。

從中國「出口」的是生活電器用品，那越南人拿什麼來交易？

在小街上，有幾個越南女子拿著類似古董的玉器、瓷器之類的，也有人拿古董郵票、勞力士手錶，號稱是當年美軍留下的東西，便宜的出售。

當然最多的不是這些。越南人進來時，肩挑手拿的竟是一些中國人喜歡吃的山產：諸如烏龜、山龜、草龜、鱉等。據邊防人員統計，每天至少有一噸烏龜由越南運進來中國。至於中國人愛吃的毒蛇，據說最盛時，每天大約有幾百公斤毒蛇、海蛇給揹進來，賣到內地的市場上去。

「最近，少一點了。北越的蛇都被抓得差不多了，他們去抓南越的，但路途太遠，不好運。」

然而，最讓我瞠目結舌的，是另一個地方的貿易點：憑祥浦寨。

那裡靠近邊境，但交通方便，貨車可以直達，所以廣西政府在這裡建了一個交易中心。兩邊交易都是開著貨車來，辦完通關手續，有些根本是走私，也不需要辦，就把車子屁股對屁股，互相卸貨到對方車上，迅速完成交易，轉頭就開走了。

越南這邊帶來的貨品最特別，一車上都是用鐵絲做成的大狗籠子，一個籠子裡裝得下十幾二十隻越南種的小黃狗。每一隻狗約莫三、四公斤。

小黃狗在籠子裡汪汪嗚嗚的哀叫，彷彿哭泣。但交易雙方都只管把籠子送上大秤，過磅，一籠再一籠，秤完了，過到中國這邊的車上，很快運走。
據說，來自柳州的貨車，每天運走約莫五百隻小狗，總重約兩千公斤左右，運往柳州的市場。那裡有著名的「柳州狗肉」。
看到這些狗的體型，我忽然想起在廣西省府所在地南寧的夜市，有一個人稱最有名的夜市小廣場，曾看到一些攤子前方，掛了一排像北京烤鴨一樣的東西，炸過了的外皮，顏色略微焦黃，油油亮亮，但形態比烤鴨大一點。
我好奇問道：「怎麼廣西人也愛吃烤鴨？」
在地朋友哈哈大笑說：「那是狗肉。先處理還炸過了，去掉腥味，才掛出來。看你要吃幾斤，再切下來。用香料爆炒後，加上啤酒，煮成像火鍋式的一鍋。這是最有名的柳州狗肉的吃法。」
站在邊境看著交易中的上百隻小黃狗，我終於明白，柳州狗肉的來源，原來是邊境貿易。越南小黃狗以其大小適中，肉質合適，成為市場大宗。
不僅是狗肉，浦寨因其交通方便，貿易種類和數量都不斷在增長。地方政府決定在這裡建一幢專為交易用的國際商城，讓各種貨品更齊全，採購更方便。交易也可以更規範。
當然，這只是可見的交易。真正厲害的走私，是看不見的最大宗的汽車交易。廣西邊境太長，不容易管制，只要搞好邊防的關係，或者結合軍方一起做生意，大家發大財。所以日本汽車、韓國現代小汽車，明明中國有進口配額限制，但在這裡，卻可以源源不絕的進來。原因也很簡單，從越南轉口，從邊境直接開入中國，再用其他手段掛上使用執照，一輛汽車就可以上街使用了。
「廣西很多這種車啊！我們都知道。我們的領導，很多也開這種車，不然哪來那麼多車可以用？」地方記者說得稀鬆尋常。

「摸著石頭過河」，鄧小平的指示，在邊境貿易上得到最好的實踐。以前的戰爭小徑，變成貿易通道，以前的敵人，變成貿易的夥伴。有錢大家賺。

鄧小平還有另外兩條指示：「黑貓白貓，會抓老鼠的就是好貓」，另一條是「讓一部分人先富起來」。所以，不管你要怎麼過河，只要能讓人先富起來的政策，就是好政策。

在地方上，人們似乎是這樣理解的。而中國這麼大，沒什麼政策是萬靈丹，只有鄧小平這三條，似乎還是最實用。

戰爭結束了，民間經濟活力開始了。

第十章

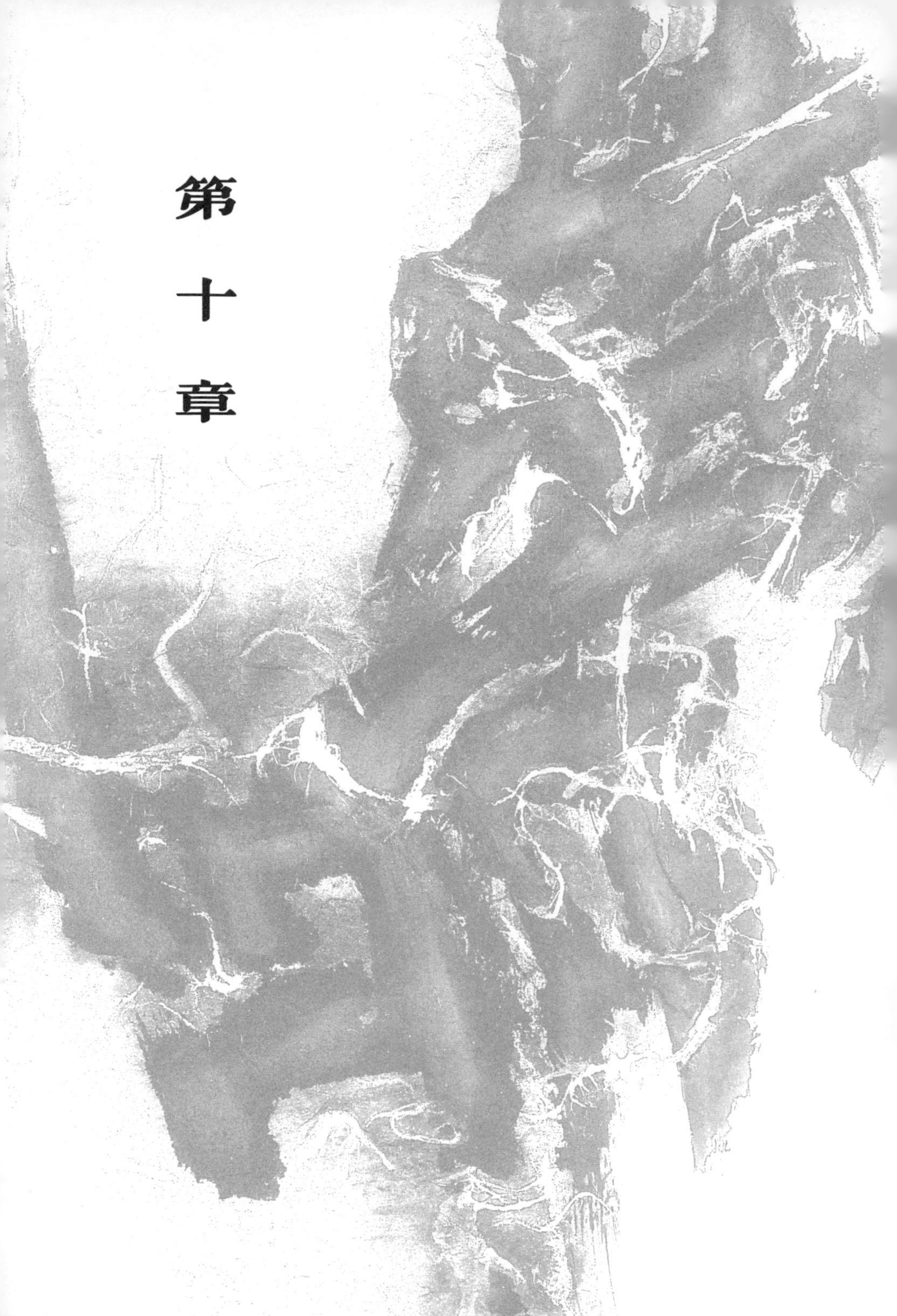

49

一九九四年，十一月，美國史丹佛大學

美國加州史丹佛大學的校園碧草如茵，建築典雅，透明溫暖的陽光，讓學院有如書香的花園。到達的第二天早晨，我在校園散步，去書局買了一本聶魯達詩集，坐在草地上喝咖啡。從一九八九年以降就焦慮苦思、日夜尋訪的心，終於得到喘息的機會，有了靜心沉澱的時光。

我開始在聶魯達詩集的空白處，寫起一首詩〈透明之歌〉。

在遙遠的異鄉加州，陌生的環境，跳出台灣、香港、大陸的固有思維，換上異國視野，我在透明的陽光下，重新檢視自己長長的追尋的足跡。

我依著自己在一九八九年許下的願望，五、六年之間，走訪了大陸許多地方。這一段時間，正是中國巨變的開始，特別是鄧小平南巡之後，中國人的商業意識與經濟本能全面醒來，從中央到地方，從大城到邊陲，從商業模式到思維方式，從行為準則到價值觀，一切開始改變。

為了了解「民間中國」。除了走訪北京、上海、廣州、西安等城市，也訪問不同面向的官員。但我更著重探尋民間新興的生命力，那些不在國營企業經營範圍內，卻不斷滋生出來的新興活動。除了邊境貿易，也採訪了地下經濟小商品市集、名牌服裝的仿冒市集等。從北京的秀水街，到河北蘆溝橋附近的週末市集，到北京車站附近外來工人蝟集的違建區，乃至於從鄉村來到

城市打工，租不起房子，住在每天幾塊錢的防空壕裡的工人。那是文革時期為了防止蘇聯核子大戰而挖的防空地道，遍布北京。空氣難以流通，卻便宜得讓外來人勉強生存。

我也看到了新起的地下文化，正在改變中國。二渠道的出版與發行，帶來另類的文化與閱讀；一些港台禁書開始在街市小販間流通，連盜版都大有賺頭。官方想取締仿冒、盜印，但抓不勝抓，有些甚至是鄉鎮企業在做，事關鄉鎮人民生路，地方政府也不願意取締。

六四之後，被世界制裁的中國為了讓老百姓還有生路，對民間經濟睜一隻眼閉一隻眼，讓地下生意不斷冒險求活，突破框架。那些因六四被懲處而離職的文化人、編輯記者，反而在民間經濟找到活路。

我也採訪了外界尚未知悉的地下文化，如未經審核的小劇場演出、圓明園的畫家村等。活躍於地下的文化人，正在創作著官方未曾想見的內容。他們也不想通過審查，進入公眾視野，反而甘於地下，通過外國使領館，把畫作直接賣給了外國收藏家；通過朋友，把地下劇場的票賣出去。

這時的地下文化充滿活力。一九九三年，牟森在北京電影學院的一間教室裡演出高行健原著的《彼岸》。不久林懷民帶著雲門到北京首演《薪傳》時，我請《彼岸》的導演牟森、攝影吳文光、紀錄片拍攝者蔣越、舞者文慧等，一起來看。剛看完大家興奮得不想回家，坐在馬路邊喝啤酒，徹夜討論演出內容與舞蹈語言，也談他們的人生夢想：做一部紀錄片、做一個流浪劇團、做一部片子記錄中國人的大變遷……，一個一個年輕的夢想，指向剛剛開放的世界。

聊到三點多，大家盡興了，那時，已經沒有出租車，就只能邊走邊聊，走一兩個小時的路回家。懷著夢的心，從來也不怕路遠。

地下的文化人，別的沒有，最多的就是熱血和夢想。多年後，他們紛紛都成為了影視、藝術、劇場、電影的「大師級」人物，有人更揚名國際。

然而，這些年的採訪量太大，涉及的範圍太廣泛，而中國是如此之遼闊，我開始有不勝負荷的茫然，不知如何將這些龐大複雜的內容，整理成一系列有意義、有洞察力的報導與分析。

更重要的是：這些內容就像當時的中國社會一樣，本身充滿矛盾、衝突，衝撞體制，打破常規，摸索前進，卻又生猛有力，充滿創作的動能。

特別是民間的經濟活力，在一九九二年鄧小平南巡之後，好像被激發出來了。敢做敢闖，敢實驗，敢想像。而開創者的獲利，更激勵更強的創造力，帶動了整個社會新的變化。

然而，中國社會如此複雜，既有共產主義體制的數十年建立的基礎，也有資本主義初級階段的開放實驗，所有制不明，股份制不清，開放範圍未定，要如何改革，千頭萬緒。更且，這種從共產主義向市場經濟過渡的實驗，歷史上未曾有過，連俄羅斯都在震盪療法裡，陷入困境，更不必說「摸著石頭過河」的中國。然而有一點最特別的可能是中國的商業意識，那種經商能力，有如民族的本能，一旦開放，即被激出來。而全世界的華人，從明清以來就遷移到東亞，無論日本、港、台、星、馬等地的華人，竟都能看到了新的商機，紛紛回來投資。這更加速了中國的轉型。

怎麼把這些歷史深厚，矛盾又複雜，限制又充滿創造力的社會，完整的呈現出來呢？

想從理論上尋找答案幾乎不可能。中國太大，並無一個可以放諸四海皆準的理論與政策，足以處理各民族、文化、社會、經濟條件都迥然不同的中華大地，只能就各地的區域差別，不同社會性質，做區別對待，逐一解決。

幾篇報導是不夠的。最後我終於明白，唯有找時間靜下心來，將採訪內容與觀察，重新整理，寫成一本有結構性思考的書。

為此我必須有一段長時間的安靜研究，把那些採訪內容背後的結構性因素，整理清楚，才能投入寫作。我把這個計畫和報館討論，竟意外獲得可以赴美國史丹佛大學進修的機會。

而史丹佛大學的胡佛研究中心圖書館以亞洲的書籍收藏之精與廣而著名。它所收藏的中文資料，遍及世界，大陸方面，文革前後的所有重要圖書、期刊、報章，全都有收藏。那真是研究者的寶庫（後來更以收藏兩蔣日記、中國名人史料而著稱）。藉由它的資料，我正好把自己的觀察心得，拿出來印證，用更具體的數據去檢驗。

那時的美國經濟正下滑，而日本與亞洲四小龍崛起。於是一股研究亞洲經濟的風潮在美國勃興，成為學界的熱門課題。有關「儒家文化圈」之於日、港、台、星、韓五地的作用，及其與基督新教倫理對資本主義的作用，也成為東西方文化比較的顯學。中國，作為亞洲新崛起的經濟動力，也被美國看到了，幾本以「巨龍覺醒」、「亞洲海洋世紀」之類的書大行其道。

美國的研究是全面而超前的。當時即有學者提出：若中國步四小龍之後，運用其十億人的勞動力而崛起，產生大量中產階級，民間購買力強大，勢必帶動世界經濟起飛。一個經濟大繁榮的時代即將來臨。美國經濟也會有好時光。

但危險也正在於：中國的經濟崛起所帶來的巨大物質需求，如饑似渴的十幾億人的消費，會吸光了世界的能源、原材料、甚至食物。而它產生的廢棄物、環境汙染，也是世界最巨大的。學者舉了一個例子是，如果中國人每一個家庭買一輛車，至少會使用兩億輛的車子，全世界的汽車工業都要增產好幾倍。美國是汽車王國，一定大大獲利，但它帶來的汙染一定非常嚴重，超出地球的承受能力。

此位學者言下之意是要控制中國的增長，不能讓它的經濟無限擴張，否則會變成全球災難。此說確也言之成理。但相對來說，美國每一個家庭的汽車使用量是二．五輛，為什麼不限制美國的汽車呢？而中國人比例上更低，又怎麼得加以限制？好像中國人的汙染就是罪惡，美國就是應該？

然而，我也確實擔心中國的經濟發展會像台灣一樣，造成環境破壞，汙染山川大地，特別是中國民間毫無警覺，更容易受害。一九九〇年秋天，黃順興曾提議要成立一個民間的環境保護團體，以提早示警，不要重蹈台灣的覆轍。但官方對黃順興的社團提案不予許可，申請被駁回。黃順興心灰意冷，便自己旅行各地，向地方政府灌輸環保觀念。但在經濟掛帥的年代，他的提醒有如先知，得到的回答總是：「就算有汙染，也是工業煙囪，是我們地方經濟發展的好兆頭。等到經濟發展好了，像歐美那樣，我們才有資格回過頭去談環境保護。」

這樣的認知，以中國之歡迎跨國工業投資，有能力抵擋汙染嗎？

從遙遠的距離重新思考，用大歷史的視野反省中國問題，反而有一種清醒。

我終於明白，這不是一場經濟改革而已，更不是只有「社會主義vs資本主義」，而是中國五千年未曾有過的現代化革命。所謂現代化革命，即是工業化和城市化。它已經有一億農民工（就像小邵和小保姆）進入城市工作，城市的工業化也吸引大量人口進駐，所有城市建設、社會安全、健康保險等機制，一切未來規劃都得跟著做新的思考與調整。

這是五千年中國未曾有的變局，也是十幾億人走向現代化之路。一旦現代化成功，中國將從農業文明走向工業文明，邁入一個新世紀。如果規劃不當，它可能是世紀大災難。一如台灣的汙染，變成「國在山河破，城春草木黑」。

最有意思的是，此時互聯網才剛剛開始，大學校園有學生用它來張貼各種租屋、賣小家電、汽車等的布告，免費而且非常方便。但作為研究者，我更驚訝於在研究室中，相關的論文、研究資料、新聞剪報，都可以查詢得到。在那麼短的時間裡，只要一個關鍵字，就可以找到海量資訊，那簡直不可思議。

現在的Google當然可以更方便大量的使用，但在當時，卻讓我震驚。因為這是一種知識力的顯現。想想美國如果把所有資料都數位化，學者只要點個查詢，就有幾萬筆資料跑出來，而我還在圖書館裡查期刊，做影印，寫卡片，搞得死去活來，花費那麼多的人力物力。

那是多麼大的知識力的差距。而知識力即是國力。

那一年在史丹佛大學遇見胡舒立。我們本是舊識，有錢鋼、盧耀剛等許多共同朋友，都是一九八九歷史的見證者，所以無話不談。

談到網路的知識力，我們都印象深刻，感到非急起直追不可，否則知識分子的知識量就比不上人家，國力會落後。

我記得有一天，一起去校園的超市買東西，雖然只有幾塊錢，我們都依美國慣例刷卡。她感嘆道：「哪一天中國人都可以用上銀行卡來刷卡，那就是中國人可以過上好日子了。」

我忍不住感嘆說：「那是整個銀行系統要夠現代才行。」

那是一九九五年的事。想不到二十五年後，中國人連刷卡都消失了，已經被手機支付取代，未來還可以用臉部辨識付款。

一九九五年秋天，我在美國收集資料，回台灣寫完《大逆轉——世紀末透視中國》，先在《天下雜誌》連載，隨即出書，總算完成自己許下的「從民間看中國」的諾言。

三十年之後回顧，竟感覺那一本書更像是一九九〇年代中國改革開放過程的寫真。許多場景，諸如社會巨變的街頭景象，經濟轉型的特殊現象，乃至於糧票、外匯券、三大件五小件、物價雙軌制等，早已消失無跡。我非常慶幸，自己能成為一個巨變時代的見證者。見證那個最艱難的轉型瞬間，中國人的容顏。

有一次，我和當年一起坐在路邊喝啤酒的老朋友說：「能不能再把當年搞地下劇場的兄弟找一起，再喝一次酒。」

他想了很久，終於說：好像有點難。他們後來都成為大腕兒了，後來誰成為劇場大師曾巡迴世界，誰成為紀錄片大師，誰成為外國電視台的專題片導演、誰與誰分了手等等。有的人，彼此有心結，要見面還真不容易。

他笑說：「十幾年過去，地下的都變大師了。人世滄桑，你找大家，說不定他們還會願意出來。只是大家分散各地，要聚在一起，還真不容易。」

50

一九九八年，秋，巴黎

從巴黎共和廣場站轉了兩趟地鐵，直到地鐵穿出地下，在看似比較郊區的地方，穿過一些老舊的公寓，才到達朋友Z君說的地鐵站。和市區一樣，地鐵站的牆壁、旁邊的站台、乃至於地上的路面，都充滿噴漆塗鴉。

和巴黎市區有一些古色古香的建築不同，這附近看起來都是一些三、四層樓的現代平價小公寓。雖說是現代的，卻顯得非常老舊。牆壁上滿是塗鴉。旁邊的空地上長滿野草，似乎不像有人在整理，裡頭拋著一些丟棄的玻璃酒瓶、啤酒罐、菸盒子。

地鐵站一出來，Z君在外頭等我。他望了望五、六個坐在地鐵口欄杆上的青年，用中文說：「這兒住了比較多的中東、非洲來的人，治安比較亂。沒辦法，這是法國政府分配的房子。」

「哦，那你晚上回來安全嗎？」我問。

「還好，我有時候乾脆準備一點零錢，他們要搶，就給他們。免得什麼都沒搶到，他們動粗的。」

他說得若無其事，臉上露出一抹無奈的微笑，讓我感到訝異。

「現在住久了，也都認識。沒事兒。」他說。

我們走過一條小街，轉入一個公園裡。說是公園，其實面積也不大，只是那種了幾棵樹、幾排花、有一些座椅的社區小公園。然而公園的一些水泥座椅，不知道什麼原因，被燒得焦黑。好像被拿去當烤肉架，或燒什麼東西了。地上有些垃圾，有些看起來像針筒的廢棄物。Z君指了指，說：「這個在這裡很普遍，毒品和酒精，暴力和搶劫。巴黎的這種郊區，特別是有安置中東、非洲難民的地方，實在不是外人能想像的。」

「巴黎市政府不知道嗎？」

「他們也知道啊，附近的警察當然清楚。可是他們也沒辦法。你去報搶劫，沒用。天天都是，大街小巷，一群小孩子胡亂的搶，警察根本不想管！」

他無奈的笑著說：「咱們中國人比較小心，寄人籬下，異國他鄉，語言又不通，怎麼去報案？只能自己小心點。」

我們走到靠近住宅區時，他指了一處空地，那裡有幾台破了螢幕的電視機、壞了的冰箱，像是廢棄物丟置的地方，說：「我每一次出國，房子裡面的東西都被偷，第一次偷的時候，電視機、冰箱、音響都沒了。房子像被洗劫。後來我想，把門窗關得嚴實一點，門外還加上鐵框。但沒有用，他們不知道用什麼更厲害的工具來破壞。所以，我現在乾脆就不想買好的家具了。他們反而不會來搶。」

「啊，怎麼巴黎警察是這樣的？」

「這裡太亂了，警察根本管不動。」他說。「中東來的難民很會生，法國又有生育補助，有些會生的，生了三、四個小孩，收入就跟一個中產階級的薪水一樣了。誰要去工作啊？」他笑著說。

我與Z君是在維也納一場作家的文學會議上相識的。當他知道我來自台灣，且是六四當夜廣場的最後見證者，相互談了幾句，知道人多不好深談，便相約私下長談。

他本是知名的報導文學作家，出版過很有影響力的報導文學集。他的思想敏銳，筆法創新，充滿追求知識的熱情，和理想主義的情懷，筆鋒常帶感情，對年輕人很有感染力。

六四之後，他憤怒的發表退黨聲明，譴責當權者，終而流亡海外。他也曾到過台灣，卻是受友人所邀，參加宗教的活動，緣慳一面。

結束維也納文學會議後，我轉到巴黎，住在一個朋友家。Z君流亡後也定居巴黎，特地來看我，帶來他的著作。然而總覺得還需要更長的時間深談，便決定到郊區他的公寓拜訪。卻不料到了這公寓，才看到流亡者的真實生活。

如果不是外在環境的複雜，他的居住條件算是不錯的。房間不大，但整理得窗明几淨，舒適而溫馨，簡單的家具，煮飯泡茶，讀書過日子，都夠用了。

「常旅行，也不常在，所以盡量用簡單的，上一次電視被偷了以後，乾脆就不再買電視了，音響也是這種小的簡易型，免得招小偷。」他笑著說。

「想想，人在旅行中的需要，其實也只是這樣。」我說。

「雖然出來快十年了，但心情上，總覺得這是在流亡。這裡的居所，只是暫時的，不會想要永久住在這裡。」他有些自嘲的說：「呵呵，改不了流亡的心性。」

「沒關係啦，人生就這樣，我們本來就是來這個世界寄住的，世間本無永久的居所。」我雖然這樣回說，心中卻有一點感傷。流亡者不想在異國他鄉定居，而自己的母親故土（motherland）卻再也回不去了。以後的日子，會在哪裡安定下來呢？

「你這樣說倒好，挺像佛家的。」他說。「我們還算不錯的，雖然是寄人籬下，還有個房子可以住，有個安身的地方。那時候，中國出來太多人了，本來願意接濟的國家都爆滿了。幸好，我拿到了法國政治難民的身分，法國政府會給一點難民救濟，也才能分配到這樣的房子。」

「啊，那時候的確太多人跑出來，你還算不錯的。」我說。

「主要是我有過著作，可以證明自己是知名文化人，否則如果沒什麼身分，他們也不太理會。有一些流亡海外的朋友，居無定所，到處寄居，確實很可憐。唉！」

「如果可能選擇，你會想在哪裡安定下來呢？美國？英國？還是像維也納？」

我心想，這種流亡，不只是生活的地方，而是心性上永遠無法安定下來的漂泊感。

「我們沒得選擇的。我們是被選擇的人。」他泡好了英式紅茶，坐下來說：「其實，住得好不好都在其次。我們做記者的人，什麼環境不能住？主要的，還是文化上的。我們語言不通，到這裡來再學法語，學得非常辛苦。生活上的法語也還好，容易學，過得去，寫文章就沒辦法了。我們文化人不能寫作，在這個社會裡，好像什麼都不是，一點也沒有存在的意義。只是這樣領著難民救濟金過日子，實在很不是滋味。」

「更何況，我以前好歹是一個作家，有一點知名度。在社會上總是有一點用處。現在，我們對法國的事，不僅不了解，關心也沒有用，更不必說有文化上的影響力。如果是音樂家、畫家，還可以演奏、畫畫，在共通的世界語言。但文學作家不一樣，要用法文寫作，談何容易？不能寫作，我們能做什麼？」

我想起米蘭．昆德拉的《生命中不能承受之輕》。這種失重的感覺，不只是文化上找不到依歸，在身分認同上找不到自己，更失去了人生的意義感。一切都輕如鴻毛，飄飄忽忽，只是無足輕重的，等待生命的終點。

他無奈的口吻，讓我想起另一位曾住在台北的流亡作家蘇曉康。為了謀生，他接了一份幫台灣電視寫劇本的工作，便寄居在我和李疾合租的房子裡。那房子是冷戰時期，國民政府蓋給美軍住的宿舍，位在陽明山文化大學附近，綠地草坪，白牆灰瓦，漂亮的平房，屋裡還有壁爐，冬天可以爐邊閒話，完全是美式風格。後來美軍撤走，便開放給台灣居民去承租。

一九九〇年蘇曉康在這裡住了一個冬天。夜裡我們常常聚在一起燒著壁爐，烤著火，喝一點小酒，慢慢聊天。他是《河殤》的原創者，語言有非常強的感染力。美國那邊想給他找一個教書的工作，可是英文不好，得從頭學過。這讓他苦不堪言。「像我們這樣的作家，把中文寫得愈好的人，對中文的語感太強，文字的敏銳度太高，完全內化了，要轉到其他語言的學習，就更不容易。何況，現在已近中年，記性沒以前好，加倍的困難。」他苦著臉說。

那些夜晚他曾談及去美國的時候，要取得美國綠卡，經歷了很長的「交代」。美國人問得很仔細，包括他的過去，人際交往，寫過的書，編過的劇本，工作的內容等等，細得不得了。「你別以為美國人粗線條，他們心思可細了，每一個細節都問得清清楚楚。你自己都沒想清楚的，他們還會問到。」他帶著一種自嘲的口吻說：「有一些地方，特別是問話的技巧，比共產黨還厲害。我們要取得身分，真是不容易啊！」

那已經是八年前的往事了，當時我接觸的流亡者還不夠多，不了解他的痛苦。對民運人士內部的鬥爭，那種文革式的互相揭發與扣帽子，頗不能諒解。現在，坐在巴黎的小公寓中，回想起這些年來遇見的流亡者，才明白當時，夜晚的爐火烤得通紅的蘇曉康的臉，內心一定有著難言的苦澀。

Z君雖然有了法國難民的身分，可以自由到世界各地旅行，卻反而被局限在巴黎郊區的公寓裡，在異國的文化時空裡，失去了話語權。文化人而沒有話語的園地，比農夫沒有農地更慘。那是心靈的無所歸依，甚至人的存在意義也變得虛無起來。生存的空間有無限自由，可心靈上卻近乎空無。

法國夏天，天色九點多才暗下來。八點多的時候，窗外一陣喧鬧，似乎有人拿著手提音響，放著Rap歌曲，鬧哄哄的在公園裡喝酒跳舞。他怕吵，想關上窗戶，可天氣還熱，只好作罷。苦笑著說：「這些非洲和中東來的人，特別多，多到法國人都頭大了，卻一點辦法也沒有。法國曾經在北非殖民，這大概是殖民帝國的苦果吧。」

不知道是不是因為窗外的聲音，他開始坐不住了，時而起來泡茶，時而換一下音樂。我們變得無法安靜談話。即使窗外的音樂停止了，他依然不安的打開了所有的燈。

最後，他才坐下來解釋說：「這兩年來，我很怕黃昏，特別是天色慢慢暗下來的時候，人的心，就跟著天色一點一點沉下去，暗下去，好像，會沉到黑暗的深淵。心裡特別慌，慌得都坐不住。明知道，只是天色暗下來，黃昏了，可是我卻不由自主的，就這樣，一顆心，一直下沉。好像要世界末日，心慌得不得了。」

這時，我才注意到他的額頭上冒著冷汗，身體微微顫抖，正在極力控制住自己的情緒。

我想幫一點忙，卻一點也不懂該怎麼辦，只好說：「也許，是你離開中華文化的環境太遠了，失去了歸屬感。而你的文化又這麼深厚，要融入國外的環境更難。要不要找個機會，到台灣來教教書，或者有一些寫作的計畫，來住一陣子，說不定會好一些。」我試著安慰他。

他放起了音樂，是一首詠嘆調，在黃昏逐漸來臨的夜色中，那詠嘆調反而顯得更孤單而高亢，近於悲歌。後來我才知道，醫學上有一種「黃昏恐慌症」，有可能是長期的不安所導致的。

離開他家的時候，天色已經全暗了。他送我去地鐵站。

小公園裡，有幾個中東的青少年還聚在一起喝酒抽菸。好像看不到未來的出路一般，苦悶的破壞、塗鴉、吸毒、偷竊、入獄、輪迴。生命，只能這樣嗎？

「生命只能這樣嗎？難道法國政府沒想做什麼？」我問Z君。

「法國政府給他們補助，還不錯的社會福利，還有上學補貼，但他們不上學，不學好，在這樣的環境下，互相影響，真是沒辦法。」

郊區的天空，特別乾淨。或許沒有市區光害那麼嚴重，夜空中閃著明亮的星群。我想起有人形容一九八〇年代的中國，剛剛開放改革，胡耀邦主政的時期，有一陣子的自由思想風潮，創作風氣特別盛，詩人、作家、藝術家，成群從各個角落冒出來，好像要補足文革失去的十年似的，出現了許多才華洋溢創作，作品充滿新鮮的手法，實驗的美感，新穎的思想，獨特的意境。人們稱之為「崛起的星群」。

文化或許也是這樣。如果天空晴朗，沒有遮蔽，星群就會亮起來。

「希望你早一點回到寫作的老本行。也許，作家的最後家鄉只能是寫作吧。」

地鐵來的時候，我和他握握手。

地鐵從地上又回到地下，駛回市區。夜間的車廂，顯得空蕩蕩。在某一個車站，傳來非洲的鼓樂聲，應該是有人在地鐵裡演出，搏取一點零錢。

在異國的城市，在這樣的地鐵站，孤獨漂泊，那是什麼感覺呢？

在這麼美的塞納河畔，有這麼收藏豐富的美術館，有羅丹的雕塑館，他是學藝術的人，在這裡應該會非常快樂。可再美的風景，也不可能天天散步，再好的美術館，也不可能天天參觀。人生總是在尋找。

尋找什麼？尋找人之所以為人的，那一點意義之所在吧。

而自由呢？漂泊到了西方，以為有了自由，卻也失去文化的根。那是和政治意義上的自由不自由完全不同層次的課題。

流亡者的悲哀，即是失去與故鄉和現實的連繫。故土的真實生活，已斷了線；而現實中的異國生活，又只是無所歸依的「異鄉人」，失落無根。

唯一的心靈上的牽繫，或許只剩下流亡前的那一年，那一夜，那一場學運。唯有在那記憶中，才能找到自我存在的證明吧。

我可以體會他的心境，因為我們都像波赫士說的：

> 不知道我是否會在下一個循環裡
> 歸來，像循環小數那樣歸來；
> 但我知道有一個晦黯的畢達哥拉斯輪迴
> 一夜夜總把我留在世上的某處。

那麼，我們在世上，真的有自由嗎？或者真正的自由，只存在於漂泊之中，無依無靠，無所歸屬，孤獨追尋。但內心卻永遠失去了自由，只是一夜一夜，輪迴般，回到記憶中的「某處」……。

51

二〇〇三年，冬，北京

野夫約的晚餐地點，在北京望京附近，一家湖北特色菜館。他約了李亞偉、郭力家、胖子等詩人。

這幾乎成了一種習慣，每次我一到北京，都會約他們吃飯小聚。他請客，地點由他挑，酒由我在機場選，大體都是酒精度稍高一點的威士忌、白蘭地，如果他們嫌不夠，還會自帶白酒。有時是不知什麼地方弄來的二、三十年老白酒，但機會不多，能讓酒鬼存下來的酒，肯定珍貴。

那一天也一樣。菜才上了三道，酒就喝開了。許是我的詢問吧，話題就落到了老家（郭力家）一九八九年流亡各地的故事。那一年，他在東北出了事，流浪到北京，誰收留了他，誰幫了他的忙，後來怎麼和這一群酒徒混跡一處。但他正說著北京奇遇，他們幾個七嘴八舌對我說：你別聽他胡說八道，講得那麼正經，真相只有一個，他都是被女人掩護，才能生存至今。

「老家的最大本事是，人長得帥，有女人緣，他逃亡沒別的能耐，都靠我黨女同志掩護。」野夫調笑說。

老家則說：「俺為了理想，捨了身。」（這故事限制級，不能寫）。

此時李亞偉不服氣說，別說他了，那個野夫才厲害，人在獄中，就有女孩子愛上他，還寫了一整本的情詩，準備來跟他結婚。如果不是易中天救了那女生，看來也是一個受害者啊。（野夫後來出詩集有寫過，請參閱《門後的守望者》。）

李亞偉也好不到哪裡去。他從小到大，一路打架寫詩泡妞，充滿生命力，贏得詩人和情場浪子的美名。六四以後跟朋友辦追悼會，寫了詩歌朗誦，被抓進去坐牢。但他從未消失生命力。一出來就流浪到北京，靠二渠道出版商委託寫那種賣到地攤上的「破書」，例如《華爾街賺錢術》之類的，掛名就取一個不知哪裡來的洋名如約翰生、福布斯之類的，由二渠道出售，生存了下來。

後來李亞偉升級，自己找題目寫書，就這樣拿著書稿，去二渠道的書商會上兜售，居然碰上胖子。胖子沒見過，不認得他，只聽到「李亞偉」三個字就驚問：「你是那個莽漢詩社的李亞偉嗎？」

李亞偉想不到秦瓊賣馬，英雄落魄，還被認出來，羞愧點頭。想不到胖子仗義道：「你是我敬佩的詩人啊，怎麼可以這樣？你不用賣書，自己做出版算了。」

李亞偉說：「我沒錢啊。」

那胖子仗義道：「錢我先借你，兩本書就有了。」

就這樣，李亞偉成為書商，在北京混得風生水起。野夫出獄流浪到北京，也和李亞偉一起做起了二渠道。郭力家等人，也都是這樣混生活的。

那是一九九〇年代下半葉至二十一世紀初，二渠道還是一門好生意的時代。鄧小平南巡之後，全中國一片欣欣向榮向錢看。政治上雖然高喊著馬列毛、四項基本原則，但大家心裡都有數，只有賺錢才是硬道理。

很多知識界的朋友也認知到，如果中國無法擺脫九億農民大軍的結構，就很難有民主的希望。與其在政治中苦悶，不如好好賺錢，改善生活，讓自己先成為中產階級，至少是經濟現代化的先驅者。

二〇〇一年，我在一次北京書展的場合，結識了野夫。沈昌文先生知道我對六四有特別的感情，曾介紹我結識了錢鋼（解放軍報主編，帶頭遊行而遭到處分）和因為六四而遭到處分的不少新聞界朋友，因此特地帶我去參加一場聚會。那天野夫是作為一家上市文化集團公司的出版負責人，擔任記者會的主持人。會後沈昌文特別介紹我們認識。

正如結識錢鋼一樣，那是一種奇特的「人性直覺」。

沈昌文先生介紹我是在天安門現場採訪到最後的台灣記者，而野夫當時是一個海南的警察，因為抗議六四而辭職返回湖北，後因事下獄。在那貴客雲集的場合，交際應酬之間，我們沒有多說，只對望一眼，就像背負前世記憶的「再來人」，彷彿前世早已認識，只相約說：「現在不方便說話，下次再約見面，咱們慢慢聊。」

同為詩人作家，都帶幾分江湖豪氣，和野夫結識後，即成莫逆，便也結識了李亞偉等同樣背負著被埋沒了記憶的一群人。

那種結識的方式真是奇特。互相問道：「那時候，你在哪裡？」於是說起各自的所在現場，做過的事，後來的遭遇。一經問出那時你在哪裡，幹了什麼事兒，流浪到什麼地方，就好像對上了地下社會的「切口」，立馬變成兄弟。

我在許多地方見過六四後流浪天涯的人，有人流浪到西藏，到根本無人聽過北京發生什麼事的地方，或者到新疆、雲南等邊境，流浪得愈遠愈好。

每個人的流浪都有一段傳奇。那種際遇之離奇，命運之不可預測，簡直難以想像。像溫普林，因為流浪而遇見多位密宗活佛，甚至他後來生下的孩子成為藏傳佛教的活佛轉世。

我們常一起喝酒，有意思的是，無論是坐牢，或者逃亡天涯，他們從來不曾說過一句吃了苦的怨言，反而說得活靈活現，浪漫傳奇，活色生香，纏綿悱惻，活像一場冒險的饗宴。

和我在海外所遇見的流亡者不同，這些坐過苦牢的詩人、藝術家、學者、文化人、戲劇工作者等等，都帶著一種生存的勇氣，彷彿要用這種肆意歡笑的快活，讓那些想懲罰他們的人，知道懲罰是滑稽的，封鎖是無效的。

歡笑，就是最好的反抗。

我們一起旅行，一起飲酒，一起唱歌。活得亂雲拍岸，歌哭長嘯，酣暢淋漓。

野夫帶著我結識傳奇的民間江湖。在流浪的旅程中，我們曾遇見流浪西藏的歌手，彈撥樂器玩得最好的高手，得過葛萊美獎的鼓手、在邊境種有機茶的農民、鄉野的巴族巫醫等。這個充滿生命力的民間江湖，讓我看見一個完全不同於表面的中國。

這個民間江湖，有一個更高的、更恆長的價值觀。人們還相信：道義、誠信、正直、風骨，這些值得敬重的古老價值。

這裡還維持著中國最古老的四個字：「人情義理」。

做人，有人的血性；情感，有情的厚重；義氣，有義的風骨；道理，有理的堅持。中國的民間價值，遠遠超越政治的教條與口號。幾十年的政治運動，那麼長的政治壓抑，都沒有能夠動搖這幾千年流傳下來的古老傳統。

在野夫的民間江湖，我看見恆常的人文中國，心中反而充滿勇氣和信念。彷彿大不了就去流浪江湖，自有兄弟照應。

在民間江湖人的眼裡，朝代已經更替了幾千年，眼前也不過是其中一個朝代。

那天在湖北的館子，我們用各種江湖的傳奇笑談、香豔祕史佐酒，把一瓶一公升的威士忌加兩瓶白酒都喝光了。走出包間，忽然野夫停住了。他高興的招呼一桌朋友。原來劉曉波和劉霞、包遵信和幾個朋友坐在外面吃飯。我們幾個人坐下來喝了兩三杯，簡單說了幾句。

野夫在劉曉波出獄後，生活困難的時期，找了王朔對談，一起做了一本書，取名《美人贈我蒙汗藥》，以王朔之名，大賣了一筆錢。劉曉波未具名，但王朔知道野夫仗義，分文未取，就叫劉曉波自己開一個其他人的帳戶，全部支持了他。（此事也是十年後才為人所知，詳情請見野夫《看不見的江湖》一書。）

劉曉波的詩曾透過我轉給時報出版公司，以前認識，但沒有談過。我看劉曉波和劉霞都理了光頭，微感訝異，便問他，這漂亮的光頭，會不會不好打理？

劉曉波玩笑的說：「早晨起來，兩個互相刮一刮。挺方便的。」劉霞還摸了摸劉曉波的頭，像故意在調戲他，又有幾分疼愛。大家都笑了。

兩個光頭互相對視，不知道為什麼，笑得特別開心。劉曉波臉上帶著酒後的紅暈，像個靦腆的孩子。

我忽然想起那一天早晨，他帶頭和解放軍談判，承諾帶領學生離開廣場，瘦削單薄的身體站在廣場上，揮著白旗，讓學生去巡視整個廣場的帳篷，不要遺留一個人，最後帶著學生唱〈國際歌〉，流著淚，離開廣場。

在軍隊荷槍實彈、全面包圍下，在槍炮與坦克震耳欲聾的威懾聲中，勇敢站出來，帶著孩子平安走出廣場，那真是何等的勇氣。

如果不是劉曉波這四君子最後的絕食和帶領，那一群激進盲動、缺乏領袖的學生，最後會不會喊著「誓死保衛天安門」的口號，狂亂衝突，死傷狼藉，血流成河？那真是不敢想像的恐怖。是他們，搶救了那些孩子。

雖然後來海外民運人士曾有人批評劉曉波對六四的反省，然而海外的那些人都是只會出嘴巴的人。六四那一天，在清場的死亡時刻，他們早就為了個人安危而出走，根本沒在現場。那些嚴苛的批判，有時更像是要為了要掩飾他們內心的愧色。只有劉曉波，確確實實，進入學運現場，真正了解學生的內部問題，想加以處理而未及解決，並且堅持到最後一刻，在生死一線之間，帶著孩子走出生死場。

我仍然認為劉曉波、侯德健等四君子，才是真正的勇者。我很想當面對劉曉波說。然而望著他天真的笑容，紅著孩子似的臉，我說不出這些讚揚的話，彷彿說出口便俗了，於是舉起了酒杯敬他和劉霞。劉霞也不容易，要撐持這樣一個充滿理想主義性格、不問俗事、幾分呆氣的男人。

不知道誰說了一句：「咱們好好喝，開開心心的看著，來日方長。」

來日方長，乾杯！

52

二〇一八年，十一月，高雄

高雄衛武營的大舞台上，飾演簡吉的男演員正在拉小提琴，悠揚的樂音奏出台灣民謠農村曲。他穿著日本教師常見的中山服，年輕英挺，站在小學校園的音樂教室裡，正和一個溫柔文靜的女老師陳何說話。

場景設定在一九二一年年日據時代的鳳山公學校（當時給台灣人唸的公立小學）。簡吉原本是一個農民的孩子，因為貧窮，延遲入學。讀完公學校因成績優異，保送到台南師範學校，他在這裡學會了小提琴。畢業後，回到鳳山公學校擔任教師。教學之餘，常常拉小提琴。

同校有另一位女教師——陳何。比簡吉年輕，未婚，人們於是撮合他們。場景便是簡吉拉小提琴，陳何彈風琴，一起合奏舒伯特的〈鱒魚〉，而後簡吉拉小提琴，陳何唱出舒伯特的〈菩提樹〉。

飾演陳何的女演員歌喉明亮溫潤，讓農民運動的抗爭歷史，帶著更多的溫情，彷彿是溫柔的傾訴。

我和野夫坐在觀眾席裡，仔細聆聽。

這是野夫第一次坐在南台灣的劇場裡看演出。由於故事裡的角色使用台語居多，為了怕他聽不懂，演出之前我已先說了故事大要。演出中有時悄聲提示一下比較艱澀的名詞，但大體上劇場的表演已足以呈現情感。

野夫已經很久沒來台灣了。第一次來是二〇一〇年以《江上的母親》獲得台北國際書展好書大獎，來台領獎。那一年同時入選的有齊邦媛的《巨流河》和龍應台的《一九四九大江大海》。而最後由野夫獲選，殊為難得。由於時間緊迫，我特別飛到重慶，把入台證送去給他。

那一年，台北幾家小型的獨立出版社合租了一個攤位，格子狀的，讓他坐在一個小板凳上，辦讀者簽書會，看起來還真是有點委屈。他和旁邊的小出版社聊起來問道：「你們如何申請書號？」

他們回道：「就去國家圖書館註冊一下便有了。」

「那沒有書號的限制嗎？」曾做過二渠道，對大陸出版非常熟悉的野夫大感訝異。

「沒有啊，」年輕的出版者回答。他梳了一個馬尾，自己提一個皮箱，帶著自己出版的翻譯書，到處擺攤到處賣，名稱也很乾脆，就叫「一人出版社」。野夫覺得特別好玩。「你們台灣真有趣，一個人也可以幹出版。」

事實上幫他出書的南方家園出版社也是，只有三個人。他才終於明白，台灣每一個人都可以做出版，作者也可以自己出書，並不需要書號，內容也無需審查。出版以後，若有問題，才會被查禁。後來我寫了一篇禁書的故事，講了台灣禁書到開放的歷史。

他第二次來是二〇一二年，為了出版第二本新書《看不見的江湖》。此書描寫他在大陸各地遇見的江湖奇人、大俠、詩人、怪客等等。

二〇一四年左右，他曾受龍應台基金會之邀，打算來台，卻不知何故，到了海關，被攔了下來。說他在黑名單上，不許出境。他的著作也跟著余英時那一批人，一起被查禁。自此經年，他都不被允許出國，只能在大理隱居寫作。由於他的人氣，吸引了一幫文化界朋友，都厭倦了北京的政治氛圍，就把大理當成世外桃源，相率來此買房，比鄰而居。

大理的名人愈來愈多，野夫帶動的活動也越來越熱鬧。有一年還舉辦了「民間春晚」，大理的文化人召集了一幫朋友，一起排練，演出《茶館》，歌唱跳舞，搞得文化界非常活躍。

熱鬧就會引起注意。北京的國保派了一隊專人，進駐大理，專門監視他，兼及其他人。他們甚至毫不隱藏的對野夫說：「我們就是有一隊人，編了經費，專門來監視你的。」

野夫並不想招事，便默默生活，喝酒旅行。但他的朋友太廣，魅力太大，粉絲太多。做什麼事都招來「關注」。本來企業家朋友資助，想辦個民宿，租了房子，做好裝修，偏偏執照不放行。他們還想辦個書院，帶朋友的孩子讀書寫作，竟也被硬生生阻擋。生計無著，行動被監視，實在太不自由了。

二〇一七年，他毫無辦法，決定放棄已購屋長居的大理，把房子賣了，藏書打包，整個搬回湖北利川老家，在附近建了一個房子，靠在網路上賣家鄉的酒和利川紅茶為生。一個兩岸知名的作家，被逼得走投無路，回老家退隱江湖。這實在是二十一世紀中國不可思議的奇事。

但國保也沒有忘記，在他的房子正對面，裝上幾支監視鏡頭。

後來，不知是否有關方面覺得他確實已回鄉隱居，便放行可以出國。野夫擔心說不定又被限制出境，所以只要有朋友邀約，就盡量出國旅行。走了歐、美、非洲等地，好好的玩耍了一通。今年終於來到台灣，完成龍應台基金會的邀約。

前幾天的行程，基金會做好了不少參訪安排，跑了許多地方。可今天是一個特別的日子：十一月二十四日，是台灣九合一選舉的投開票日。野夫未曾體會過選舉場，他想實地看看民主選舉的現場，到底長得什麼模樣，是什麼感覺，於是問我可以去哪裡看。

恰好高雄市政府文化局委託一位導演改編簡吉故事為舞台劇，而我寫作的一本書《簡吉——台灣農民運動史詩》正是他們編劇之所本，請我擔任劇本與戲劇顧問，首演的日子，正好是開票這一天。所以我決定帶野夫去高雄看戲，看完約莫五點半，吃一點晚餐，便可以找地方去看開票。

舞台劇的名稱叫《簡吉奏鳴曲——零落成泥香如故》，是結合舞台劇、音樂劇而構成，講述簡吉的一生。

故事一開始，便講述了簡吉做為農家的孩子，由於善讀書，成為受人尊敬的鄉村教師。可是在做家庭訪問的時候，他卻看到貧困才是孩子無法上學的根源，於是轉而幫助農民。而當時的農民最大的痛苦乃是被日本殖民政府強迫種甘蔗，並且規定只能交給日本會社，價格隨他們定。農民等於變成幫日本會社種甘蔗的農奴。簡吉帶領農民和會社周旋，慢慢有了名聲，附近的農民都來求助，他只得辭去教職，成為一個職業革命家。把農民組織起來，成立「台灣農民組合」，後來結合台灣各地分會，有兩萬多個會員，成為最大的抗日團體。隔兩年台灣共產黨成立，他加入成為黨員。

那是一九二六年，也正是國共合作北伐的時代。當時因為蘇聯革命成功，全世界左翼運動風起雲湧。

有意思的是，簡吉本是藝術家性格，他雖然騎著自行車在鄉村奔波、演講，卻總是帶一把小提琴，放在農民組合的辦公室裡。夜裡休息，便自己拉著小提琴。若有人問他為何不休息，不是累得要死了，他卻回說：「我不拉才會死。」因此，我在書中稱他是「帶著小提琴的革命家」。

故事便環繞著小學教師、小提琴的革命家，和中年的獄中受難者，三種身分而展開。他的妻子陳何是戲劇的主軸，藉著她悠揚的歌聲，在理想與家庭之間，掙扎著的革命家的精神才得以呈現。

有一幕特別動人：陳何望著老屋的「鳥仔踏」，感嘆唱道：「你看那房屋的一角，還為小鳥留下了『鳥仔踏』，我們世間的人，豈無一處可以棲身？」

鳥仔踏是南方建築中比較特殊的設計，砌在山牆下方的一道突出的紅磚，以保護下方的空氣窗，避免雨水淋入。天氣好的時候，它就成為了小鳥停棲的地方，黃昏時小鳥成排，啁啾輕歌，於是人們都稱為鳥仔踏。

野夫卻也是無處棲身，最後回了利川的土家族老家。

中場休息時，我陪著野夫坐在場外抽菸。

秋天的陽光亮麗，照在高雄衛武營藝術中心的大草坪上。現代感十足的建築剛剛落成不久，看起來新鮮而充滿活力。

許多不是來看戲的人也攜家帶眷，吃過了午餐就讓孩子在大草坪上奔跑玩耍。大人躲在樹蔭下喝冷飲。

他有點疑惑的問我：「為什麼高雄會演出這樣的戲？這不是對中共地下黨的頌揚和紀念嗎？高雄是綠色在執政不是嗎？」

「可能因為簡吉是高雄鳳山人，有地緣上的意義。而且白色恐怖的歷史可以控訴國民黨對台灣農民運動領袖的迫害，在政治上是有利於綠營的，所以願意演出吧。」

他的問題，我還未曾想過，我可能太習慣這些歷史了，於是再想了一下，接著補充說：「或許還有人的因素吧。高雄市長陳菊還是比較重情義的。她和台共蘇新的女兒蘇慶黎也是黨外時代的好朋友，現在叫閨密。蘇慶黎後來在北京過世時，陳菊還特別打電話給我，那時我正好在北京，她希望我能幫蘇慶黎做點什麼事，無論多少費用，她願意來出。那時候，她還是勞委會主委，一個部級官員，所以不方便出面。從這一點來看，她還是有情有義的人。」

「哦，原來，他們當初都是反對國民黨的人。」

「嗯。當初是不分紅綠，一起反國民黨戒嚴統治的。可能還有一個原因是簡吉的兒子簡明仁。他是王永慶的女婿，和高雄市長陳菊、副市長范巽綠是好朋友。他一直在推動簡吉的故事成為學校教科書的內容，好讓孩子知道台灣農民運動的歷史。事實上，台灣已經可以接受台共也是日據時代抗日社會運動的一環。只是對中共地下黨的部分，還是比較隱晦。」我補充道。

「但很有意思的是，綠營的人在紀念著紅色犧牲者。而藍營的蔣介石，卻是造成這些紅色犧牲者的原因，但綠營又無法認同現在的紅色中國。反而是殺了紅色地下黨的藍營，比較願意跟中共打交道。」野夫以一種不解的表情說：「歷史這樣演變，台灣很微妙啊。」

「真的很微妙。」如果不是野夫的敏銳，我倒沒想到這一層。這麼複雜糾纏，而且層層交錯的歷史脈絡，還真不容易搞得清楚。

「像簡吉，這些紅色地下黨人，過去是日本統治下的台灣共產黨員。在共產國際裡，他們屬於日本共產黨台灣支部，一九四五年之後，日本退出，他們有些人就成為中國共產黨台灣省工作委員會。就是中共的地下黨。李登輝也曾是黨員，後來退黨。」我一邊想，一邊解釋。

「一九四九年，國民黨撤退來台灣，開始清理共產黨地下組織，陸陸續續逮捕，後來抓到中共台灣省工委的負責人蔡孝乾，他投降後，把組織全部供了出來，那就像拉粽子一樣，從粽繩的頭一拉，整串的粽子都跑出來了。所以中共地下黨全部被破獲。簡吉就是這時被逮捕槍決的。」

「所以民進黨在控訴國民黨對台灣人的壓迫時，總是引用二二八與白色恐怖。但實際上，其中有不少人是共產黨人。他們並不冤枉，不需要平反。他們反而認為自己是革命家，是提著頭來搞革命的，搞成了革命，換一面國旗，搞不成，就被你殺頭，也是甘願的。」

野夫聽著也覺得有趣，便問道：「他們在台灣社會評價如何？中共地下黨的身分能夠得到認同嗎？」

「作為白色恐怖的犧牲者，他們是被高度認同的。但他們的政治理念卻跟台灣主流的自由主義思想不一樣。特別是，一九八〇年代以後，大陸的文革歷史被揭露出來，中共也確實犯了很多錯誤，他們早年的理想，特別是地下黨的歷史，就顯得和現實有點斷裂。大部分肯定的是簡吉在日據時代的農民運動，少談他的共產黨員身分。」

「沒想到，台灣也曾有這麼轟轟烈烈的共產黨革命。」

「是啊，他們最大的悲哀，或許一如陳映真在小說裡說的：『如果大陸的革命墮落了，那些赴死的受難者，和那些坐了三十幾年苦牢的政治犯，會不會終於成為比死、比半生囚禁更為殘酷的徒然……』。」

「這樣，他們就真是悲劇的人物了。因為大躍進、文化大革命啊……」野夫感嘆著。

「如果大陸的革命變成貪汙腐敗，甚至欺壓百姓，他們的犧牲竟成為了一種徒然，那真的是比死都更殘酷的刑罰。那才是最恐怖的啊！」

下半場的演出有更多歌唱，特別是陳何看到簡吉被槍決的消息，帶著孩子到馬場町去領回簡吉的屍體，加以火化，再帶著骨灰，回到台南家裡，她獨自關上房門，什麼都不說。哭啊哭的，哭得停不下來。直到把一生的眼淚都哭乾了一般，最後房子裡面傳出輕聲的歌唱。那是她年輕時在小學的音樂教室，簡吉拉著小提琴，她唱起的〈菩提樹〉：

井旁邊大門前面有一棵菩提樹
我曾在樹蔭底下做過甜夢無數
我曾在樹枝上面刻過多少言詞
歡樂和苦痛時候常常走近這樹

彷彿像今天一樣我流浪到深更
我在黑暗中經過什麼都看不清
依稀聽見那上面對我簌簌作聲
朋友來到我這裡你會找到安靜

看過戲，我們轉往夜市吃晚餐。我們可以選擇去任何一個競選總部，但基於看熱鬧原則，我們決定到韓國瑜那邊。

對野夫來說，了解競選是如何構成，如何宣傳，如何組織，如何動員投票，最後才是監票、開票、計票，許多細節都是新鮮有趣的事。

晚上七點左右，競選總部前已有許多狂熱的支持者聚集，他們望著大電視螢幕，跟著各地票數的跳動而呼叫。總部裡派人出來主持開票晚會，有時帶動呼口號，有時唱歌，有時演講，盡量保持場子熱鬧。

一樓的辦公室裡，也聚集著許多人。媒體記者五、六十人，有意思的是在現場幫忙維護秩序的志願者，看起來不少是當過憲兵退伍的人，他們體型強壯，講話簡短，重視紀律，上下電梯都由他們管理。看起來以軍公教人員為主。

以前《新新聞》的一位編輯老友在韓國瑜競選總部幫忙，我特別請他下樓，帶我們進入樓上的總部辦公室聊一聊。

我開門見山問：「現在票開得怎麼樣了？報回來的結果呢？會贏嗎？」友人笑著說：「你不用看電視，我們從幾個農業區報回來的票都贏了，更不必說蛋黃區了。電視是為了吸引觀眾跟廣告的，不能開太快。」

野夫問：「你們怎麼會知道？」

「我們有自己的監票系統，開票一開始，就會往回報票，所以消息比電視快多了。」友人說。

「農村不是民進黨的鐵票區，怎麼他有辦法贏？」

「那個，主要是以前在台北農產運銷公司的時候，幫了南部農會、農民的忙，大家有交情，這一次選舉，大家都來幫忙。」

「哦，原來是這樣，電視上老是說中共的網軍來助選，其實是外行話！」

「網軍沒有用啦，選舉還是靠交情。農民還是有自己的想法的。」

「農村還是可以的，選舉多了，就有政治認識了。」野夫說。

「中產階級才能培育自由民主的理論，不一定對。」我想起有關中產階級與民主政治的理論，事實上，只要不斷的選舉實踐，教育更加普及，農民一樣會有自己的政治抉擇，早期的賄選買票日漸少了。

野夫看著沒事，便拿了手機，用微信在網上開直播。大陸許多朋友都看到了他在台灣，還在現場，大樂。各種反應紛至沓來。

「怎麼這麼破，國民黨的高雄總部呀，比咱們一個村辦公室還破。」

「什麼時候，咱們村子也來玩一把。」……

我們一邊看開票，一邊說笑。野夫還和一個地下電台的助選員聊開了，談他為什麼轉而支持韓。

稍後，眼看開票結果已出來，群眾聚集越來越多，現場氣氛越來越嗨，喊聲震天，於是決定先撤了。我們還得回台北。

坐在高鐵上，野夫還很高興，笑著說起大陸朋友的各種有趣反應。我問他什麼感覺。他笑說：「我們是小乞丐看人家過年。」

我大笑後想起李慎之。

二〇〇一年，我去採訪李慎之，跟他爭論民主，兩個人相持不下。那時，他剛發表《風雨蒼黃五十年——國慶夜獨語》，引起海內外的關注。他認為，中國不是不能實施民主，只要有這個意願，即使教育不足，即使農民占了多數，但中國人還是可以實現民主的。他舉例說，以前在延安，共產黨為了實現民主選舉，讓不識字的農民可以投票，就把候選人的照片放在投票箱前，你要投這個人，就在裡面投下一粒豆子，那是染了色的豆子，作為票數來計算。

我有意激他，便說：「文盲也不是重點，關鍵是文化的水平。你看，台灣普通教育這麼普及，甚至人民生活還算小康，但選舉時花大錢買票，地方派系操縱選舉，到處都是。選舉的時候，請客吃飯拉關係，選後靠包工程把錢賺回來。民主，民主不是萬靈丹。民主只是一個程序，一個選舉的程序。什麼人選出什麼議員，什麼縣市長。就像一群烏龜，一定選出一隻王八。選民的文化水平還是很重要的。」

「你這完全不通。中國人就不能有民主嗎？這恰恰就是共產黨宣傳的：中國人沒有文化，所以不能實施民主選舉；中國文化不適合西方民主。狗屁！」他大怒道：「當年延安，那麼差的條件，都還是不識字的農民，共產黨卻可以實踐民主，現在有這麼好的條件，人民都受了教育，為什麼不能好好教育民眾，實施民主選舉？這是一種獨裁。是自從毛澤東發表〈論人民民主專政〉之後，整個中國走向一黨專政。」

我忽然想到李洪林家的書法：上面寫的兩句詩「延安故土終難忘，邯鄲新步學不成」，原來李洪林念念不忘的，竟然是延安曾實踐過的民主。

他堅持著說：「義大利社會黨總書記南尼提出這樣的公式：『一個階級的專政必然導致一黨專政，而一黨專政必然導致個人專政』，這的確是不變的規律。」

我們雖然爭論不休，卻越談越投合，變成忘年之交，因為我們希望中國實現民主憲政的願望是一致的。

最後，我說：「那好，我就請你來台灣，看看中國人社會最先實施的民主選舉是什麼模樣。

今年十二月一日有縣市長選舉，十一月，我請你來觀察選舉。以前我陪學者勞思光在台灣走了一大圈，做選舉觀察。你來，我就陪你到處走走。訪問候選人，帶你去跟台灣的黑道喝選舉酒，讓你知道台灣民主是怎麼一回事。」

他開心極了。我們相約年底見。

我請了王汎森教授（那時候他在國科會任職）找了一間學校發出邀請，入台手續和經費都有了。我打電話去，他卻在電話裡語氣傷感說：「阿渡啊，上個月連日本的學術訪問，他們都不讓我去了，你們那邊更敏感，不必妄想了。我只好謝謝你了。真抱歉啊，讓你白忙了一場。」

真的好可惜啊。再過兩年，他的身體老去，過世了。

我還記得，他談起年輕時參加革命的理想。「只要理想在，願意實現民主，什麼都不是問題。」他談起一九四九年，剛解放上海的時候。「那時是五月，天氣挺暖和的，我們進了上海，秋毫無犯，甚至晚上，我們大兵都是睡在大馬路上，一點都沒有打擾到市民的生活。那時候，心中充滿理想，一個民主自由的中國，一個全新的未來，就要開始了。你可知道，那一天早晨，在上海的馬路上醒來，看到陽光的一瞬間，對未來中國充滿希望的感覺嗎？」

李慎之的聲音哽咽，眼睛裡，閃著青春時代的淚光。

李慎之曾閃動的青春的淚光，我曾在一九八九年的夏天看過。在廣場上，那些青春的生命，何曾不是懷抱著改變世界的理想，閃著激動的淚光。而今，快三十年了，他們在哪裡？

我常常想起那幾個大學生。一個東北來的男生，三個廣東來的女生，他們從遙遠的地方聽外國廣播，坐三天三夜的長途車，來到世界的中心，用青春參與這歷史的一刻。他們怎麼知道會有什麼樣的後來？

那一年，全中國的大學生、研究生，從十八歲到二十六、七歲的研究生，有十年之久的一代人，至少上千萬的學生，受到影響。從世界注目的北京、上海、武漢、西安，到偏遠的海南、四川、雲南、東北等等，學生運動的浪潮席捲而過。這一代人，有多少生命因此轉變？有多少青春理想夢斷？有多少愛情纏綿悱惻、激盪如風？有多少理想還在夢中迴盪？他們會不會像我一樣，只要聽到〈國際歌〉，就會回想起那一年廣場的吉他聲，那些青春的吶喊？

三十年之後，那世代的學生已經都五十來歲了，該是社會中堅。無論在政府任職，或從商就業，也應有所成。這一代人，共同經歷過學運，目睹這三十年巨變，目睹著經濟增長的富裕和繁榮，也有著生命的追尋與徬徨；然而，午夜夢迴，當年的理想主義精神，當年改造社會的激情，當年的民主自由的火種，歷經這三十年，是不是已經焚盡了？是不是已經變成熟了？或者，因為失落，變成更加現實的利己主義者？是不是遺忘到無情無夢？或者，只是把夢埋在心底，作為午夜獨酌的私語？

這一代人，變成了什麼模樣？

如果可以給三十年前的自己寫一封信，他們怎麼述說這一生？

三十年的滄桑之後，人們會不會有一顆悲憫、安靜的心，去面對真相、還原歷史？會不會有一顆同理心，從人性的角度，去理解當年的理念與行動、追尋與幻滅、勇氣與盲目、正確與失誤？能不能用悲憫之心，去唱出時代的安魂曲，好讓舊的傷痕結上疤，長出新的血肉來？

能不能像李慎之那樣，垂暮之年，還能為這時代唱出省思的青春之歌？

高鐵在夜色中，穿過南台灣寬闊的平野。農村道路的暖色燈光，像小小的星火，搖曳閃亮，晶瑩溫暖。

這時刻的台灣，正在幾家歡樂幾家愁的看著開票結果吧。然而，有什麼關係呢？選舉就是這樣，有人上，有人下，日升月落，人事輪替。這不就是天地的正道嗎？

高鐵車廂傳出輕快的軌道聲，古老的節奏，向著北方疾馳。

我聽著節奏，想起一九九〇年四月採訪兩會，因為四月五日是天安門事件紀念日，那是六四之後，第一個四五紀念日，才三月下旬，人民英雄紀念碑前的欄杆上，就繫滿了小白花，等到四五這一天，天安門廣場恐怕會變成小白花的海洋，那景象太震撼動人，所以官方要求所有記者盡速離開北京。

三日的夜晚，我搭著夜車，離開寒冷憂傷、氣氛緊張的北京城。列車在黑暗中行駛。因政治高壓而極度疲憊的我在溫暖的軟臥裡立即睡著。等到醒來，發現列車正在穿過晨光濛濛的南方平野。陽光還未升起，淡淡灰灰的光線中，有一層青青黃黃的色澤，飄浮在地平線上。

我坐起來，站到走道上，望向窗外。第一感受竟是，天氣變暖了，不再像北方那樣嚴寒。空氣變溫潤了，真舒服！

江南平野上，有幾艘平底的小船在行駛，船上蓋著一層帆布，船後拉著一條長長的弧線，悠悠的水痕。水鄉澤國的風光，帶著一種溫潤的柔性，讓人心情一鬆。「終於離開北京了。」我在心中說。

就在此時，陽光露出臉來。一絲絲光線，明亮如新生的嬰兒的眼睛，射落在平野的遠方。而且陽光升得好快，很快就照亮了整個大地。

列車向前行駛，忽然，陽光下現出一大片黃澄澄明亮亮的田地。我只覺得眼熟，彷彿在哪裡看過，便睜大眼睛仔細瞧。

啊，是油菜花。竟是油菜花開花了。

想不到，江浙這一帶竟然有這麼大片的漂亮的油菜花田。

小時候在台中鄉下，母親總是利用秋季的稻子收割後，春季的稻子還未播種之前，抽空種上油菜花，採收了可以搾油。所以，農曆春節的時候，油菜田裡開滿了黃澄澄的花。整個田野，小白蝶漫天飛舞。

我彷彿看見童年的自己，在春節的早晨，穿著新衣，跟媽媽走過油菜花田，去農田裡，擺著石頭的小小土地公廟拜拜。明亮的天空，早晨的微風，黃燦燦的花，雪花一般的小白蝶飄呀飄。

我竟然在異鄉的旅途裡，看見油菜花田，看見童年的自己。

我本想和野夫說這故事，卻見他在高鐵的安靜節奏裡，瞇著眼睛睡著了。

我於是想起旅途中見過的孩子。小三峽河灘上站在母親身邊的孩子，蒙古草原上，站在馬旁邊的臉頰紅通通的孩子；廣西邊境上，被母親抱在懷裡的小嬰兒；利川的老街邊，幾個放學的追逐著的孩子；天安門廣場上，放著風箏的孩子……。

大地上的孩子啊，要有新的希望，新的未來……。

終曲

一個人的時間也許會有幾條流向的。有如河流，時間之河流在人生中，有的地方流得快些，有的地方流得慢些，有的地方停止了。同時，把流速相同的時間給予人的是天；因人而異使時間流速不同的是人。時間對所有的人都同樣流動，而人卻各自處在不同的時間流動之中。

——川端康成《美麗與哀愁》

依紅：

從庚子年開春伊始，世界因為新冠肺炎而隔離起來。所有活動都停止了，我不需要應付各種邀約，反而得到一段安靜的時光，每日在老茶園旁邊的書房寫作，像一個筆耕的農夫。

園子裡的楓樹，長出新葉，又在深秋轉紅。

像安哲羅普羅斯在《永遠的一天》裡，那個詩人所做的那樣，我常常獨自在附近的小山徑上散步，為了尋找一個字，一個句子。

找不到準確的句子，往往是因為有些思路還不夠清楚。太多回憶，交織如網；太多情感，纏綿糾葛；太多省思，還不知道如何理清。

我彷彿在記憶的迷宮中，徘徊，追尋。

一夜一夜，重回那個歷史現場，去找尋當年遺落的痕跡，去發覺當時未曾覺知的現象與本質，去感知當時的人心脈動，去探索隱而未顯的內在世界。

那麼複雜的世界，那麼多來自中國各地的青春，那麼敏銳易感而多變的心，那麼激烈而至死不悔的熱血，那麼絕望卻又充滿希望的奮鬥，我如何能一一重述？

一夜一夜，我不斷重回天安門廣場，試圖去找出它背後的多重意義。我總是像波赫士所描述的「一個循環的小數點」，輪迴在世界的某處。

幸而，這個世界為寫作準備了最好的條件——隔離與孤獨。

我幾乎和世界隔離起來，完全沉浸在回憶裡，重新凝視當年的某一些場景，某一個瞬間，某一句喟嘆，某一張側顏……，而漸漸看出它的意涵。

透過文字，一點一滴找回記憶殘片，一日一日把殘片綴補起來，逐漸看到一個比較完整的歷史圖像。那是一九八九年，寫《天安門紀事》的時候，我所未曾了解的。

在長達三十一年的歷史距離之後，在沉靜的思索裡，我終於看得稍稍清楚一點。

歷史需要時間。唯有歲月，能沉浸出歷史的醇酒。唯有歲月，能提煉出人性的深度。

愈是寫到最後，我愈是明白，我所有的紀錄，不是為了表白事件的真相，不是為了記錄當時的社會面貌，而是探討更深層的人性；探尋更幽微而脆弱的人心。

每一個生命個體，都有它成長的歷史；而在那歷史的當下，都有他獨特的心性。這心性又展現為他對那當下的判斷。每個人的心性判斷，互相交錯，幽微綿密，糾纏形成一個交織的天網，直到歷史巨變的時刻來臨。

彷彿宿命般的，上層底層，所有人糾結纏繞，矛盾無解，如烏雲積累，不斷下墜，直到槍聲炸響，驚雷驟降，悲劇來臨。

而歷史，彷彿是人的千百種心性，千纏百結的總和。

體悟到這心性的難解，我才學習到，悲劇為什麼難以避免。

而這一堂課，花了我三十一年的光陰。

然而，要寫出這悲劇的命運交響曲，卻更為困難。我只能一夜一夜，重回到天安門廣場，徘徊，思索，尋找字句，試圖重現，追尋尚未發覺的底蘊……。

隔著那麼遙遠的時空，我終於重新看見，當年那個三十一歲的年輕記者是多麼不自量力，眼見悲劇即將來臨，不斷奔走在學者、學生之間，長期停留在廣場，想找出解方。然而也只能惘然看著，徒然焦急，無能為力。就像那一群烏鴉，盤旋在天安門廣場的上空，嘎嘎鳴叫，呼喚示警，卻無法阻止悲劇的發生。

那一夜，我在幽暗的旅館痛哭，絕望到極點。直到徐宗懋受傷的消息傳來，才在那死傷狼藉的醫院裡，目睹著救命的恩人：鄉下來的農民工、護士、醫生，甚至那街道上主動搬開路障，讓救護車得以暢通無阻的所有民眾。

在妳的醫院，我終於遇見妳。在妳凝望著窗外，盈盈的淚光中，看見慈悲的湖，看見一個讓憂傷者可以泊靠的港灣。

我是如此幸運，竟得以在北京遇見那麼多善良的生命。一路照應，讓我平安度過最艱險的歲月；一路護持，讓我的心沒有絕望至死；一路叮嚀，讓我學習那平凡而無畏的襟懷；一路指引，讓我看見一個勇敢而深沉、古老而美麗的文明。

北京是我的絕望，卻也是我的救贖。

寫作的這一段時間裡，我一字一句重看妳的信，想找回最初的記憶。

在妳的信中，我看到在那戒嚴下的古都，我們騎著自行車，穿過南池子大街，在護城河邊，妳教我唱〈國際歌〉，那輕柔、舒緩、憂傷，如同輓歌的〈國際歌〉。妳的眼淚，無聲的滑落。那時黃昏的金光，照亮妳的臉頰，那交融著苦澀與甜蜜、悲傷與歡喜的淚滴，緩緩滑入我們交會的唇間……。

然而，我已不知道妳在何方。

兩年前，我在Google和百度裡，試圖搜尋，卻只能找到妳的名字，列在一項醫學研究計畫裡。看到那個研究題目，我就不禁想起妳那古老的實驗室。

一九九〇年春天，春雪冰冷的三月，我沒有事先告訴妳，就直接踏入了妳的實驗室。妳站在手術檯前，正在幫白老鼠做腦部手術。我呵著手，走到妳面前，調皮的說：「啊，妳不是說，好希望那一天，我會突然冒出來？」

妳從工作中抬起頭，一下恍了神，只能緊抿嘴唇，紅著眼眶，委屈的說：「怎麼突然就來了？都不說一聲。」

一九九〇年代初，我在兩岸飛來飛去，為了了解大陸的民間社會力，到處採訪，恨不得能把中國走個遍。然而中國太大了，我只能選擇某些重要課題，進行訪問，忙得昏頭轉向。即使如此，每一次到北京都會和妳相聚。有時是冬天的雪夜，有時是夏日的黃昏。

然而妳也愈發忙碌起來。如果我記得沒錯，那時妳的同學紛紛出國，離開這個傷心之地，妳也一直非常努力，希望盡快出國深造。然而，由於研究所有人想占有成果，竟將妳的名字從一項研究計畫中移去，而這是妳出國申請最需要的資歷，妳大失所望，氣憤傷心，遂決定離開。

我仍記得那個黃昏，妳望著王府井蕭瑟的街道，深秋的枯樹枝椏張開如網，一個掃街的老頭，穿著厚重的棉襖，正在掃著滿地的落葉。

「怎麼都沒想到啊，一個資歷那麼深的教授，會這樣對待他的學生，這樣欺負人。」

「他不是故意的吧？妳有提醒嗎？」

「有啊，我去據理力爭，說我做了那麼多的實驗，至少該把我也放進去。但他就是拒絕，說我不夠資格。而我所有的努力，那些詳細的報告數據，都成了他做的，是他的成果。那才是他真正的目的吧！」

「如果是這樣，妳很難在他的手下做出成果啊！」

「是啊，我據理力爭之後，他更不高興了，對其他人說，我太驕傲，自以為了不起，根本不該爭這個。」

妳難忍氣憤，凝望街道：「這樣下去，沒什麼希望，我得找自己的路走。」妳堅決的說。

幾個月後，再見面時，妳已轉到一家外商公司，做醫療器材的銷售。後來是到美國培訓，之後便常常在各大城市醫院之間飛來飛去。

帶著一種堅決要有成就讓他們看看的志氣，那一陣子，妳東奔西跑，行色匆匆，似乎常常在遠行。我也開始了偏遠地區的訪問安排。有時，我到了北京找不到妳，等到妳回來，我已轉至他處。彷彿是這樣，能見面的機會也漸漸少了。

最後一次見面，我忘了妳即將要去新疆，或者剛從東北某個城市回來，只記得妳穿著頗為正式的套裝，被我笑說「像個成熟的美國分公司經理」。那個憂傷的剛畢業的女生變成一個熟練的經理人，我開始感到有點陌生。

妳用手比著大機器的模樣說：「他們那兒想購買照腦波的ＣＴ，新型的，看說明書都還不太會用，我得去教一下。」

我想了起來，問妳：「就是上次幫宗懋照過腦部的那種器材嗎？」

「大概這一類的。中國還很缺乏先進的醫療儀器，很多醫院都得添設備。」妳笑著說。「我要好好工作，努力存點錢，以後還是要出國唸書的。我最喜歡的還是研究工作。」

「一定要的，妳的才華還是在研究。」

不久，我也去了另一個城市。

後來我到大陸各地採訪，在北京的停留時間更短，是不是因此失之交臂呢？或者可能是妳常出差，沒有聯絡上，彷彿能說的共同話題少了，就這樣漸漸失去了聯絡。

一切似乎從一九九二年鄧小平南巡之後開始。那時經濟大潮捲動全中國，所有人都身不由己的浮沉於大浪之中，尋找出路。人心浮躁，非得在追逐什麼，才能證明自己存在的意義似的，深怕被淘汰。時代海浪太強大，遮蓋了彼此的身影，遮蓋了遠行的道路。

好像交會的兩條線，忽然錯置到平行空間，從此再不曾交會。

我從此再不曾見到妳，直到二十幾年後一次驚心的「偶遇」。

大約是二〇一五年吧，我在北京的一間貴州館子裡，等待跟朋友晚餐。忽然看到一個酷似妳的女孩子走進來。她面容亮麗，大大的眼睛，清亮的眼神，身材修長，手上拿一串奧迪的車鑰匙，放下手提包，坐在座位上滑手機，傳訊息。大約跟朋友說，她已經到了。她沒有看到我。

「啊，那是妳嗎？」我心中驚呼，卻不敢相信。

她長得那麼像妳。清澈明淨的眼睛，神似的面容，甚至說話的神情，也非常相似。

然而，她是妳嗎？

我們至少有二十五年沒見了吧。妳沒有變，一樣的漂亮有神。而我，我知道自己變老了，在輾轉流浪的生涯之後，像一隻歷經滄桑的老狼。然而，妳還會認得我嗎？

然而，她是妳嗎？

二十五年之後，妳應該也五十歲了。若是保養得宜，看來應該還很年輕。

她抬起頭來，環視我這邊一眼，但沒有任何發現。

我想起身去打招呼。可我抬頭遠遠望去，總懷疑那是我的錯覺。那個女孩太年輕，身形好像沒有妳高，看起來像二十五歲，我會不會變成一個藉故搭訕的「怪大叔」。

最後，我仍沒有勇氣去詢問。

可惜了，如果是妳，我就真的錯失了。

然而，那個夜晚，我獨自望著北京的夜色，高樓林立，車水馬龍，繁華盛世，這個城市，竟是如此陌生，已不是我最初死生與之、長夜歌哭的古都了。

我忽然想起一九八九年七月，我在台北接到妳的信。信中說，妳懷孕了。

「……這個孩子，好像是為那時代，留下見證。可一想到這個孩子，就會想起那一段時光，我就為Tâ感到悲哀。」

如果那時候，孩子生了下來，如今也該是這個女孩子的年紀吧……。

一念及此，我全身如遭電擊，天地瞬間動搖。

我彷彿從迷迷茫茫的夢中清醒過來，重新看見什麼似的。

哦，老天啊，悠悠歲月，我們到底失落了什麼？我們到底還留下什麼？……

妳還記得，我曾對妳說過張愛玲的《傾城之戀》嗎？它寫了一對男女，本來並未相愛，卻因戰爭的離亂時代而結合。張愛玲說，彷彿這一場戰爭，只是為了成全他們的愛情。

而我們，因為動蕩亂世而結識相愛，卻在聚散離合的世道裡，不知不覺，漂泊到不知所終的遠方……。

彷彿有什麼東西，讓理想、愛情、青春、歌聲、純真、憂傷，都隨著禁忌和壓抑，變成無法言說的祕密。那個隱藏起來的時代，只能在風中飄來飄去，飄來飄去……。

一切的一切，彷彿都「在風中飄散」。

我們竟這樣，飄到了二十一世紀。

這是我們這一代人的宿命嗎？

妳曾經問我：「一個台灣人，怎麼看待北京發生的這些事？」

我說：「那是一個好長好長的故事啊，我得要從頭說起。」

起初，我也很猶豫，不知道該不該寫出我們的相遇。因為那太傳奇，不像現實的存在。然而，我躑躅再三，終究放不下那麼善良純真的年代，被遺忘在禁忌的長夜裡。在天安門廣場的採訪，我看見，那裡有多少青春如歌，多少美麗的愛情交會，多少生命成長焠煉……，只因為禁忌，未曾被述說。如果可以解禁，如果可以拋開政治，回到人性的初心，不知還有多少故事，可以見證一個巨變的時代。

更何況，在歲月的長河中浸蝕沖刷，再大的鵝卵石也磨成了一粒微塵，再真實的故事，最後也都成了一則象徵，一個隱喻。當時間遠隔，我們都已老去，老成了爺爺、奶奶，兒孫繞膝；當往事都遺忘如風，所有的故事，最後會不會只是大時代的一則隱喻？那未曾出生的孩子，只是一個象徵？而我們只是隱喻的故事裡，飄浮在陽光下的微塵上的光？

在時間的長河裡，是不是所有真實的人生，最後將成為生命本質的隱喻呢？

此刻，我追憶那些時間之河裡，終將逝去的光影，努力要留下紀錄。

此刻，我心中充滿悲憫與傷感。我總是回想到那些美麗的青春，那充滿了生命力的年代，那帶著叛逆性與理想性、創造力與破壞力的精神，那絕對的追尋與絕對的毀滅，那純粹的愛與死，那夢想與幻滅的一切一切。他們是那麼自相矛盾，卻是一體的兩面。啊，那就是青春。

而我所能依靠的，是妳的信，是自己現場的目擊，以及最後的追憶。在歲月終將磨蝕我的身體，也磨去了我的記憶之前，安安靜靜的，為那個時代，留下它的印記。

如果我們不述說，不留下記憶，那麼我們也就成了遺忘的共犯。如果未來的權力可以無限大，大到超出以往的想像，甚至把不想要的歷史文明，從圖書館裡焚燒淨盡，從大數據庫裡，變造改寫，我們還剩下什麼？難道我們還要教我們的孩子說：「你一定要把左邊的歷史和右邊的歷史，合起來看，你才會知道真相？」

至少，在無邊的謊言之前，我們還曾留下一頁見證，一頁「人間猶有未燒書」。見證這個理想與追尋曾經存在過；見證六月的某一天，有那麼一代人，青春，曾經燃燒過；理想，曾經高歌過；純真的淚水，曾照亮絕望的時刻。

或許，讓未來的孩子，更能了解人心的脆弱與堅強，人性的純真與複雜，還願意相信善良，還願意懷著一點希望。

未來的孩子，或許可以從我們跌倒的地方，學到避開苦難的智慧，去走更遠的路。

我不知道疫情何時會結束，不知道我還有沒有機會找到妳，找到當年照應過我、一起走過艱難時刻的老朋友。

我只希望，在我們變成微塵之前，如果可以重逢，我會帶著書去看你們，找個月夜，找一些老朋友，喝一杯小酒。說一說，當年的故事，說一說，別來無恙否。讓那些消逝的故人，在我們心中，再活過一次。

三十一年後，蒼天悲憫，應該會為我們這些漂泊天涯的老靈魂，在故鄉，或者異鄉，在天涯海角，留一張搖椅，和一個微醺的夜晚吧。

握手

阿渡　二〇二〇年十二月

寄往：台湾、台北市大理街
楊炤濃　先
四川民居
50
1989.6.22
航空
PAR AVION
北京市

當代名家
未燒書

2021年5月初版　　定價：新臺幣420元
2021年10月初版第二刷

著　者	楊　渡
校　對	施亞蒨
內文排版	極翔企業
封面設計	李偉涵

出版者	聯經出版事業股份有限公司	副總編輯	陳逸華
地址	新北市汐止區大同路一段369號1樓	總編輯	涂豐恩
叢書編輯電話	(02)86925588轉5319	總經理	陳芝宇
台北聯經書房	台北市新生南路三段94號	社長	羅國俊
電話	(02)23620308	發行人	林載爵
台中分公司	台中市北區崇德路一段198號		
暨門市電話	(04)22312023		
台中電子信箱	e-mail：linking2@ms42.hinet.net		
印刷者	世和印製企業有限公司		
總經銷	聯合發行股份有限公司		
發行所	新北市新店區寶橋路235巷6弄6號2樓		
電話	(02)29178022		

行政院新聞局出版事業登記證局版臺業字第0130號

本書如有缺頁，破損，倒裝請寄回台北聯經書房更換。　ISBN 978-957-08-5784-9 (平裝)
電子信箱：linking@udngroup.com

國家圖書館出版品預行編目資料

未燒書/楊渡著．初版．新北市．聯經．2021年5月．
480面．14.8×21公分（當代名家）
ISBN 978-957-08-5784-9（平裝）
[2021年10月初版第二刷]

1.天安門事件　2.報導文學

628.766　　110005553